明治大学付属中野中学校

〈収録内容〉

2024 年度 …………………… 第 1 回（算・理・社・国）
第 2 回（算・理・社・国）

2023 年度 …………………… 第 1 回（算・理・社・国）
第 2 回（算・理・社・国）

2022 年度 …………………… 第 1 回（算・理・社・国）
第 2 回（算・理・社・国）

2021 年度 …………………… 第 1 回（算・理・社・国）

DL 2020 年度 …………………… 第 1 回（算・理・社・国）

DL 2019 年度 …………………… 第 1 回（算・理・社・国）

DL 平成 30 年度 …………………… 第 1 回（算・理・社・国）

DL 平成 29 年度 …………………… 第 1 回（算・理・社・国）

便利な DL コンテンツは右の QR コードから

国語の問題は
紙面に掲載

⇒ 

※データのダウンロードは 2025 年 3 月末日まで。
※データへのアクセスには、右記のパスワードの入力が必要となります。 ⇒ 620919

〈合格最低点〉

	第 1 回	第 2 回
2024年度	180点	175点
2023年度	201点	184点
2022年度	208点	179点
2021年度	182点	215点
2020年度	198点	197点
2019年度	200点	201点
2018年度	182点	183点

本書の特長

実戦力がつく入試過去問題集

▶ 問題 ………… 実際の入試問題を見やすく再編集。
▶ 解答用紙 …… 実戦対応仕様で収録。
▶ 解答解説 …… 詳しくわかりやすい解説には、難易度の目安がわかる「基本・重要・やや難」の分類マークつき（下記参照）。各科末尾には合格へと導く「ワンポイントアドバイス」を配置。採点に便利な配点つき。

入試に役立つ分類マーク 

基本 確実な得点源！
受験生の 90%以上が正解できるような基礎的、かつ平易な問題。
何度もくり返して学習し、ケアレスミスも防げるようにしておこう。

重要 受験生なら何としても正解したい！
入試では典型的な問題で、長年にわたり、多くの学校でよく出題される問題。
各単元の内容理解を深めるのにも役立てよう。

やや難 これが解ければ合格に近づく！
受験生にとっては、かなり手ごたえのある問題。
合格者の正解率が低い場合もあるので、あきらめずにじっくりと取り組んでみよう。

合格への対策、実力錬成のための内容が充実

▶ 各科目の出題傾向の分析、合否を分けた問題の確認で、入試対策を強化！
▶ その他、学校紹介、過去問の効果的な使い方など、学習意欲を高める要素が満載！

解答用紙ダウンロード 解答用紙はプリントアウトしてご利用いただけます。弊社ＨＰの商品詳細ページよりダウンロードしてください。トビラのＱＲコードからアクセス可。

UD FONT 見やすく読みまちがえにくいユニバーサルデザインフォントを採用しています。

明治大学付属中野中学校

生徒数　752名
〒164-0003
東京都中野区東中野 3-3-4
☎ 03-3362-8704
総武線・都営大江戸線東中野駅
徒歩5分
東西線落合駅　徒歩10分

明治大学への進学に有利
知・徳・体を尊重する
活気あふれる校風

URL	https://www.meinaka.jp/

知・徳・体の尊重

1929（昭和４）年に旧制の中野中学校が開校。1949（昭和24）年に明治大学の付属校となった。校訓は「質実剛毅・協同自治・修学錬身」。部活動も盛んで、活気あふれる雰囲気が魅力だ。付属校であることに甘えず、基礎学力をしっかりと身に付けることはもちろん、行事や諸活動などを通じ、強い身体と精神力を養い、バランス感覚を備えた人物の育成を実践し、「生きる力」を育んでいる。

校舎建て替えが完了し、施設が充実

実り豊かな学園生活に快適な環境は欠かせないとして、2018（平成30）年までに校舎の全面的な建て替え工事を行い、中学棟、高校棟、共用棟、第二体育館を設置、人工芝のグラウンドもリニューアルした。プロジェクターやWi-Fi環境を完備した普通教室をはじめ、教科専用の特別教室、図書館、生徒食堂など、設備の充実が図られている。第二体育館は、壁面に912席の電動可動式の椅子を備え、式典などの際は講堂としても使用される。また、温水プール、柔道場、剣道場、卓球場、相撲場、射撃場、ゴルフ練習場などの他に多摩市南野の野球グラウンドがあり、体育・部活動関連施設が充実している。

新中学棟校舎

中学と高校がしっかりと結びついたカリキュラム

大学付属校にふさわしい、バランスのよいカリキュラムが組まれている。英語については、中学では１年次の授業を全て少人数で実施、また中学１・２年次では外国人講師による少人数での英会話、中学３年次からは１対１のオンライン英会話を導入してレベルアップを図る。英語検定の上位級取得率も上昇中だ。高校２・３年次では文系・理系のコース編成をとるが、極端なカリキュラムにならないような工夫がされている。体育の授業では、充実した施設を活用した水泳や武道（柔道・剣道）の授業に特色があり、武道については、高校２年修了時の初段取得を目標にしている。芸術の授業が高校２年までであるのも普通科の高校としては珍しい。１人１台のタブレット端末を積極的に活用した授業も増えている。習熟度別学級編成や他大学受験コースはないが、苦手科目の克服やレベルの高い目標達成のための平常講習・夏季講習などが開設されている。

ニュージーランド語学研修（希望者）

全国的にも有名な部活動がいっぱい

部活動を通して協同自治の精神を学び、終生の友情を育んでいる。運動部・文化部合わせて35の部活動に多数の生徒が参加しており、中学生と高校生が共に活動しているものもある。陸上部、水泳部（水球）、ラグビー部、相撲部、柔道部、剣道部、野球部、ゴルフ部、射撃部などが有名で、全国大会や関東大会でも優秀な成績を収め、学校の伝統を形成している。文化部では、音楽部や棋道部、写真映画部などが盛んである。

［運動部］ 軟式庭球、水泳（水球）、射撃、山岳、剣道、相撲、卓球、陸上、野球、柔道、スキー、ゴルフ、バドミントン、バスケットボール、スケート（アイスホッケー）、サッカー、バレーボール、ラグビー、アーチェリー

［文化部］ 新聞、地理、地学、棋道、写真映画、英語、生物、文芸、理化、美術、演劇、史学、放送、音楽、数学、コンピュータ

明治大学への進学率は約８割

約８割の生徒が、付属校推薦で明治大学に進学する。推薦は、本人の志望・適性に基づき、定期試験に推薦学力テストの結果を含む高校３年間の総合成績によって決定される。条件付きで国公立大学および一部の大学校の併願制度もある。明治大学以外へ学校推薦型選抜や総合型選抜で進学する生徒、国公立大・難関私立大へ挑戦し進学する生徒、明治大学にない学部（医学・薬学など）を受験し進学する生徒もいる。

2024年度入試要項

試験日　2/2（第１回）　2/4（第２回）
試験科目　国・算・理・社

2024年度	募集定員	受験者数	合格者数	競争率
第１回	約160	786	273	2.9
第２回	約80	522	106	4.9

過去問の効果的な使い方

① **はじめに**　ここでは，受験生のみなさんが，ご家庭で過去問を利用される場合の，一般的な活用法を説明していきます。もし，塾に通われていたり，家庭教師の指導のもとで学習されていたりする場合は，その先生方の指示にしたがって，過去問を活用してください。その理由は，通常，塾のカリキュラムや家庭教師の指導計画の中に過去問学習が含まれており，どの時期から，どのように過去問を活用するのか，という具体的な方法がそれぞれの場合で異なるからです。

② **目的**　言うまでもなく，志望校の入学試験に合格することが，過去問学習の第一の目的です。そのためには，それぞれの志望校の入試問題について，どのようなレベルのどのような分野の問題が何問，出題されているのかを確認し，近年の出題傾向を探り，合格点を得るための試行錯誤をして，各校の入学試験について自分なりの感触を得ることが必要になります。過去問学習は，このための重要な過程であり，合格に向けて，新たに実力を養成していく機会なのです。

③ **開始時期**　過去問との取り組みは，通常，全分野の学習が一通り終了した時期，すなわち6年生の7月から8月にかけて始まります。しかし，各分野の基本が身についていない場合や，反対に短期間で過去問学習をこなせるだけの実力がある場合は，9月以降が過去問学習の開始時期になります。

④ **活用法**　各年度の入試問題を全問マスターしよう，と思う必要はありません。完璧を目標にすると挫折しやすいものです。できるかぎり多くの問題を解けるにこしたことはありませんが，それよりも重要なのは，現実に各志望校に合格するために，どの問題が解けなければいけないか，どの問題は解けなくてもよいか，という眼力を養うことです。

算数

どの問題を解き，どの問題は解けなくてもよいのかを見極めるには相当の実力が必要になりますし，この段階にいきなり到達するのは容易ではないので，この前段階の一般的な過去問学習法，活用法を2つの場合に分けて説明します。

☆偏差値がほぼ55以上ある場合

掲載順の通り，新しい年度から順に年度ごとに3年度分以上，解いていきます。

ポイント1…問題集に直接書き込んで解くのではなく，各問題の計算法や解き方を，明快にわかるように意識してノートに書き記す。

ポイント2…答えの正誤を点検し，解けなかった問題に印をつける。特に，解説の 基本 重要 がついている問題で解けなかった問題をよく復習する。

ポイント3…1回目にできなかった問題を解き直す。同様に，2回目，3回目，…と解けなければいけない問題を解き直す。

ポイント4…難問を解く必要はなく，基本をおろそかにしないこと。

☆偏差値が50前後かそれ以下の場合

ポイント1～4以外に，志望校の出題内容で「計算問題・一行問題」の比重が大きい場合，これらの問題をまず優先してマスターするとか，例えば，大問②までをマスターしてしまうとよいでしょう。

理科

理科は①から順番に解くことにほとんど意味はありません。理科は，性格の違う4つの分野が合わさった科目です。また，同じ分野でも単なる知識問題なのか，あるいは実験や観察の考察問題なのかによってもかかる時間がずいぶんちがいます。記述，計算，描図など，出題形式もさまざまです。ですから，解く順番の上手，下手で，10点以上の差がつくこともあります。

過去問を解き始める時も，はじめに1回分の試験問題の全体を見通して，解く順番を決めましょう。得意分野から解くのもよいでしょう。短時間で解けそうな問題を見つけて手をつけるのも効果的です。くれぐれも，難問に時間を取られすぎないように，わからない問題はスキップして，早めに全体を解き終えることを意識しましょう。

社会

社会は①から順番に解いていってかまいません。ただし，時間のかかりそうな，「地形図の読み取り」，「統計の読み取り」，「計算が必要な問題」，「字数の多い論述問題」などは後回しにするのが賢明です。また，3分野（地理・歴史・政治）の中で極端に得意，不得意がある受験生は，得意分野から手をつけるべきです。

過去問を解くときは，試験時間を有効に活用できるよう，時間は常に意識しなければなりません。ただし，時間に追われて雑にならないようにする注意が必要です。“誤っているもの”を選ぶ設問なのに“正しいもの”を選んでしまった，“すべて選びなさい”という設問なのに一つしか選ばなかったなどが致命的なミスになってしまいます。問題文の“正しいもの”，“誤っているもの”，“一つ選び”，“すべて選び”などに下線を引いて，一つ一つ確認しながら問題を解くとよいでしょう。

過去問を解き終わったら，自己採点し，受験生自身でふり返りをしましょう。できなかった問題については，なぜできなかったのかについての分析が必要です。例えば，「知識が必要な問題」ができなかったのか，「問題文や資料から判断する問題」ができなかったのかで，これから取り組むべきことも大きく異なってくるはずです。また，正解できた問題も，「勘で解いた」，「確信が持てない」といったときはふり返りが必要です。問題集の解説を読んでも納得がいかないときは，塾の先生などに質問をして，理解するようにしましょう。

国語

過去問に取り組む一番の目的は，志望校の傾向をつかみ，本番でどのように入試問題と向かい合うべきか考えることです。素材文の傾向，設問の傾向，問題数の傾向など，十分に研究していきましょう。

取り組む際は，まず解答用紙を確認しましょう。漢字や語句問題の量，記述問題の種類や量などが，解答用紙を見て，わかります。次に，ページをめくり，問題用紙全体を確認しましょう。どのような問題配列になっているのか，問題の難度はどの程度か，などを確認して，どの問題から取り組むべきかを判断するとよいでしょう。

一般的に「漢字」→「語句問題」→「読解問題」という形で取り組むと，効率よく時間を使うことができます。

また，解答用紙は，必ず，実際の大きさのものを使用しましょう。字数指定のない記述問題などは，解答欄の大きさから，書く量を考えていきましょう。

算数　出題傾向の分析と合格への対策

●出題傾向と内容

近年の出題数は第1回，第2回の大問が6，7題，小問にして20題前後である。

さまざまな出題形式を含んでいるので，全般的に偏りのない学習が必要とされる内容になっているが，「図形」・「割合」・「速さ」が出題率の高い3大分野である。

ただし，「図形」の分野でも，「体積・容積」や「縮図と拡大図」などについてはこれまでのところ出題率が低く，「場合の数」や「植木算・方陣算」についても出題率は高くない。

また，1では計算問題に続けて，一行問題が出題されることがある。

学習のポイント

速く，正確な計算力を養っておくこと。図形(平面図形・立体図形)，割合の文章題を数多く解いて，得意分野にしておこう。

●2025年度の予想と対策

過去問を利用して本校の出題レベルに慣れ，特に標準レベルの問題に対しては，すばやく対応できる力を養っておきたい。

文章題などの練習のときにも，計算の正確さ，速さをともに意識して解くように，心がけるとよい。

各単元の学習は，まず，基礎の充実を図るために，できるだけ幅広くさまざまな基本問題に取り組み，よく出題される応用問題についても反復練習をして，基本問題と同じように早く解けるようにすることを目標にしよう。特に「図形」・「割合」・「速さ」の問題を中心に，一つ一つの単元を着実にマスターしながら，学習を進めよう。

▼年度別出題内容分類表

※　よく出ている順に☆，◎，○の３段階で示してあります。

出題内容			2022年		2023年		2024年	
			1回	2回	1回	2回	1回	2回
数と計算		四則計算	○	○	○	○	○	○
		概数・単位の換算	◎	○		◎		◎
		数の性質		○	◎	○	◎	◎
		演算記号						
図形		平面図形	☆	☆	☆	☆	☆	☆
		立体図形	☆	☆	○	☆	○	☆
		面積	☆	○	◎	☆	○	○
		体積と容積		○		○	○	
		縮図と拡大図	◎			☆		
		図形や点の移動	○	☆	◎		○	
速さ		三公式と比		☆	☆	○	◎	☆
	文章題	旅人算			◎		◎	
		流水算						
		通過算・時計算		○				○
割合		割合と比	☆	☆	☆	☆	☆	☆
	文章題	相当算・還元算			○		○	
		倍数算						
		分配算						
		仕事算・ニュートン算			◎		☆	◎
文字と式								
2量の関係(比例・反比例)								
統計・表とグラフ			○			◎	◎	☆
場合の数・確からしさ			○			○	◎	
数列・規則性			◎	◎			○	
論理・推理・集合			○					
その他の文章題		和差・平均算	○			○	○	
		つるかめ・過不足・差集め算	○	○	◎		○	○
		消去・年令算		☆		○	○	○
		植木・方陣算	◎					

明治大学付属中野中学校

算数 ――グラフで見る最近３ヶ年の傾向――

最近３ヶ年に出題されたすべての問題を内容別に分類・集計し，全体に対して何パーセントくらいの割合になっているかを示しました。

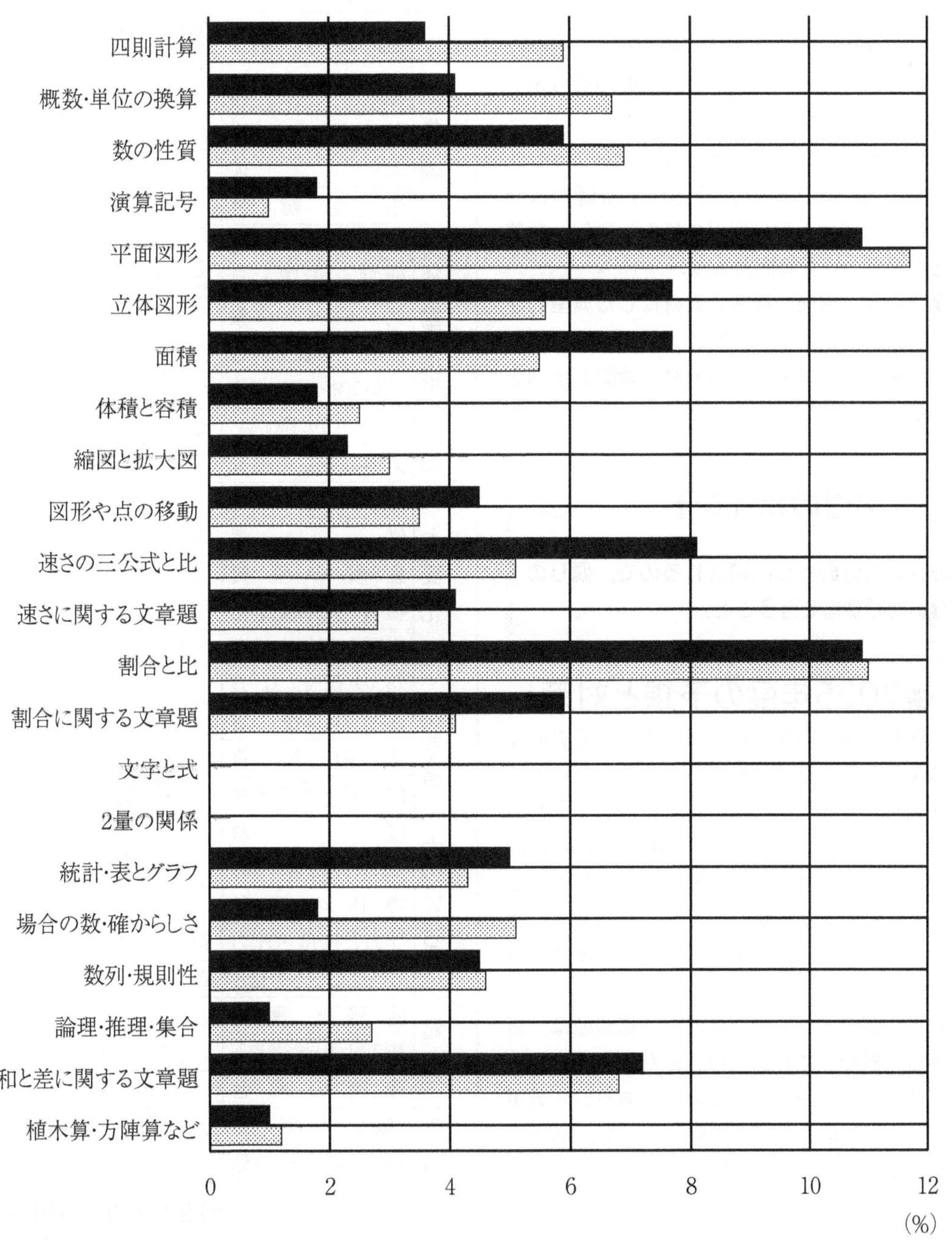

理科　出題傾向の分析と合格への対策

●出題傾向と内容

大問数は7～8題，小問数は25～30問であり，試験時間に対しての分量は標準的かやや多めである。出題内容によっては，時間が不足気味に感じるかも知れない。やさしい設問の取り逃がしがないように気をつけたい。

生物，地学，化学，物理の各領域からバランスよく出題されており，分野による偏りはない。出題形式は，記号選択のほか，語句，数値などが中心で，計算問題も多い。

全体には，実験や観察を素材にした典型的な問題が多いが，中には，問題文から知識を得て考えて解くタイプの大問もあり，時間と手間を要することもある。

✓学習のポイント

理科の全分野から出題されるので，偏りのない問題練習を行うこと。

●2025年度の予想と対策

標準的で典型的な問題が多いので，基礎的な知識をしっかり身につけたら，できるだけ多くの問題練習をおこなえば，充分な得点を取れるようになるだろう。ただし，一問一答ではなく，実験や観察を素材にした，まとまりのある問題を，よく考えながら解くことが大切である。基礎力がついたら，少しずつスピードアップすることも心がけよう。

計算問題が多いので，頻出の計算問題は，繰り返し練習をしておきたい。また，実験や観察の器具や操作方法も確認が必要である。知識事項は，日常生活の中でも視野を広げて，活きた知識として身につけていきたい。

▼年度別出題内容分類表

※　よく出ている順に☆，◎，○の３段階で示してあります。

出題内容		2022年		2023年		2024年	
		1回	2回	1回	2回	1回	2回
生物	植物			☆	○	☆	☆
	動物	☆	☆	☆	☆		
	人体	☆	☆		○	☆	☆
	生物総合				○		
天体・気象・地形	星と星座					☆	
	地球と太陽・月	☆	☆	☆	○		
	気象		☆		☆		☆
	流水・地層・岩石	☆			☆	☆	☆
	天体・気象・地形の総合						
物質と変化	水溶液の性質・物質との反応	☆			☆		◎
	気体の発生・性質			☆			◎
	ものの溶け方		☆	○			☆
	燃焼	◎	☆		☆		
	金属の性質						
	物質の状態変化			○		☆	
	物質と変化の総合			○			
熱・光・音	熱の伝わり方					○	
	光の性質			☆			
	音の性質						
	熱・光・音の総合						
力のはたらき	ばね	○					
	てこ・てんびん・滑車・輪軸	○		☆		☆	
	物体の運動					☆	☆
	浮力と密度・圧力	☆	☆		☆		
	力のはたらきの総合	☆					
電流	回路と電流		○		☆		
	電流のはたらき・電磁石		◎				
	電流の総合						
実験・観察		◎	◎	◎	◎	◎	◎
環境と時事／その他				○			

明治大学付属中野中学校

理科　――グラフで見る最近３ヶ年の傾向――

最近３ヶ年に出題されたすべての問題を内容別に分類・集計し，全体に対して何パーセントくらいの割合になっているかを示しました。

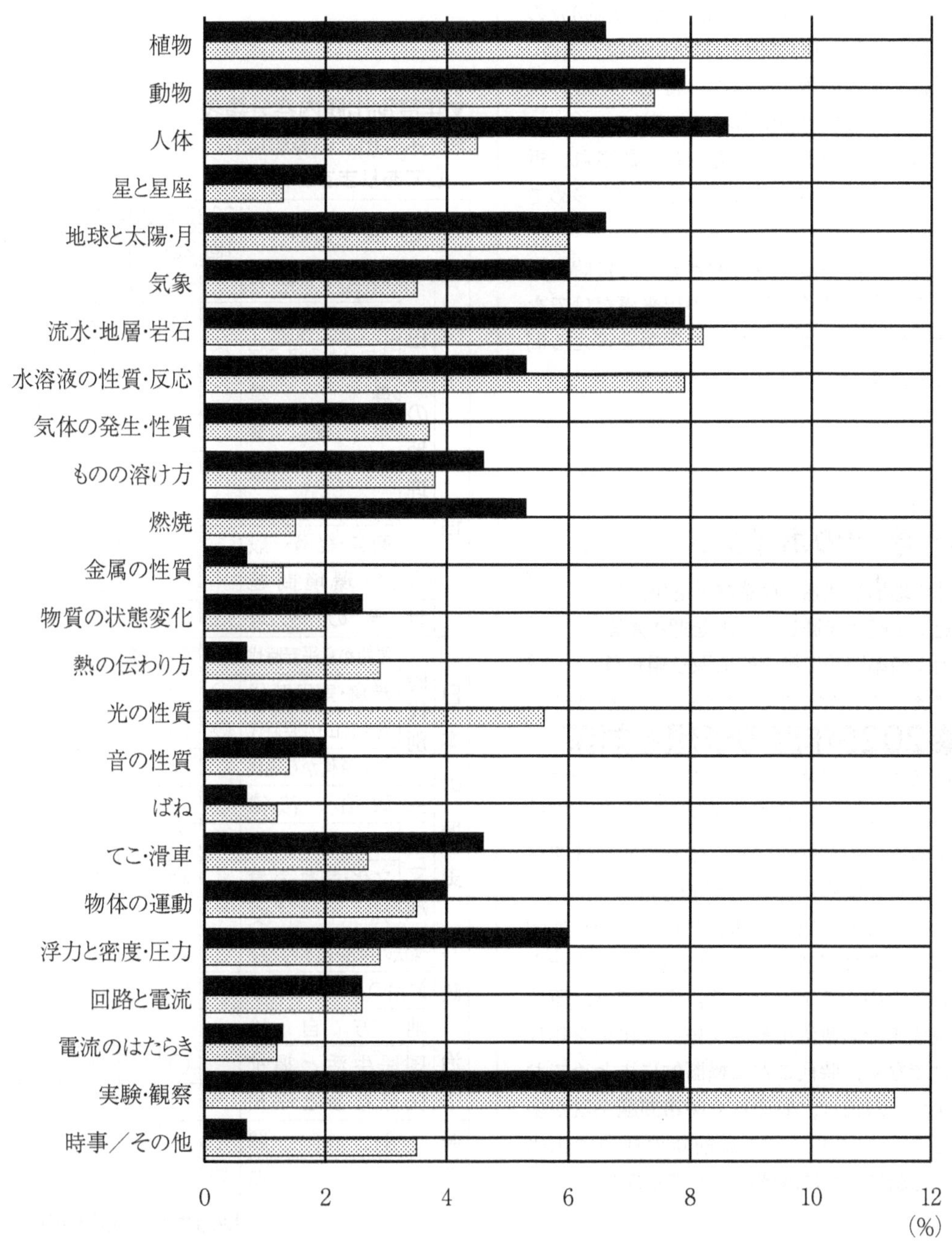

社会　出題傾向の分析と合格への対策

●出題傾向と内容

近年は，大問は3～4題，小問は25題～30題である。解答形式はどちらも記号記入が約3分の2，語句記入が約3割，説明問題が1～2題である。

地理は，日本の国土と自然，特定の地方に関する地名や産業を中心に出題される。

歴史は，特定のテーマを題材に出題され，近現代よりも古代から近世までの出題数が多めである。

政治は，政治のしくみと働きを中心に時事問題系統の出題も多く，世の中の出来事だけでなく，近年使われるようになった用語を答える問題などもある。

✔学習のポイント

地理：地形や地名，産業などを確実に。
歴史：全時代を通した基本を押さえる。
政治：時事問題に意識的に取り組もう。

●2025年度の予想と対策

大問数や解答形式，どの分野がどの順番で出されるかについて，若干の変化が見られる可能性があるものの，動揺せずにやりやすい問題を見つけて着実に解く心構えを持とう。

地理は各地方の地形や地名を日ごろから地図で確認し，農林水産業や工業についてのデータは最新のものをチェックする。歴史では，原始から現代までの政治史や外交史，文化史を年代順だけでなく，時代ごとに横断的にまとめておくとよい。政治は，おそらく時事問題系統が多く出ると予想される。入試前年の社会の出来事，流行語には常に敏感になっておきたい。

▼年度別出題内容分類表

※　よく出ている順に☆，◎，○の３段階で示してあります。

出題内容			2022年		2023年		2024年	
			1回	2回	1回	2回	1回	2回
地理	日本の地理	地図の見方			○			
		日本の国土と自然	◎	◎	☆	☆	◎	○
		人口・土地利用・資源	○	○	○	◎	○	○
		農業	○		◎	○	○	○
		水産業	○	○			○	
		工業			○	○	○	
		運輸・通信・貿易		○				◎
		商業・経済一般						○
	公害・環境問題			○		○		○
	世界の地理							
日本の歴史	時代別	原始から平安時代	○	◎	◎	☆	○	◎
		鎌倉・室町時代	○	○	☆	○	○	
		安土桃山・江戸時代	◎	○	◎		◎	○
		明治時代から現代	○	◎	○	○	◎	◎
	テーマ別	政治・法律	◎	○	☆	◎	◎	◎
		経済・社会・技術	◎	◎	○			◎
		文化・宗教・教育		◎	○	☆	○	○
		外交					○	
政治	憲法の原理・基本的人権		○	◎		○	○	◎
	政治のしくみと働き		☆	○	☆	☆	◎	◎
	地方自治							
	国民生活と福祉			○		◎		○
	国際社会と平和				○			○
時事問題			○		◎	☆	○	
その他			◎	○				○

明治大学付属中野中学校

——グラフで見る最近3ヶ年の傾向——

最近3ヶ年に出題されたすべての問題を内容別に分類・集計し，全体に対して何パーセントくらいの割合になっているかを示しました。

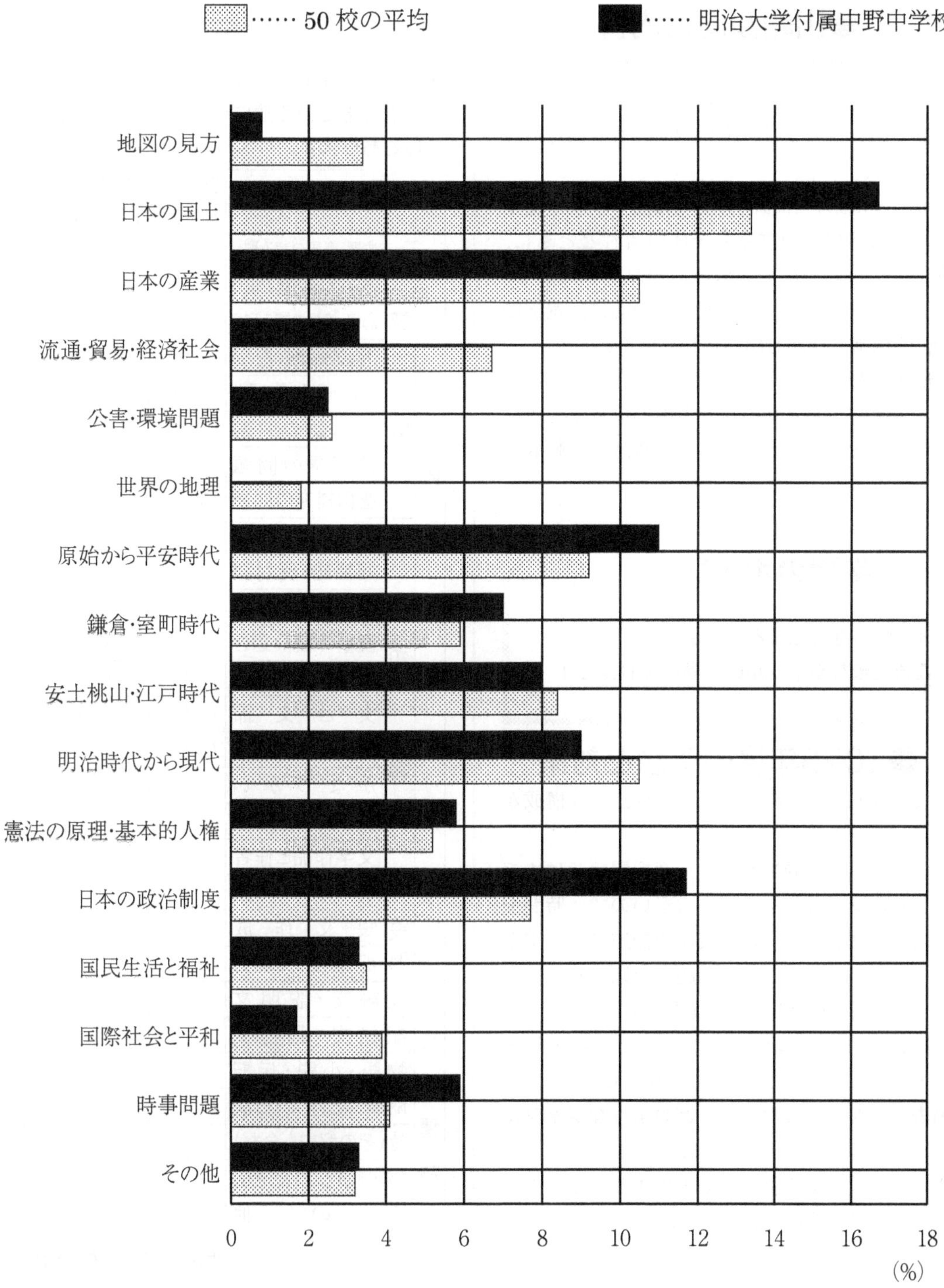

……50校の平均　　……明治大学付属中野中学校

地図の見方
日本の国土
日本の産業
流通·貿易·経済社会
公害·環境問題
世界の地理
原始から平安時代
鎌倉·室町時代
安土桃山·江戸時代
明治時代から現代
憲法の原理·基本的人権
日本の政治制度
国民生活と福祉
国際社会と平和
時事問題
その他

0　2　4　6　8　10　12　14　16　18
(%)

国語　出題傾向の分析と合格への対策

●出題傾向と内容

長文読解問題が1題と，知識・漢字の独立した問題と合わせて大問数4～5題構成の出題が定着している。今年度も第1・2回とも同様な構成であった。

今年度は第1回に説明文，第2回に小説が出題された。いずれの文章も全体の流れとともに，細部をていねいに読み取る力が試されている。書き抜き，字数の少ない記述を中心に，選択問題，空欄補充問題も出題されている。

知識問題は，漢字の読み書きから，ことわざ・慣用句，文と文節などを中心にさまざまな分野から数多く出されていて，難度が比較的高いものもある。

学習のポイント

知識分野を幅広くおさえよう！
さまざまなジャンルの文章にふれよう！

●2025年度の予想と対策

長文1題と，知識・漢字が数題という構成が定着している。

読解問題の設問数が多く，選択問題ではまぎらわしい選択肢で迷う問題も多いので，時間配分には注意したい。書き抜きや記述では本文全体をとらえる必要がある問題も出題されているので，要旨を的確につかむ必要がある。

出題される文章のジャンルは，小説・随筆文・論説文・記録文など，多岐にわたるので、過去問を参考にしながら，どのようなジャンルの文章でも対応できるようにしておく。

また，漢字や知識問題で失点することがないように日頃の練習を心がけたい。

▼年度別出題内容分類表

※　よく出ている順に☆，◎，○の３段階で示してあります。

		出題内容	2022年		2023年		2024年	
			1回	2回	1回	2回	1回	2回
内容の分類	読解	主題・表題の読み取り	○					
		要旨・大意の読み取り		○	○		○	
		心情・情景の読み取り	☆			☆		☆
		論理展開・段落構成の読み取り		○	○	○	○	○
		文章の細部の読み取り	☆	☆	☆	☆	☆	☆
		指示語の問題	○		○		○	○
		接続語の問題		○		○	○	
		空欄補充の問題	◎	◎	◎	◎	◎	◎
	知識	ことばの意味			○	○	○	○
		同類語・反対語			○	○		
		ことわざ・慣用句・四字熟語	○	○	○	○	◎	○
		漢字の読み書き	○	○	◎	◎	☆	☆
		筆順・画数・部首	○	○				
		文と文節	○	○	○	○	○	○
		ことばの用法・品詞	○	○				○
		かなづかい						
		表現技法						
		文学作品と作者						
		敬語						
	表現	短文作成						
		記述力・表現力	☆	☆	☆	☆	☆	☆
文の種類		論説文・説明文					○	
		記録文・報告文			○			
		物語・小説・伝記	○			○		○
		随筆・紀行文・日記		○				
		詩(その解説も含む)						
		短歌・俳句(その解説も含む)						
		その他						

明治大学付属中野中学校

国語 ——グラフで見る最近３ヶ年の傾向——

最近３ヶ年に出題されたすべての問題を内容別に分類・集計し，全体に対して何パーセントくらいの割合になっているかを示しました。

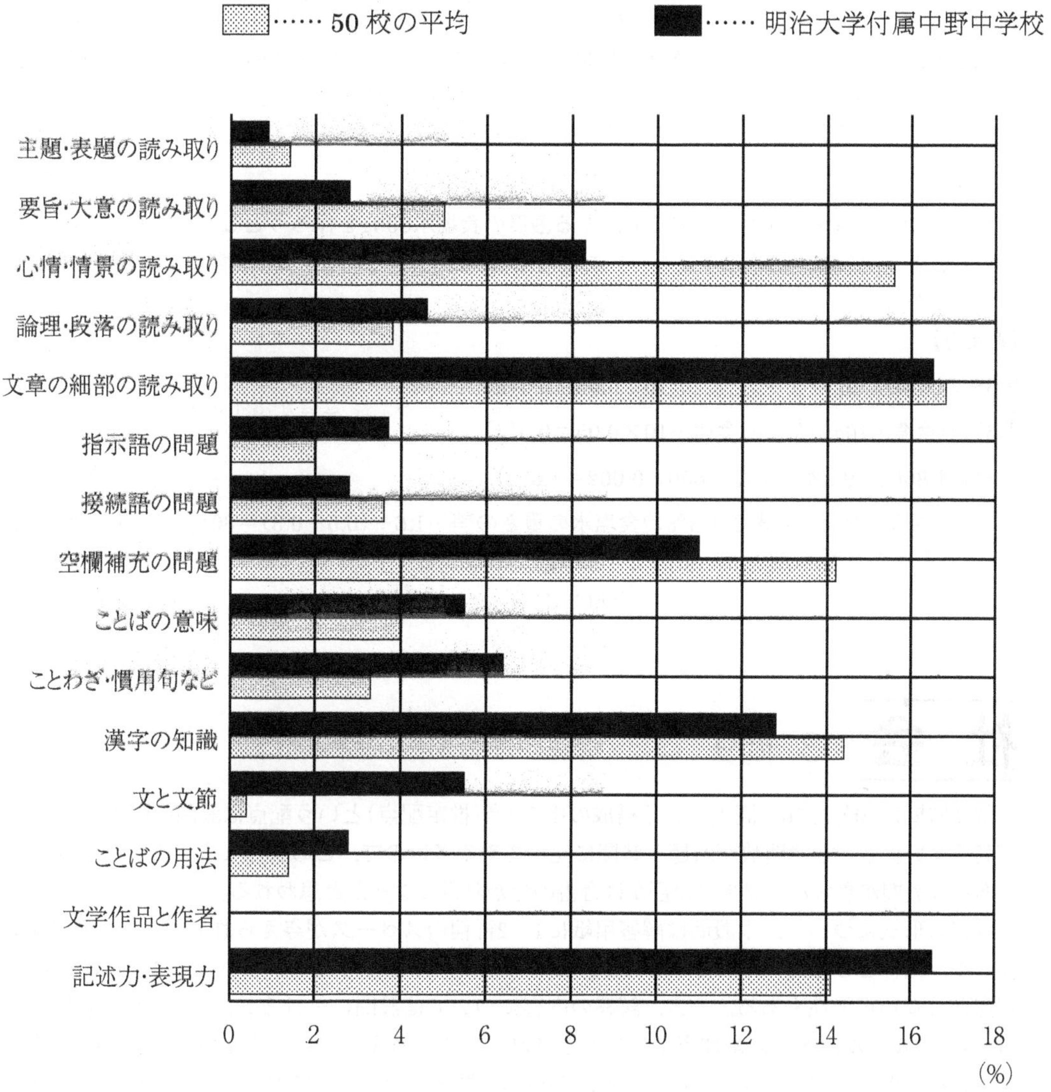

主題·表題の読み取り
要旨·大意の読み取り
心情·情景の読み取り
論理·段落の読み取り
文章の細部の読み取り
指示語の問題
接続語の問題
空欄補充の問題
ことばの意味
ことわざ·慣用句など
漢字の知識
文と文節
ことばの用法
文学作品と作者
記述力·表現力

0 2 4 6 8 10 12 14 16 18 (%)

	論説文 説明文	物語·小説 伝記	随筆·紀行 文·日記	詩 (その解説)	短歌·俳句 (その解説)
明治大学付属 中野中学校	16.7%	50.0%	16.7%	0%	0%
50校の平均	47.0%	45.0%	8.0%	0%	0%

2024年度 合否の鍵はこの問題だ!!

(第1回)

算 数 2 (2)

簡単そうでいて，どう取り組むべきか解法が簡単に思いつかない問題である。よくある問題として，「2つの商品の個数をまちがえて価格の差がでる問題」があり，この「差集め算」の方法を利用することに気づくことがポイント。

【問題】

3%の食塩水と5%の食塩水を混ぜて，ある濃度の食塩水800gを作ろうとした。しかし，混ぜる量を逆にしてしまったため，初めに予定していた濃度より0.2%薄くなった。3%の食塩水を初めに何g混ぜる予定だったか。

【考え方】

3%の食塩水10gのなかの食塩…10×0.03＝0.3(g)
5%の食塩水10gのなかの食塩…10×0.05＝0.5(g)
← ここがポイント

食塩水800gの0.2%の食塩…800×0.002＝1.6(g)

予定の5%の食塩水の重さと3%の食塩水の重さの差…1.6÷(0.5−0.3)＝80(g)　　したがって，予定の3%の食塩水の重さは(800−80)÷2＝360(g)

↖和差算

社 会 3 問9

試験時間が30分で50点満点という構成の中で4点(推定配点)という配点は設問の配点としてはそれほど高くない。しかし設問数が27題と時間に比べてやや多いので，このようなまとまった分量の説明問題である本設問がきちんとできたか否かは合否の分かれ目になったと思われる。

解答の形式について，本設問は解答用紙に1～2行程のスペースが与えられているが，その他に4つのルールが条件として付けられているので，これらのルールが守られていない答案はそれに応じた減点か採点されない可能性もある。一方，解答の内容については設問に付けられた4つのルールと推定配点から，4つのルールがそのまま加点ポイントとされていると考えられる。すなわち，解答例で示すと，①指定された形式の文章になっていること，②日本の歴史上の人物の姓名である「犬養毅」を明記していること，③役職(立場)である「内閣総理大臣」を明記していること，④歴史事項である「五・一五事件」を明記し，文末が指定されたものになっていることの合計4ポイントであると思われる。

本設問は解答が1つではなく，指定されたルールに従っているならば，解答例以外の解答も可能になる複数解答問題である。その点で原則的に解答が1つに決まる他の設問と比べると異質であるが，より柔軟な思考力・判断力・表現力を試した設問と言えるだろう。

理 科 【7】

第1回の【7】を取り上げる。物体どうしの衝突に関する問題である。

(2)では，表1から法則性を見つける必要がある。球の高さが同じとき，球の重さが2倍，3倍になると，木片の移動距離も2倍，3倍になる。また，球の重さが同じとき，球の高さが2倍，3倍になると，木片の移動距離も2倍，3倍になる。つまり，木片の移動距離は，球の重さと高さの両方に比例する。表1では，球の重さと高さを掛け算してみると，計算がしやすい。Aでは10×10÷25＝4，Bでは10×30÷25＝12のように，球の重さ×高さ÷25を計算すれば，木片の移動距離になっている。これに気づけば，重さ15g，高さ25cmの場合，15×25÷25＝15(cm)と簡単に求めることができる。

(3)では，表2の下のデータを利用する。このデータは，重さ20g，高さ40cmの場合，木片の移動距離がちょうど32cmであることを示している。選択肢の(ア)と(イ)はどちらも重さが20gなので，高さが40cmかどうかをチェックすればよい。どちらも違う。(ウ)と(エ)はどちらも重さが2倍の40gなので，高さが半分の20cmかどうかをチェックすればよい。(ウ)があてはまり，(エ)が違う。

国 語 一 問十

★合否を分けるポイント

――線⑩「同時に不安でもありました」とあるが，何が「不安」だったのか，その説明として最も適切なものを選ぶ選択問題である。――線部分の文脈とともに本文の内容をとらえ，選択肢の説明とていねいに照らし合わせているかがポイントだ。

★具体的な内容を確認し，正解・不正解を見極める

本文は，実際の企業である「サントリー」が，どのように地下水を守るための森づくり事業に取り組んでいるか，その始まりから背景，問題点などを織り交ぜながら説明している文章である。――線⑩のある段落までで，地下水を使ってほとんどすべての飲み物をつくっている飲料会社であるサントリーが，2000年前後に森づくりを始めた→サントリーの天然水やウイスキーは，地域ごとにくみ上げた地下水によって味も性質も違うことを特色としているが，社員の山田さんは子ども時代の経験から，その地下水がかれてしまう可能性に危機感を持った→山田さんは一緒に働いている仲間にこの危機感を力説して，地下水を守るための事業を会社に提案することを呼びかけた→すべての工場の地下水に関わる森の手入れをして，工場でくみ上げる量より多くの水を育てて，地下水を長く安定して利用できるようにしよう，という提案を，山田さんたちのチームは社長や会社の幹部の人たちに説明することになったが，飲料会社が本格的な森の手入れをするという提案を，会社の幹部たちが受け止めてくれるだろうか？という不安があったのは，この事業はお金がもうかる仕事ではなく，お金を使わなければできないことばかりになるのがはっきりしていたからである，ということを述べている。また，この後「三つ目は……」で始まる段落で，山田さんたちが森づくり事業を提案した時期の背景について，「会社は，本来お金をもうけることを目的とする組織ですが……社会のためになることをするのも大切だ，という考え方」である「社会貢献」が広がりだした時期でもあったことを述べているので，これらの内容からウが正解となる。正解の根拠となる「不安」が「お金もうけ」に関わることであることに着目するとともに，イの「本来の事業から方向転換」など，不正解と思われる選択肢のどこが違うかもしっかりと確認することが重要だ。

大切なことはメモしておこうネ！

T.G

2024年度

★★★★★★★★★★★★★★★★★★★★★★★★

入　試　問　題

2024年度

明治大学付属中野中学校入試問題(第１回)

【算　数】（50分）〈満点：100点〉

【注意】

分数で答えるときは，それ以上約分できない形で答えてください。

1. 次の□にあてはまる数を答えなさい。

（１）$15 \times 2.12 + 2 \times (48 - 11 \times 3) - 206 \div 5 =$ □

（２）$8\frac{2}{5} \div 0.7 + 0.3 \times \{28 - (34 - 5 \times 6)\} \div 6 - (5\frac{2}{5} +$ □ $) \div 3 = 0.2$

（３）6の約数は，1，2，3，6の4個です。このように約数の個数が4個となる整数のうち，6番目に小さい数は□です。

2. 次の問いに答えなさい。

（１）兄と弟で700円のお守りをおそろいで買うことにしました。しかし，弟の所持金が足りなかったため，兄が弟に300円をわたしたところ，2人ともお守りを買うことができました。そして，買った後の兄と弟の所持金の比は5：2になりました。2人の最初の所持金の合計が2100円のとき，兄の最初の所持金を求めなさい。

（２）3%の食塩水と5%の食塩水を混ぜて，ある濃度の食塩水800gを作ろうとしました。しかし，混ぜる量を逆にしてしまったため，はじめに予定していた濃度より0.2%うすくなりました。3%の食塩水をはじめに何g混ぜる予定でしたか。

（３）下の図のように，長方形ABCDが直線XY上をすべることなく1回転しました。頂点Bが通ったあとの線と直線XYで囲まれた図形の面積を求めなさい。ただし，円周率は3.14とします。

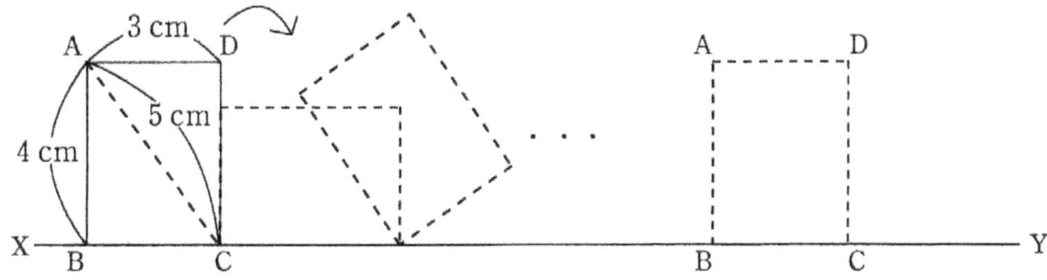

（４）箱の中に白玉と黒玉がいくつか入っています。白玉は白玉と黒玉の個数の合計の$\frac{2}{3}$より7個多く，黒玉は白玉の個数の$\frac{2}{7}$より3個多く入っています。箱の中に黒玉は何個入っていますか。

（5） 下の図の平行四辺形ABCDにおいて，辺BC上にBE：EC＝2：3となる点Eをとり，辺CD上に点Fをとります。三角形ABE，三角形AFDの面積がそれぞれ$10cm^2$，$11cm^2$のとき，CF：FDを最も簡単な整数の比で答えなさい。

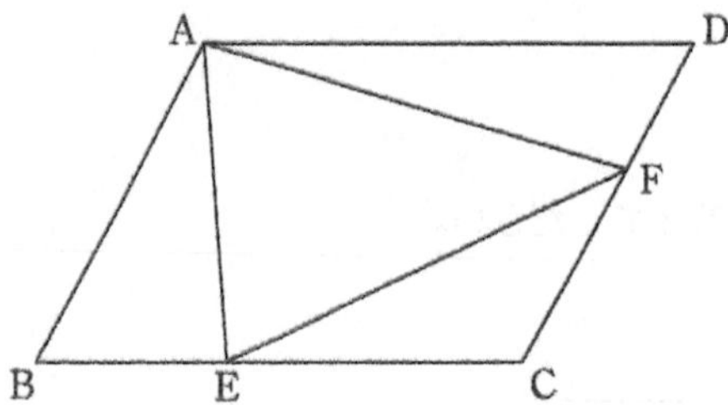

（6） 1辺が1cmの立方体をいくつか積み上げて作った立体があります。この立体を図1のように真上，正面，真横から見ると，それぞれ図2，図3，図4のようになりました。
この立体の体積が最も大きくなるときの体積を求めなさい。

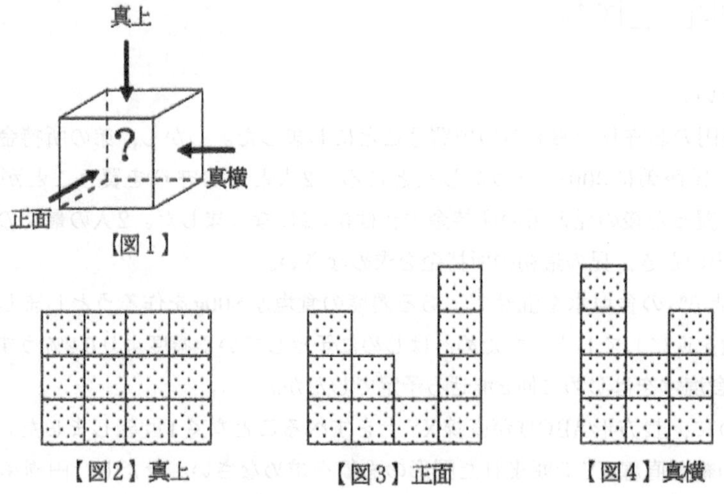

【図1】
【図2】真上　【図3】正面　【図4】真横

3. 下の図のように，Oを基準として，右にE1，E2，E3，…，左にW1，W2，W3，…，と目盛りをつけました。はじめにA君はOにいます。さいころを投げて，偶数(ぐうすう)の目が出たらその目の数だけ右へ進みます。また，奇数(きすう)の目が出たらその目の数だけ左へ進みます。このとき，次の問いに答えなさい。

（1） さいころを4回投げたところ，A君はOにもどりました。そのうち1回目は4の目が，4回目は3の目が出ました。このとき，さいころの目の出方は全部で何通りありますか。

（2） さいころを3回投げたところ，A君はE1にいました。このとき，さいころの目の出方は全部で何通りありますか。

4. あるお店では1杯(ぱい)350円の「**うどん**」を売っており，追加で「**ねぎ**」や「**えびの天ぷら**」などいろいろな具材も注文できます。下の表は追加で注文できる具材5種類の値段を表したもので，お客さんは下の【**ルール**】に従って注文します。

具材	値段(円)
ねぎ	15
油あげ	70
ちくわの天ぷら	110
えびの天ぷら	130
かきあげ	230

【ルール】
- 「うどん」は必ずひとり1杯の注文とし，おかわりはできません。
- 具材だけの注文はできません。
- 具材は，同じものを2つ以上注文できませんが，異なる具材なら同時に注文できます。

例えば，「**ねぎ**」と「**えびの天ぷら**」を追加で注文すると，495円かかります。
消費税は考えないものし，次の問いに答えなさい。

（1） 2人のお客さんが注文したところ，合計で1065円かかりました。
この2人が注文しなかった具材を，すべて答えなさい。

（2） ある時間帯のお店の様子を見ていたところ，「**油あげ**」を注文した人は5人，「**ちくわの天ぷら**」を注文した人は4人，「**えびの天ぷら**」を注文した人は6人，「**かきあげ**」を注文した人は2人で，この時間帯の売上額が5225円でした。
このとき，「**うどん**」と「**ねぎ**」を注文した人数をそれぞれ答えなさい。

5. 駅と図書館の間の一本道を，Aさんは徒歩で，Bさんは自動車でそれぞれ一定の速さで移動します。Aさんは駅を10時に出発し，図書館に12時に到着(とうちゃく)しました。Bさんは図書館を10時20分に出発し，駅に到着後すぐにCさんを自動車に乗せて図書館に向かいました。BさんとCさんは図書館に11時に到着する予定でしたが，Aさんに追いついた時，Cさんが忘れ物に気づいたため，すぐに折り返しました。そして駅に到着後すぐに図書館に向かいました。このとき，次の問いに答えなさい。ただし，Aさん，Bさん，Cさんが止まっている時間は考えないものとします。

（1） BさんとCさんが図書館に到着した時刻は何時何分ですか。

（2） Aさんが駅を出発してからCさんが忘れ物に気づくまでに，Aさんが歩いた距離と，Bさんが自動車に乗って移動した距離と，Cさんが自動車に乗って移動した距離を合計すると19.8kmでした。駅から図書館までの距離は何kmですか。

6. 中野牧場にはある量の草が生えており，草は毎日一定の割合でのびるものとします。1頭のヤギを放すとちょうど15日間で草を食べつくし，1頭のヒツジを放すとちょうど20日間で草を食べつくし，ヤギとヒツジを1頭ずつ同時に放すとちょうど6日間で草を食べつくします。すべてのヤギ，ヒツジが1日あたりに食べる草の量はそれぞれ同じであるとき，次の問いに答えなさい。

（1） 1頭のヤギと1頭のヒツジの1日あたりに食べる草の量の比を最も簡単な整数の比で表しなさい。

（2） ヒツジを3頭同時に放すと，何日間で草を食べつくすか答えなさい。

（3） 1頭のヤギと1頭のヒツジを1日ごとに入れかえた結果，何日間かでちょうど草を食べつくしました。1日目に放したのはヤギとヒツジのどちらであるか答えなさい。また，何日間で草を食べつくしたか答えなさい。

【理　科】（30分）〈満点：50点〉

【1】 植物の花のつくりについて，次の各問いに答えなさい。

（1） 花について，次の(ア)～(オ)のうち正しいものを2つ選び，解答欄の記号を○で囲みなさい。

（ア） トウモロコシは1つの花におしべかめしべのどちらかしかない。

（イ） イチョウの花は胚珠(はいしゅ)が子房(しぼう)に包まれている。

（ウ） 受粉とは花粉がめしべのもとにつくことである。

（エ） 受粉したあとに種子になる部分を胚珠といい，おしべのもとにある。

（オ） 受粉したあとに実になる部分を子房といい，めしべのもとにある。

（2） 私たちが「タンポポの花」と呼んでいるものは，たくさんの小さな花が集まってできています。図1はタンポポの小さな花の1つを表したもので，タンポポの花びらは5枚の花びらがくっついて1枚に見えています。あとの①と②に答えなさい。

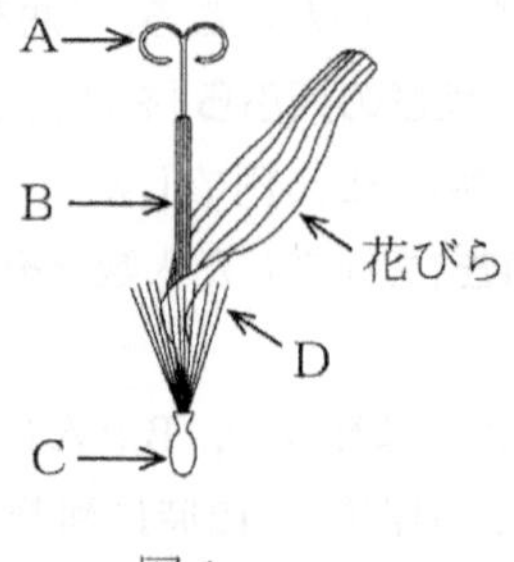

図1

① タンポポのように，花びらがくっついている花をつくる植物を，次の(ア)～(オ)から2つ選び，解答欄の記号を○で囲みなさい。

（ア） アサガオ　　（イ） サクラ　　（ウ） ツツジ

（エ） バラ　　（オ） エンドウ

② 図2はアブラナの花のつくりを表したものです。図2のXとYは，タンポポの花ではどの部分ですか。図1のA～Dからそれぞれ1つ選び，記号で答えなさい。

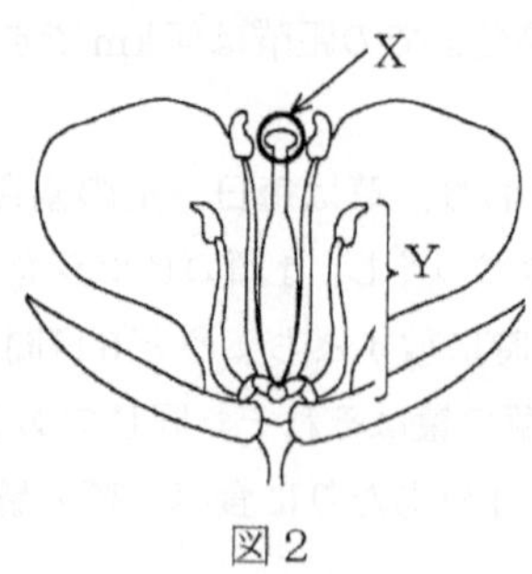

図2

【2】 次の(A)～(F)は，人の消化管で，食べた物が通る順に並んでいます。あとの各問いに答えなさい。

(A) 口 → (B) ［　　　］ → (C) 胃 → (D) 小腸 → (E) 大腸 → (F) こう門

(1) (B)の[   ]は，口と胃をつなぐ細長い管です。この管の名前を答えなさい。

(2) 食べたデンプンが最初に消化されるのは(A)～(E)のどこですか。記号で答えなさい。

(3) 消化管について，次の①と②に答えなさい。

① 人が前を向いて立っているとき，首のところで(B)は，気管の前後どちら側にありますか。解答欄のあてはまる方を○で囲みなさい。

② 小腸と大腸がつながっているところは，体の左右どちら側にありますか。解答欄のあてはまる方を○で囲みなさい。ただし，左手側を「左」，右手側を「右」とします。

【3】 次の図は，夏の大三角をつくる星A～Cと，その星が含(ふく)まれる星座を表したものです。あとの各問いに答えなさい。

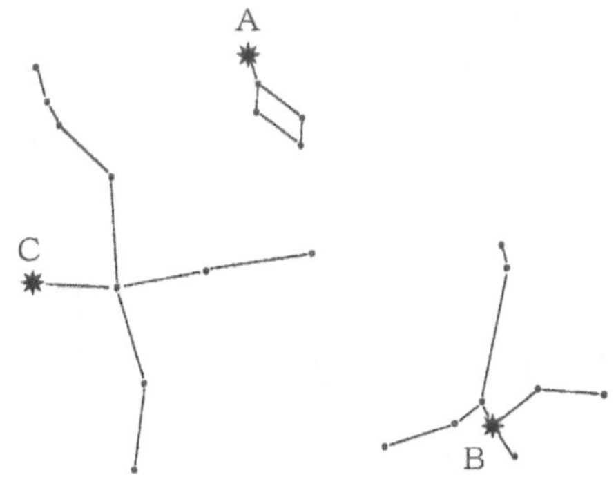

(1) 星Cを含む星座の名前と星Cの名前を答えなさい。

(2) ある日，東京で午後8時に東の空に夏の大三角が見えました。1時間後に東の空を観察したとき，夏の大三角はどこに移動していますか。移動した位置として最も適するものを，次の(ア)～(エ)から選び，記号で答えなさい。ただし，図中の点線を午後8時の夏の大三角，実線を1時間後の夏の大三角とします。

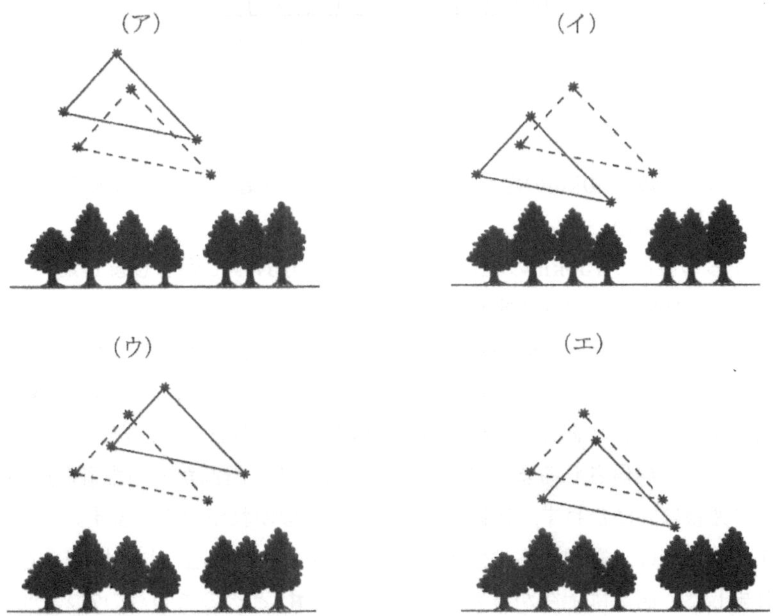

(3) ある日，東京で午後10時に真東の地平線からある星Sが現れました。この星Sについて，次の①と②に答えなさい。

① 星Sがこのあとに南中するのは何時ですか。次の(ア)～(カ)から最も適するものを選び，記号で答えなさい。

(ア) 午前0時　(イ) 午前2時　(ウ) 午前4時
(エ) 午前6時　(オ) 午前8時　(カ) 午前10時

② 星Sが真西の地平線に午前2時に沈む(しずむ)のは，この日からおよそ何カ月後ですか。1～12の整数で答えなさい。

【4】 地震(じしん)が起こると，速さが異なる2つの波(P波とS波)が震源から同時に発生します。P波はS波より速く伝わる波で小さなゆれを起こし，S波はP波より遅く(おそく)伝わる波で大きなゆれを起こします。

ある地震について，地震が発生してからP波とS波が到着(とうちゃく)するまでの時間と，震源からの距離(きょり)との関係を調べたところ，図1のようなグラフになりました。あとの各問いに答えなさい。ただし，震源の深さは無視できるほど浅いものとします。

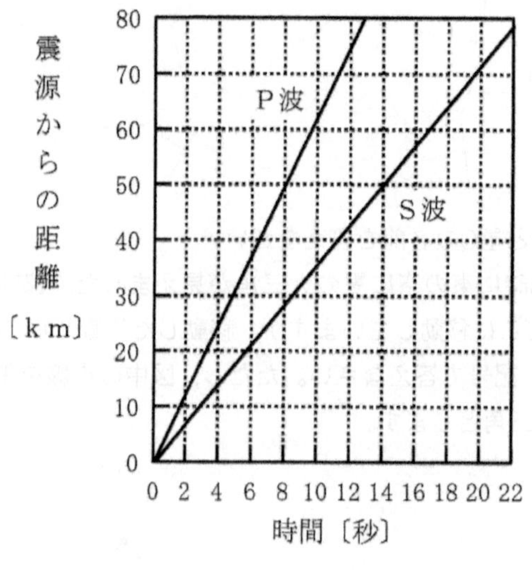

図1

(1) 震源からの距離が50kmの地点では，小さなゆれが起こってから大きなゆれが起こるまでの時間は何秒ですか。

(2) 震源からの距離が150kmの地点にP波が7時58分57秒に到着しました。この地点にS波が到着するのは何時何分何秒ですか。

(3) 緊急(きんきゅう)地震速報は，P波とS波の伝わる速さのちがいを利用して，大きなゆれが起こる前に速報として知らせるものです。震源近くにある地震計がP波によるゆれを観測すると気象庁に情報が送られ，これをもとに緊急地震速報が発信されます。ただし，気象庁に情報が送られてから速報が発信されるまでに時間がかかるため，震源からの距離が近い場所では，S波の到着に速報は間に合わず，速報が届く前に大きなゆれが起こります。

図1の地震では，震源からの距離が30kmの地震計から送られた情報をもとに，速報が発信されました。図2は上空から見た図で，震源(✖)とそのまわりの7つの地点(●)を表した

ものです。大きなゆれが起こる前に速報が間に合う地点を，図中の(ア)～(キ)からすべて選び，解答欄の記号を○で囲みなさい。ただし，地震計でP波によるゆれを観測してから，速報が届くまでに10秒かかるものとします。また，図２の1マスの一辺は，10kmとします。

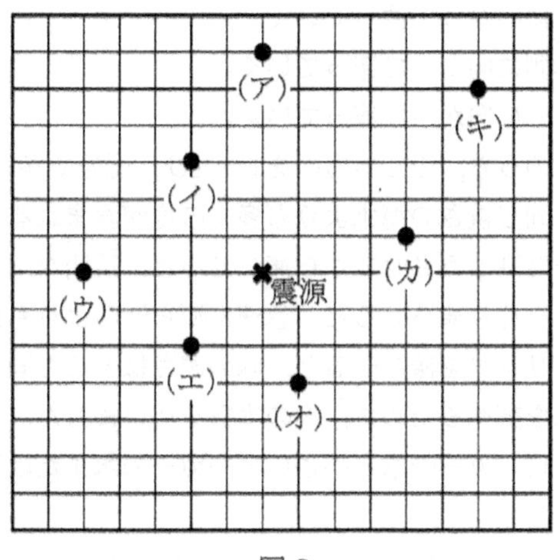

図２

【５】 水の性質や熱の伝わり方について，次の各問いに答えなさい。

（１） 水について，次の(ア)～(エ)のうち正しいものを2つ選び，解答欄の記号を○で囲みなさい。

（ア） 沸(ふっ)とうしている水から立ちのぼる白い湯気は，気体である。

（イ） 空気中には，水蒸気が含まれている。

（ウ） 場所によっては，水は100℃より低い温度で沸とうする。

（エ） 100℃の水蒸気を加熱しても，温度は100℃より高くならない。

（２） 冷凍庫(れいとうこ)でビーカーに入れた水道水を凍(こお)らせて氷をつくりました。次の①～③に答えなさい。

① 凍ったときのようすとして正しいものを次の(ア)～(エ)から1つ選び，記号で答えなさい。ただし，図は横から見たときの断面図です。

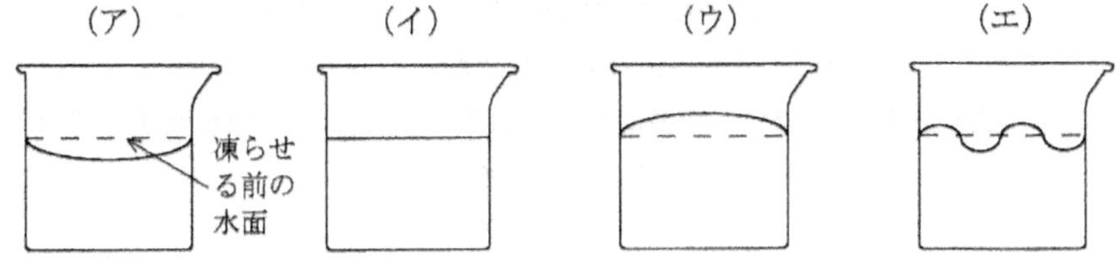

この氷を観察すると中心が白くにごっていました。白くにごった原因を調べてみると，このにごりは水道水に溶(と)けていた空気や，ミネラルといった不純物によるものだとわかりました。また，水が凍る方が不純物が凍るよりもはやいこともわかりました。

② ビーカーに入れた水道水が凍って氷になっていくようすについて，最も適するものを次の(ア)～(エ)から選び，記号で答えなさい。

(ア) 水面から底に向かって凍っていく。

(イ) 底から水面に向かって凍っていく。

(ウ) 中心から外側に向かって凍っていく。

(エ) 外側から中心に向かって凍っていく。

③ 次の(ア)～(エ)のうち，正しいものを1つ選び，記号で答えなさい。

(ア) 流氷には，同じ重さの海水よりも多くの塩が含まれる。

(イ) 水道水を一度沸とうさせてから凍らせると，透明(とうめい)な氷ができやすい。

(ウ) 水道水をゆっくり凍らせると，急速に凍らせるよりも白い部分が広くなる。

(エ) スポーツドリンクを凍らせると，味の濃(こ)さはどこも同じになる。

（3） 氷や水の温度変化を調べるために，次の実験を行いました。あとの①と②に答えなさい。ただし，熱は大きいビーカーの水と小さいビーカーの水または氷との間だけで伝わるものとします。

〔実験〕〔A〕 80℃のお湯90gが入っている大きいビーカーに，0℃の<u>氷</u>54gが入っている小さいビーカーを入れた。その後，温度の変化を調べた。

〔B〕 80℃のお湯90gが入っている大きいビーカーに，0℃の<u>水</u>54gが入っている小さいビーカーを入れた。その後，温度の変化を調べた。

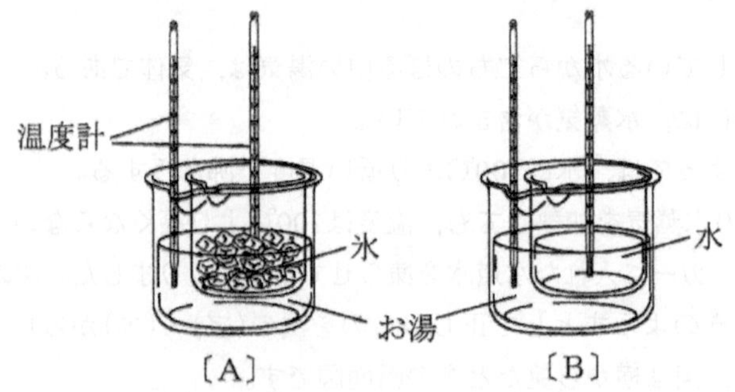

① しばらく時間が経過すると，大きいビーカーの水と小さいビーカーの水の温度は同じになりました。［B］では何℃になりましたか。

② ［A］と［B］で，2つの温度計の示す温度の変化として最も適するグラフを，次の(ア)～(エ)からそれぞれ選び，記号で答えなさい。

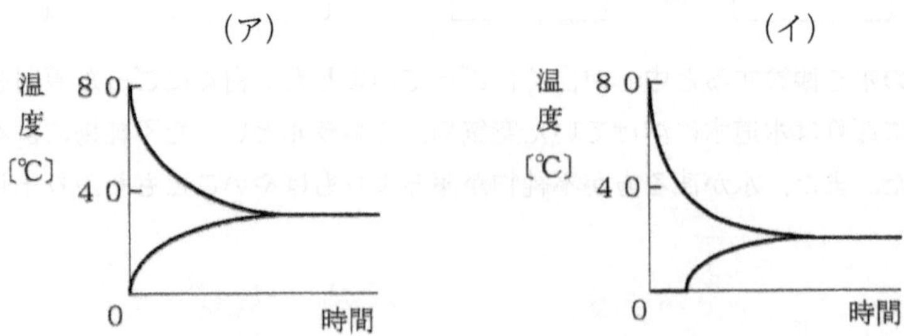

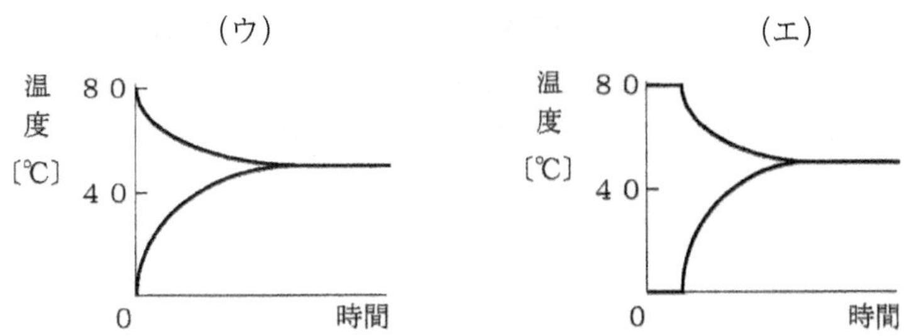

【6】 100gの円形磁石，600gの鉄板，おもり，20cmの棒，ばねばかり，台ばかりを使い，てこのつり合いと，いろいろなものにはたらく力について調べました。次の各問いに答えなさい。ただし，棒の重さは考えないものとします。

(1) 図1のように，天井(てんじょう)から棒の中心を糸でつるし，棒の右端(はし)に磁石をつるしました。棒の中心から左に2cmのところにおもりAをつるすと，棒はつり合いました。おもりAは何gですか。

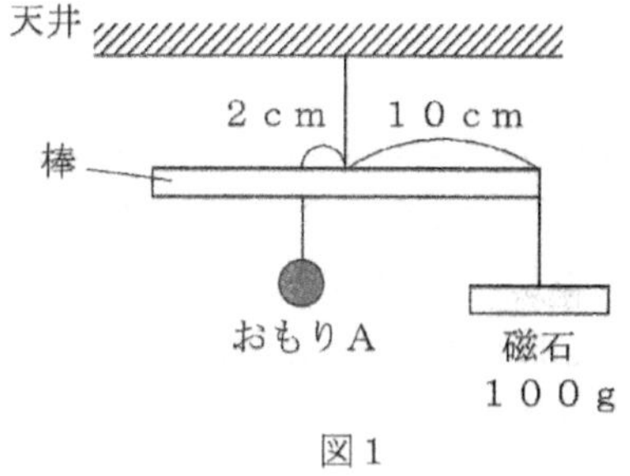

図1

次に，図2のように台ばかりの上に鉄板をのせ，磁石と鉄板の間の距離を一定に保ったところ，台ばかりの値は400gを示しました。

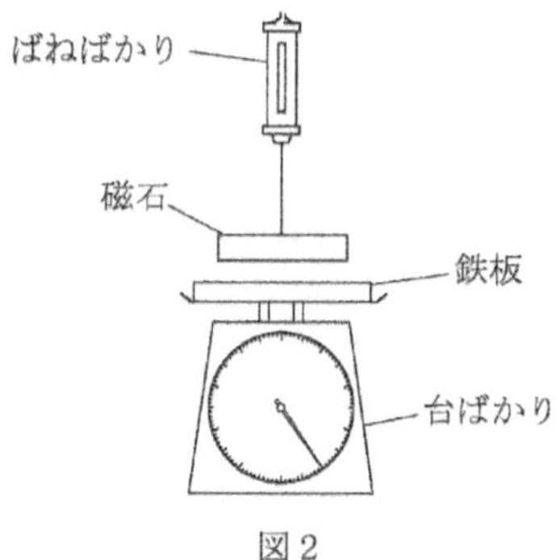

図2

(2) 図2のとき，磁石と鉄板には次のa ～ fの力がはたらきます。このとき，cの力の大きさは何gですか。ただし，cとfの力の大きさは同じになります。

a．磁石の重さ

b．ばねばかりが磁石を支える力

c．鉄板が磁石を引きつける力

d．鉄板の重さ

e．台ばかりが鉄板を支える力

f．磁石が鉄板を引きつける力

(3) 図3のように，天井から棒の中心を糸でつるし，棒の左端におもりB，右端に磁石をつるしました。台ばかりの上に鉄板をのせ，磁石と鉄板の間の距離を調節して棒をつり合わせたところ，台ばかりの値は400gを示しました。おもりBは何gですか。

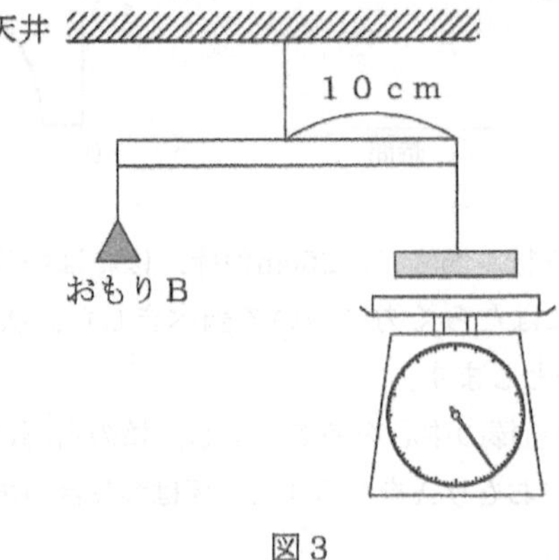

図3

【7】 図1の装置を用いて，次の実験を行ったところ，表1のような結果になりました。あとの各問いに答えなさい。ただし，球は同じ大きさのものを使いました。

〔実験〕 1. 斜面(しゃめん)の下にレールを設置し，レールに木片を置いた。
2. 斜面に球を置き，転がしはじめる高さ(球の高さ)を測定した。
3. 球を転がし，木片と衝突(しょうとつ)させた。
4. 木片が止まったあと，木片の移動距離を測定した。
5. 球の重さや球の高さをいろいろ変えて実験を行った。

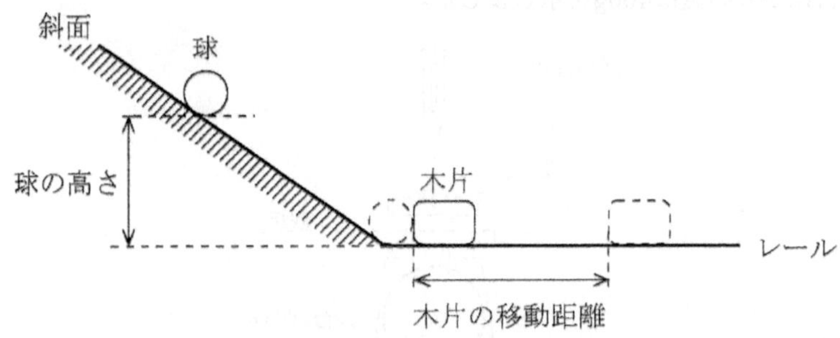

図1

表1 実験の結果

	球の重さ〔g〕	球の高さ〔cm〕	木片の移動距離〔cm〕
A	10	10	4
B	10	30	12
C	20	20	16
D	20	30	24
E	20	40	32
F	30	30	36
G	30	40	48

（1） 球の重さと木片の移動距離の関係を調べるには，A～Gのどの実験を比較(ひかく)するとよいですか。最も適する組み合わせを次の(ア)～(エ)から選び，記号で答えなさい。

(ア) A・C・F　(イ) B・D・F　(ウ) C・D・E　(エ) A・D・G

（2） 重さが15gの球を高さ25cmから転がして木片に衝突させたとき，木片の移動距離は何cmになりますか。

次に，図2のようにレールの端に図1で使った木片を置き，球をとりつけたふりこをつくって，球が最も下にきたときに木片に衝突するようにしました。球の重さ，ふりこの長さ，ふりこの角度を変えて，静かに球を離(はな)して木片に衝突させ，木片の移動距離を調べました。表2は実験の結果の一部を表しています。ただし，ふりこの長さとは，ひもを固定したところから球の中心までの長さで，ふりこの角度を90度にしたときは，球の高さはふりこの長さと同じになります。

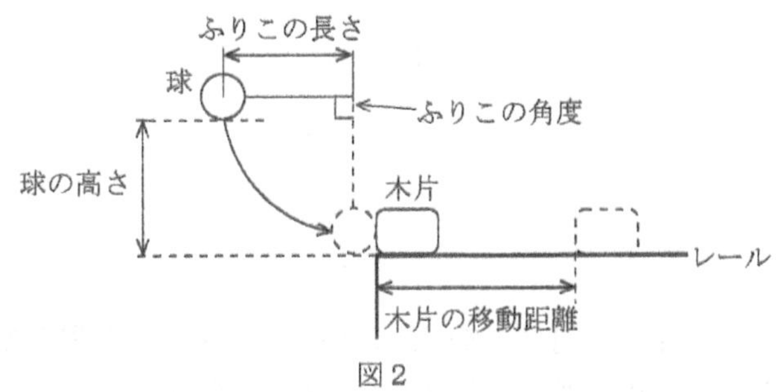

図2

表2　実験の結果の一部

球の重さ〔g〕	ふりこの長さ〔cm〕	ふりこの角度〔度〕	木片の移動距離〔cm〕
10	30	90	12
20	40	90	32

斜面を使った実験とふりこを使った実験から，球の重さと高さが同じならば木片の移動距離は同じになることがわかりました。

（3） 次の(ア)～(エ)のように，ふりこを使って球を木片に衝突させたとき，木片の移動距離が32cmになる実験はどれですか。1つ選び，記号で答えなさい。

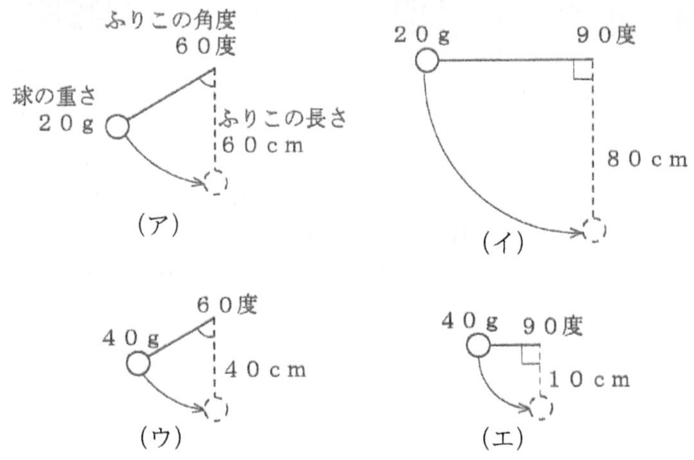

【社　会】(30分)〈満点：50点〉

1. 次の地図を見て，問いに答えなさい。

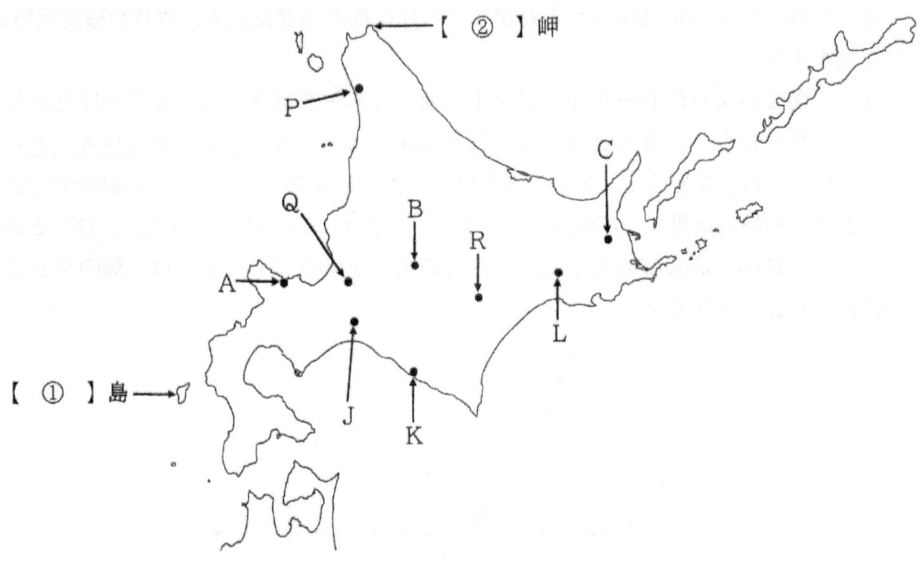

問1．地図中【　①　】・【　②　】にあてはまる地名を，それぞれ**漢字で**答えなさい。

問2．次のⅠ～Ⅲの雨温図は，地図中A～Cのいずれかの地点のものです。Ⅰ～ⅢとA～Cの組み合わせとして正しいものを，下のア～カの中から1つ選び，記号で答えなさい。

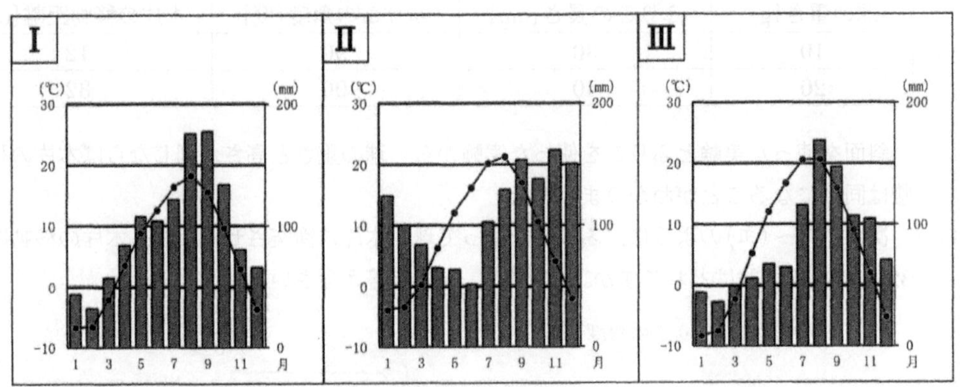

気象庁の統計により作成。

	ア	イ	ウ	エ	オ	カ
Ⅰ	A	A	B	B	C	C
Ⅱ	B	C	A	C	A	B
Ⅲ	C	B	C	A	B	A

問3．国土交通省北海道開発局では，1990年から，市町村の名所，特産品などのイラストを描(えが)いたカントリーサインを作成しています。次のⅠ～Ⅲのカントリーサインは，地図中J～Lのいずれかの市町村のものです。カントリーサインと市町村の組み合わせとして正しいものを，下のア～カの中から1つ選び，記号で答えなさい。

Ⅰ

Ⅱ

Ⅲ

	ア	イ	ウ	エ	オ	カ
Ⅰ	J	J	K	K	L	L
Ⅱ	K	L	J	L	J	K
Ⅲ	L	K	L	J	K	J

問4．次のⅠ～Ⅲは，地図中P～Rのいずれかの地域の農業について説明したものです。Ⅰ～ⅢとP～Rの組み合わせとして正しいものを，下のア～カの中から1つ選び，記号で答えなさい。

Ⅰ．第二次世界大戦後，牧草地の開発により，畜産業が盛んである。

Ⅱ．かつては泥炭地が広がっていたが，客土が行われ，現在では稲作が盛んである。

Ⅲ．明治時代以降の開拓(かいたく)により，酪農を主体に小麦，ばれいしょ(じゃがいも)，てんさい，豆類などの栽培(さいばい)が盛んである。

	ア	イ	ウ	エ	オ	カ
Ⅰ	P	P	Q	Q	R	R
Ⅱ	Q	R	P	R	P	Q
Ⅲ	R	Q	R	P	Q	P

問5．次のⅠ～Ⅲの地図は，北海道で盛んに生産されている農産物のうち，ばれいしょの収穫量，トマトの収穫量，生乳の生産量の2021年における上位5つの都道府県をぬりつぶして示したものです。それぞれの農産物と地図の組み合わせとして正しいものを，下のア～カの中から1つ選び，記号で答えなさい。

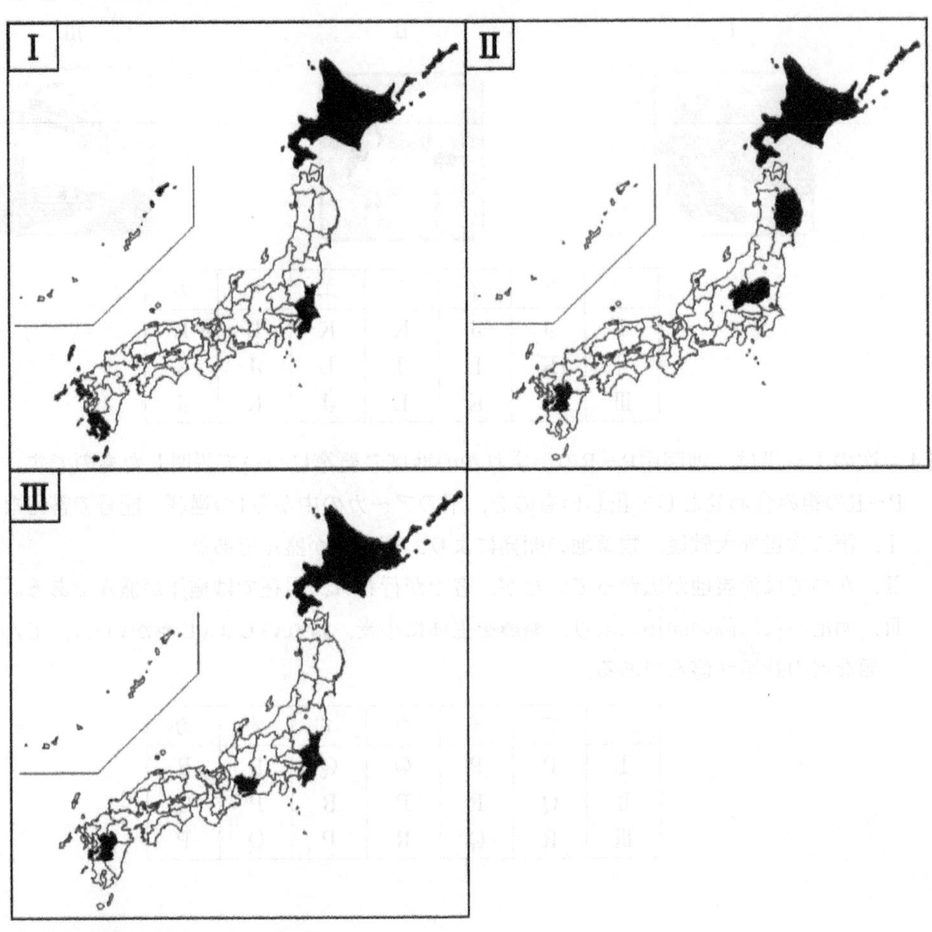

農林水産省の統計により作成。

	ア	イ	ウ	エ	オ	カ
Ⅰ	ばれいしょ	ばれいしょ	トマト	トマト	生　乳	生　乳
Ⅱ	トマト	生　乳	ばれいしょ	生　乳	ばれいしょ	トマト
Ⅲ	生　乳	トマト	生　乳	ばれいしょ	トマト	ばれいしょ

問6．北海道では水産業が盛んに行われています。2020年における漁獲量※上位7つの都道府県をぬりつぶした地図として正しいものを，次のア～ウの中から1つ選び，記号で答えなさい。
※養殖は含まない。

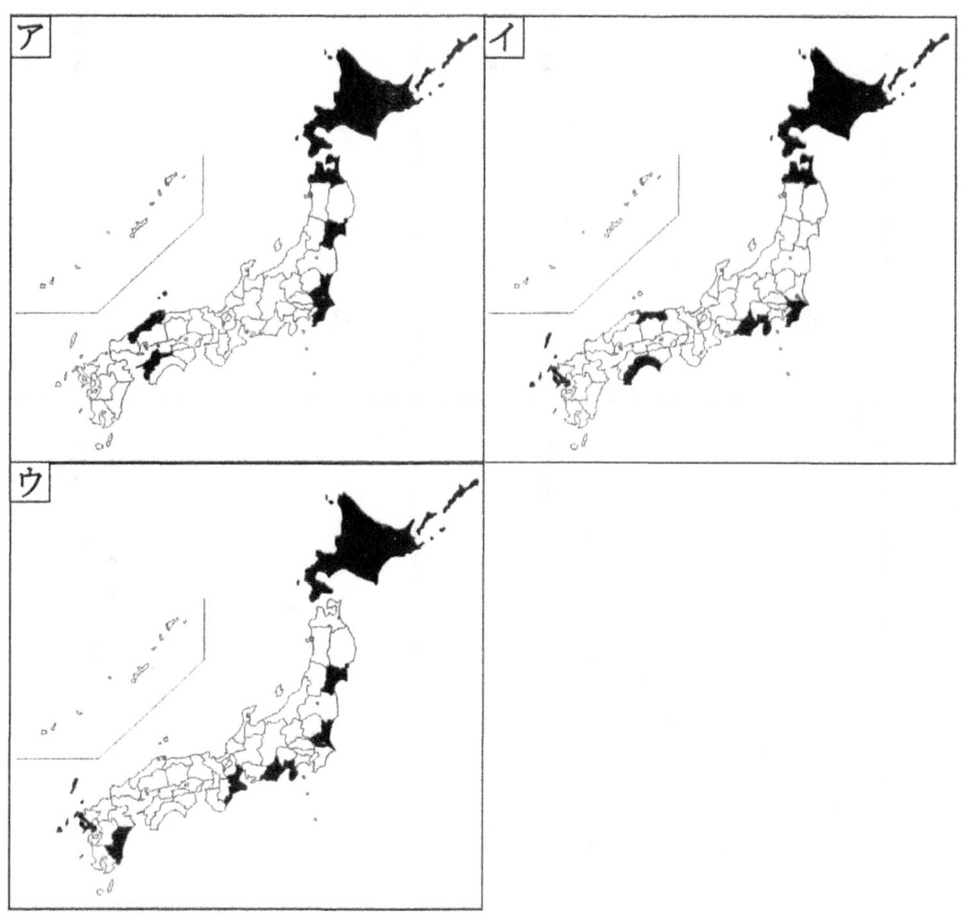

農林水産省の統計により作成。

問7．北海道ではかつて石炭の採掘(さいくつ)が盛んに行われていました。1970年ごろの日本における主な炭鉱の分布図として正しいものを，次のア～エの中から1つ選び，記号で答えなさい。

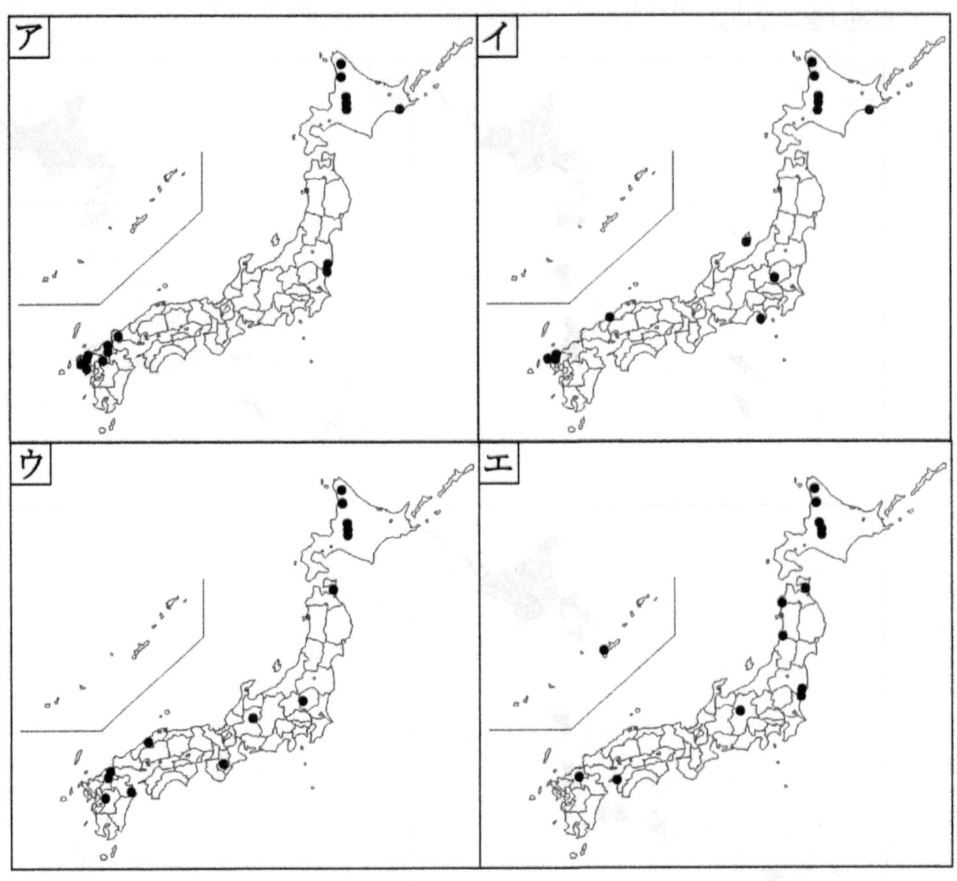

国土地理院の資料により作成。

問8．次の表中ア～エは，北海道と製造品出荷額が同程度の長野県，岐阜県，京都府，山口県の2019年における製造品出荷額といくつかの業種別工業製品出荷額を示しています。岐阜県を示しているものを，ア～エの中から1つ選び，記号で答えなさい。

(単位：億円)

	製造品出荷額	食料品・飲料・たばこ・飼料	化　学	窯業(ようぎょう)・土石製品	電気機械
北海道	61,336	24,740	10,850	2,075	2,622
ア	65,735	2,758	32,382	2,356	1,006
イ	62,194	7,422	3,140	1,495	21,991
ウ	59,896	4,594	8,918	3,946	5,992
エ	57,419	14,185	4,055	2,112	8,561

経済産業省の統計により作成。

2. 次の文を読んで，問いに答えなさい。

2022年5月，最高裁判所(最高裁)は，①最高裁裁判官の【　　　】について，海外在住の日本人が投票できないのは②憲法違反であると判断しました。主権者である国民は，③立法・④行政・⑤司法の三権を担う各機関が⑥国民の権利と自由を保障するために機能しているかどうかを監視(かんし)する立場にあります。したがって，【　　　】を通して最高裁裁判官の適性を判断することは，三権分立の原則において重要な意味をもっています。

問1．【　　　】にあてはまる語句を，**漢字で**答えなさい。

問2．下線部①について，裁判官の身分や役割に関する次のⅠ・Ⅱの文の正誤の組み合わせとして正しいものを，下のア～エの中から1つ選び，記号で答えなさい。

Ⅰ．すべての裁判官は，憲法および法律にのみ拘束(こうそく)され，自らの良心に従い職務にあたらなければならない。

Ⅱ．裁判官は，法律に違反(いはん)する罪を犯した疑いのある者を被告(ひこく)人として起訴(きそ)する役割を担う。

ア．Ⅰ－正　Ⅱ－正　　イ．Ⅰ－正　Ⅱ－誤

ウ．Ⅰ－誤　Ⅱ－正　　エ．Ⅰ－誤　Ⅱ－誤

問3．下線部②について，日本国憲法の内容として**誤っているもの**を，次のア～エの中から1つ選び，記号で答えなさい。

ア．天皇は，日本国の元首であり，この地位は神聖にして侵(おか)してはならない。

イ．天皇は，内閣の指名に基づいて，最高裁判所の長たる裁判官を任命する。

ウ．国民は，すべての基本的人権の享有(きょうゆう)を妨(さまた)げられない。

エ．何人も，いかなる奴隷(どれい)的拘束も受けない。

問4．下線部③について，法律案の議決に際し，衆議院が可決した法律案を参議院が否決した場合，衆議院で再可決すれば法律として成立します。議員定数465人の衆議院で438人の議員が出席した場合，再可決のためには最低何人の賛成が必要であるか，**算用数字で**答えなさい。

問5．下線部④について，行政権を行使する内閣に関する次のⅠ・Ⅱの文の正誤の組み合わせとして正しいものを，下のア～エの中から1つ選び，記号で答えなさい。

Ⅰ．内閣を構成する内閣総理大臣と国務大臣は，文民でなければならない。

Ⅱ．衆議院が解散された場合，衆議院議員総選挙後に召集(しょうしゅう)される特別国会では，内閣は総辞職しなければならない。

ア．Ⅰ－正　Ⅱ－正　　イ．Ⅰ－正　Ⅱ－誤

ウ．Ⅰ－誤　Ⅱ－正　　エ．Ⅰ－誤　Ⅱ－誤

問6．下線部⑤について，(1)・(2)の問いに答えなさい。

(1)　日本の司法制度を説明した文として正しいものを，次のア～オの中から**すべて**選び，記号で答えなさい。

ア．裁判の第一審は，事件の内容によって，地方裁判所または簡易裁判所のいずれかで行われる。

イ．裁判員制度とは，日本国民の中からくじで選ばれた裁判員が裁判官とともに民事裁判を行う制度である。

ウ．第一審の裁判所の判決に不服がある場合，第二審の裁判所に上告し，そこでの判決に

不服があれば，さらに控訴することができる。

エ．被疑者や被告人が共犯者の犯罪について供述したり，証拠を提出したりした場合，減刑などをされることがある。

オ．刑事裁判において，被告人が経済的な理由などによって弁護人を依頼することができない場合，国が費用を負担して弁護人をつけることができる。

（2） 日本の司法制度では，判決が確定した後でも，新たな証拠によって判決に疑いが生じた場合などには，再審を請求することが認められています。1980年に死刑判決が確定したが，2023年3月に東京高等裁判所によって再審の開始が認められた事件を，次のア～エの中から1つ選び，記号で答えなさい。

ア．島田事件　　イ．袴田事件　　ウ．松山事件　　エ．免田事件

問7．下線部⑥について，次の表は，公共の福祉によって国民の人権が制限される事例を示したものです。表中X・Yにあてはまる国民の人権として正しいものを，下のア～オの中からそれぞれ1つずつ選び，記号で答えなさい。

制限される事例	制限される国民の人権
他人の名誉を傷つける行為の禁止	X
公務員の争議行為(ストライキ)の禁止	Y

ア．財産権　　イ．労働基本権　　ウ．表現の自由　　エ．職業選択の自由

オ．思想・良心の自由

3. 次の＜Ａ＞～＜Ｉ＞の文を読んで，問いに答えなさい。なお，＜Ａ＞～＜Ｉ＞は年代の古いものから順に並んでいます。

＜Ａ＞　私は，魏の皇帝に使者を送り，金印や多数の銅鏡を授かりました。

＜Ｂ＞　私が幕府の【　　　】として政治の実権を握っていた時に，モンゴル軍(元軍)が2度九州に攻めてきました。

＜Ｃ＞　私は，関白として政治をしていた時に，宣教師の国外追放を命じました。

＜Ｄ＞　私は，将軍として政治をしていた時に，オランダ商館を長崎の出島に移しました。

＜Ｅ＞　私は，国学者として日本の古典を研究し，『古事記伝』を著し，日本古来の精神に立ち帰ることを主張しました。

＜Ｆ＞　私は，故郷の萩で塾を営み，尊王攘夷派の志士を多く育成しましたが，死罪を命じられ，29歳でその生涯を閉じました。

＜Ｇ＞　私は，初代統監として，韓国の外交を日本の管理下に置きました。

＜Ｈ＞　[　　　　　　　　　　　　]

＜Ｉ＞　私が内閣総理大臣として政治をしていた時に，日本軍がハワイの真珠湾を奇襲攻撃し，太平洋戦争が始まりました。

問1．＜Ａ＞について，次のⅠ～Ⅲは私を説明した文です。その内容として正しいものの組み合わせを，次のページのア～キの中から1つ選び，記号で答えなさい。

Ⅰ．私の政治的支配は，本州全体までおよんでいた。

Ⅱ．私が魏の皇帝から授かった金印は，福岡県志賀島で発見された。

Ⅲ．私の死後，男の王が立ったが，国内が治まらず同族の女性が王となった。

ア．Ⅰ　　イ．Ⅱ　　ウ．Ⅲ　　エ．ⅠとⅡ

オ．ⅠとⅢ　　カ．ⅡとⅢ　　キ．ⅠとⅡとⅢ

問2．＜B＞について，【　　】に入る役職名を，**漢字で**答えなさい。

問3．＜C＞について，私が行ったこととして正しいものを，次のア～オの中から**すべて**選び，記号で答えなさい。

ア．琉球王国を征服(せいふく)し，支配下に置いた。

イ．刀狩を行い，農民たちから武器を没収した。

ウ．朝鮮出兵を行ったが，現地で激しい抵抗(ていこう)にあった。

エ．琵琶湖のほとりに安土城を創建し，この城で政務をとり行った。

オ．検地を行い，村ごとに田畑の面積・等級を調査し，石高を定めた。

問4．＜D＞について，日本とオランダの関係として正しいものを，次のア～エの中から1つ選び，記号で答えなさい。

ア．将軍の代替わりごとに，オランダから慶賀使が派遣された。

イ．オランダ人との交易は，江戸時代の鎖国下の中でも続けられた。

ウ．オランダ人は南蛮人と呼ばれ，オランダ本国には日本町がつくられた。

エ．大日本帝国憲法作成の際，オランダ人がお雇い外国人として助言を行った。

問5．＜E＞について，私とは誰(だれ)か，**漢字で**答えなさい。

問6．＜F＞について，私が営んでいた塾の名称(めいしょう)を，**漢字で**答えなさい。

問7．＜G＞について，私を説明した文として正しいものを，次のア～オの中から**すべて**選び，記号で答えなさい。

ア．長州藩出身の藩士として，倒幕運動に参加した。

イ．外務大臣として，関税自主権の回復に成功した。

ウ．内閣総理大臣の時，大日本帝国憲法が発布された。

エ．日本全権として，日清戦争の講和条約に調印した。

オ．立憲改進党を結成し，初代総理(党首)に就任した。

問8．＜I＞について，太平洋戦争前後に起きた次のア～エのできごとを，**年代の古いものから順に**並べかえなさい。

ア．日ソ中立条約を締結(ていけつ)した。

イ．日独伊三国同盟を締結した。

ウ．沖縄戦で日本軍が敗北した。

エ．ミッドウェー海戦で日本軍が敗北した。

問9．＜H＞に入れる文を，**次のルール①～④に従って**作成しなさい。

ルール①　「[X]」は(が)[Y]として(の時)，[Z]」という形式で作成する。

ルール②　「[X]は(が)」には，日本の歴史上の人物を姓名で表記する。

ルール③　「[Y]として(の時)」には，[X]の役職(立場)を表記する。

ルール④　[Z]には，歴史事項(じこう)(法律や戦争，事件など)を具体的な名称で表記し，文末は「をしました」「が起きました」などとする。

⑦ 「ごんぎつね」は新美南吉(にいみなんきち)のチョジュツだ

⑧ その仕事をやれる目算がある。

⑨ 武者修行(しゅぎょう)の旅に出る。

⑩ 彼は分別がある人間だ。

良かったからだともいえる。

問二十一、次の一文は本文中から抜いたものですが、どこに入れるのが適切ですか。その**直前**の五字を抜き出して答えなさい。

一方、ヨーロッパの水は硬度が高い硬水が多いのです。

二、次の①～⑤の四字熟語の□に当てはまる漢字として正しいものを、下の(ア)～(エ)の中からそれぞれ選び、記号で答えなさい。

① 公明□大　(ア) 成　(イ) 清　(ウ) 勢　(エ) 正

② □刀直入　(ア) 短　(イ) 担　(ウ) 単　(エ) 探

③ □口同音　(ア) 異　(イ) 以　(ウ) 委　(エ) 意

④ 理路整□　(ア) 全　(イ) 然　(ウ) 前　(エ) 善

⑤ 大□晩成　(ア) 基　(イ) 器　(ウ) 気　(エ) 貴

三、次の①～⑤の□に**当てはまらない**慣用句やことわざを、後の(ア)～(エ)の中からそれぞれ一つずつ選び、記号で答えなさい。

① そんなことをしていると、いつか□ことになって、恥をかくよ。

(ア) 馬脚を現す　(イ) 眉につばをつける

(ウ) 化けの皮がはがれる　(エ) ぼろが出る

② 君の提案も彼の提案も□で決め手がない。

(ア) どんぐりの背比べ　(イ) 同じ穴のむじな

(ウ) 似たり寄ったり　(エ) 五十歩百歩

③ 財布をなくした上に雨まで降ってくるなんて、□だ。

(ア) 貧すれば鈍する　(イ) 泣きっ面に蜂

(ウ) 踏んだり蹴ったり　(エ) 弱り目にたたり目

④ 彼にどんなアドバイスをしても、まるで□で改善されるきざしがない。

(ア) 釈迦に説法　(イ) のれんに腕押し

(ウ) 馬の耳に念仏　(エ) ぬかに釘

⑤ □と言うが、やはり何事にも準備は必要だ。

(ア) 転ばぬ先のつえ　(イ) 石橋をたたいて渡る

(ウ) 備えあれば憂いなし　(エ) 大手を振る

四、次の①～⑦の――線部を漢字に改め、⑧～⑩の――線部の読みをひらがなで答えなさい。

① 生まれ育ったコキョウをなつかしく思う。

② 辞書をザユウに置く。

③ 月は地球のエイセイである。

④ 相手のサクリャクを見破る。

⑤ 大会に参加した人数はノベ千人だ。

⑥ 書類をユウソウする。

なっていることが知られるようになったから。

(エ) 社会に貢献するためには、森を守るような取り組みも大切だ、という考え方が広がりだしたから。

問十五、⑮に当てはまる言葉として最も適切なものを、次の(ア)~(エ)の中から選び、記号で答えなさい。

(ア) 木を植えない　(イ) 木を植えすぎる
(ウ) 木を伐りすぎる　(エ) 木を伐らない

問十六、――線⑯「放置人工林」とは、どのような「人工林」のことですか。具体的に書かれている部分を本文中から四十字以内で抜き出し、その最初と最後の五字を答えなさい。

問十七、――線⑰「『社会貢献』という考え方が広がりだした」とありますが、会社が「社会貢献」を行う際の問題点を、本文中の言葉を用いて、四十字以内で答えなさい。

問十八、Ⅰ～Ⅲに当てはまる言葉の組み合わせとして適切なものを、次の(ア)~(エ)の中から選び、記号で答えなさい。

(ア) Ⅰ そして　Ⅱ もちろん　Ⅲ しかも
(イ) Ⅰ ところで　Ⅱ でも　Ⅲ さらに
(ウ) Ⅰ ところが　Ⅱ だから　Ⅲ けれども
(エ) Ⅰ さて　Ⅱ たしかに　Ⅲ しかし

問十九、――線⑱「最初から『本業』という位置づけだった点が社会貢献とは大きくちがいます」とありますが、どのような点がちがうのですか。その説明として最も適切なものを、次の(ア)~(エ)の中から選び、記号で答えなさい。

(ア) サントリーによる「天然水の森事業」は、自社の森が荒れてしまうことを心配して始められた事業だという点で、森のためにいいことをしようという考えで行われる社会貢献とは根本的に異なるということ。

(イ) サントリーによる「天然水の森事業」は、本来の目的である飲料を作ることと並行して行っている事業だという点で、会社のもうけにつながるから森を守ろうという考えで行われる社会貢献とは根本的に異なるということ。

(ウ) サントリーによる「天然水の森事業」は、本来の目的である飲料を作ることの一環として行っている事業だという点で、森のためにいいことをしようという考えで行われる社会貢献とは根本的に異なるということ。

(エ) サントリーによる「天然水の森事業」は、偶然ではあるが多大な利益を生み出している事業だという点で、もうけるだけではなく森のためにいいことをしようという考えで行われる社会貢献とは根本的に異なるということ。

問二十、本文の内容に合うものを、次の(ア)~(エ)の中から一つ選び、記号で答えなさい。

(ア) サントリーは当初、本業とは全く異なる「天然水の森事業」に非協力的だった。

(イ) 「天然水の森事業」は、会社の幹部たちが話し合って提案した事業である。

(ウ) サントリーの飲料は、どこでも同じ味を楽しめることを重視して作られている。

(エ) 「天然水の森事業」が許可されたのは、提案された時期が

（ア）「サントリー天然水の森」事業について、その収益力をうったえた。
（イ）「サントリー天然水の森」事業について、その必要性をうったえた。
（ウ）「サントリー天然水の森」事業について、その宣伝効果をうったえた。
（エ）「サントリー天然水の森」事業について、その管理方法をうったえた。

問八、――線⑧「手入れを自分たちの会社がかわりにやればいいんじゃないか」とありますが、「山田さんたち」は本来、森の「手入れ」はどこがするものだと考えていたのですか。本文中から五字以内で抜き出して答えなさい。

問九、――線⑨「この案」について、具体的に書かれている部分を本文中から過不足なく抜き出し、その最初と最後の五字を答えなさい。

問十、――線⑩「同時に不安でもありました」とありますが、何が「不安」だったのですか。その説明として最も適切なものを、次の（ア）～（エ）の中から選び、記号で答えなさい。
（ア）会社の中で、飲料をつくったり、原料の品質を管理したりする部門にいるわけではない人たちの提案を受け止めてくれるのかということ。
（イ）長いこと飲料づくりをしていた会社が、本来の事業から方向転換してまで森づくりという異なる事業に興味を持って取り組んでくれるのかということ。
（ウ）お金もうけを目的としている会社が、今までやってこなかった森の手入れという、お金もうけにならない事業を許可してくれるのかということ。
（エ）森を守ることは人類共通の義務だが、利益を減らしてまで人類全体のために自然を守ろうという気持ちが会社にあるのかということ。

問十一、――線⑪「やがて」が直接かかっている部分を、次の（ア）～（エ）の中から選び、記号で答えなさい。
（ア）地上に　（イ）落ちてくる間に
（ウ）さまざまなよごれを　（エ）取ってきます

問十二、――線⑫「ミネラルウォーター」ができる過程を、「～できあがる。」で終わるように、本文中の言葉を用いて、三十五字以内で答えなさい。

問十三、――線⑬「水の硬度のちがい」とありますが、「水の硬度」は何を基準に決められていますか。本文中の言葉を用いて、十五字以内で答えなさい。

問十四、――線⑭「森のためによいことを応援しよう、という動きが出てきていたのです」とありますが、その理由として**適切でないもの**を、次の（ア）～（エ）の中から一つ選び、記号で答えなさい。
（ア）社会貢献活動を盛んにするため、二酸化炭素を貯めてくれる木は大切だ、という知識が広められたから。
（イ）世界中で、木の伐採によって森の破壊が深刻になっているということが知られるようになったから。
（ウ）日本の森が、手入れされていないことで不健全な状態に

大切な森が世界では破壊され、日本では手入れされずに不健全と言うならば、何か自分たちにできることはないか？　という発想が企業の中に広がっていきました。地球温暖化を防ぐためにも、二酸化炭素を貯めてくれる木は大切、という知識が森を守る社会貢献活動をますます盛んにしていったのです。

［Ⅰ］、山田さんたちが提案した「天然水の森事業」は、飲み物をつくる本業とは一見関わりのない森を守る事業なので、この社会貢献の考え方とよく似て見えます。［Ⅱ］社員の森林ボランティア体験や、子どもに向けての森林体験教室、*2水育など、社会貢献としておこなっているものもあります。

［Ⅲ］サントリーにとっての森づくりは、会社がつくるほとんどの飲み物の原料である地下水を育むためにすることなので、⑱最初から「本業」という位置づけだった点が社会貢献とは大きくちがいます。

社会貢献事業は、会社に余裕があるときは盛んになりますが、余裕がなくなると続かなくなったり、内容が数年で変わったりします。森づくりを会社の事業の柱にするということは、会社がある限りかならずやるべきことで、簡単にやめることはできません。

こうして、天然水の森事業がスタートすることになりました。

（浜田久美子『水はどこからやってくる？　水を育てる菌と土と森』による　ただし、出題の都合上、本文を改めたところがある）

＊1　林床……森林内の地表面。

＊2　水育……子どもたちが自然のすばらしさを感じ、水や水を育む森の大切さに気付き、未来に水を引きつぐために、何ができるのか、を考えるプログラム。

問一、――線①「［　］ちがい」が「専門分野が異なること」という意味になるように、［　］に当てはまる漢字一字を答えなさい。

問二、――線②「地下水を使ってほとんどすべての飲み物をつくっている」とありますが、なぜですか。その理由を説明している連続する二文を本文中から抜き出し、その最初の五字を答えなさい。

問三、――線③「地域ごとに飲みくらべると、味のちがいが感じられる」とありますが、「味のちがい」が生じる理由が書かれている一文を本文中から抜き出し、その最初の五字を答えなさい。

問四、――線④「そのことに危機感を持つ社員があらわれました」とありますが、なぜその「社員」は「危機感を持」ったのですか。その理由が書かれている一文を本文中から抜き出し、その最初の五字を答えなさい。

問五、――線⑤「地下水にたよっているウチの会社で、もし上流に何か起きたらどうなる?」と考えたのは、「地下水」が「会社」にとってどのようなものだったからですか。本文中から三字で抜き出して答えなさい。

問六、――線⑥「日本中の多くの人が考えもしないかもしれません」とありますが、何について「考えもしない」というのですか。本文中から二十字以内で抜き出して答えなさい。

問七、――線⑦「効果的にうったえることは得意でした」とありますが、何を「うったえ」たと考えられますか。その内容として最も適切なものを、次の（ア）～（エ）の中から選び、記号で答えなさい。

森の土は、天然のろ過装置というわけです。浄水場や家庭の水道の水をろ過する仕組みも、じつはもともと森のろ過の仕組みをまねしてつくられています。

そして、よごれが取れたきれいな水が岩盤層を通る中で、地質のミネラルを水にふくみます。それが⑫ミネラルウォーターです。地域によってくみ上げる地下水の味・性質がちがうというのは、この地層の質のちがいが水の味と性質に反映されるからなのです。

水の硬度、という言葉を聞いたことはありますか？　硬度とは、水にふくまれるカルシウムやマグネシウムといったミネラルの量を示す指標です。地中にしみこんだ水が岩盤層を通るとき、岩盤のミネラルが溶けこみます。その量の多い・少ないが硬度として表現されます。ミネラルの量が多いものを硬水、少ないものを軟水といいます。

硬度のちがいは、緑茶や紅茶といったお茶やビール、ウイスキーなどの味に大きく影響をあたえます。ミネラルウォーターのボトルには水の硬度が表示されているので、機会があれば見てみてください。日本の地下水は硬度があまり高くない軟水が多いです。

たとえば、紅茶をよく飲むイギリスの水は硬度が高く、同じ茶葉であっても日本の水でいれると別物になると言われます。また、日本で問題なく泡立つ石けんをヨーロッパに持っていくと泡立ちがとたんに悪くなるというのも、⑬水の硬度のちがいが影響しています。

日本とヨーロッパで硬度がちがうのは、日本独特の地形も関係しています。

さて、山田さんたちが地下水のための森づくり事業を提案したのは、21世紀という新しい100年が始まるころでした。サントリーだけでなく、いろいろな会社が森のために何かお手伝いをしましょう、と活動を始めていました。会社があつかっているものはそれぞれちがっても、森や木に関わる事業をしていなくても、⑭森のためによいことを応援しよう、という動きが出てきていたのです。

そこには、大きく三つの背景がありました。

一つ目は、世界中で森の破壊が深刻になっていることが広く知られるようになったことです。世界の森林破壊の多くは、木を伐りすぎることによって起きていました。木材として売るために木が伐られることはもちろんですが、日本の戦前までと同じように毎日の生活に不可欠な燃料のためや、新しく畑や牧場をつくるために木が伐られることも多かったのです。

二つ目は、日本の森の状況も知られるようになったことです。海外とは逆に、日本は［⑮］ことで森が不健全な状態になっていることが明るみに出てきていました。人工林に欠かせない手入れがされていない真っ暗な⑯放置人工林が日本中に広がっていることが知られはじめました。

三つ目は、21世紀になるころ、⑰「社会貢献」という考え方が広がりだしたことです。会社は、本来お金をもうけることを目的とする組織ですが、もうけるだけではなく、社会のためになることをするのも大切だ、という考え方です。社会貢献には、福祉や災害ボランティア、街づくりや専門の講師の派遣など、さまざまな取り組みがあります。その取り組みの中に、背景の最初の二つ、世界の森林問題と日本の森林問題の両方が知られることで、森を守る活動も加わるようになったのです。

はあっても、毎年多くの雨が降る日本で水がかれてしまうイメージはピンときません。

　山田さんは、コピーライターやデザイナーなど一緒に働いている仲間に声をかけ、この危機感を力説し、地下水を守るための事業を会社に提案しようと呼びかけました。宣伝のプロですから、⑦効果的にうったえることは得意でした。

　広告づくりをする仲間とつくった企画が、「サントリー天然水の森」でした。これは、すべての工場の地下水に関わる森の手入れをして、工場でくみ上げる量より多くの水を育てて、地下水を長く安定して利用できるようにしよう、という提案でした。水源地域にある森はたいてい水源かんよう保安林に指定されています（かんよう〈涵養〉とは水が自然にしみこむように少しずつ養い育てること）。そこには天然林（伐採されたことはあるが自然の姿をとどめる森）だけでなく、人工林も多くふくまれていました。本来ならばするべき手入れがされないで、長らく荒れた状態になっている人工林が多いことを知った山田さんは、ならば、その⑧手入れを自分たちの会社がかわりにやればいいんじゃないか、とあとから思い返せばとても単純に考えたのでした。

　山田さんたちのチームは、社長をはじめ会社の幹部の人たちに⑨この案を説明することになりました。よいアイデアであり、とても大事な提案だと自分たちは思っていましたが、⑩同時に不安でもありました。木材を生産するわけでもなければ、住宅や家具などをつくるわけでもない飲料会社が本格的な森の手入れをするという提案を、会社の幹部たちが受け止めてくれるだろうか？　という不安でした。この事業はお金がもうかる仕事ではありません。逆に、お金を使わなければできないことばかりになるのははっきりしていたからです。

　会議には、山田さんの上司が出席して、「天然水の森事業案」を説明してくれました。ふたを開けてみれば、だれからも「そんな金ばかりかかる事業はいかん」とか「林業の会社ではないのに、なぜ森づくりをするのか」といった意見や質問は一つも出なかったこと、最後は「反対する理由はありませんな」という社長の一声で、「天然水の森事業案」が通ったと上司が知らせてくれました。山田さんたちのチームは、ホッとし、そしてこれからの事業に期待を寄せました。

　水は地球をめぐる間に、さまざまな状態に変わっています。海などからのぼった水蒸気が雨雲となって⑪やがて雨として地上に落ちてくる間に、雨は大気中のさまざまなよごれを取ってきます。雨上がりの空が、いつもより少し澄んできれいに思えるのは、実際に、雨が大気のよごれを取ってくれるからなのです。

　大気の中には、とてもたくさんの化学物質やよごれが混ざっています。残念ながら、その大部分はわたしたち人間が生み出しているものです。車の排気ガス、工場の排煙、ゴミが燃やされたり、分解されたりするときの煙やガス……。川やダムに落ちた雨にふくまれるこれらの汚染物質は、水道水となるときには人工的にろ過して取り除かれます。

　では、森に降った雨の汚染物質はどうなると思いますか？

　＊1林床に積もった落ち葉の下にある土の層でろ過されて取り除かれるのです。土の層が終わって岩盤層にたどり着くころには、きれいな水になっています。

【国　語】（五〇分）〈満点：一〇〇点〉

【注意】字数指定がある問いでは、句読点・記号なども一字として数えます。

一、次の文章を読んで、後の問いに答えなさい（字数指定がある問いでは、句読点・記号なども一字として数えます）。

飲料会社のサントリーが①［　　］ちがいに見える森づくりを始めることにしたのは、森の大きな変化がすっかり進行した２０００年前後、21世紀に入るころのことです。森づくりは、②地下水を使ってほとんどすべての飲み物をつくっている会社の事情から始まります。サントリーは、地下水が足りないから水道水を使いましょう、ということをしません。だから、地下水は会社の生命線だったのです。

サントリーが誕生したのは、かろうじて19世紀と呼べる１８９９年。そのときの社名は「鳥井商店」といい、日本で初めてウイスキーづくりに挑戦しました。その挑戦は、つくりたいウイスキーに適した水を探し求めることでもありました。

地下水は自然の影響を強く受けていて、くみ上げる場所によって味も性質もちがいます。サントリーの天然水やウイスキーは、全国各地にある工場ごとに味がちがうことを商品の特色としています。

みなさんが飲むジュース（清涼飲料水）は、なるべく均一な味であることを求められ、甘みや香りをつけることがほとんどなので、地域ごとの水の味のちがいはわかりません。ミネラルウォーターの「天然水」ならば、「奥大山」「南アルプス」など、くみ上げられている③地域ごとに飲みくらべると、味のちがいが感じられるかもしれません。

そのため、くみ上げた地下水の品質管理や、水の性質の調査や研究は、ずっと続けていました。ただ、水が豊かと信じられている日本において、地下水そのものがかれてしまう可能性は、だれも考えてはいませんでした。

あるとき、④そのことに危機感を持つ社員があらわれました。山田健さんです。山田さんは当時、社内でコピーライターという仕事をしていました。宣伝やコマーシャルなど、サントリーの商品や事業の魅力を伝える文章を書くのが主な仕事です。山田さんは飲み物をつくる仕事をしていたわけでもなく、水に関わっていたわけでもありませんでした。

ただ山田さんは、上流に井戸を掘ったために下流の地下水がかれた歴史を、子ども時代から身近に知っていたのです。山田さんが子どものとき、住んでいた家のすぐ裏には川がありました。その川には江戸時代までは温泉がわき出ていて、「川湯」として知られていました。

明治時代になって、深い井戸を掘る技術が出てくると、少し上流で大きな温泉宿が井戸を新しく掘りました。すると川の温泉はかれてしまいました。その後も、温泉は上流へ上流へと移動して掘られつづけ、温泉場の中心は上へ上へと移っていったといいます。

温泉は地下で温められた地下水を使っています。

「⑤地下水にたよっているウチの会社で、もし上流に何か起きたらどうなる？」と、山田さんの頭の中には子ども時代の記憶がよみがえりました。１９９０年代の終わりごろ、社内で「地下水がかれるかも」と危機感を持つ人はいませんでした。いえ、おそらくいまでも、⑥日本中の多くの人が考えないかもしれません。季節や地域によるちがい

大切なことはメモしておこうネ！

2024年度

明治大学付属中野中学校入試問題(第2回)

【算　数】（50分）〈満点：100点〉

【注意】

分数で答えるときは，それ以上約分できない形で答えてください。

1. 次の［　　］にあてはまる数を答えなさい。

（1） $125 \times 1.8 + 125 \times 1.9 + 128 \times 3.7 + 253 \times 6.3 = $［　　］

（2） $0.6 + 2 \times (6\frac{1}{4} - 0.625) \div 27 - \frac{1}{6} = 2 \div$［　　］$- 1.25$

（3） ある商品の3月の売り上げは2月の売り上げと比べると10%減り，1月の売り上げと比べると46%減っています。このとき，2月の売り上げは1月の売り上げと比べると［　　］%減っています。

2. 次の問いに答えなさい。

（1） ある整数□を12で割ると，ある数△になり，△を小数第一位で四捨五入すると6になります。このとき，ある整数□で考えられる数のうち，最も大きい数を答えなさい。

（2） 長針と短針のついた時計があります。11時から12時の間で長針と短針の間の角が60°になる時刻は2回あります。それぞれの時刻を求めなさい。

（3） あるお店で，りんご1個，みかん2個，なし3個を買うと合計の値段は960円であり，りんご3個，みかん2個，なし1個を買うと合計の値段は640円でした。
このとき，みかん1個，なし2個を買うと合計の値段はいくらですか。

（4） A君は，P町とQ町を65分間で往復し，行きは1分間に70歩，帰りは1分間に100歩で歩きました。また，行きに3歩で進む距離(きょり)を，帰りは歩幅(ほはば)を変えて5歩で歩きました。このとき，A君は帰り道を何分で歩きましたか。ただし，行きと帰りの歩幅はそれぞれ一定とします。

（5） 5で割っても8で割っても2余(あま)るような11の倍数の中で，小さい方から2番目の数を求めなさい。

3. 次の問いに答えなさい。

（1） 下の図のように，正八角形ABCDEFGHと2本の平行な直線が交わっています。このとき，角㋐と角㋑の大きさの和を求めなさい。

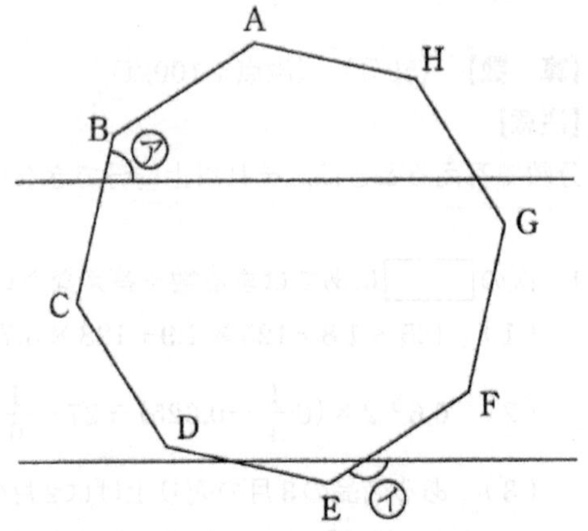

（2） 下の図は，ABとACの長さが等しい直角二等辺三角形ABCと，それぞれの辺を直径とする3つの円を組み合せた図形です。小さい2つの円は頂点Aと大きい円の中心で交わり，BCの長さは12cmです。このとき，斜線（しゃせん）部分の面積を求めなさい。ただし，円周率は3.14とします。

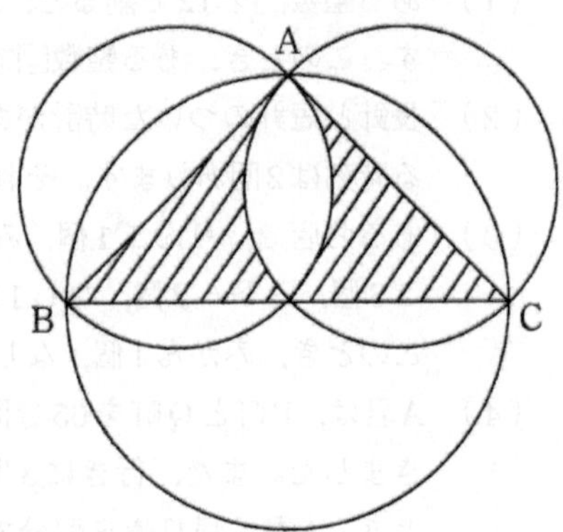

（3） 下の図の三角形ABCは，ABとACの長さが等しい二等辺三角形です。
ここで，辺AB上にAD：DB＝7：11となるように，辺BC上にBE：EC＝1：1となるように，それぞれ点D，Eをとります。また，AEとCDの交わる点をFとします。
このとき，三角形AFCの面積は三角形ABCの面積の何倍ですか。

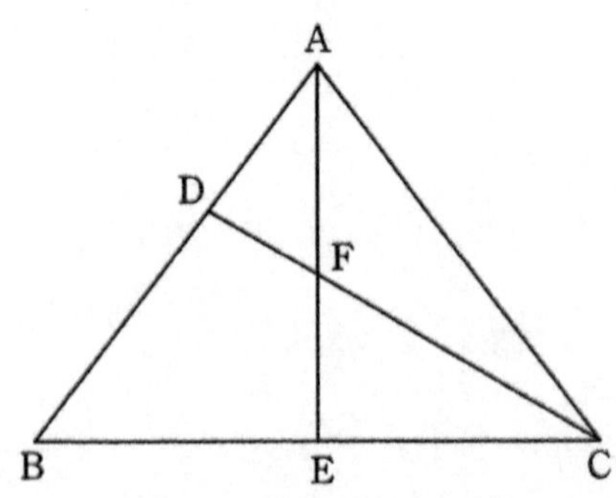

4. ある仕事を仕上げるのにAとBの2人では$42\frac{6}{7}$分，BとCの2人では$37\frac{1}{2}$分，CとAの2人では60分かかります。このとき，次の問いに答えなさい。

（1） Aだけでこの仕事を仕上げるのに，何分かかりますか。

（2） 最初は3人でこの仕事をしていましたが，16分後にAだけが仕事を切り上げました。さらにその何分後かにBも仕事を切り上げ，残りの仕事をCだけで進めたところ，すべての仕事を仕上げるのに全体で46分かかりました。このとき，Cが1人で仕事をした時間は何分間ですか。

5. A地点からB地点までの一本道を時速30kmで16分かけて往復する1台のバスがあります。このバスはB地点ですぐに折り返し，A地点に戻(もど)ると一定の時間だけ停車します。太郎君はバスと同時にA地点を出発し，B地点へ一定の速さで歩いたところ，A地点から$\frac{1}{3}$だけ進んだ地点で，B地点から戻ってきたバスと初めてすれ違(ちが)いました。その後，太郎君はB地点に到着(とうちゃく)するまでにバスに1回だけ追い抜(ぬ)かれ，バスと1回だけすれ違っています。そして，太郎君がB地点に到着すると同時に，バスはA地点に戻ってきました。このとき，次の問いに答えなさい。

（1） 太郎君は分速何mで歩きましたか。

（2） 太郎君がバスに追い抜かれてから，2回目にすれ違うまで何分何秒かかりましたか。

6. 下の図のように，三角柱の水槽(すいそう)の中に，高さが異なる4枚の長方形の仕切りを底面ABCと垂直になるように立てました。最も高い仕切りである長方形ADEFの辺DEに，残り3枚の仕切りの1辺はぴったりとくっついています。3番目に高い仕切りと辺BCの交わった点をGとすると，3点A，D，Gは一直線上にあります。ここで，三角形ABD，BGD，CDG，ADCを底面とする部分をそれぞれ(ア)，(イ)，(ウ)，(エ)とし，(ア)に一定の割合で水を注ぎ，(ア)からあふれた水はすべて(イ)へ，(イ)からあふれた水はすべて(ウ)へ入ります。次のページの2つのグラフは，(イ)と(エ)における水面の高さを表したグラフで，水槽が満水になるまでの様子を表しています。このとき，次の問いに答えなさい。

（1） AD：DGを最も簡単な整数の比で答えなさい。

（2） 4つの三角形ABD，BGD，CDG，ADCの面積の比を最も簡単な整数の比で答えなさい。

（3） (ア)と(イ)の間にある2番目に高い仕切りの高さは何cmですか。

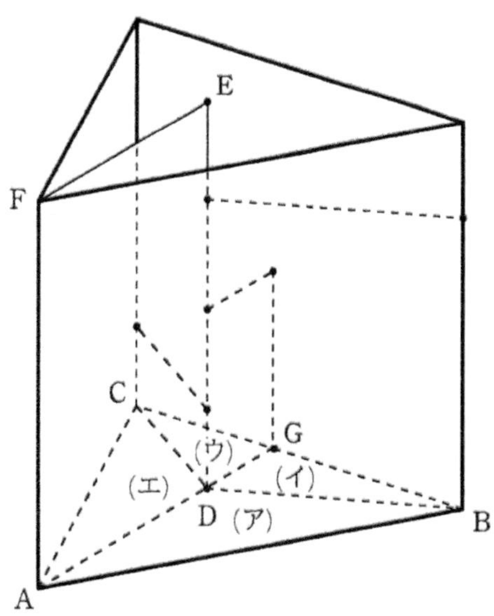

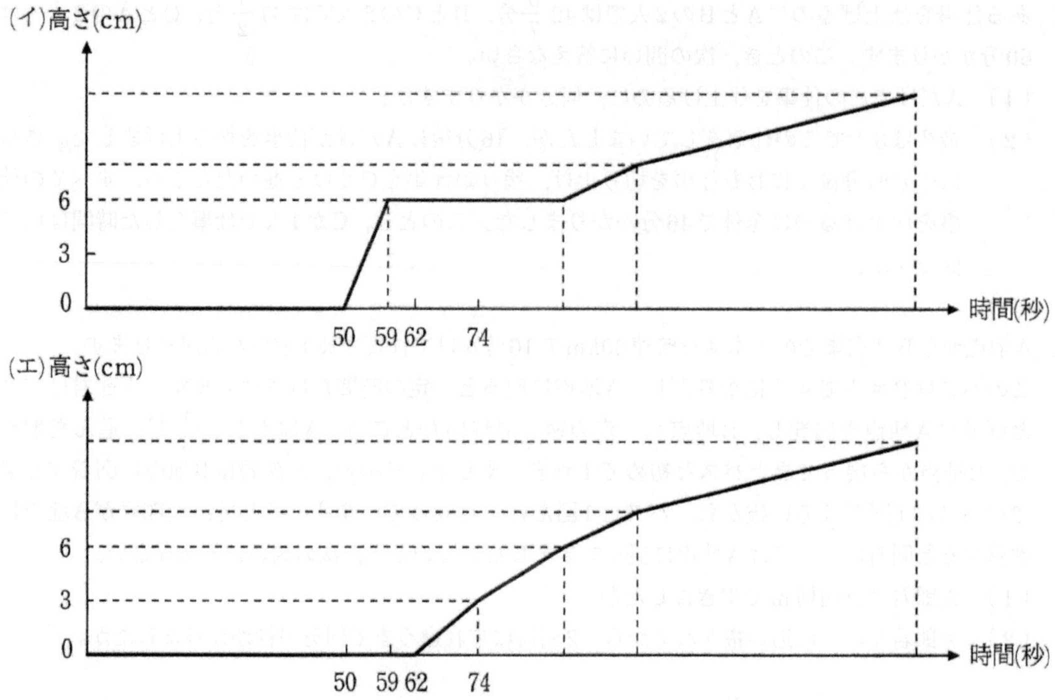
(イ)高さ(cm)
6
3
0
時間(秒)
50
59
62
74
(エ)高さ(cm)
6
3
0
時間(秒)
50
59
62
74

【理　科】（30分）〈満点：50点〉

【1】 植物の種子と発芽する条件について，次の各問いに答えなさい。

（1） 下図は発芽する前のインゲンマメの種子の断面です。断面にヨウ素液をかけたとき，青(あお)紫(むらさき)色に変わるのはどこですか。図中の(ア)～(エ)から1つ選び，記号で答えなさい。

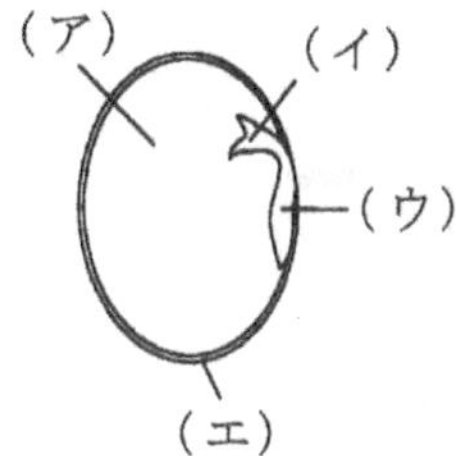

（2） 5つのプラスチック容器を使って，次のA～Eのようにしてインゲンマメの種子が発芽するかどうかを調べたところ，発芽したものが2つありました。A～Dの温度は25℃で，Eの冷蔵庫の中は真っ暗で，温度は5℃でした。あとの①と②に答えなさい。

A　乾(かわ)いた脱脂綿(だっしめん)に種子をまき，日光を十分に当てた。

B　水で湿(しめ)らせた脱脂綿に種子をまき，日光を十分に当てた。

C　脱脂綿に種子をまき，種子が完全につかるように水を入れ，日光を十分に当てた。

D　水で湿らせた脱脂綿に種子をまき，黒い箱で全体をおおい，種子に日光が当たらないようにした。

E　水で湿らせた脱脂綿に種子をまき，冷蔵庫の中に入れた。

①　A～Eのうち，発芽したものを2つ選び，解答欄の記号を○で囲みなさい。

②　発芽するのに空気が必要であるかどうかを調べるためには，A～Eのどれとどれを比較(ひかく)すればよいですか。記号で答えなさい。

【2】 骨と筋肉について，次の各問いに答えなさい。

（1） 下図は，人の足の骨を表したものです。足の親指の空欄Xと，人差し指の空欄Yの中に，それぞれ関節は何個ありますか。

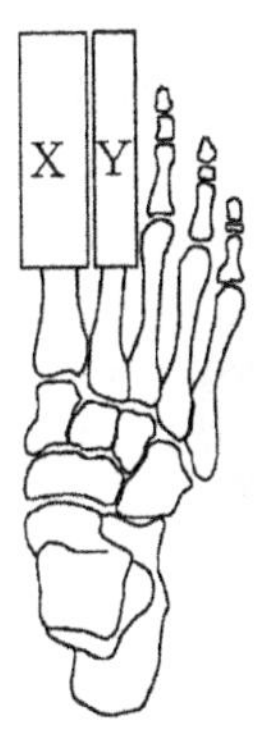

（2） 腕(うで)や膝(ひざ)を曲げたり伸(の)ばしたりできるのは，骨についている筋肉がちぢんだりゆるんだりするからです。下図は，椅子(いす)に座っている人が膝を曲げて足を床(ゆか)につけた状態から，膝を伸ばして足を持ち上げたときの，骨ともも の筋肉AとBを表しています。あとの①と②に答えなさい。

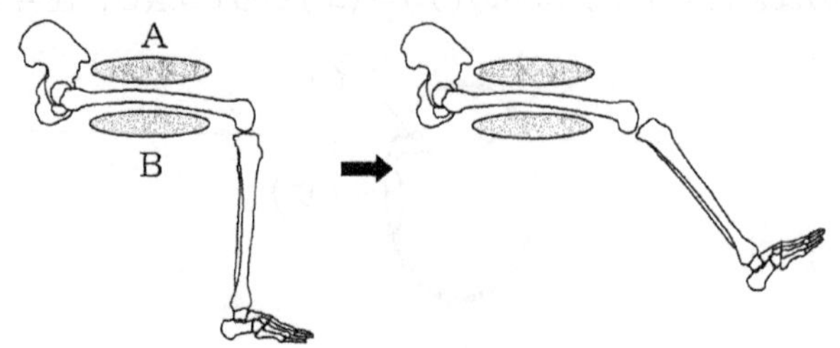

① 図のように足を持ち上げたとき，ちぢむ筋肉はAとBのどちらですか。記号で答えなさい。

② 筋肉の端(はし)は細く，じょうぶになっていて，骨にしっかりとついています。この部分を「けん」といいます。筋肉Bの両端(たん)のけんはどのように骨についていると考えられますか。次の(ア)～(エ)から最も適するものを選び，記号で答えなさい。

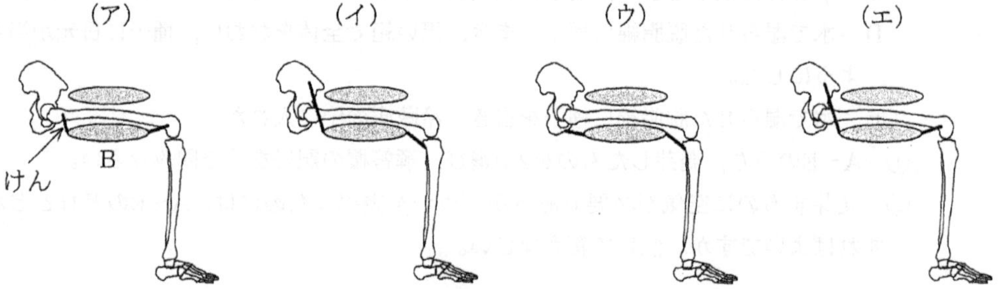

【3】 岩石にはマグマが冷えて固まった岩石(火成岩)や，海底などに砂やどろなどがたい積して固まった岩石(たい積岩)があります。いろいろな岩石について，次の各問いに答えなさい。

（1） 下図のAとBは火成岩を顕微鏡(けんびきょう)で観察したものです。あとの(ア)～(オ)のうち，正しいものを2つ選び，解答欄の記号を○で囲みなさい。

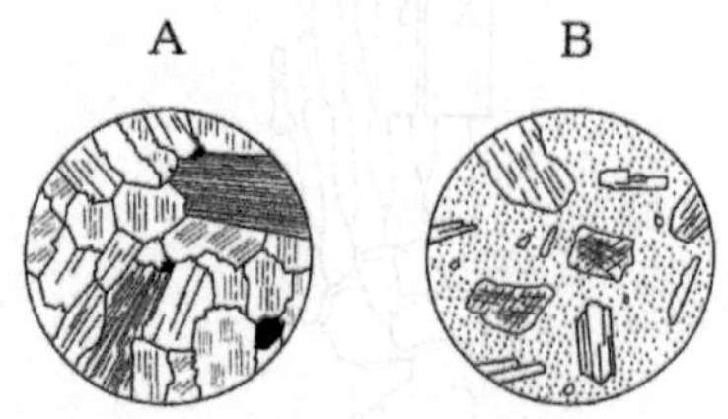

(ア) Aはマグマが地上付近で冷えて固まったもので，Bは地下深くで冷えて固まったものである。

(イ) Bはマグマが地上付近で冷えて固まったもので，Aは地下深くで冷えて固まったものである。

(ウ) げん武岩のつくりはAで，流もん岩のつくりはBである。

(エ) せん緑岩のつくりはAで，安山岩のつくりはBである。

(オ) 花こう岩のつくりはAで，はんれい岩のつくりはBである。

(2) 次の(ア)～(カ)のたい積岩について，あとの①と②に答えなさい。

(ア) れき岩　(イ) でい岩　(ウ) ぎょうかい岩

(エ) 石灰岩　(オ) チャート　(カ) 砂岩

① 角ばったつぶが多く含(ふく)まれている岩石を1つ選び，記号で答えなさい。

② 生物の死がいがたい積してできる岩石を2つ選び，解答欄の記号を○で囲みなさい。

【4】 6種類のつぶ状の物質A～Fがあります。A～Fは，次のいずれかであることがわかっています。これらの物質を区別するために行った操作と結果を読み，あとの各問いに答えなさい。

〔物質〕

アルミニウム　銀　食塩　ガラス　鉄　石灰石

〔操作と結果〕

操作1　A～Fを別々の試験管に入れて水を注いだ。水に溶(と)けたのはCだけだった。

操作2　A～Fを別々の試験管に入れてうすい塩酸を注いだ。気体を発生しながら溶けたのは，AとBとEだった。

操作3　A～Fそれぞれに豆電球と電池をつないだ。豆電球が点灯したのは，AとEとFだった。

(1) 操作2でBにうすい塩酸を注いだときに発生する気体の名前を答えなさい。

(2) Fはどの物質ですか。

(3) 操作1～3では，AとEを区別できません。AとEを区別するためにはどのような操作を行い，何を調べればよいですか。次の(ア)～(エ)から適するものを2つ選び，解答欄の記号を○で囲みなさい。

(ア) 別々の試験管に入れて，水酸化ナトリウム水溶液(すいようえき)を注ぎ，気体を発生しながら溶けるかどうかを調べる。

(イ) 別々の試験管に入れて，うすい塩酸を注いだときに発生する気体を集めて火を近づけ，その気体が燃えるかどうかを調べる。

(ウ) それぞれに磁石を近づけて，磁石に引きつけられるかどうかを調べる。

(エ) それぞれをたたいて，うすく広がるかどうかを調べる。

【5】 空気が含むことのできる水蒸気の重さ(水蒸気量)には限度があります。1m^{3}の空気が含むことのできる最大の水蒸気量を「飽和(ほうわ)水蒸気量」といい，次のページの表のように温度によって決まっています。また「湿度(しつど)」は，ある空気1m^{3}に含まれる水蒸気量が，その温度での飽和水蒸気量に対してどのくらいの割合かを百分率(%)で表したものです。

空気の温度が下がっていくと，やがて空気1m^{3}中の水蒸気量と飽和水蒸気量が同じになります。このときの温度を「露点(ろてん)」といいます。温度が露点より下がると，含みきれなくなった水蒸気が水滴(すいてき)となって出てきます。あとの各問いに答えなさい。

〔空気の温度と飽和水蒸気量〕

温度〔℃〕	17	18	19	20	21	22	23
飽和水蒸気量〔g〕	14.5	15.4	16.4	17.3	18.3	19.4	20.5

(1) 温度23℃で湿度80%の空気1 m^3に含まれる水蒸気量は何gですか。

(2) (1)の空気の露点は何℃ですか。

(3) 水蒸気を多く含んだ空気が山をのぼり，反対側にふきおりたとき，風下側のふもとの気温が高くなることがあります。これを「フェーン現象」といいます。フェーン現象が起こるしくみについて説明した次の文を読み，あとの①と②に答えなさい。

空気は上昇(しょう)すると温度が下がり，下降すると温度が上がります。空気が山をのぼるとき，雲ができはじめるまでは100m上昇するごとに1℃温度が下がりますが，雲ができはじめてからは100m上昇するごとに0.5℃しか温度が下がりません。できた雲がすべて雨になって山頂で雲がなくなったとすると，空気が山をおりるときには100m下降するごとに1℃温度が上がります。以上のことから，風下側のふもとにおりてきた空気は山をのぼる前よりも温度が高くなります。

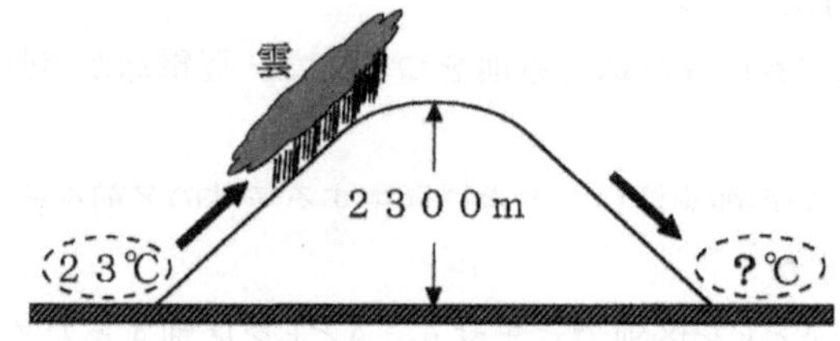

① 上図のように，温度23℃で湿度80%の空気が高さ2300mの山をのぼりました。この空気が何mの高さをこえると，雲ができはじめますか。

② ①の空気が山頂をこえ，風下側のふもとにおりてきたときの温度は何℃ですか。ただし，できた雲は風上側ですべて雨になって，山頂で雲がなくなったとします。

【6】 図1は水面を真上から見た図で，点Oを棒でたたくと点Oを中心とした円形状の波が広がっていきます。この波が1秒間に2マスずつ広がるとすると，点Oを1回たたいてから3秒後の水面の波は図2のように作図できます。あとの各問いに答えなさい。ただし，水面をたたいたときにできた波だけを作図するものとします。

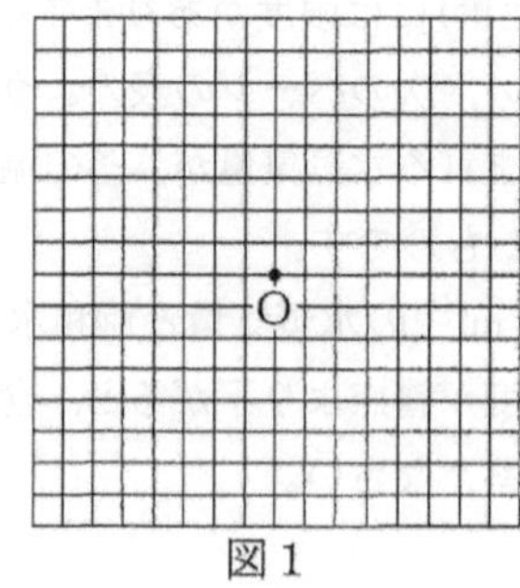

図1

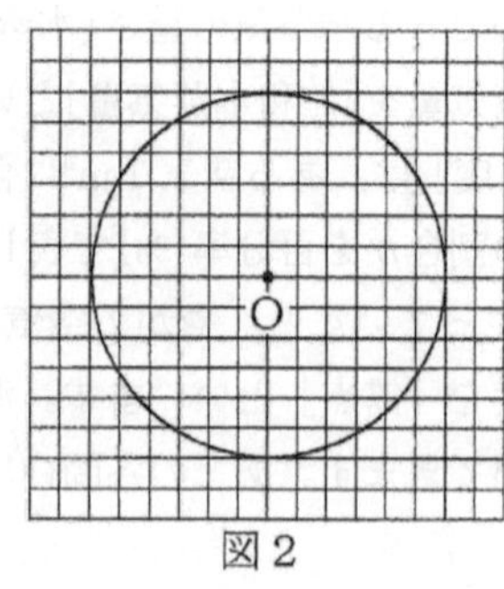

図2

(1) 点Oを棒で1秒ごとに1回，全部で3回たたきました。点Oを最初にたたいてから3秒後の水面の波はどのようになっていますか。解答欄の図には最初にたたいたときにできた波がかかれています。2回目と3回目にたたいたときにできた波を，ていねいに作図しなさい。

(2) 点Oをたたいたあと，1秒ごとに1回，右に1マスずつ棒を動かして水面をたたいたとき，点Oをたたいてから4秒後の水面の波のようすとして正しいものを，次の(ア)～(エ)から1つ選び，記号で答えなさい。

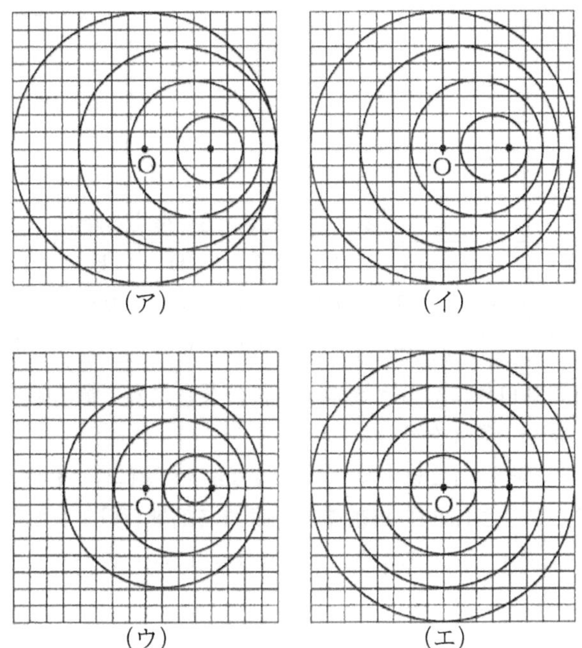

(ア)　(イ)　(ウ)　(エ)

(3) 音は空気中を伝わる波で，波の間隔(かんかく)が短いほど高い音になります。サイレンを鳴らしている救急車とすれちがうとき，救急車が近づいてくるときと遠ざかるときでは，サイレンの音の高さが変わって聞こえます。この現象を「ドップラー効果」といいます。水面を救急車のまわりの空気，水面をたたく棒を救急車として考えると，ドップラー効果を説明できます。次の文の空欄①と②にあてはまる言葉をあとの(ア)～(オ)からそれぞれ1つ選び，記号で答えなさい。

救急車がサイレンを鳴らしながら走っているとき，救急車の後方と前方の波の間隔は(　①　)なる。したがって，救急車が近づいてくるときと遠ざかるときの音の高さを比べると，遠ざかるときの方が音が(　②　)なる。

① (ア) 後方のほうが前方よりも長く　(イ) 後方のほうが前方よりも短く
(ウ) 同じに

② (エ) 高く　(オ) 低く

【7】 糸の端におもりをつけ，もう一方の端を天井(てんじょう)に固定してふりこをつくり，次の実験を行いました。あとの各問いに答えなさい。

〔実験〕 下表のA～Iのようにふりこの長さ(糸を固定したところからおもりの中心までの長さ)をいろいろ変えて，おもりを図1のように少し引き上げて静かに手をはなし，5往復する時間を調べた。

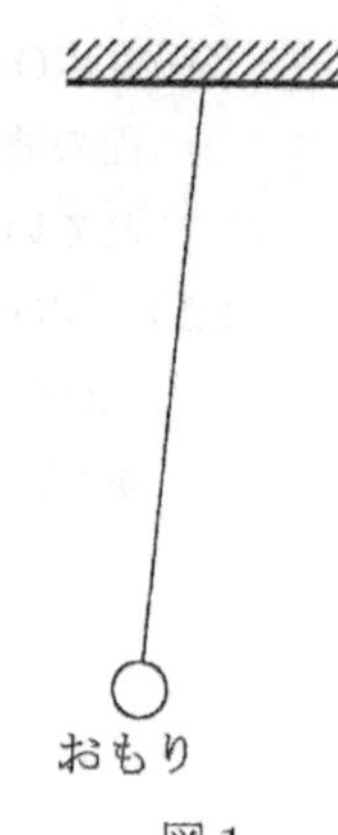

図1

〔ふりこの長さと5往復する時間〕

	A	B	C	D	E	F	G	H	I
ふりこの長さ〔m〕	0.1	0.2	0.3	0.4	0.5	0.6	0.7	0.8	0.9
5往復する時間〔秒〕	3.2	4.5	5.5	6.4	7.1	7.8	8.4	9.0	9.6

(1) 5往復する時間が11秒になるときのふりこの長さとして最も適するものを，次の(ア)～(エ)から選び，記号で答えなさい。

(ア) 1.1m　(イ) 1.2m　(ウ) 1.3m　(エ) 1.4m

(2) 横軸(よこじく)を「ふりこの長さ〔m〕」，縦軸を「5往復する時間〔秒〕×5往復する時間〔秒〕」としてその関係をグラフに表すと，どのようになりますか。次の(ア)～(エ)から最も適するものを選び，記号で答えなさい。

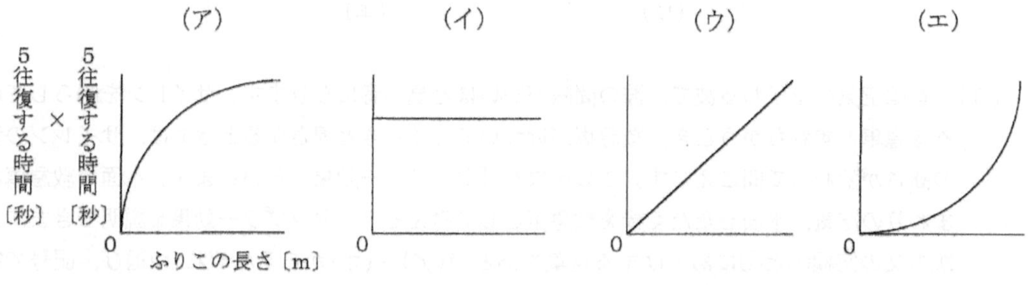

(3) ふりこの長さを0.7mにし，糸を天井に固定したところから0.3m真下の位置に釘(くぎ)をとりつけ，少し引き上げて静かに手をはなしたところ，ふりこは図2のような動きをくり返しました。ふりこが5往復する時間は何秒ですか。ただし，釘の太さは考えないものとします。

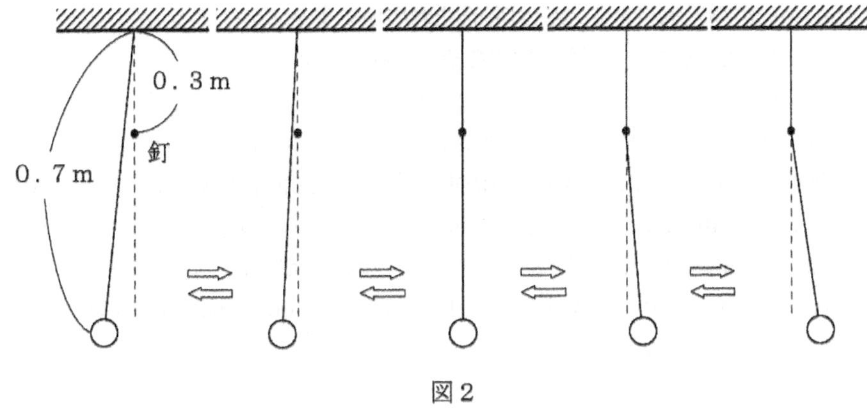

図2

【8】 ある物質に，水がくっついたものを，水和物といいます。硫酸銅（りゅうさんどう）という物質の水和物には，硫酸銅五水和物，硫酸銅三水和物，硫酸銅一水和物があります。それぞれの物質はたくさんの硫酸銅のつぶや水のつぶからできています。「五」「三」「一」という数字は，硫酸銅のつぶ1つにくっついている水のつぶの数を表しています。下図は，硫酸銅のつぶを●，水のつぶを○として，硫酸銅五水和物，硫酸銅三水和物，硫酸銅一水和物，硫酸銅を簡単に表したものです。ただし，同じ種類のつぶ1つの重さはどれも同じです。

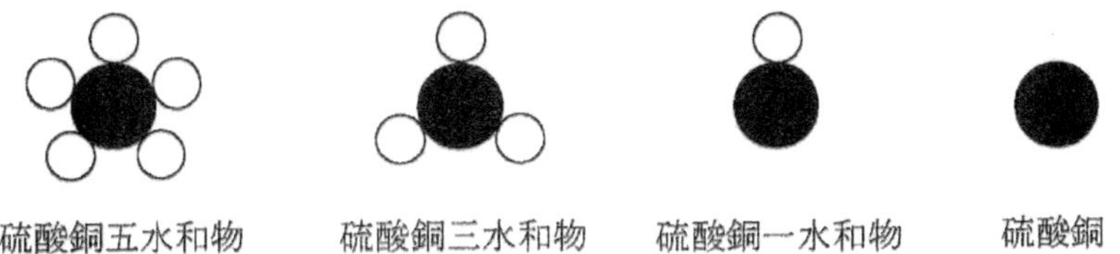

硫酸銅五水和物　硫酸銅三水和物　硫酸銅一水和物　硫酸銅

硫酸銅五水和物を加熱して温度を上げていくと，硫酸銅のつぶにくっついていた水のつぶが段階的に失われていきます。はじめは硫酸銅1つぶあたり水2つぶが失われて，硫酸銅三水和物になります。次に水2つぶが失われて，硫酸銅一水和物になります。最後に，水1つぶが失われて水を含まない硫酸銅になります。

100gの硫酸銅五水和物を加熱したところ，含まれていた水が段階的に失われて，硫酸銅三水和物，硫酸銅一水和物となり，最後に64gの硫酸銅となりました。下図は，温度と重さの関係を表したグラフです。あとの各問いに答えなさい。

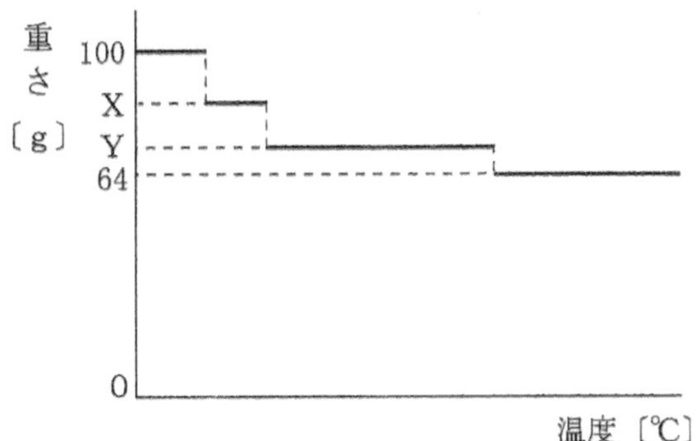

（1） 100gの硫酸銅五水和物に，水は何g含まれていますか。

（2） グラフ中のX，Yにあてはまる数字をそれぞれ求めなさい。

（3） 硫酸銅五水和物に水を加えて溶かすと，硫酸銅の水溶液ができます。このとき，硫酸銅五水和物に含まれていた水は，加えた水と合わさって，水溶液の水の部分になります。

硫酸銅五水和物を水に限界まで溶かすと硫酸銅の飽和水溶液ができます。60℃の硫酸銅の飽和水溶液140gには，40gの硫酸銅が溶けています。次の①と②に答えなさい。

① 60℃の硫酸銅の飽和水溶液84gには，何gの硫酸銅が溶けていますか。

② 硫酸銅五水和物100gに水を加えてすべて溶かし，60℃の硫酸銅の飽和水溶液をつくるには，水を何g加えればよいですか。

【社　会】（30分）〈満点：50点〉

1．次の文を読んで，問いに答えなさい。

おせち料理の歴史が始まったのは，弥生時代だと言われています。①稲作の習慣とともに，「節(せつ)」と呼ばれる季節の変わり目ごとに②収穫(しゅうかく)を祝う風習が，各地の③ムラやクニに広まっていったようです。

おせち料理が文化として定着したのは，④奈良時代から平安時代のころでした。朝廷が行う「節」の儀式(ぎしき)で出された「御節供(おせちく)」というお祝いの料理が，現在のおせち料理の原型となりました。こうして貴族の間で親しまれていた「御節供」が⑤庶民(しょみん)に広まったのは，江戸時代のことです。

⑥江戸幕府が特別な5つの節日(せちにち)※を祝日に定めたことで，それまで貴族の風習だった「節」の儀式が庶民の文化として根づくようになりました。なかでも新年を迎(むか)える1月1日は最も重要な日であるとされ，家族で新年を祝う料理を食べる習慣が生まれました。その後，幕末から⑦明治時代ごろに重箱につめる形が一般的になりました。

現在の呼び名である「おせち」が全国に浸透(しんとう)したのは，⑧第二次世界大戦後の⑨高度経済成長期のころです。それまで各家庭でつくるのが一般的であったお正月の料理を，あるデパートが重箱につめ，かつて貴族たちが使っていた「おせち」という言葉を使って売り出したところ，その名が広く普及(ふきゅう)しました。

⑩21世紀に入った現在，おせち料理は，和風のものだけではなく，洋風や中華風，和洋折衷(わようせっちゅう)※の料理が盛り込まれるなど，バラエティ豊かなものとなっています。これからもおせち料理は，時代にあわせて形を変えながら，日本の伝統文化として残っていくことでしょう。

※節日…季節の変わり目にあたって，祝いを行う日。
※折衷…いくつかの異なったもののよいところをとり合わせて，1つにまとめ上げること。

問１．下線部①について，稲作の伝来ルートとして**誤っているもの**を，次の地図中ア～エの中から1つ選び，記号で答えなさい。

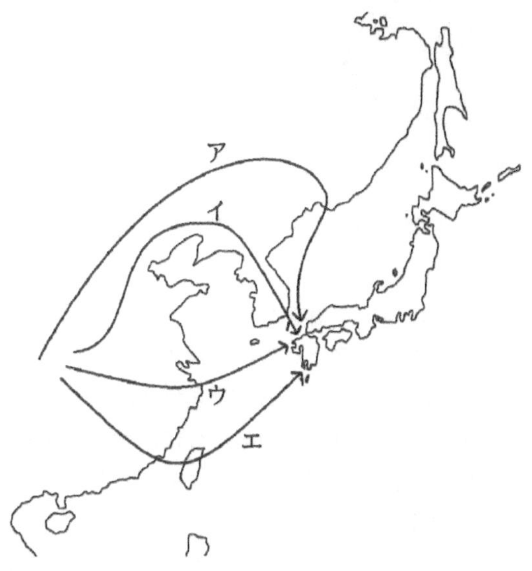

問2．下線部②について，新米など農作物の収穫を祝う日本古来の行事の1つに，「新嘗祭」があります。この行事を由来として，戦後に定められた国民の祝日を，次のア～エの中から1つ選び，記号で答えなさい。

ア．敬老の日　　イ．秋分の日　　ウ．文化の日　　エ．勤労感謝の日

問3．下線部③について，弥生時代の「ムラ」や「クニ」を説明した文として正しいものを，次のア～エの中から1つ選び，記号で答えなさい。

ア．ムラに指導者はいたが，人々のあいだに貧富の差はなかった。

イ．ムラの指導者を中心に人々の団結が強まり，惣とよばれる自治組織がつくられた。

ウ．土地や水の利用などをめぐる争いが生じ，周辺のムラをまとめるクニがあらわれた。

エ．クニの統一を進めるために，律令と呼ばれる独自の法律がつくられた。

問4．下線部④について，奈良時代から平安時代のできごとを説明した次のア～エを，**年代の古いものから順に**並べかえなさい。

ア．聖武天皇が全国に国分寺・国分尼寺を建立した。

イ．白河天皇が皇子に皇位を譲り，院政を行った。

ウ．平清盛が武士として初めて太政大臣に就任した。

エ．藤原頼通が摂政・関白となり，政治の実権を握った。

問5．下線部⑤について，次の屏風絵は，庶民が田植えのときに，豊作を願って歌い舞った様子を描いたものです。ここに描かれた芸能を何というか，**漢字2字で**答えなさい。

「月次風俗図屏風」による。

問6．下線部⑥について，江戸幕府のしくみを説明した文として正しいものを，次のア～エの中から1つ選び，記号で答えなさい。

ア．大名を統制するために，侍所が置かれた。

イ．将軍を補佐して政治を取りしきるために，管領が置かれた。

ウ．公家や西国大名を監視するために，京都所司代が置かれた。

エ．公家や大名どうしの訴訟を取りまとめるために，問注所が置かれた。

問7．下線部⑦について，明治時代に内閣総理大臣に就任したことがある人物を，次のア～オの中から**すべて**選び，記号で答えなさい。

ア．伊藤博文　　イ．犬養毅　　ウ．桂太郎　　エ．黒田清隆　　オ．原敬

問8．下線部⑧について，第二次世界大戦後の日本のできごとを説明した文として正しいものを，次のア～オの中から**すべて**選び，記号で答えなさい。

ア．軍国主義を排除(はいじょ)し，民主化を進めるための改革が行われた。

イ．めざましい経済復興を背景に，所得倍増計画が進められた。

ウ．関税自主権を完全に回復して，欧米諸国との条約改正を達成した。

エ．欧米諸国に劣(おと)らない強い国をつくるため，富国強兵の改革が進められた。

オ．社会保障などについての財源を確保するため，初めて消費税が導入された。

問9．下線部⑨について，この時期に関係する次の2つの資料を見て，次ページ(1)・(2)の問いに答えなさい。

【A】経済成長率の推移

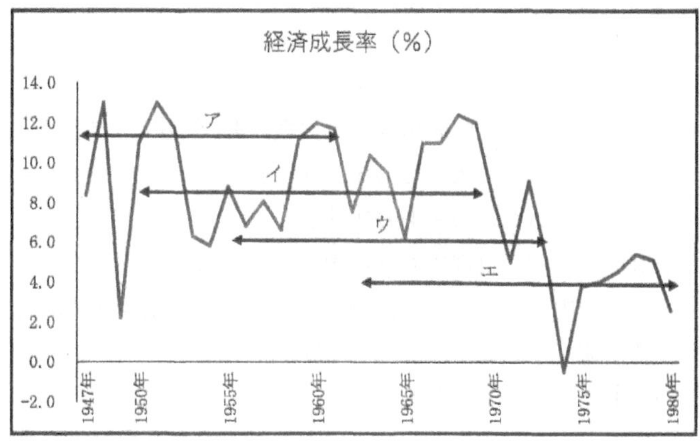

総務省の統計により作成。

【B】マスクをつけて登下校する児童

毎日新聞社の資料による。

（1）【A】のグラフ中のア～エの中から，高度経済成長期を示すものを1つ選び，記号で答えなさい。

（2）【B】は，この時期に起こった社会問題を表した写真です。どのような社会問題が起こったのか，その理由とともに説明しなさい。

問10．下線部⑩について，21世紀とは，西暦何年から何年までのことですか。解答欄に合うように，**算用数字で**答えなさい。

2. 先生と生徒が関東地方の地図を見ながら会話をしています。これを読んで，問いに答えなさい。

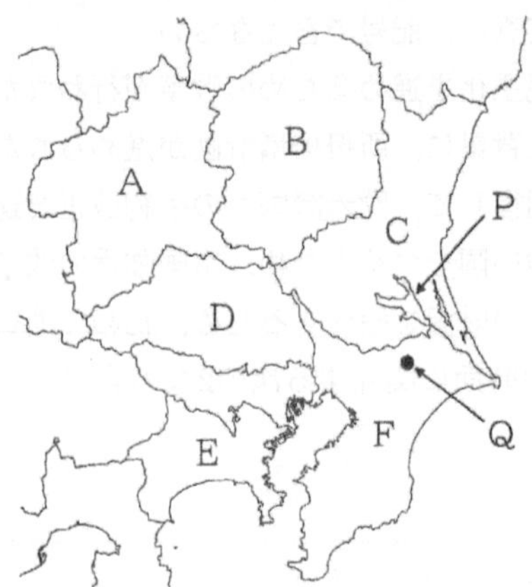

生徒：関東地方には，大きな平野が広がっています。

先生：関東平野は日本最大の平野で，その面積は国土面積の4%を超えます。①地図中Pは，かつては海でしたが，現在は琵琶湖に次ぐ大きさの湖です。また，②いくつかの大きな河川が流れ，それが都県の境界となっているところもあります。

生徒：関東地方の中心都市は，日本の首都でもある東京ですね。

先生：東京には，国会議事堂や中央省庁，最高裁判所など，国の主要な機関が集中しているだけでなく，さまざまな産業が盛んで人口密度も高いです。

生徒：人口密度とは【　X　】で求められる数値ですね。

先生：では，昼夜間人口比率という言葉を聞いたことがありますか。昼間人口を夜間人口で割り，パーセントで示した数値のことです。夜間人口とは，そこに居住している人口のことです。東京都は昼夜間人口比率が100を【　Y　】います。このことから，多くの人々が毎日東京都内へ通勤・通学をしているということが分かります。

生徒：東京やその近郊(きんこう)では，③鉄道などの公共交通機関の運行間隔(かんかく)が比較的短く，移動には苦労しません。また，④新幹線や⑤航空機を利用すれば，遠距離(えんきょり)の移動も比較(ひかく)的容易にできます。

先生：そのおかげで⑥観光業も成長していて，外国から訪れる人々も多くなりました。

生徒：人口が多い都市では，どのような問題が起こりますか。

先生：道路の渋滞(じゅうたい)やごみの処理など，さまざまな問題があります。東京では，地面の大部分がアスファルトなどで覆(おお)われ，高層ビルが多いことから，気温が周辺の地域よりも高くなる【　Z　】現象なども生じています。

生徒：東京を中心に都市化が進んでいますが，関東地方には農地が広がっている地域もみられます。関東地方ではどのような農畜産物が生産されていますか。

先生：米の生産も盛んですが，多くの人口をかかえているので，⑦新鮮さが求められる野菜や畜産物など，消費者のニーズにあったものが盛んに生産されています。

問1．【　X　】・【　Y　】にあてはまる語句の組み合わせとして正しいものを，次のア～エの中から1つ選び，記号で答えなさい。

	X	Y
ア	人口÷面積	上回って
イ	人口÷面積	下回って
ウ	面積÷人口	上回って
エ	面積÷人口	下回って

問2．【　Z　】にあてはまる語句を，**カタカナで**答えなさい。

問3．下線部①が示す湖の名称を答えなさい。

問4．下線部②について，河川と都県の境界との組み合わせが正しいものを，次のア～エの中から1つ選び，記号で答えなさい。

ア．荒川は，栃木県と群馬県との境界の一部になっている。

イ．利根川は，栃木県と群馬県との境界の一部になっている。

ウ．相模川は，東京都と神奈川県との境界の一部になっている。

エ．多摩川は，東京都と神奈川県との境界の一部になっている。

問5．下線部③について，JR東日本の首都圏エリアでは，2016年に「駅ナンバリング」が導入されました。これは，「JY」などの路線記号と「17」などの駅番号を組み合わせて表示するほか，主な駅には，路線記号・駅番号に加えて，駅名をアルファベット3文字で表現した「スリーレターコード」を表示しています。次の表示において，「JY」はJR山手線を表し，左の「SJK」は新宿駅を表しています。右の駅ナンバリング「TGW」が表す，2020年に開業した駅の名称を答えなさい。

問6．下線部④について，新幹線の駅が設置されていない県を，地図中A～Fの中から**すべて**選び，記号で答えなさい。

問7．下線部⑤について，地図中Qに位置する空港を説明した文として正しいものを，次のア～エの中から1つ選び，記号で答えなさい。

ア．乗降客数が，日本で一番多い空港である。

イ．取扱貨物量が，日本で一番多い空港である。

ウ．敷地面積が，日本で一番広い空港である。

エ．24時間離着陸が，日本で唯一可能な空港である。

問8．下線部⑥について，国内外からの観光客が増え過ぎて，地域住民の生活や自然環境などに対してさまざまな問題が発生することを何というか，**カタカナで**答えなさい。

問9．下線部⑦について，次の表中Ⅰ～Ⅲは，2021年におけるキャベツの収穫量，きゅうりの収穫量，採卵鶏飼養羽数のうちいずれかについての上位5つの都道府県を示しています。Ⅰ～Ⅲの組み合わせとして正しいものを，次のページのア～カの中から1つ選び，記号で答えなさい。なお，表中A・C・D・Fは，44ページの地図中の記号で示されている県です。

	1位	2位	3位	4位	5位
Ⅰ	A	愛　知	F	C	長　野
Ⅱ	C	鹿児島	F	広　島	岡　山
Ⅲ	宮　崎	A	D	福　島	F

農林水産省の統計により作成。

	ア	イ	ウ	エ	オ	カ
Ⅰ	キャベツ	キャベツ	きゅうり	きゅうり	採卵鶏	採卵鶏
Ⅱ	きゅうり	採卵鶏	キャベツ	採卵鶏	キャベツ	きゅうり
Ⅲ	採卵鶏	きゅうり	採卵鶏	キャベツ	きゅうり	キャベツ

問10. 先生と生徒は，校外学習で東京都内にある次の写真のような施設を見学しました。都内の道路や公園などの地下空間にこのような施設が作られた目的を，簡潔に説明しなさい。

東京都建設局のホームページより。

3. 次の文を読んで，問いに答えなさい。

2023年3月18日から，JR東日本の首都圏の主な鉄道路線や東京メトロをはじめとする多くの私鉄の運賃が値上げされました。これは，各社が①鉄道駅バリアフリー料金制度を活用して，駅のホームドアや【　X　】などのバリアフリー設備の整備を加速させていくために実施(じっし)されたことです。目の見えない人や手足の不自由な人などが生活しやすいように，障へきとなるものを取り除いていくという考え方をバリアフリーといいます。

②日本国憲法では，第13条において「すべて国民は，個人として尊重される。【　Y　】，③自由及(およ)び幸福追求に対する④国民の権利については，公共の福祉に反しない限り，⑤立法その他の国政の上で，最大の尊重を必要とする。」と規定され，個人の尊重と幸福追求の権利が明記されています。多様化が進む⑥現代の日本においては，すべての人が安心して暮らし，幸福を追求することができる社会づくりが求められています。

問１.【　X　】にあてはまる適切な語句を考え，答えなさい。

問２.【　Y　】にあてはまる語句を，**漢字で**答えなさい。

問３. 下線部①について，この制度は，閣議決定で示された方針に基づいて，国土交通省により創設されたものです。閣議と国土交通省に関する次のⅠ～Ⅳの文のうち，正しいものの組み合わせを，下のア～エの中から1つ選び，記号で答えなさい。

Ⅰ．閣議は，過半数の賛成によって決定がなされる。

Ⅱ．閣議は，全会一致(いっち)によって決定がなされる。

Ⅲ．国土交通省は，海上保安庁を所管している。

Ⅳ．国土交通省は，国家公安委員会を所管している。

ア．ⅠとⅢ　　イ．ⅠとⅣ　　ウ．ⅡとⅢ

エ．ⅡとⅣ

問4．下線部②について，日本国憲法の三大原理とされているものは，平和主義と基本的人権の尊重と，あと1つは何か，**漢字で**答えなさい。

問5．下線部③について，日本国憲法において精神の自由とされているものを，次のア～オの中から**すべて**選び，記号で答えなさい。

ア．学問の自由　　イ．信教の自由　　ウ．職業選択の自由

エ．居住・移転の自由　　オ．集会・結社の自由

問6．下線部④について，国民の権利を守る仕事をする裁判所や裁判官は，他の機関から命令や圧力を受けることがあってはならないとされています。この原則を何というか，答えなさい。

問7．下線部⑤について，唯一(ゆいいつ)の立法機関である国会に関する文として**誤っているもの**を，次のア～エの中から1つ選び，記号で答えなさい。

ア．国会は，内閣総理大臣の任命権をもつ。

イ．国会は，内閣が作成した国の予算の議決権をもつ。

ウ．内閣は，国会に対して連帯責任を負う。

エ．裁判所は，国会に対して違憲立法審査権をもつ。

問8．下線部⑥について，2023年5月19日から21日にかけて，広島で主要7か国首脳会議(G7サミット)が開かれました。主要7か国に含(ふく)まれる国を，次のア～オの中から**すべて**選び，記号で答えなさい。

ア．オーストラリア　　イ．カナダ　　ウ．中華人民共和国

エ．ドイツ　　オ．ロシア

⑧ 米や麦の類い。

⑨ 木造の家屋が立ち並ぶ。

⑩ 今大会がオリンピック出場の試金石だ。

面の最初の五字を答えなさい。

二、次の文章は、「一」の文章の別の箇所(かしょ)からの引用です。これを読んで、後の問いに答えなさい。

①ピアノの鍵盤(けんばん)も、テンちゃんと同じ白と黒だ。なんだか②うれしくなって、〈ねこふんじゃった〉をまた③弾(ひ)いた。

指はなめらかに動き、リズムに合わせて体も動いた。もっとほかの曲に④挑戦(ちょうせん)しようか、と⑤思いながら、テンちゃんのほうを見たら、曲に合わせて踊っていた。飛びはねながら前足を⑥あげている。

問一、——線①「ピアノの鍵盤も、テンちゃんと同じ白と黒だ」と主語・述語の関係が同じ文を、次の(ア)~(エ)の中から選び、記号で答えなさい。

(ア) 父は医者だ　(イ) 星も輝(かがや)く

(ウ) 月がきれいだ　(エ) ノートがある

問二、——線②「うれしくなって」・——線③「弾いた」・——線④「挑戦しようか」・——線⑥「あげている」の中から主語が異なるものを一つ選び、記号で答えなさい。

問三、——線⑤「思いながら」が直接かかっていく部分を、次の(ア)~(オ)の中から選び、記号で答えなさい。

(ア) テンちゃんの　(イ) ほうを　(ウ) 見たら

(エ) 曲に合わせて　(オ) 踊っていた

三、次の①~③の□に当てはまる言葉をそれぞれひらがな二字で答えなさい。また、その意味を後の(ア)~(オ)の中から選び、それぞれ記号で答えなさい。

① おお□ぶるまい　② おお□をあける

③ おお□をきる

(ア) 大損をすること。

(イ) 実現できないようなことを計画すること。

(ウ) やかましく言わないで見のがしておくこと。

(エ) 自信のあることをおおげさに言動で示すこと。

(オ) 人に気前よくごちそうしたり、物をあげたりすること。

四、次の①~④の言葉には、誤字が一つずつあります。その一字を抜き出し、それぞれ正しい漢字に改めなさい。

① 路答に迷う　② 後悔先に絶たず

③ 有秋の美をかざる　④ 機戦を制する

五、次の①~⑦の——線部を漢字に改め、⑧~⑩の——線部の読みをひらがなで答えなさい。

① エネルギーをホキュウする。

② 大きな建物がランリツしている。

③ 生物学をセンモンにしている。

④ 大人数でタイレツを組む。

⑤ リョウヤクは口に苦し。

⑥ 絶対にタゴンしてはならない。

⑦ 誤りをタダちに改める。

か。本文中の言葉を用いて、二十五字以内で答えなさい。

問十一、――線⑪「蘭がネコをさがしてる」とありますが、「蘭」がネコさがしのためにしたことを具体的に三点、それぞれ簡潔に答えなさい。

問十二、――線⑫「テンちゃんのこと」とありますが、「佳斗」が「蘭」に伝えた内容はどんなことだと考えられますか。二十五字以内で答えなさい。

問十三、――線⑬「喜びと悲しみは、いつもくっついてる」とありますが、「蘭」の場合の「喜び」と「悲しみ」はどんなことですか。次の文の［A］・［B］に当てはまる言葉を、［A］は六字で、［B］は二字でそれぞれ本文中から抜き出して答えなさい。

〈［A］ことで、蘭が［B］したこと。〉

問十四、――線⑭「ドリアンの法則」の例として**適切でないもの**を、次の(ア)～(エ)の中から一つ選び、記号で答えなさい。

(ア)読書感想文のコンクールに応募して落選してしまったが、以前より文章力や表現力が身に付いた。

(イ)野球の試合で強豪校にわずかな差で負けてしまったが、善戦できたことで今後の自信につながった。

(ウ)箱根で手作りしたガラスのコップは色と形が変だが、よく見ると味があってとても気に入っている。

(エ)最新設備の整った環境で勉強できることはうれしいが、思い出深い校舎が取り壊されてしまった。

問十五、――線⑮「ばあちゃんとのこと」とありますが、「ばあちゃん」と「蘭」と「佳斗」の関係について、**適切でないもの**を、次の(ア)～(エ)の中から一つ選び、記号で答えなさい。

(ア)「蘭」が「ばあちゃん」とまたいっしょに散歩するようになったのは、「佳斗」のおかげだ。

(イ)「佳斗」は、「蘭」が毎朝いっしょに散歩をしている「ばあちゃん」を知っている。

(ウ)「蘭」は「ばあちゃん」と一時は口もきかなかったが、また毎朝いっしょに散歩している。

(エ)「ばあちゃん」の症状が進んでしまい、当初「蘭」は「ばあちゃん」を受け入れられなかった。

問十六、===線a「なく」・b「なく」・c「ない」・d「ない」のうち、働きの異なるものを一つ選び、記号で答えなさい。

問十七、――線⑯「メーの絵は全部捨てちゃったのよ」とありますが、「メー」は「蘭」にとってどのような存在でしたか。本文中から抜き出して答えなさい。

問十八、――線⑰「ネコの絵が一枚もないのが不思議だった」とありますが、「ネコの絵が一枚もない」のはなぜだと考えられますか。本文中から十五字以内で抜き出して答えなさい。

問十九、――線⑱「死んだ人は、親しい人や友だちの心の中で生きている」とありますが、「佳斗」がそう思った理由を説明した次の文の［　］に当てはまる言葉を、本文中から抜き出して答えなさい。

〈お母さんに、ナツばあやクロちゃんの［　］があるから。〉

問二十、この文章を大きく三つの場面に分けた場合、その二つ目の場

まだ結婚する前のこと。

あのころは、MDっていうちっちゃな録音ディスクがあって、できあがった曲をそれに入れて、うちまで届けにきてくれた。わたしはまだ仕事から帰ってなくて、ナツばあが預かってくれて。うちに帰って自分の部屋で聞いてると、ナツばあも来て、ふたりでいっしょにまた聞いたの。ナツばあも気に入ってた。

わたしはエヴァンスの曲よりこっちのほうが好き。そんな思い出もあるせいでしょうね」

「お母さんはこの曲を何度も聞いた？」

「もちろん。今でもときどき聞くわ。この曲を聞くと、クロちゃんのことをたくさん思い出す。ナツばあといっしょに、初めてこの曲を聞いたときのことも」

お母さんはメロディを口ずさんだ。お母さんの心の中では、クロちゃんが踊っているのだろうか。そして、ナツばあもそこにいるのだろうか。

⑱死んだ人は、親しい人や友だちの心の中で生きている。

（西田俊也『夏に、ネコをさがして』による）

＊1　ハウスパーク　…　スーパーの名前。

問一、――線①「佳斗はためらい、すぐにおりようとはしなかった」のは、「佳斗」にどんな気持ちがあったからですか。本文中から抜き出して答えなさい。

問二、〜〜線A〜Dのうち、指している場所がほかと明らかに異なるものを一つ選び、その記号と場所を答えなさい。

問三、――線②「テンちゃん」はどんな特徴を持ったネコですか。本文中から十字以内で抜き出して答えなさい。

問四、［③］・［⑨］に当てはまる言葉として最も適切なものを、次の（ア）〜（カ）の中から選び、それぞれ記号で答えなさい。ただし、同じ記号を二回使うことはできません。

（ア）　おどける　（イ）　ささやく　（ウ）　はばかる
（エ）　なだめる　（オ）　はげます　（カ）　うながす

問五、――線④「お母さんが受付で聞くと」とありますが、「お母さん」が聞いた内容はどんなことだと考えられますか。二十五字以内で答えなさい。

問六、――線⑤「なにか強い衝撃を受けて、横隔膜が破れ、内臓が肺のほうに飛び出してしまった」とありますが、「テンちゃん」はどのような状況だったと「先生」は考えていますか。それがわかる部分を本文中から四十字程度で抜き出し、最初と最後の五字を答えなさい。

問七、――線⑥「そのまま」とありますが、「テンちゃん」は発見されたとき、どんな様子だったのですか。「まま」に続くように、本文中の言葉を使って十字以内で答えなさい。

問八、――線⑦「つれてきてくれた人」とは、具体的にどんな「人」ですか。本文中から抜き出して答えなさい。

問九、［⑧］に当てはまる言葉として最も適切なものを、次の（ア）〜（エ）の中から選び、記号で答えなさい。

（ア）　興奮　（イ）　緊張　（ウ）　安心　（エ）　油断

問十、――線⑩「つらいできごと」とは、どんなことを指しています

いしい。なあ、おまえ、そうだろ？」

蘭のお母さんがにっこり笑った。「わたしは、メーのおかげで蘭が変わるというか、成長するだろうと思いましたよ。じっさい、⑮ばあちゃんとのことも……」

「そうだな。ばあちゃんの症状が進んでいくのを、蘭は最初、受け入れられ[a]なくてね。一時は口もきか[b]なくなったんだ。オレの知ってるばあちゃんじゃ[c]ないといってね」

佳斗は聞いた。「毎朝いっしょに散歩しているのに？」

「そう。なにがきっかけだったのかわから[d]ないんだけど、またばあちゃんのめんどうをみてくれるようになってね。助かっているのよ」

「おまえが、ばあちゃんに今までどおり接しているのを見て、わかったんだろう。ところで、ネコのマップを作ったんだって？」と、お父さん。

「蘭くん、ものすごくくわしいんです」

「チラシの絵も描いたそうだね」

「⑯メーの絵は全部捨てちゃったのよ。見るのがつらいみたいでね」

「でも、絵は前よりたくさん描いてるよ。絵を描くと落ち着くみたいでね」と、お父さん。

お母さんがうなずいた。「わたしも書道をやっていたから、わかります。白い紙にむかうと、気持ちが落ち着くんですよね」

「おかみさん、お銚子もう一本お願いします」座敷にいたお客さんが呼んだ。

蘭のお母さんが返事をして、お父さんは用意を始めた。

お父さんのために巻き寿司といなり寿司をおみやげに買って、佳斗たちは店を出た。

「ひさしぶりにいっぱい食べたわ」お母さんがおなかを押さえていった。

佳斗も、おいしかったし、蘭の両親とも話せてうれしかった。それに、お母さんがたくさん食べるのを見たのも、うれしかった。

「蘭くんはそんなに絵が好きなの？」

「うん。蘭の部屋には絵がたくさんはってある。でも、⑰ネコの絵が一枚もないのが不思議だった」

「蘭くんは佳斗のこと、知らないふりだってできたのよ。でも、ネコをなくしたときの気持ちがわかるから、助けなきゃと思ってくれたんでしょうね」

車に乗りこむと、お母さんはCDをかけた。静かな曲だ。ピアノの音。お父さんのCDに入っている曲だ。

「これ、お父さんが作った曲だよね？」

「そう。〈ワルツ・フォー・キティ〉。ジャズの有名な曲に、ビル・エヴァンスというピアニストが作った〈ワルツ・フォー・デビー〉というのがあるの。もう死んじゃった人だけど、お父さんはその人に憧れてジャズピアノを始めたの」

「この曲、好きだよ。お父さんがライブで演奏してたのをおぼえてる」

「キティは子ネコという意味ね。子ネコのためのワルツ」

「けど、お父さんはネコを飼ったことがないんだよね？」

「クロちゃんが死んじゃったあと、わたしのために作ってくれたの。

父さんは蘭としゃべったあと、佳斗たちにいった。

「お祝いに、とびきりいいネタを出してあげて、ってさ。それから、サバは絶対出さないように、って。蘭と同じなんだね」蘭のお父さんは笑った。

蘭のお父さんのにぎる寿司を食べた。佳斗は、椿丘（つばきおか）に引（ひ）っ越（こ）してきた日の夜、ダンボールがあちこちに積まれた部屋で、スーパーで買ってきた寿司を食べたことを思い出した。

「お店で食べるお寿司はおいしいね」とお母さんにいうと、蘭のお父さんにも聞こえたらしい。

「いやいや、お店だからどこでもおいしいわけじゃないよ。うちは特別だ。それで、ドリアンとどっちがおいしい？」

「え？　それは、えーっと……」

「わたしはドリアンね」蘭のお母さんが笑った。

お父さんがいった。「はいはい、じゃ、今度ドリアンをのせてにぎってやろうか」

ほかのお客さんが入ってきて、にぎわいはじめた。お父さんが注文を受けた寿司をにぎると、蘭のお母さんは、小さな座敷（ざしき）のお客さんに運んでいった。

蘭のお父さんがいった。「いやね、いろいろ聞いてびっくりしましたよ。うちの蘭が、ネコさがしを手伝うなんてね」

蘭のお母さんがもどってきて、いった。「蘭はテレビでネコのおもしろい動画をやってたりすると、チャンネルを変えるのよ。前はそんなことなかったの」

「メーのことを思い出すからな」蘭のお父さんがいった。

蘭のお母さんはカウンターの中に入り、洗い物をしながらいった。

「メーが死んだあと、ショックで、しばらくごはんも食べられなくてね。死んだのは去年の六月……。ガンだったんですよ」

「そのあとしばらく、わたしとは口もきいてくれなくてねえ」

「それは父ちゃんが、またべつのネコを飼えばいいんだ、なんていうから。蘭にとっては兄弟みたいなものだったのよ。いつもいっしょでね」

蘭のお父さんは頭をかいた。「あまりの落ちこみように、見ていられなくて、ついいっただけなんだが……。あ、あがりのおかわりはいかがですか？」

「わたしはだいじょうぶです。蘭くんのネコのことですが、わたしも昔飼っていたネコが死んだとき、もう大人でしたが、それは悲しかったですよ。だから、蘭くんの気持ちはよくわかります」

佳斗はいった。「蘭は、メーのことをとても大事に思っていたみたいだけど、今でもすごく悲しんでいるようには見えないけどな」

「友だちの前では強がっているのかもね」と、蘭のお母さん。

蘭のお父さんがいった。「ねえ、タイではどうなんだい？　動物が死んだりすると……」

蘭のお母さんは洗い物を終えて、手をふいたあと答えた。「もちろん同じように悲しみます。わたしは、⑬喜びと悲しみは、いつもくっついてる思っていますよ。喜びだけの幸せはありません。逆も同じね」

蘭のお父さんが佳斗を見ていった。「あのね、わたしはそれを、⑭ドリアンの法則と呼んでいるんだ。あれはくさいだろ？　でも、お

のにね」
「大乃宮小に行った帰り、この前を通ったよ。でも、ここに動物病院があったのには気づかなかった。動物病院に行ったのは初めてだ。病気やケガの犬やネコを近くで見たのも初めて。ネコが点滴をしているなんて……」
「ペットの動物だって病気になるし、老いていくのよ」
「町で見かける犬やネコは、元気なやつばかりだから、ちょっとびっくりしちゃった。つれてきている人も心配そうで、元気がなかったね」
「そうよ、動物を飼うのって、いいことばかりじゃないの。これからはそういう⑩つらいできごととも、むきあわなきゃならないときが来るよ」
　帰り道、大きなマンションの前の道路を走っていると、店が何軒か集まる中に寿司屋があった。「寿司　園」という看板が見えた。
「あれ、蘭のお父さんの店かもしれない」
「そうなの？　じゃ、ちょっと寄っていこうか。テンちゃんも見つかったことだし、今日はお父さんも、帰りが遅いっていってたから」
　小さな店だった。カウンターの中で寿司をにぎっているのは、老けたおじさんだ。蘭のお父さんにしては歳をとっている。ちがったのだろうか。
　そのとき、「いらっしゃい」と、蘭のお母さんが奥から現れた。
　蘭のお母さんは、〈ハウスパーク〉*1とここをかけもちして働いているのだそうだ。
　おじさんはやっぱり蘭のお父さんだった。考えてみると、あのおばあちゃんの子どもなら、だいぶ歳が上でもおかしくない。
　お母さんはふたりにあいさつした。「この子がお世話になっているそうで、ありがとうございます」
　すると、蘭のお母さんがいった。
「お世話になってるのはこっちですよ。うちの子も、仲よくしてもらって喜んでますよ。お父ちゃん、⑪蘭がネコをさがしてる話をしたでしょ。そのネコの飼い主さん」
　お母さんが、ネコは動物病院にいることがわかり、たしかめてきたところだ、と説明した。
　蘭のお父さんがいった。「あの道は、スピード出して走る車も多いからね。とにかく、よかった」
　佳斗は、はっとした。「そうだ、蘭に知らせなきゃ」
「じゃ、これを使ってちょうだい」蘭のお母さんが店の電話からかけて、とりついでくれた。
　蘭は佳斗が店にいることにおどろき、⑫テンちゃんのことをいうと、もっとおどろいた。
「ほんとうか!?　事故にあってたんだ。でも助かったんだ。あー、よかった！」
　佳斗は、宅配便の人に、蘭からチラシをもらったと聞いたことも伝え、明日動物病院にいっしょに行かないか、とさそった。会いたいけど、元気になって佳斗の家に帰ってきてからにするよ、と蘭はいった。喜んで、行く、というと思ったのに、ちょっと意外だった。
「じゃ、またくわしいことは連絡するね」
　電話を切ろうとすると、蘭は、父ちゃんにかわって、といった。お

ルテを広げた。

「……⑤なにか強い衝撃を受けて、横隔膜が破れ、内臓が肺のほうに飛び出してしまったんですね。手術をして、内臓を元の場所にもどして、横隔膜を縫いました」

「……強い衝撃、ですか」と、お母さん。

「つれてきてくれた人の話だと、道路わきでじっとしていたということですね。たぶん、車にでもひかれたあと、どこか安全なところに行こうとしたものの、途中で動けなくなったんでしょう。ネコは車にはねられても、体がやわらかいので、見かけ上はなんともないように見えたりするんです。でも、外傷がなくても、骨が折れていたり、内臓が傷ついていたりする場合が多くてね」

「それで手術していただいたんですね。ありがとうございます」と、お母さん。

「ええ、⑥そのままだったら、きっと助からなかったでしょう。でも、お礼をいうなら、⑦つれてきてくれた人におっしゃってください。ずいぶん心配されていました。配達の仕事をされているので、うちの病院の場所をごぞんじだったのもよかったです。飼いネコかもしれないから、回復したら飼い主をさがしてみる、とおっしゃってましたね」

「ほんとうに、なんとお礼をいっていいか。まさかこんなことになっていたなんて思いもしなくて、家の近所をさがしまわっていたんです」お母さんがいった。

「交通事故にあっても、病院に行けば助かるケースはいくらでもあるんです。わたしは子どものころ、車にひかれて道のわきで倒れていたネコを見て、なんとかしてやれたらと思いました。それも、獣医を目ざした理由のひとつなんですけどね」

「……先生、それで、あとどれくらいCここにいないといけないんですか?」佳斗は聞いた。

「あと少し、ようすを見てあげたほうがいいと思いますね。でも、心配はいりませんよ」先生はほほえんだ。

「あー、よかった。もう一度、近くで見てもいいですか?」佳斗は　⑧　のあまり、声が大きくなった。

「いいよ。でも、静かにね」

佳斗はテンちゃんの檻にゆっくり近づいた。

よくがんばったな。かわいそうに、痛かっただろ。もうちょっと、がんばれよ。だいじょうぶだからな。

聞いてみたいことが、頭の中を駆けめぐった。ナツばあがいなくなってからの日々、どんな思いですごしていたのか。あの日、佳斗のピアノを聞いて、なにを思ったのか……。

檻のプレートには、「横隔膜ヘルニア　オス　おとなしい」とあった。看護師さんがプレートに「テン」と名前を書きくわえると、　⑨　ようにいった。

「もう安心だね。あと少し、がんばろうね」

動物病院を出ると、佳斗は建物をふりむいていった。「また来るよ、テンちゃん」

「宅配便のドライバーさんのおかげだわね。チラシを見て知らせてくれたおじいさんにも、お礼をいわないと。おととい、大乃宮でチラシを配ったとき、Dここまで足をのばしていれば、もっと早くわかった

【国　語】〈五〇分〉〈満点：一〇〇点〉

【注意】字数指定がある問いでは、句読点・記号なども一字として数えます。

一、次の文章を読んで、後の問いに答えなさい(字数指定がある問いでは、句読点・記号なども一字として数えます)。

動物病院は大乃宮の、野神の木のある道を、小学校のほうにむかう途中にあった。古い家が並ぶ通りに立つ、小さな三階建てのビルの一階と二階が、病院になっていた。

お母さんは病院の前の駐車場に車を止めた。①佳斗はためらい、すぐにおりようとはしなかった。お母さんが佳斗のほうを見た。

「どうかした?」

「なんでもない。でも、ちょっと……」

Aここに来るまでの間、お父さんとタクシーでナツばあのいる病院にむかったときのことが頭に浮かんでいた。あのときと同じ、不安と、早く会ってたしかめたい気持ちが、心の中でぐちゃぐちゃになっていた。②テンちゃんは無事助かったと聞いていても……。

「Bここで待っててもいいわよ。お母さんが先にようすを見てきてからにする?」

「自分でたしかめる」佳斗は自分を ③ ようにうなずき、車を出た。

④お母さんが受付で聞くと、すぐに二階にある入院室に案内された。待合室にいる、リードにつながれた犬やキャリーケースに入ったネコをつれた飼い主たちの横を通り、階段をあがった。

扉がふたつあり、手前の部屋にはネコが、奥の部屋には犬がいるようだ。

手前の部屋の中には、檻が壁ぎわにいくつも並んでいた。鉄格子だけの檻もあれば、ガラスばりの檻もある。中に、ネコが一匹ずつ入っている。体にチューブをつけているのも、足に包帯をしているのもいる。

あたりまえだけど、人間の病院とはちがうことに、佳斗はおどろいた。

「白と黒のハチワレのネコちゃんですね」案内してくれた看護師さんがいった。

「ええ、でも、さがしているうちのネコかどうか、まだわからないんですが……」お母さんがいった。

看護師さんが教えてくれた檻の奥に、ベージュ色の服のようなものを着たネコがいた。体をまるめてじっとしているが、頭が黒く、口のまわりが白くて、鼻先がちょんと黒い。テンちゃんにちがいない。

「ちょっと小さく見えるのは、服を着ているせいかな」と、お母さんが不安そうにいった。

「あれは、ストッキネットという包帯なんですよ」

ふりむくと、ヒゲの先生がやさしい笑顔で立っていた。

「小さく見えるのは、手術のため、背中やおなかの毛をだいぶそったせいもありますね。どうですか、お宅のネコでしたか?」

「はい、これは、うちのテンちゃんです」佳斗は、うれしさのあまり泣きそうになった。

先生はうなずき、佳斗たちを壁ぎわにあった椅子にすわらせて、カ

第1回

2024年度

解 答 と 解 説

《2024年度の配点は解答欄に掲載してあります。》

＜算数解答＞《学校からの正答の発表はありません。》

1 (1) 20.6 (2) 33.6 (3) 21
2 (1) 1500円 (2) 360g (3) 51.25cm^2 (4) 21個 (5) 14：11
(6) 26cm^3
3 (1) 4通り (2) 9通り 4 (1) 油あげ・かきあげ (2) うどん9人・ねぎ3人
5 (1) 11時16分 (2) 9km 6 (1) 7：6 (2) 4日間 (3) ヤギ・17日間

○推定配点○

2・3 各5点×8 他 各6点×10(4(1)・(2)，6(3)各完答) 計100点

＜算数解説＞

1 (四則計算，数の性質，割合と比)

(1) 31.8＋30－41.2＝20.6

(2) □＝(12＋1.2－0.2)×3－5.4＝39－5.4＝33.6

重要 (3) 約数が4個の数…6＝2×3，8＝2×2×2，10＝2×5，14＝2×7，15＝3×5，21＝3×7
したがって，6番目の数は21

2 (割合と比，差集め算，平面図形，図形や点の移動，立体図形，和差算，相当算)

重要 (1) お守りを買う前の2人の所持金の合計…⑤＋②＋700×2＝2100 ⑤…(2100－1400)÷7×5＝500 したがって，最初の兄の所持金は500＋700＋300＝1500(円)

やや難 (2) 3％の食塩水10gのなかの食塩…10×0.03＝0.3(g) 5％の食塩水10gのなかの食塩…10×0.05＝0.5(g) 食塩水800gの0.2％の食塩…800×0.002＝1.6(g) 予定の5％の食塩水の重さと3％の食塩水の重さの差…1.6÷(0.5－0.3)＝80(g) したがって，予定の3％の食塩水の重さは(800－80)÷2＝360(g)

(3) 頂点Bの軌跡と直線XYで囲まれた図形の面積…右図1より，(3×3＋5×5＋4×4)×3.14÷4＋3×4＝12.5×3.14＋12＝51.25(cm^2)

図1

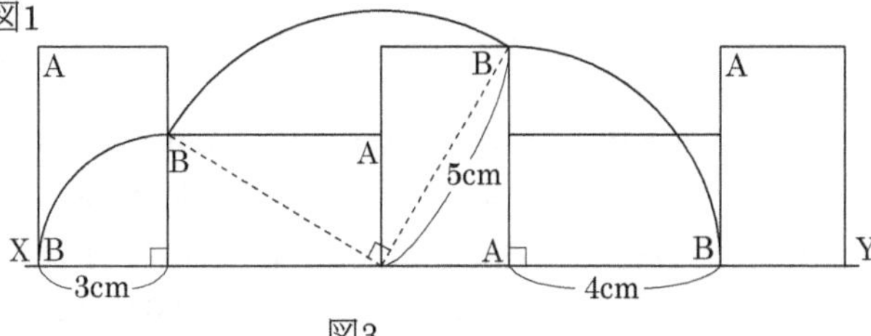

(4) 全体の個数…右図2より，⑨＋3＝(②＋3＋7)×3＝⑥＋30 ①…(30－3)÷(9－6)＝9(個) したがって，黒玉は9×2＋3＝21(個)

図2

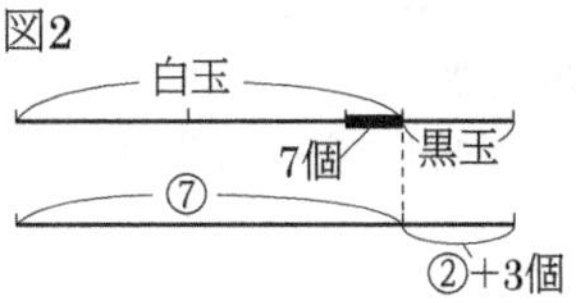

白玉
7個
黒玉
⑦
②＋3個

(5) 三角形ABCの面積…10÷2×5＝25(cm^2) したがって，CF：FDは(25－11)：11＝14：11(右図3)

図3

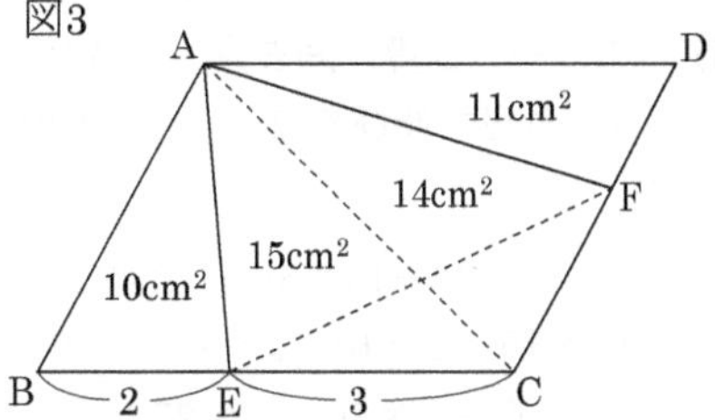

(6) 図ア…真上から見た各位置の立方体の個数を表す　したがって，求める体積は8＋6＋3＋9＝26(cm³)

図ア

3	2	1	3
2	2	1	2
3	2	1	4
8	6	3	9

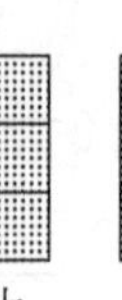
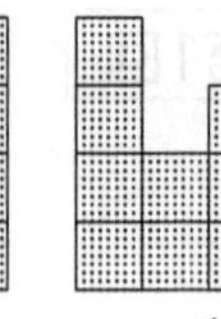

真上　正面　真横

重要 3 (場合の数，平面図形)

初め…Oの位置　偶数の目…目の数だけ右へ進む　奇数の目…目の数だけ左へ進む

… W4 W3 W2 W1 O E1 E2 E3 E4 …

(1) 4の目＋3の目…E1　E1から2回でOにもどる組み合わせ…(2，3)(4，5)　したがって，目の出方は2×2＝4(通り)

(2) 3回でE1に進む場合　(2，2，3)…目の出方は3通り　(2，4，5)…目の出方は3×2×1＝6(通り)　したがって，全部で3＋6＝9(通り)

重要 4 (統計と表，数の性質)

うどん…350円　具材…異なるものは同時に注文できる

具材	値段(円)
ねぎ	15
油あげ	70
ちくわの天ぷら	110
えびの天ぷら	130
かきあげ	230

(1) 注文した具材の値段の合計…1065－350×2＝365(円)　注文した具材…365＝15＋350＝15＋110×2＋130より，ねぎ・ちくわの天ぷら・えびの天ぷら　したがって，注文しなかったのは油あげ・かきあげ

(2) うどん，ねぎを注文した値段の合計…5225－(70×5＋110×4＋130×6＋230×2)＝3195(円)　うどん，ねぎを注文した人数…それぞれ◯，△とする　式…350×◯＋15×△＝3195より，70×◯＋3×△＝639，70×◯＝3×(213－△)　△＝3のとき…◯＝(213－3)×3÷70＝9　したがって，うどんは9人，ねぎは3人

重要 5 (速さの三公式と比，旅人算，割合と比)

Bさんが駅についた時刻…右図より，10時20分＋(11時－10時20分)＝10時40分　頂点Pを共有する2つの三角形の相似比…40分：60分＝2：3　Pの時刻…10時40分＋20÷(2＋3)×2＝10時48分

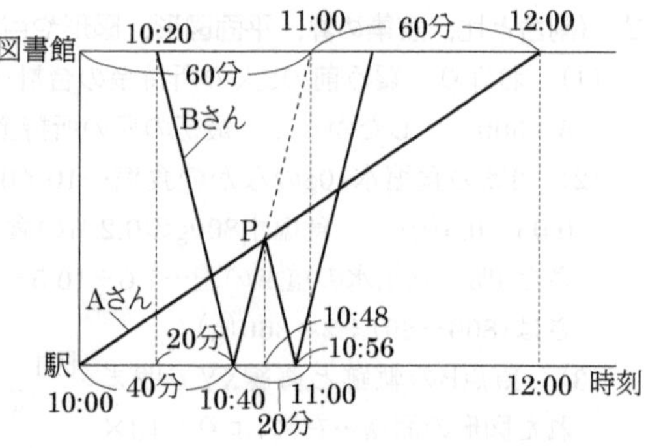

(1) Bさんが2度目に駅についた時刻…10時48分＋48分－40分＝10時56分　したがって，Bさんが図書館に着いたののは10時56分＋20分＝11時16分

(2) AさんとBさんの速さの比…20分：120分＝1：6　Aさんが48分で歩いた距離の割合…1×48＝48　Bさんが28分で進んだ距離の割合…6×28＝168　Cさんが8分で進んだ距離の割合…6×8＝48　これらの和…48×2＋168＝264　駅から図書館までの距離の割合…6×20＝120　したがって，求める距離は19.8÷264×120＝9(km)

6 (ニュートン算，消去算，割合と比，規則性)

草が1日で伸びる量…△　1頭のヤギが1日で食べる草の量…□　1頭のヒツジが1日で食べる草の量…◯

(1) 草が20－15＝5(日)で伸びる量…◯×20－□×15　－ア　草が15－6＝9(日)で伸びる量…□×15－□×6－◯×6＝□×9－◯×6　－イ　ア×$\frac{9}{5}$…◯×36－□×27　－ウ　ウ＝イ…◯×36－□×27＝□×9－◯×6より，◯×42＝□×36　したがって，ヤギとヒツジ

が1日で草が食べる量の比は42：36＝7：6

(2)　式1…(1)より，(初めの草の量)＋△×15＝7×15＝105　－エ　　式2…(初めの草の量)＋△×20＝6×20＝120　－オ　　△…オ－エより，(120－105)÷(20－15)＝3
(初めの草の量)…120－3×20＝60　　したがって，ヒツジ3頭では60÷(6×3－3)＝4(日間)

(3)　1頭のヤギで減る草の量…(1)・(2)より，7－3＝4　　1頭のヒツジで減る草の量…6－3＝3
16日間で減る草の量…(4＋3)×16÷2＝56　　残りの草の量…60－56＝4　　したがって，17日間の17日目にヤギが食べつくし，1日目に食べ始めたのもヤギ

★ワンポイントアドバイス★

簡単には解けない設定になっている問題に，注意が必要。1(3)「約数が4個の数」，2(2)「濃度が0.2％低くなる場合」，6「中野牧場」の問題は，簡単ではない。4「具材は同じものを2つ以上注文できない」が，異なる人なら可能。

<理科解答>　《学校からの正答の発表はありません。》

【1】　(1)　(ア)，(オ)　　(2)　①　(ア)，(ウ)　　②　X　A　　Y　B
【2】　(1)　食道　　(2)　(A)　　(3)　①　後　　②　右
【3】　(1)　はくちょう座，デネブ　　(2)　(ウ)　　(3)　①　(ウ)　　②　4カ月後
【4】　(1)　6秒　　(2)　7時59分15秒　　(3)　(ア)，(キ)
【5】　(1)　(イ)，(ウ)　　(2)　①　(ウ)　　②　(エ)　　③　(イ)　　(3)　①　50℃
　②　〔A〕　(イ)　　〔B〕　(ウ)
【6】　(1)　500g　　(2)　200g　　(3)　300g
【7】　(1)　(イ)　　(2)　15cm　　(3)　(ウ)

○推定配点○
各2点×25(【1】，【2】(3)，【3】(1)，【4】(3)，【5】(1)・(3)②各完答)　　計50点

<理科解説>

【1】 (植物のなかま－花のつくり)

(1)　(ア)　正しい。トウモロコシの花には，おしべのある雄花とめしべのある雌花がある。
(イ)　誤り。イチョウは裸子植物であり，めしべに子房がなく胚珠がむき出しである。　(ウ)　誤り。おしべのやくでできた花粉が，めしべの先端の柱頭につくのが受粉である。　(エ)　誤り。めしべのもとには胚珠があって，受粉と受精のあとに種子になる。　(オ)　正しい。被子植物の胚珠は子房に包まれ，受粉と受精のあとに果実になる。

(2)　①　花びらがくっついている合弁花には，選択肢ではヒルガオ科のアサガオと，ツツジ科のツツジがあり，どちらもろうと状の形をしている。サクラとバラはどちらもバラ科，エンドウはマメ科で，どちらも離弁花である。　重要　②　図1でAとCはつながっためしべであり，Aは先端の柱頭，Cはもとの子房である。そのめしべのまわりを，Bの5本のおしべが囲んでいる。Dはがくであり，冠毛とよぶこともある。一方，図2では，Xはめしべの先端の柱頭であり，Yはおしべである。

【2】 (人体－ヒトの消化器)

(1) 口から胃まで食物が通る，長さ25cmほどのまっすぐな管は食道である。

(2) デンプンは，最初に口で出されるだ液によって麦芽糖に分解される。さらに，小腸の入り口ですい液によりさらに分解され，最後に小腸で吸収される直前にブドウ糖になる。

(3) ① 口とのどの奥は，鼻からの管と合流したあと，肺に向かう気管と胃に向かう食道が分かれる。首の部分では，気管が腹側(前側)で，食道が背側(後ろ側)に並ぶ。 ② 持ち主にとって，小腸から大腸へ移る場所は右の下腹部である。そこから大腸は右側を上に向かいそのあと横に向かって，左側を下がって直腸，肛門へつながる。

【3】 (星と星座－夏の大三角の見え方)

(1) Aはこと座のベガ，Bはわし座のアルタイル，Cははくちょう座のデネブである。

(2) 東の空を見た図では，右の方が南である。夏の大三角は，午後8時の点線のあと，南へ上がっていくので，1時間後の実線は右上にくる。

(3) ① 真東からのぼった星は，6時間後に南中し，12時間後に真西に沈む。よって，星Sは午後10時の6時間後の午前4時に南中する。 ② 星Sがこの日に沈むのは午後10時の12時間後の午前10時である。星は1か月あたり2時間早くのぼって早く沈む。午前2時に沈むのは，8時間早くなることなので，8÷2＝4(カ月後)である。

【4】 (大地の活動－地震波の伝わり方)

(1) 図1を読むと，震源からの距離が50kmの場所に，小さいゆれを伝えるP波が到着するのは，地震発生の8秒後で，大きいゆれを伝えるS波が到着するのは，地震発生の14秒後である。よって，小さなゆれが起こってから大きなゆれが起こるまでの時間は，14－8＝6(秒間)である。

やや難 (2) 震源からの距離が150kmの場所は，(1)の50kmの場所に比べて3倍の距離がある。そのため，小さなゆれが起こってから大きなゆれが起こるまでの時間は，(1)の3倍で，6×3＝18(秒間)である。よって，S波が到着するのは，7時58分57秒の18秒後で，7時59分15秒である。

重要 (3) 図1で50km地点にP波が到着するのは地震発生の8秒後だから，30km地点にP波が到着するのは，50：8＝30：□ より，地震発生の□＝4.8(秒後)である。その10秒後に緊急地震速報が出るので，これは地震発生の14.8秒後である。図1で50km地点にS波が到着するのは地震発生の14秒後だから，14.8秒後にS波が到着するのは，50：14＝△：14.8 より，△＝52.8…kmである。この距離より遠い場所では緊急地震速報が間に合うので，図2の(ア)(キ)では緊急地震速報が間に合う。

【5】 (状態変化－水の三態)

(1) (ア) 誤り。湯気は多数の小さな水滴が空気中に浮かんでおり，目に見える液体である。(イ) 正しい。空気中には常に水蒸気が含まれており，場所や時によって割合が異なる。 (ウ) 正しい。標高の高い山など気圧の低い場所では，水は100℃より低い温度で沸騰する。 (エ) 誤り。水蒸気を加熱すると，100℃以上になる。

基本 (2) ① 水が氷になるときは，体積が約1.1倍に増える。 ② 水は周囲から冷やされて氷になっていく。できた氷の中心部に空気や不純物が多いのは，その部分が純粋な水よりも凍るのが遅いためである。 ③ (ア) 誤り。海水が凍るとき，塩類は氷に含まれにくく，ほとんど水だけで凍る。 (イ) 正しい。水に含まれる空気やカルキが抜けるので，白くにごりにくい。 (ウ) 誤り。ゆっくり凍らせると，空気が外へ逃げやすくなるため，透明になりやすい。 (エ) 誤り。スポーツドリンクが凍るとき，はじめは水だけで凍っていくため，最後にできた氷が濃い。

重要 (3) ① [B]で，80℃の水90gが持つ熱量を，80×90＝7200と考える。0℃の水54gが持つ熱量は，0×54＝0となり，熱量の合計は，7200＋0＝7200である。水の量の合計は，90＋54＝144(g)だから，同じ温度になったとき，その温度は□×144＝7200で，□＝50℃となる。 ② 〔A〕では，氷がすべて融け終わるまで0℃のままであり，融け終わってから温度が上がり始める。湯の温度は最初から下がっていくので，(イ)が正しい。〔B〕では，水の温度は最初から上がり始め，湯の温度は最初から下がっていき，最後は50℃で等しくなるので，(ウ)が正しい。

【6】 (力のはたらき－磁石を含むてんびんのつりあい)

(1) 棒の重さは考えない。棒を右に下げるはたらきは，10×100＝1000である。つりあうためには，棒を左に下げるはたらきも1000であればよいので，2×A＝1000で，A＝500(g)となる。

(2) 問題文から，aは100g，dは600g，eは400gである。このことから，鉄板の重さdの600gのうち，台はかりeが400gを支えており，残る600－400＝200(g)の力で，f磁石が鉄板を引き上げている。この反作用で，c鉄板が磁石を引き付ける力も200gである。なお，bは100＋200＝300(g)である。

(3) 台はかりが400gを示しているので，(2)の図2と同じく，磁石と鉄板が引き合う力は600－400＝200(g)であり，磁石の重さが100gだから，棒の右端にかかる力は200＋100＝300(g)となる。よって，棒の左端に300gのおもりをつるすとつりあう。

【7】 (物体の運動－衝突による運動)

(1) 球の重さと木片の移動距離の関係を調べるには，球の重さだけ変えて，球の高さのような他の条件はそろえた組み合わせで比較する。球の高さが30cmのものどうしは，B，D，Fである。他に高さが同じ3つの組み合わせはない。

(2) (1)のB，D，Fを比べると，球の重さが2倍，3倍になったとき，木片の移動距離も2倍，3倍になる。また，AとBを比べると，球の高さが3倍になったとき，木片の移動距離も3倍になる。つまり，木片の移動距離は，球の重さと球の高さのどちらにも比例する。重さ15gで高さ25cmのときは，木片の移動距離はAの4cmと比べると，4×1.5×2.5＝15(cm)となる。

や難 (3) 表2で球の重さが20gで，振り子の長さが40cmのとき，球の最初の高さも40cmであり，木片の移動距離は32cmである。(ア)は，球の重さが20gだが，最初の高さは60cmのちょうど半分で30cmとなり，木片の移動距離は32cmより短い。(イ)は，球の重さが20gだが，最初の高さは80cmとなり，木片の移動距離は32cmより長い。(ウ)は，球の重さが20gの2倍の40gだが，最初の高さは40cmのちょうど半分で20cmとなり，木片の移動距離は32×2÷2＝32(cm)となる。(エ)は，球の重さが20gの2倍の40gだが，最初の高さは10cmであり，木片の移動距離は32×2÷4＝16(cm)で短い。

★ワンポイントアドバイス★

選択肢は1つずつ十分に想像し，問題文や図表と照らし合わせて，ていねいに選んでいこう。

＜社会解答＞《学校からの正答の発表はありません。》

1 問1 ① 奥尻(島) ② 宗谷(岬) 問2 オ 問3 エ 問4 ア 問5 イ
問6 ウ 問7 ア 問8 ウ

2 問1 国民審査 問2 イ 問3 ア 問4 292(人) 問5 ア 問6 (1) エ・オ

(2) イ　問7　X ウ　Y イ

3 問1 ウ　問2 執権　問3 イ・ウ・オ　問4 イ　問5 本居宣長　問6 松下村塾
問7 ア・エ　問8 イ→ア→エ→ウ　問9 (例) 犬養毅が内閣総理大臣として政治をしていた時に，海軍青年将校らによる五・一五事件が起きました。

○推定配点○

1 各2点×9　2 各2点×8(問6(1)・問7各完答)
3 問1～問4 各2点×4(問3完答)　問9 4点　他 各1点×4(問7・問8各完答)
計50点

＜社会解説＞

1 (日本の地理―北海道に関する問題)

問1 ① 奥尻島は北海道南西部の日本海上に位置する島で，北海道では北方領土を含めて5番目に面積が広い島である。 ② 宗谷岬は北海道稚内市にある岬で，日本の本土また一般の人が行くことができる最北端の地である。

問2 Ⅰ 寒流の千島海流の影響で年平均気温が低く，年降水量もあまり多くない，北海道東部の気候を示している地図中Cの中標津の雨温図である。 Ⅱ 対馬海流の影響で冬に降水量が多い北海道西部の気候を示しているので，地図中Aの小樽の雨温図である。 Ⅲ 夏に高温となるが，冬にはかなり低温になる気温の年較差が大きい内陸性の気候なので，北海道中央部にある地図中Bの富良野の雨温図である。

問3 Ⅰ 図版に馬・昆布・桜並木が描かれているので，観光地として有名な二十間道路の桜並木，名産の昆布，馬の産地がある新ひだか町(地図中K)のカントリーサインである。 Ⅱ 図版にタンチョウヅルが描かれているので，タンチョウの生息地と繁殖地として知られている鶴居村(地図中L)のカントリーサインである。 Ⅲ 図版に空港とジェット機が描かれているので，北海道の空の玄関とされる新千歳空港がある千歳市(地図中J)のカントリーサインである。

重要 問4 Ⅰ 第二次世界大戦後に牧草地の開発により畜産業が盛んになったのは，1950年代後半の産業振興5ヵ年計画や酪農振興計画により畜産業が基幹産業となった天塩(地図中P)である。 Ⅱ かつての泥炭地に客土が行われ，現在では稲作が盛んなのは，石狩川の豊かな水などを利用して稲作が発達した石狩(地図中Q)である。 Ⅲ 明治時代以降の開拓で酪農を主体に小麦，ばれいしょ，てんさい，豆類の栽培が盛んなのは，十勝平野のほぼ中央に位置し，畑作や酪農・畜産等の大規模な機械化農業が展開されている帯広(地図中R)である。

基本 問5 ばれいしょの収穫量が多いのは北海道・茨城・千葉・長崎・鹿児島なので地図Ⅰ，生乳の生産量が多いのは北海道・岩手・栃木・群馬・熊本なので地図Ⅲ，トマトの収穫量が多いのは北海道・茨城・千葉・愛知・熊本なので地図Ⅲである。

問6 2020年のおける漁獲量上位7つの都道府県は，北海道(894911トン)，茨城(302213トン)，長崎(228051トン)，静岡(184055トン)，宮城(165161トン)，三重(124667トン)，宮崎(118947トン)なので，そのいずれもが含まれているは地図ウである。

問7 1970年ごろの日本における主な炭鉱は，北海道の石狩炭田，釧路炭田，雨竜・留萌炭田，関東地方の常磐炭田，九州地方の佐世保炭田などであったので，それらの炭田がいずれも記されているのは分布図アである。

重要 問8 岐阜県には美濃焼の産地として知られている多治見市があるので，表中で窯業・土石製品の工業製品出荷額が最も多い表中ウがあたる。なお，表中アは山口県，イは長野県，エは京都府の製造品出荷額と業種別工業製品出荷額を表したものである。

2 (政治一三権分立の原理に関する問題)

問1 国民審査は，最高裁判所の裁判官がその職に適しているかを国民が判断するものである。この国民審査は最高裁判所の裁判官の任命後，最初の衆議院議員総選挙の際(その後は10年ごと)に信任投票の形で行われる。この投票でやめさせることに賛成する票が，過半数となった裁判官はやめさせられることになる。

重要 問2 Ⅰ この文は正しい。すべての裁判官は憲法および法律にのみ拘束され，自らの良心に従い職務にあたらなければならないということは，司法権の独立の中の裁判官の独立という原則である。 Ⅱ この文は誤っている。法律に違反する罪を犯した疑いのある者を被告人として起訴する役割を担うのは，裁判官ではなく検察官である。裁判官は，裁判所に所属して裁判事務を担う。

基本 問3 日本国憲法における天皇については，同第1条で「天皇は，日本国の象徴であり日本国民統合の象徴であつて，この地位は，主権の存する日本国民の総意に基く。」とある。他方，「天皇は，日本国の元首であり，この地位は神聖にして侵してはならない。」というのは，大日本帝国憲法の内容である。

問4 衆議院が可決した法律案を参議院が否決した場合，法案はただちに廃案となるわけではなく，まずは両院協議会が開かれる。それでも一致しない場合，衆議院において出席議員の3分の2以上の賛成で再可決すれば法律として成立する。したがって，衆議院で438人が出席した場合，再可決のためには438人の3分の2以上の賛成が必要となるので，最低292(438÷3×2)人の賛成が必要となる。

重要 問5 Ⅰ この文は正しい。日本国憲法第66条第2項で規定された，過去に軍人であった者や現役の自衛官などが，内閣総理大臣や国務大臣に就任することを禁止している規定を文民統制(シビリアンコントロール)という。したがって，内閣総理大臣や国務大臣は，文民でなければならない。 Ⅱ この文は正しい。衆議院議員総選挙後に召集された特別国会ではその時までの内閣は総辞職しなければならず，その後に国会において文民である国会議員から内閣総理大臣が指名される。

問6 (1) エ 被疑者や被告人が共犯者の犯罪について供述したり，証拠を提出したりした場合，減刑などをされることがあることは司法取引と呼ばれ，日本では2018年から行われている。

オ 刑事裁判において，被告人が経済的な理由などによって弁護人を依頼することができない場合，国が費用を負担して弁護人をつけることができることを国選弁護人という。 ア 裁判の第一審は事件の内容によって，地方裁判所または簡易裁判所ではなく，地方裁判所・家庭裁判所・簡易裁判所のいずれかで行われる。 イ 裁判員制度は裁判員が裁判官とともに民事裁判ではなく，重大事件の刑事裁判の第一審を行う制度である。 ウ 第一審の裁判所の判決に不服がある場合，第二審の裁判所に上告ではなく控訴し，そこでの判決に不服があれば，さらに控訴ではなく上告することができる。 (2) 1980年に死刑判決が確定したが，2023年3月に東京高等裁判所によって再審の開始が認められた事件は袴田事件(選択肢イ)である。なお，選択肢アの島田事件は1954年に静岡県島田市で起こった殺人事件で，死刑が確定した被告人が再審の結果，1989年に無罪となった事件，ウの松山事件は1955年に宮城県松山市(現：大崎市)で起こった殺人・放火事件で，死刑が確定した被告人が再審の結果，1984年に無罪となった事件，エの免田事件は1948年に起こった殺人の容疑者であった免田さんが，死刑判決を受けた後，1980年に再審が開始され，1983年に無罪になった事件である。

問7 X 他人の名誉を傷つける行為の禁止によって制限される国民の人権は，自由権の中の精神の自由の1つである表現の自由(選択肢ウ)である。 Y 公務員の争議行為(ストライキ)の禁止によって制限される国民の人権は，労働基本権(選択肢イ)に含まれる団体行動権(争議権)である。なお，アの財産権とエの職業選択の自由は自由権の中の経済活動の自由，オの思想・良心の自由は自由権の中の精神の自由の権利である。

3 (日本の歴史―政治上の重要人物に関する問題)

重要 問1 設問文〈A〉の「私」は，邪馬台国の女王の卑弥呼である。邪馬台国では卑弥呼の死後，男の王を立てたが，国内がまとまらなかったので，卑弥呼と同族の壱与を女王に立てると国は治まったといわれる。 Ⅰ 邪馬台国の卑弥呼の政治的支配は，本州全体ではなく，本州の半分程度におよんでいた。 Ⅱ 卑弥呼は魏の皇帝から金印を授かったが，その金印は福岡県志賀島で発見されたものではない。福岡県志賀島で発見された金印は，奴国の王が中国の後漢の皇帝から授かったものである。

基本 問2 執権は鎌倉幕府の役職であり，1203年に北条時政が第3代将軍に源実朝を就任させた時に政所の長官(別当)とともに合わせて任命されたとされる。その後，2代執権の北条義時が侍所の長官を兼ねてからは，事実上の幕府の最高職になった。

問3 関白として政治をしていた時に，宣教師の国外追放を命じた設問文〈C〉の「私」は，豊臣秀吉である。 イ 豊臣秀吉は1588年に刀狩令を出して農民から武器を取り上げることで，一揆を防ぐとともに農民が耕作に専念するようにした。これによって武士と農民との区別をはっきりさせた。 ウ 豊臣秀吉は天下統一後に，文禄の役(1592～93年)，慶長の役(1597～98年)の二度にわたって朝鮮出兵を行った。しかし現地で激しい抵抗に合い，十分な成果を上げられず，豊臣秀吉の病死によって中止された。 オ 豊臣秀吉は1582年からの太閤検地で農民に土地を耕作する権利を保障するとともに，年貢を納める義務を課した。またそれまで荘園領主が持っていた土地に対する権利は否定され，荘園制が崩れた。 ア 琉球王国を征服し，支配下に置いたのは豊臣秀吉ではなく島津氏である。 エ 琵琶湖のほとりに安土城を創建したのは，織田信長である。

問4 オランダ商館を長崎の出島に移した将軍である設問文〈D〉の「私」は，江戸幕府の第3代将軍の徳川家光(位1623～1651年)である。オランダ人はキリスト教を布教しなかったので，1641年に商館が長崎の出島に移された後も，江戸時代の鎖国下の中でも交易の継続が許されていた。
ア 将軍の代替わりごとに慶賀使が派遣されたのは，オランダではなく琉球王国からである。
ウ 南蛮人はオランダ人ではなく，ポルトガル人やスペイン人などの南ヨーロッパ系の人々の呼称である。オランダ人やイギリス人などの西ヨーロッパ系の人々は紅毛人と呼ばれた。また日本町がつくられたのは，オランダ本国ではなく，東南アジアの各地である。 エ 大日本帝国憲法作成の際にお雇い外国人として助言をおこなったのは，オランダ人ではなくドイツ人である。

基本 問5 国学者として日本の古典を研究し，『古事記伝』を著した設問文〈E〉の「私」は，本居宣長(1730～1801年)である。彼は伊勢松阪の出身の医者であるが，その一方で賀茂真淵に国学を学んだ。その後，彼のすすめで『古事記』の研究を始めて，その注釈書である『古事記伝』を著して国学を大成した。

問6 故郷の萩で塾を営み，尊王攘夷派の志士を多く育成したのは設問文〈F〉の「私」は吉田松陰で，彼が営んでいた塾は松下村塾である。松下村塾は江戸時代末期に長州藩の萩城下にあった私塾である。この塾は吉田松陰のおじが開いたが，1856年に吉田松陰が受け継ぎ，高杉晋作，久坂玄瑞，伊藤博文などの幕末から明治期に日本を主導した人材を多く出した。

重要 問7 初代統監として韓国の外交を日本の管理下に置いた設問文〈G〉の「私」は，伊藤博文(1841～1909年)である。彼は長州藩出身の藩士で，松下村塾で学んだ後に倒幕運動に参加した(選択肢ア)。大久保利通(1830～1878年)の死後には明治政府の中心となり，1885年に内閣制度を創設して初代内閣総理大臣(任1885～1888年)となり，その後は枢密院議長として大日本帝国憲法の制定にあたった。また日清戦争の講和会議には日本全権として，講和条約に調印した(選択肢エ)。日露戦争後に韓国統監府の初代統監となったが，ハルビンで暗殺された。　イ　外務大臣として関税自主権の回復に成功したのは，小村寿太郎である。　ウ　大日本帝国憲法が発布された時の内閣総理大臣は，黒田清隆である。　オ　立憲改進党を結成し，初代総理になったのは大隈重信である。

問8　太平洋戦争が始まった時に，内閣総理大臣であった設問文〈I〉の「私」は，東条英機である。選択肢アの日ソ中立条約を締結したのは1941年，イの日独伊三国同盟を締結したのは1940年，ウの沖縄戦で日本軍が敗北したのは1945年，エのミッドウェー海戦で日本軍が敗北したのは1942年である。したがって，これらのできごとを年代の古いものから順に並べかえると，イ→ア→エ→ウとなる。

やや難　問9　設問中の〈H〉に入れる文は，韓国の外交を日本の管理下に置いた1905年から太平洋戦争が始まった1941年までの間の出来事となり，この時期には1905年以降の明治，大正，昭和の各時代にあたる。また，設問中の文の多くが政治上の指導者の説明であることや歴史上の人物の役職を表記しなければならないことから，この時期の政治上の指導者の事績を示すとよい。そのため例えば明治時代には，「小村寿太郎は，外務大臣をしていた時に，日米通商航海条約を結びました。」，大正時代には「桂太郎は内閣総理大臣として政治をしていた時に，第一次護憲運動が起こりました。」や「加藤高明は内閣総理大臣として政治をしていた時に，普通選挙法を成立させました。」などを，昭和時代には「犬養毅が内閣総理大臣として政治をしていた時に，海軍青年将校らによる五・一五事件が起きました。」や「近衛文麿が内閣総理大臣として政治をしていた時に，国家総動員法を制定しました。」などのことがあてはまる。

★ワンポイントアドバイス★

地理・歴史・政治の各分野ほぼ同じ割合の出題であるが，地理分野の問題は地図・グラフ・図版等を用いた本格的なものとなっている。また説明問題もあるので，時間配分に注意するようにしよう。

＜国語解答＞《学校からの正答の発表はありません。》

一　問一　畑　　問二　地下水は自　　問三　地域によっ　　問四　ただ山田さ
問五　生命線　　問六　地下水そのものがかれてしまう可能性　　問七　イ
問八　林業の会社　　問九　すべての工～という提案　　問十　ウ　　問十一　エ
問十二　(例)　森に降った雨が土の層でろ過され，地質にミネラルをふくむ岩盤層を通って(できあがる。)　　問十三　(例)　水にふくまれるミネラルの量　　問十四　ア
問十五　エ　　問十六　本来ならば～いる人工林　　問十七　(例)　会社に余裕がなくなると続かなくなったり，内容が数年で変わったりすること。　　問十八　エ　　問十九　ウ
問二十　エ　　問二十一　多いです。

二　①　エ　　②　ウ　　③　ア　　④　イ　　⑤　イ

三　①　イ　　②　イ　　③　ア　　④　ア　　⑤　エ

四 ① 故郷 ② 座右 ③ 衛星 ④ 策略 ⑤ 延(べ) ⑥ 郵送
⑦ 著述 ⑧ もくさん ⑨ むしゃ ⑩ ふんべつ

○推定配点○
一 問十二・問十七 各6点×2 問十三 4点 他 各3点×18
二・三 各1点×10 四 各2点×10 計100点

＜国語解説＞

一 (説明文－要旨・大意・論理展開・細部の読み取り，指示語，接続語，空欄補充，文と文節，記述力)

基本 問一「畑ちがい」の「畑」は，専門とする分野や領域のことを表す。

問二 「地下水は……」で始まる段落の「地下水は自然の影響を強く受けていて，くみ上げる場所によって味も性質も違います。サントリーの天然水やウイスキーは，全国各地にある工場ごとに味がちがうことを商品の特色としています。」という二文が，——線②の理由になっている。

問三 「そして，よごれが……」で始まる段落の「地域によってくみ上げる地下水の味・性質がちがうというのは，この地層の質のちがいが水の味と性質に反映されるからです。」という一文が，——線③の「味のちがい」が生じる理由になっている。

重要 問四 ——線④の「危機感」は地下水に対するもの，「社員」は直後で述べているように「山田健さん」のことで，④直後の段落の「ただ山田さんは，上流に井戸を掘ったために下流の地下水がかれた歴史を，子ども時代から身近に知っていたのです。」という一文で，山田さんが「危機感を持」った理由を述べている。

問五 冒頭の段落で，「地下水」は「会社」の「生命線(3字)」であることを述べている。「生命線」は，絶対に守らなければならない最も重要なもの，という意味。

問六 ——線⑥は直前の「地下水がかれるかも」ということを「考えもしない」ということで，このことと同様のこととして，「そのため，……」で始まる段落で「地下水そのものがかれてしまう可能性(17字)」と述べているので，この部分を抜き出す。

問七 ——線⑦は，「地下水がかれるかも」という危機感を仲間に「力説し，地下水を守るための事業を会社に提案しようと呼びかけ」ることに対するものなので，イが適切。⑦前の内容をふまえ，必要性をうったえたことを説明していない他の選択肢は不適切。

重要 問八 「会議には……」で始まる段落で，「天然水の森事業案」の会議で「『林業の会社ではないのに，なぜ森づくりをするのか』といった意見や質問は一つも出なかった」と述べていることから，山田さんたちは本来，森の「手入れ」は「林業の会社(5字)」がするものだと考えていたことが読み取れる。

重要 問九 ——線⑨は直前の段落の「すべての工場の地下水に関わる森の手入れをして，工場でくみ上げる量より多くの水を育てて，地下水を長く安定して利用できるようにしよう，という提案」のことである。

重要 問十 ——線⑩は直後で述べているように，「この事業はお金がもうかる仕事では」ないため「飲料会社が本格的な森の手入れをするという提案を，会社の幹部たちが受け止めてくれるだろうか？」という不安で，「三つ目は……」で始まる段落で「会社は，本来お金をもうけることを目的とする組織で」あるとも述べていることからウが適切。これらの内容をふまえていない他の選択肢は不適切。

問十一 副詞である——線⑪は主に用言を修飾するので，直接かかっているのはエである。

問十二　「では，森に……」で始まる段落～――線⑫までで，「森に降った雨」が「土の層でろ過され」，そして「よごれが取れたきれいな水が岩盤層を通る中で，地質のミネラルを水にふく」み，これが「ミネラルウォーター」であることを述べているので，これらの内容を設問の指示に従ってまとめる。

問十三　「水の硬度，……」で始まる段落で，「硬度とは，水にふくまれるカルシウムやマグネシウムといったミネラルの量を示す指標で」あることを述べているので，この内容を指定字数以内でまとめる。

問十四　「大切な森が……」で始まる段落で「二酸化炭素を貯めてくれる木は大切，という知識が森を守る社会貢献活動を……盛んにしていった」と述べているが，アの「知識が広められた」とは述べていないので適切でない。――線⑭にあった「三つの背景」として，イは「一つ目は……」で始まる段落，ウは「二つ目は……」で始まる段落，エは「三つ目は……」で始まる段落でそれぞれ述べている。

問十五　日本の⑮とは逆の海外では，直前の段落で述べているように「世界の森林破壊の多くは，木を伐りすぎることによって起きてい」たので，⑮にはこのことと反対のエがあてはまる。

問十六　――線⑯について「広告づくりを……」で始まる段落で，「本来ならばするべき手入れがされないで，長らく荒れた状態になっている人工林(36字)」ということを述べている。

やや難　問十七　「社会貢献事業は……」で始まる段落で，「会社に……余裕がなくなると続かなくなったり，内容が数年で変わったりします」と述べているので，この部分を「会社が『社会貢献』を行う際の問題点」として指定字数以内でまとめる。

問十八　Ⅰは直後から「山田さんたちが提案した『天然水の森事業』」に内容がもどっているので，話題を切りかえる意味で「さて」，Ⅱ・ⅢはⅡ直後の内容を認めながら，その内容と対立する内容をⅢ直後で強調しているので，Ⅱは「たしかに」，Ⅲは「しかし」がそれぞれ当てはまる。

やや難　問十九　――線⑱前で，「『天然水の森事業』は，飲み物をつくる本業とは一見関わりのない森を守る事業なので……社会貢献の考え方とよく似て見え」るが「サントリーにとっての森づくりは，会社がつくるほとんどの飲み物の原料である地下水を育むためにすること」であると述べているのでウが適切。⑱前の内容をふまえていない他の選択肢は不適切。

重要　問二十　エは「さて，山田さんたちが地下水の……」で始まる段落内容をふまえている。アは「会議には……」で始まる段落内容，イは「山田さんは，コピーライターや…」で始まる段落内容，ウは「地下水は自然の……」で始まる段落内容と，いずれも合わない。

問二十一　一文に「一方，ヨーロッパの水は硬度が」とあることから，直前で別の地域の「水」の「硬度」について述べていることが読み取れるので，「硬度のちがいは…」で始まる段落最後で「日本の地下水」の「硬度」について述べた直後に一文が入る。

二　(四字熟語)

①の「公明正大」は，公平で私心がなく正しいこと。②の「単刀直入」は，すぐに重要なことに入ること。③の「異口同音」は，多くの人が口をそろえて同じことを言うこと。④の「理路整然」は物事が道理に当てはまっているさま。⑤の「大器晩成」は偉大な人物は普通より遅れて大成するということ。

三　(ことわざ・慣用句)

①のイは，人にだまされない用心をすることのたとえ。他は，短所や欠点などが現れること。②のイは，一見関係がないようでも実は同類や仲間であることのたとえで，多くは悪事を働く者についていう。他は，大きな違いがなく，特にすぐれて目立つものがないこと。③のアは，貧乏になると性質や頭の働きまでも鈍くなること。他は，不幸や不運が重なること。④のアは，ある分野の達人

にその道を説くことの愚かさのたとえ。他は，意見や忠告をしても全く効き目のないこと。⑤のエは，他人を気にせず堂々と行動すること。他は，失敗しないよう前もって準備すること。

四 (漢字の読み書き)

①の「故郷」は「ふるさと」とも読む。②は身近な所。③は惑星のまわりを運行する天体。④はうまくいくように前もって考えておく手段や，相手をだまそうとするたくらみ。⑤は同一のものがいくつ重複しても，それぞれ一つとして数え合計すること。⑥は郵便で送ること。⑦は書物を書きあらわすこと。⑧は見当をつけたり，だいたいの計算をしたりすること。⑨の「武者修行」は学問や技芸の修行のためによその土地や外国へ行くこと。⑩は道理をよくわきまえていること。「ぶんべつ」と読む場合は，種類ごとに分けるという意味になる。

★ワンポイントアドバイス★

指定字数のある記述問題は，説明に必要な語句を見極めて，端的にまとめられるようにしよう。

第2回

2024年度

解答と解説

《2024年度の配点は解答欄に掲載してあります。》

<算数解答> 《学校からの正答の発表はありません。》

1 (1) 2530 (2) $\frac{20}{21}$ (3) 40

2 (1) 77 (2) (11時)$\frac{60}{11}$分・$\frac{540}{11}$分 (3) 560円 (4) 35分 (5) 682

3 (1) 225度 (2) 25.74cm^2 (3) 0.28倍

4 (1) 150分 (2) 20分間 5 (1) 分速100m (2) 3分20秒

6 (1) 4:1 (2) 12:3:2:8 (3) $\frac{25}{3}$cm

○推定配点○

1，2 各5点×8(2(2)完答) 他 各6点×10 計100点

<算数解説>

1 (四則計算，割合と比)

(1) (125＋128)×(3.7＋6.3)＝2530

(2) $\square=2\div\left(1.85-\frac{1}{6}+11.25\div27\right)=2\div\left(1\frac{41}{60}+\frac{5}{12}\right)=2\div\frac{21}{10}=\frac{20}{21}$

重要 (3) 2月の売り上げ…100 3月の売り上げ…100×0.9＝90 1月の売り上げ…90÷(1－0.46)$=\frac{500}{3}$ $100\div\frac{500}{3}=0.6$ したがって，求める割合は1－0.6＝0.4より，40％減

重要 2 (概数，割合と比，速さの三公式と比，時計算，消去算，平面図形，数の性質)

(1) 四捨五入して6になる数…5.5以上6.5未満 したがって，最大の割られる数は12×6.5－1＝77

(2) 11時の両針の間の角…30度 1回目に両針の間が60度になるとき…$(60-30)\div5.5=\frac{60}{11}$(分)
2回目に両針の間が60度になるとき…$\{360-(30+60)\}\div5.5=\frac{540}{11}$(分)

(3) りんご・みかん・なし1個の値段…それぞれリ・ミ・ナとする リ＋ミ×2＋ナ×3＝960…A リ×3＋ミ×2＋ナ＝640…B (A＋B)÷4…リ＋ミ＋ナ＝(960＋640)÷4＝400…C A－C…ミ＋ナ×2＝960－400＝560 したがって，求める値段は560円

(4) 行きと帰りの歩幅の比…5:3 行きと帰りの速さの比…(5×70):(3×100)＝7:6 したがって，帰りの時間は65÷(7＋6)×7＝35(分)

(5) 5で割っても8で割っても2余る数…2，42，82，122，～ 11の倍数…40×□＋2＝2×(20×□＋1) 20×□＋1…11の倍数 20×□＋1＝11×11＝121のとき…□＝120÷20＝6より，40×6＋2＝242 20×□＋1＝11×31＝341のとき…□＝340÷20＝17より，40×17＋2＝682 したがって，求める数は682

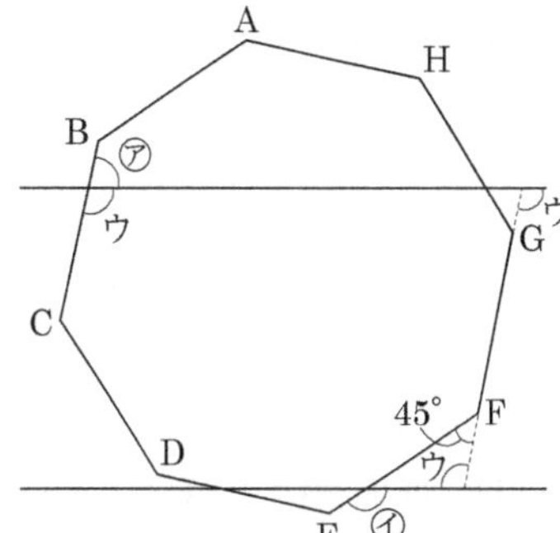

重要 3 (平面図形，割合と比)

(1) ㋐…右図より，180－ウ ㋑…45＋ウ したがって，㋐＋㋑は180＋45＝225(度)

(2)　OP×OP…図1より，6×6÷2＝18(cm²)　半径がOPである四分円の面積…18×3.14÷4＝14.13(cm²)　したがって，求める面積は(18×1.5－14.13)×2＝25.74(cm²)

(3)　三角形FBC…図2より，㉒
三角形AFC…㉒÷11×7＝⑭
三角形ABC…㉒＋㉘＝㊿
したがって，求める割合は14÷50＝0.28(倍)

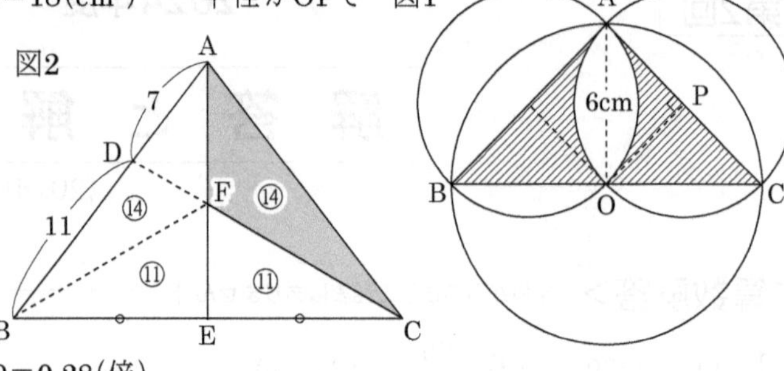

重要 4　**(割合と比，仕事算，消去算，鶴亀算)**

(1)　仕事全体の量…$\frac{300}{7}$，37.5，60の最小公倍数より，300とする　AとB1分の仕事量…300÷$\frac{300}{7}$＝7　BとC1分の仕事量…300÷37.5＝8　CとA1分の仕事量…300÷60＝5　AとBとC1分の仕事量…(7＋8＋5)÷2＝10　A1分の仕事量…10－8＝2　B1分の仕事量…7－2＝5　C1分の仕事量…8－5＝3　したがって，Aだけでは300÷2＝150(分)

(2)　16分でした仕事量…10×16＝160　残りの仕事量…300－160＝140　残りの時間…46－16＝30(分)　したがって，Cだけでした時間は(8×30－140)÷(8－3)＝20(分)

重要 5　**(速さの三公式と比，割合と比，単位の換算)**

AB間の距離…30000×$\frac{16}{60}$÷2＝4000(m)
バスの分速…4000÷8＝500(m)

(1)　太郎君がバスと出合うまでに進んだ距離…4000÷3＝$\frac{4000}{3}$(m)　太郎君がバスと出合うまでに進んだ時間…右図より，8÷3＋16÷3×2＝$\frac{40}{3}$(分)　したがって，太郎君の分速は$\frac{4000}{3}$÷$\frac{40}{3}$＝100(m)

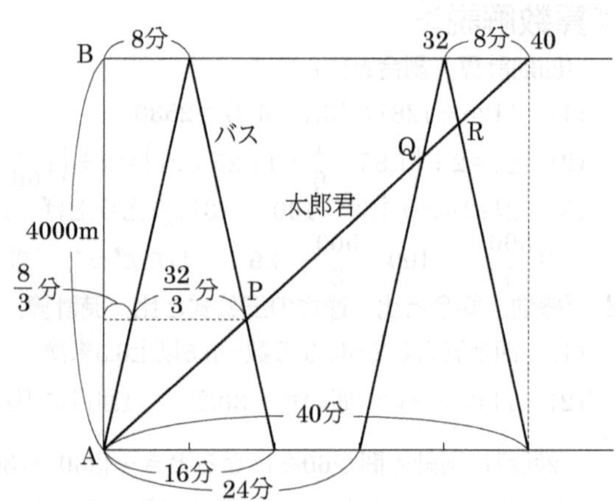

(2)　太郎君がBに着く時間…(1)より，4000÷100＝40(分)　頂点Qを共有する2つの三角形の相似比…24：8＝3：1　頂点Rを共有する2つの三角形の相似比…40：8＝5：1　したがって，求める時間は40÷(5＋1)×5－40÷(3＋1)×3＝3$\frac{1}{3}$(分)　すなわち3分20秒

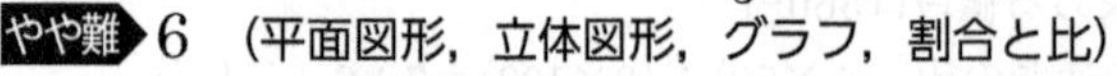
やや難 6　**(平面図形，立体図形，グラフ，割合と比)**

注水位置…(ア)　底面積(イ)の割合…グラフより，(59－50)÷6＝1.5　底面積(エ)の割合…(74－62)÷3＝4　底面積(ウ)の割合…(62－59)÷3＝1

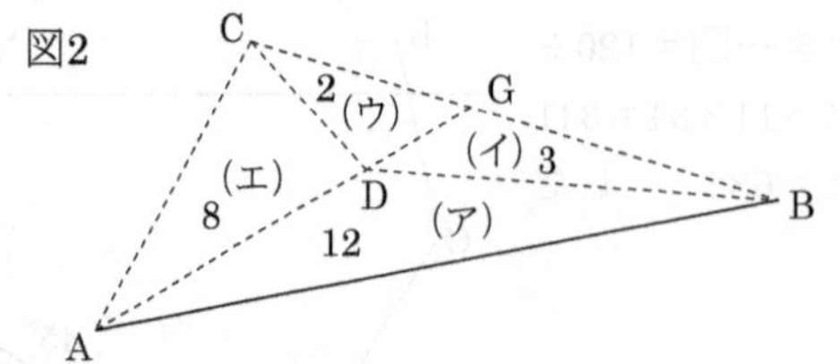

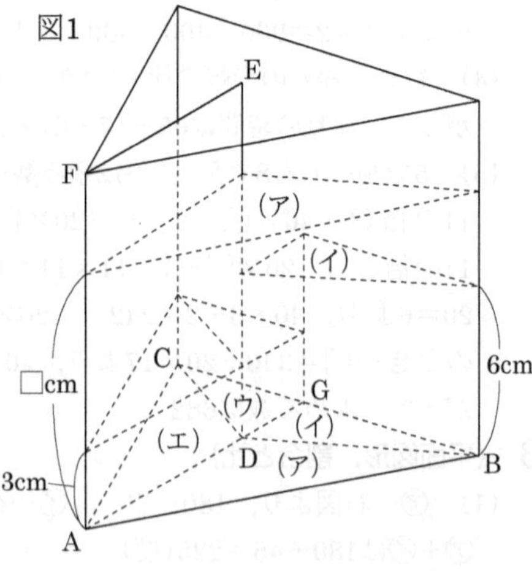

(1)　底面積(イ)，(ウ)，(エ)の比…1.5：1：4＝3：2：8　したがって，AD：DG＝8：2＝4：1

(2) 底面積(ア)の割合…(1)より，3×4＝12 したがって，底面積(ア)，(イ)，(ウ)，(エ)の比は12：3：2：8

(3) (ア)の部分と(イ)の部分の体積比…50：9 (ア)の部分と(イ)の部分の高さの比…(2)より，(50÷12)：(9÷3)＝25：18 したがって，求める高さは$6\div18\times25=\frac{25}{3}$(cm)

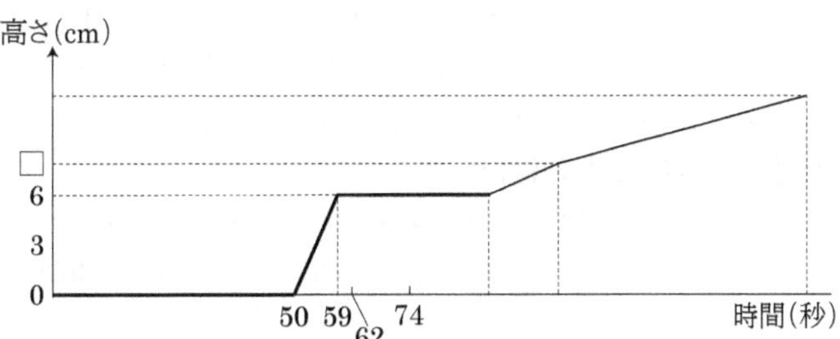

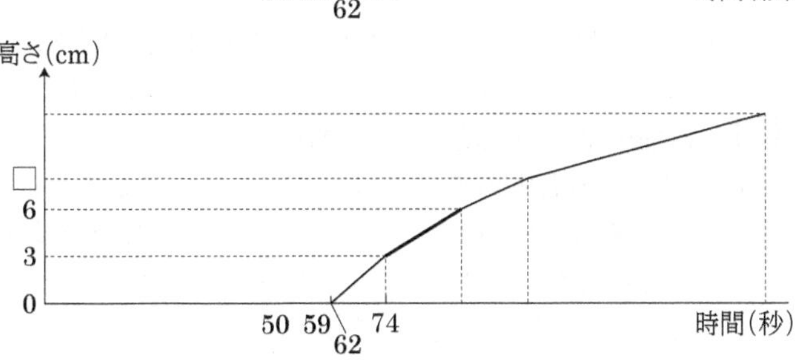

★ワンポイントアドバイス★

2(1)「概数」，(2)「時計算」は比較的，容易な問題であるが，他は簡単に解ける問題がほとんどない。6「三角柱の水槽と水面の高さのグラフ」は，簡単ではないが，内容自体は難問というレベルではないので，時間をかければ解けるはず。

＜理科解答＞ 《学校からの正答の発表はありません。》

【1】 (1) (ア) (2) ① B，D ② BとC

【2】 (1) X 2個 Y 3個 (2) ① A ② (ウ)

【3】 (1) (イ)・(エ) (2) ① (ウ) ② (エ)・(オ)

【4】 (1) 二酸化炭素 (2) 銀 (3) (ア)・(ウ)

【5】 (1) 16.4g (2) 19℃ (3) ① 400m ② 32.5℃

【6】 (1) 右図 (2) (イ) (3) ① (ア) ② (オ)

【7】 (1) (イ) (2) (ウ) (3) 7.4秒

【8】 (1) 36g (2) X 85.6g Y 71.2g

(3) ① 24g ② 188g

O

○推定配点○

【3】 (2) 各1点×2 他 各2点×24(【1】(2)，【2】(1)，【3】(1)，【4】(3)，【6】(3)，【8】(2)各完答) 計50点

＜理科解説＞

【1】 (植物のはたらき－種子のつくりと発芽条件)

(1) 種子のうちで，栄養分を蓄えている部分は最も体積が大きい。インゲンマメは胚乳を持たないので，(ア)～(ウ)はすべて将来のからだになる胚であり，栄養分を蓄える(ア)は子葉である。

(2) ① 種子が発芽する条件は，水，空気，適当な温度の3つである。日光は必ずしも必要ない。

重要 Aは水がない。Cは種子が空気と触れていない。Eは温度が適当でない。 ② 種子が空気と触れていないのはCである。Cと空気の条件だけが異なり，他の条件が同じなのはBである。つまり，BとCを比較すれば空気が必要なことがわかる。

【2】 (人体－ヒトの骨格)

(1) 関節は，骨と骨のつなぎ目の部分である。Yの人差し指は，中指，薬指，小指と同じつくりなので，図の他の指の関節の数を数えればよく，3個である。Xの親指だけは，骨の数が1つ少ないので，関節の数も1つ少ない2個である。

(2) ① 足を持ち上げるためには，骨の上側のAが縮み，下側のBが緩む。 ② Bは，ひざを曲げるときに使う筋肉である。そのため，ひざの関節よりも先の骨とつながっている必要がある。

【3】 (地層と岩石－火成岩と堆積岩)

(1) Aは，岩石中の鉱物がじゅうぶんに成長しており，マグマが地下深くでゆっくり冷えて固まった深成岩の組織を示している。花こう岩，せん緑岩，はんれい岩があてはまる。Bは，成長した鉱物とガラス質の部分からなり，マグマが地下浅部や地上で急に冷えて固まった火山岩の組織を示している。流紋岩，安山岩，玄武岩があてはまる。

(2) ① 堆積岩の多くは，粒が水に流されるうちにぶつかったりけずられたりして，角がとれて丸くなる。しかし，火山灰が積もって固まったぎょうかい岩は，火山灰が空中を飛んでくるためにけずられることがなく，粒が角ばっている。 ② 石灰岩はサンゴや有孔虫など，チャートはケイソウや放散虫などが堆積してできる。なお，有孔虫は炭酸カルシウムの殻を持ち，ケイソウや放散虫は二酸化ケイ素の殻を持つプランクトンである。

【4】 (物質の性質－6種類の固体の区別)

重要 (1) 操作2で，アルミニウムと鉄は塩酸に溶けて水素が発生し，石灰石は塩酸に溶けて二酸化炭素が発生する。A，B，Eはこれらのどれかである。また，操作3でAとEは電気を通すので，電気を通さないBが石灰石と分かる。以上より，Bが溶けて発生する気体は二酸化炭素である。

(2) 操作3では，(1)のAとEの他にもうひとつFも電気を通すが，操作2でFは塩酸に溶けないので，Fは銀である。なお，Dはガラスである。

(3) (1)から，AとEはアルミニウムと鉄のどちらかである。アルミニウムは強いアルカリに溶けるが，鉄はアルカリに溶けないので，(ア)で区別できる。また，アルミニウムは磁石につかないが，鉄は磁石につくので，(ウ)で区別できる。(イ)ではどちらも水素が発生するので区別できない。(エ)はどちらも広がるので区別できない。

【5】 (気象－フェーン現象)

(1) 温度23℃のとき，空気1m^{3}には最大20.5gの水蒸気が含まれる。湿度80％のときは，最大量の80％が含まれているので，20.5×0.8＝16.4(g)となる。

(2) 空気1m^{3}に16.4gの水蒸気が含まれるとき，23℃では最大量ではないが，冷やしていくと19℃で最大量になる。この温度で水滴ができ始めるので，露点とよばれる。

(3) ① はじめの23℃の空気は，(2)の計算から19℃になると水滴ができるので，23－19＝4(℃)下がると雲ができる。空気は100m上昇するごとに温度が1℃下がるので，温度が4℃下がるのは

やや難 高さ400mまで上昇したときである。 ② 高さ400mでの空気の温度は19℃である。高さ400mから2300mの山頂まで，空気は雲をつくりながら2300－400＝1900(m)上昇する。その間，空気は100m上昇するごとに温度が0.5℃下がるので，1900mでは0.5×19＝9.5(℃)下がり，山頂の温度は19－9.5＝9.5(℃)となる。そこで雲が消えて空気は風下まで2300m下降する。空気は100m下降するごとに温度が1℃上がるので，2300m下降すると温度は23℃上がり，風下の温度は9.5＋23＝32.5(℃)となる。

【6】 (音の性質－ドップラー効果)

(1)　波は1秒間で2マス進むので，3秒前にできて半径6マスに広がった円と，2秒前にできて半径4マスに広がった円と，1秒前にできて半径2マスに広がった円の，3本の波が見える。

(2)　水面をたたく場所が右に1マスずつずれるので，Oを中心とする半径8マスの円と，Oの右1マスを中心とする半径6マスの円と，Oの右2マスを中心とする半径4マスの円と，Oの右3マスを中心とする半径2マスの円の4本の波が見える。そして，Oの右4マスの現在位置で波ができ始める瞬間であり，その半径はまだ0である。

(3)　①　(2)の図では，前方では波の間隔が短く，後方では波の間隔が長くなる。　②　救急車が近づく前方では波の振動数が多く，本来よりも高い音が聞こえる。救急車が遠ざかる後方では波の振動数が少なく，本来よりも低い音が聞こえる。

【7】 (物体の運動－振り子の周期)

重要 (1)　表のAとDを比べると，振り子の長さが4倍のときに時間が2倍になる。これは，BとHを比べても同じである。このことから，振り子の長さがCの4倍のときに，時間が5.5秒の2倍の11秒になる。その振り子の長さは，0.3×4＝1.2(m)である。

や難 (2)　表のAとDを比べると，振り子の長さが4倍のときに時間が2倍になるので，時間×時間は2×2＝4(倍)になる。また，AとIを比べると，振り子の長さが9倍のときに時間が3倍になるので，時間×時間は3×3＝9(倍)になる。つまり，振り子の長さと「時間×時間」は比例し，グラフは直線になる。

(3)　左半分は，長さ0.7mの振り子なので，5往復の時間は表の8.4秒の半分で4.2秒である。右半分は，長さ0.7－0.3＝0.4(m)の振り子なので，5往復の時間は表の6.4秒の半分で3.2秒である。よって，振り子全体の5往復の時間の合計は，4.2＋3.2＝7.4(秒)である。

【8】 (ものの溶け方－硫酸銅の水和物)

(1)　100gの硫酸銅五水和物から水をすべて除くと，64gになったのだから，五水和物に含まれていた水は100－64＝36(g)である。

(2)　水の粒5個にあたる重さが36gだから，水の粒1個にあたる重さは36÷5＝7.2(g)である。Xは三水和物なので，重さは7.2×3＋64＝85.6(g)である。Yは一水和物なので，重さは7.2×1＋64＝71.2(g)である。

や難 (3)　①　飽和水溶液140gに硫酸銅が40g溶けているので，飽和水溶液84gに溶けている硫酸銅の重さは，140：40＝84：□　で，□＝24(g)となる。　②　100gの硫酸銅五水和物には，硫酸銅が64g含まれている。これを溶かして飽和水溶液にするための水の量は，140：40＝□：64　より，□＝224(g)となる。一方，(1)のとおり100gの硫酸銅五水和物には36gの水が含まれている。よって，加える水は224－36＝188(g)である。

★ワンポイントアドバイス★

問題文や図表の内容をよく読み，使える知識は最大限に使って，てぎわよく解き進めていこう。

<社会解答>《学校からの正答の発表はありません。》

1 問1 ア 問2 エ 問3 ウ 問4 ア→エ→イ→ウ 問5 田楽 問6 ウ
問7 ア・ウ・エ 問8 ア・イ・オ 問9 (1) ウ (2) (例) 国が大量生産，大量消費を最優先する考え方によって，特に重化学工業を盛んにしてきたため，広い範囲にわたって環境に大きな被害をあたえる公害問題が起こった。 問10 2001(年)~2100(年)

2 問1 ア 問2 ヒートアイランド(現象) 問3 霞ヶ浦 問4 エ 問5 高輪ゲートウェイ(駅) 問6 C・F 問7 イ 問8 オーバーツーリズム 問9 イ
問10 (例) 調整池は川のはんらんによる浸水被害を防ぐために増水した水を一時ためて，水位が下がった後に水を川に戻している。

3 問1 エレベーター 問2 生命 問3 ウ 問4 国民主権 問5 ア・イ・オ
問6 司法権の独立 問7 ア 問8 イ・エ

○推定配点○
1 問9(2) 3点 他 各2点×10(問4・問7・問8各完答)
2 問8・問9 各1点×2 問10 3点 他 各2点×7(問6完答)
3 各1点×8(問5・問8各完答) 計50点

<社会解説>

1 (日本の歴史―おせち料理に関する問題)

問1 日本に稲作が伝わったのは，2400~2500年程前の縄文時代後期と言われている。その伝来ルートは，中国北部から華北・朝鮮半島を経て北九州に伝来した北方ルート説(地図中イ)，長江下流の南方民族の北九州移住により伝来した長江・東シナ海ルート説(地図中ウ)，中国の華南地方から台湾・沖縄を経て九州に伝来した南方ルート説(地図中エ)の3つのルートが想定されている。したがって，地図中アのような稲作の伝来ルートは想定されていない。

問2 日本古来の行事の1つのである「新嘗祭」を由来とした国民の祝日は，勤労感謝の日(11月23日，選択肢エ)である。新嘗祭は天皇が新穀などの収穫物を神々に供えて感謝し，自らも食べる祭事であった。この祭事の日が1874年(明治7年)に11月23日に固定され，さらに戦後の1947年に「勤労感謝の日」として国民の祝日と規定された。なお，アの敬老の日は9月の第3月曜日，イの秋分の日は9月22日から9月23日ごろのいずれか1日，ウの文化の日は1946年11月3日の日本国憲法公布を記念して制定された国民の祝日である。

基本 問3 稲作が開始されると，人々は水田に近い平地に竪穴住居と高床倉庫をつくって定住するムラを形成した。そこで収穫された米をすべて食べるわけにはいかず，食べる以外に余った物をたくわえるようになった。他方，稲作はその地域の気候や土地の状態で生産量が異なり，そのため年月の経過に応じてたくわえの量にも違いが生じ，その結果，持てる者と持てない者との間に貧富の差が拡大するようになった。そのような状況が続くとしだいに財産を持てる者が持てない者を支配するようになり，特定の人がその他の多くの人々を支配する関係が出現した。またそのような豊かな土地や富を狙ったり，水の利用などをめぐって，ムラ同士での戦いなども発生するようになった。ムラ同士の争いが繰り返されるうちに，有力なムラは周辺のムラをまとめ，有力なムラの支配者を王とする小さなクニが各地にあらわれた。 ア 人々のあいだに貧富の差はなかったのは，弥生時代ではなく縄文時代である。 イ 惣とよばれる自治組織がつくられたのは，弥生時代ではなく室町時代である。 エ 律令と呼ばれる法律がつくられたのは，弥生時代ではなく飛鳥時代以降である。

問4　アの聖武天皇が全国に国分寺・国分尼寺を建立したのは741年，イの白河天皇が院政を行ったのは1086年，ウの平清盛が太政大臣に就任したのは1167年，エの藤原頼通が摂政・関白となったのは11世紀前半である。したがって，これらの出来事を年代の古いものから順に並べかえると，ア→エ→イ→ウとなる。

問5　設問中の屏風絵に描かれている，庶民が田植えのときに豊作を願って歌い舞った芸能は田楽である。田楽は平安時代半ばに成立した日本の伝統芸能で，農村の行事で行われた歌舞を中心とする芸能であった。

問6　京都所司代は，京都の警備，朝廷・公家や西国大名の監視などを行った江戸幕府の役職である。この役職は老中に次ぐ重職で，譜代大名から1名が選ばれた。　ア　侍所が置かれたのは，鎌倉幕府や室町幕府である。　イ　管領が置かれたのは，室町幕府である。　エ　問注所が置かれたのは，鎌倉幕府や室町幕府である。

問7　明治時代は1868～1912年であり，この時代に内閣総理大臣に就任したことがある人物は，アの伊藤博文(在1885～1888年，1892～1896年，1898年，1900～1901年)，ウの桂太郎(在1901～1906年，1908～1911年，1912～1913年)，エの黒田清隆(1888～1898年)である。なお，イの犬養毅は1931～1932年(昭和時代)，オの原敬は1918～1921年(大正時代)に内閣総理大臣に就任した。

重要　問8　第二次世界大戦が終了したのは，1945年のことである。　ア　軍国主義を排除し，民主化を進めるための改革が行われたのは，戦後のGHQ(連合国軍最高司令官総司令部)の占領期(1945～1952年)のことである。　イ　めざましい経済復興を背景に，所得倍増計画が進められたのは1960年代のことである。　オ　社会保障などについての財源を確保するため，初めて消費税が導入されたのは1989年のことである。　ウ　関税自主権を完全に回復して，条約改正を達成したのは1911年の明治時代のことである。　エ　欧米諸国に劣らない強い国をつくるため，富国強兵の改革が進められたのは明治時代前半である。

やや難　問9　(1)　高度経済成長期とは，1950年代半ば～1970年代前半まで続いた経済成長率が年平均10％を超える成長をした時期である。したがって，このような時期を示すものは，グラフ中のウである。　(2)　国は高度経済成長期に大量生産，大量消費をはじめとする経済成長を最優先にする政策を採り，特に重化学工業を盛んにした。それにより大気汚染，水質汚濁，自然破壊などの生活環境が悪化し，全国各地に広範囲にわたって環境に大きな被害をあたえる公害問題が起こった。そのため各地で公害反対運動が高まり，四大公害病による裁判も起こされた。それに対して国は1967年に公害対策基本法を制定し，1971年に環境庁を設置して公害問題に取り組んだ。他方，この時期に農村では人口が流出して過疎化が進み，逆に過密になった都市では交通渋滞・住宅不足・ごみ問題なども発生した。

基本　問10　「世紀」とは西暦年を100年ごとに単位として区切る表し方で，例えば1世紀とは「1～100年」のことである。したがって，21世紀とは，西暦2001年から2100年までの100年間である。

2　(日本の地理―関東地方に関する問題)

問1　X　人口密度は一定の範囲にどれだけの人が住んでいるのかを表した数値で，普通は1㎢あたりの人口数で表す。したがって，空欄Xを含んだ文は「人口密度とは人口÷面積で求められる数値ですね。」となる。　Y　昼夜間人口比率が100％を超えていることは，昼間の人口が多いことを意味し，そのような地域は工業や商業などの産業が盛んな地域である。他方，昼夜間人口比率が100％未満であることは，夜間人口が多いことを意味し，それは住宅地である。設問文中に「多くの人々が毎日東京都内へ通勤・通学をしているということが分かります。」とあるので，空欄Yを含んだ文は「東京都は昼夜間人口比率が100を上回っています。」となる。

基本 問2　ヒートアイランド現象は都市部の気温が郊外より高くなる現象で，その理由は産業活動，冷暖房などから人工熱が放出，コンクリートのビルの増加，道路の舗装化で熱が蓄積されることなどである。そのため東京などの大都市では地表のアスファルトから熱が逃げにくく，自動車などからの排熱も多いため，夜間になっても気温が十分に下がらず，最低気温が25度以上の熱帯夜になることも多い。

基本 問3　地図中Pは，霞ヶ浦である。霞ヶ浦は茨城県南東部に広がる湖で，その面積は約220km²で琵琶湖に次いで2番目に広い。この湖は西浦，北浦，外浪逆浦，北利根川，常陸川などの水域の総体で，その一部は千葉県の北東部にもまたがっている。

問4　多摩川は山梨県・東京都・神奈川県を流れて東京湾に注いでいる全長約138kmの河川で，その下流の一部が東京都と神奈川県の境界の一部になっている。なお，選択肢アの荒川は栃木県と群馬県ではなく東京都と埼玉県，イの利根川は栃木県と群馬県ではなく群馬県と埼玉県，千葉県と茨城県の境界の一部になっているが，ウの相模川は山梨県と神奈川県を流れているが，東京都と神奈川県の境界の一部になっていない。

問5　高輪ゲートウェイ駅は東京都港区にある東日本旅客鉄道(JR東日本)の駅で，2020年に開業した。山手線では1971年の西日暮里駅以来，京浜東北線では2000年のさいたま新都心駅以来の新駅設置である。なお，当駅の「スリーレターコード」である「TGW」は，「TAKANAWA GATEWAY CITY」の略称である。

問6　2024年4月現在で新幹線の駅が設置されていない県は，茨城県，千葉県，山梨県，三重県，奈良県，和歌山県，鳥取県，島根県，香川県，徳島県，愛媛県，高知県，大分県，宮崎県，沖縄県の15県である。したがって，地図中(関東地方)で新幹線の駅が設置されていない県は，地図中C(茨城県)，地図中F(千葉県)の2県である。

重要 問7　地図中Qの空港は，成田国際空港である。空港における貿易では輸出・輸入品ともに半導体等製造装置・科学光学装置・集積回路などの比較的軽量で高価な商品が多い。現在，成田国際空港での貿易額は国内で一番多く，取扱貨物量が日本で一番多い空港となっている。なお，アの乗降客数が日本で一番多い空港とウの敷地面積が日本で一番広い空港は羽田空港，エの24時間離着陸が可能な空港は，新千歳・羽田・中部国際・関西国際・北九州・那覇の各空港である。

問8　オーバーツーリズムは，特定の観光地において，国内外からの観光客の急速な増加等で地域住民の生活や自然環境，景観などで負の影響を及ぼすことなどのさまざまな問題を発生させるとともに，観光客の満足度も低下させる現象のことである。ただし，オーバーツーリズムの判断は，それぞれの観光地を持つ地域が観光客の増加をどのように考えるかによっても左右される。

問9　表中Ⅰは地図中A(群馬)・愛知・地図中F(千葉)・地図中C(茨城)・長野の順なのでキャベツの収穫量，Ⅱは地図中C(茨城)・鹿児島・地図中F(千葉)・広島・岡山の順なので採卵鶏飼養羽数，Ⅲは宮崎・地図中A(群馬)・地図中D(埼玉)・福島・地図中F(千葉)の順なのできゅうりの収穫量を表したものである。

やや難 問10　設問中の図版は，人工の調節池である。人工の調節池は豪雨などによる川の氾濫による浸水被害から人々を守るための目的で，増水した水を一時的にためるために川沿いの公園や道路の地下空間などを活用して造られた施設である。東京都では，環状七号線の地下トンネルとしての「神田川・環状七号線地下調節池」をはじめとした12河川の28ヵ所で調節池の整備を行っている。

3　(政治—日本国憲法の原理・政治のしくみなどに関する問題)

問1　鉄道駅バリアフリー料金制度は駅などのバリアフリー化を進めるため，転落防止のホームドアやエレベーターの設置などの費用を運賃に上乗せして鉄道の利用者に幅広く負担してもらう国の制度で，2021年に創設された。したがって，設問文中の空欄Xには「エレベーター」があてはまる。

問2　日本国憲法第13条には，「すべての国民は，個人として尊重される。生命，自由及び幸福追求に対する国民の権利については，公共の福祉に反しない限り，立法その他の国政の上で，最大の尊重を必要とする。」とある。したがって，空欄Yには「生命」が入る。

重要　問3　Ⅱ　閣議は総理大臣が主宰する内閣の意思決定会議のことで，総理大臣と国務大臣で構成されている。閣議は原則として非公開で，全会一致で決定が行われる。　Ⅲ　国土交通省は海上保安庁の他にも，気象庁，観光庁，運輸安全委員会を所管しているが，国家公安委員会は所管していない。　Ⅰ　閣議の決定は，過半数の賛成でなされるのではない。　Ⅳ　国家公安委員会は内閣府に属し，警察の管理・運営などを行っている。

基本　問4　日本国憲法の三大原則は平和主義・基本的人権の尊重と，国民主権である。日本国憲法では，政治のありかたを最終的に決めるのは国民であるという「国民主権」が基本原則になっており，日本国憲法の前文には「ここに主権が国民に存することを宣言し，この憲法を確定する。」とある。

重要　問5　日本国憲法における精神の自由は，個人が自由にものを考え，思想を持ち，それを主張し，表現する自由のことである。精神の自由には，思想及び良心の自由(日本国憲法第19条)，信教の自由(日本国憲法第20条，選択肢イ)，集会・結社・表現の自由(日本国憲法第21条，選択肢オ)，学問の自由(日本国憲法第23条，選択肢ア)などがある。なお，ウの職業選択の自由，エの居住・移転の自由はいずれも経済活動の自由である。

問6　裁判所や裁判官は，他の機関から命令や圧力を受けることがあってはならないという原則は，司法権の独立と呼ばれるものである。司法権の独立には，裁判官は自らの良心と憲法・法律にのみ従って裁判を行う「裁判官の独立」と裁判官は心身の故障や弾劾裁判，国民審査で罷免される場合などを除き，辞めさせられることはないという「裁判官の身分保障」が含まれる。

問7　現在の日本の内閣総理大臣は国会法や議院規則などに基づいて国会議員の中から国会によって指名され，天皇によって任命される。したがって，「国会は，内閣総理大臣の任命権をもつ」ということはない。

問8　広島での主要7か国首脳会議に参加した主要7か国に含まれる国は，アメリカ合衆国・カナダ・イギリス・フランス・ドイツ・イタリア・日本である。したがって，選択肢中で主要7か国に含まれる国は，選択肢イのカナダとエのドイツであり，オセアニア州にあるオーストラリア(選択肢ア)，アジア州にある中華人民共和国(選択肢ウ)，アジア州とヨーロッパ州にまたがるロシア(選択肢オ)は含まれない。なお，G7サミットのG7とはグループ・オブ・セブン(GroupofSeven)の略称である。

★ワンポイントアドバイス★

地理・歴史・政治の各分野の設問はほぼ同じ割合で出題されており，その上地理と歴史分野には数行の説明問題も含まれているので，時間配分に十分に注意して設問に取り組むようにしよう。

＜国語解答＞《学校からの正答の発表はありません。》

一 問一 不安 問二 B・駐車場 問三 白と黒のハチワレ 問四 ③ オ ⑨ イ
問五 (例) さがしているうちのネコかどうか確認したい。 問六 (最初) 車にでもひ (最後) んでしょう 問七 (例) 外傷がなくじっとした(まま) 問八 宅配便のドライバー 問九 ウ 問十 (例) ペットの動物も病気になったり，老いたりすること。
問十一 (例) (一つ目) チラシをいろいろな人に配ったこと。 (二つ目) ネコのマップを作ったこと。 (三つ目) チラシの絵を描いたこと。 問十二 (例) テンちゃんは事故にあったが，手術して助かったこと。 問十三 A メーが死んだ B 成長
問十四 ウ 問十五 ウ 問十六 c 問十七 兄弟みたいなもの 問十八 メーのことを思い出すから 問十九 思い出 問二十 動物病院を

二 問一 イ 問二 ⑥ 問三 ウ

三 ① ばん・オ ② あな・ア ③ みえ・エ

四 ① 答→頭 ② 絶→立 ③ 秋→終 ④ 戦→先

五 ① 補給 ② 乱立 ③ 専門 ④ 隊列 ⑤ 良薬 ⑥ 他言
⑦ 直(ちに) ⑧ たぐ(い) ⑨ かおく ⑩ しきんせき

○推定配点○
一 問二・問四・問九・問十三・問十六・問十九 各2点×8
問五・問十・問十二 各5点×3 他 各3点×13
二～四 各1点×10(三・四各完答) 五 各2点×10 計100点

＜国語解説＞

一 (小説－心情・情景・段落構成・細部の読み取り，指示語，空欄補充，ことばの用法，記述力)

問一 「早く会ってたしかめたい気持ち」がありながら「不安」があるため，佳斗は――線①のようになっている。

問二 ――線Bのみ病院の前の「駐車場」で，他は「動物病院」のことである。

問三 「『白と黒の……』」で始まる看護師さんのセリフから，「テンちゃん」の特徴は「白と黒のハチワレ(8字)」である。「ハチワレ」は鼻筋を境に左右に分かれて「八」の字に見える毛色や模様のこと。

問四 ③は自分をふるいたたせるという意味でオ，⑨は小さな声でやさしく話すという意味でイがそれぞれ当てはまる。

やや難 問五 「『ええ，でも……』」で始まるお母さんのセリフから，――線④では「さがしているうちのネコかどうか確認したい」というようなことを聞いていると考えられる。

問六 「『つれてきてくれた……』」で始まるセリフで，テンちゃんの状況について「『車にでもひかれたあと，どこか安全なところに行こうとしたものの，途中で動けなくなったんでしょう(46字)』」ということを先生は話している。

問七 ――線⑥前で，テンちゃんは「『じっとしていた……外傷がなくても……』」と先生が話していることを，テンちゃんが発見されたときの様子として指示に従ってまとめる。

問八 この場面の後で「『宅配便のドライバーさんのおかげだわね……』」とお母さんが話していることから，――線⑦は「宅配便のドライバー」である。

問九 「『……心配はいりませんよ』」という先生の言葉に，佳斗は「『あー，よかった……』」と話

していることから，⑧にはウが適切。

問十　——線⑩は，⑩前でお母さんが話している「『ペットの動物だって病気になるし，老いていくのよ』」ということなので，この内容を指定字数以内でまとめる。

やや難　問十一　「動物病院を出ると……」で始まる場面で「『……チラシを見て知らせてくれたおじいさんにも……』」とお母さんが話していること，「佳斗は，宅配便の……」で始まる段落で「佳斗は，宅配便の人に，蘭からチラシをもらったと聞いた」こと，また，「『おまえが……』」から始まる会話で，蘭のお父さんが佳斗に「『……ネコのマップを作ったんだって？』『チラシの絵も描いたそうだね』」と蘭のことを話していることをふまえ，蘭がネコさがしのために具体的にした三点をそれぞれ簡潔に説明する。

重要　問十二　——線⑫直後で，佳斗の話を聞いた蘭が「『……事故にあってたんだ。でも助かったんだ……』」と話していることをふまえ，佳斗がテンちゃんのことを蘭に伝えた内容を指定字数以内で説明する。

問十三　「蘭のお母さんはカウンター……」で始まる段落で蘭が「『メーが死んだあと，ショックで……ごはんも食べられな』」かったこと，「蘭のお母さんがにっこり……」で始まる段落で「『わたしは，メーのおかげで蘭が……成長するだろうと思いましたよ……』」という，蘭のお母さんの蘭に対する思いが描かれていることから，Aには「メーが死んだ(6字)」，Bには「成長(2字)」がそれぞれ当てはまる。

問十四　——線⑭は，直前で蘭のお父さんが話しているように「『喜びと悲しみは，いつもくっついてる』」ことなので，ウの「色と形が変」は悲しみとはいえないため⑭の例として適切でない。

問十五　「蘭のお母さんはカウンター……」で始まる場面で，メーが死んだことで，蘭が「『わたしとは，口もきいてくれなくてねえ』」ということを蘭のお父さんが話しているが，ウは描かれていないので適切でない。他は「『そうだな。……』」から始まる場面でいずれも描かれている。

基本　問十六　══線cのみ形容詞。他はいずれも打ち消しの助動詞。「ない」を「ぬ」に置き換えることができれば打ち消しの助動詞，できなければ形容詞と判断する。

問十七　「『それは父ちゃんが……』」で始まるセリフで，メーは「『……蘭にとっては兄弟みたいなものだったのよ……』」と蘭のお母さんが話している。

重要　問十八　「蘭のお母さんがもどってきて……」で始まる場面で，蘭のお母さんが「『蘭はテレビでネコのおもしろい動画をやってたりすると，チャンネルを変えるのよ……』」と話すことに対し，「『メーのことを思い出すから(12字)な』」と言う蘭のお父さんのセリフが，——線⑰の理由だと考えられる。

問十九　死んでしまったネコのクロちゃんのためにお父さんが作ってくれた曲を聞くと「『……クロちゃんのことを思い出す……』」と話してメロディを口ずさむお母さんの様子を見ながら，佳斗は——線⑱のように思っているので，□には「『クロちゃんが……』」で始まるお母さんのセリフの「思い出」が当てはまる。

重要　問二十　本文は，冒頭～「『もう安心だね。……』」で始まるセリフまででテンちゃんが入院している動物病院での場面，「動物病院を出ると……」～「蘭のお母さんが返事を……」で始まる段落までで蘭のお父さんの寿司店での場面，「お父さんのために……」～最後までで寿司店を出た後の佳斗とお母さんが車に乗りこんだ場面の三つの場面に分けられる。

二　(文と文節)

やや難　問一　——線①の主語は「鍵盤も」，イの主語は「星も」で，どちらも「～も」の形の主語になっている。

基本　問二　——線⑥のみ，主語は省略されている「テンちゃん」である。他はいずれも，テンちゃんを見ている人物なので「佳斗」と思われる。

重要 問三 ——線⑤の「ながら」は，ある動作が行われると同時に他の動作も平行して行われることを表す接続助詞なので，ウに直接かかっている。

三 (空欄補充，ことばの意味)

①の「大盤振る舞い」は，大盤を用いるほどのたくさんの食べ物を振る舞うという様子から，オの意味になった。②の「大穴」は，大きな損害や障害ということを表すので，アの意味である。③の「大見得を切る」は，歌舞伎で目立った顔つきや仕草をすることを「見得を切る」といい，その中でとくに大げさなものを「大見得を切る」ということから，エの意味になった。

四 (ことわざ・漢字の書き取り)

①の「路頭に迷う」は，生活の手段や住む家を失って暮らしに困ること。②の「後悔先に立たず」は，すでにしてしまったことは後から悔やんでも取り返しがつかないこと。③の「有終の美をかざる」は，物事を最後まで立派にやり通すこと。④の「機先を制する」は，相手より先に行動して有利な位置に立つこと。

五 (漢字の読み書き)

①の「補」の部首は「ネ(ころもへん)」であることに注意。②は多くの物が乱雑に立ち並ぶこと。③の「専」の右上に「丶」をつけないこと，「門」を「問」などとまちがえないこと。④は隊を組んで作った列。⑤の「良薬は口に苦し」はよい忠告の言葉は聞くのがつらいが，自分のためになるというたとえ。⑥は他人に話すこと。⑦の他の訓読みは「なお(す，る)」。⑧の音読みは「ルイ」。熟語は「種類」など。⑨は人が住むための建物。⑩は物事の価値や人の力量などを計る基準となる材料や方法。

★ワンポイントアドバイス★

小説では，場所や時間の変化が場面の区切りになることに注意して読み進めよう。

2023年度

★★★★★★★★★★★★★★★★★★★★★★★

入 試 問 題

2023年度

明治大学付属中野中学校入試問題（第１回）

【算　数】（50分）　＜満点：100点＞

１．次の □ にあてはまる数を答えなさい。

(1) $0.625\times\left\{\frac{5}{3}+\left(6\frac{2}{3}-1\frac{1}{6}\right)\times\frac{2}{3}\right\}\div\frac{2}{9}=$ □

(2) $3\frac{1}{8}-4\times\left\{(6+\square)\div3\div1\frac{2}{7}-1\right\}\times0.75=0$

(3) １日６時間48分と19時間15分を最も簡単な整数の比で表すと □：□ になります。

２．次の問いに答えなさい。

(1) いくつかの箱におかしを入れていきます。１箱に５個ずつ入れようとするとちょうど４箱不足し，７個ずつ入れるとちょうど６箱あまります。おかしの個数を求めなさい。

(2) ある小学校の６年生全員に，ＡとＢの２つの本を読んだことがあるかを聞きました。Ａを読んだことがある人とない人の人数の比は５：４でした。どちらも読んだことがない人の人数は全体の$\frac{1}{4}$で，Ｂだけを読んだことがある人は42人いました。６年生全員の人数を求めなさい。

(3) １個40円のクッキーと１個77円のチョコレートと１個110円のドーナツを合わせて16個買ったところ，合計の金額が1109円となりました。このとき，買ったクッキーの個数を求めなさい。

(4) 下の図は，正方形と円を組み合わせた図形で，正方形ABCDの１辺の長さは16㎝です。点Ｏはすべての正方形の対角線が交わる点であり，２つの円の中心です。
また，２組の正方形と円はそれぞれぴったりとくっついています。斜線（しゃせん）部分の面積を求めなさい。ただし，円周率は3.14とします。

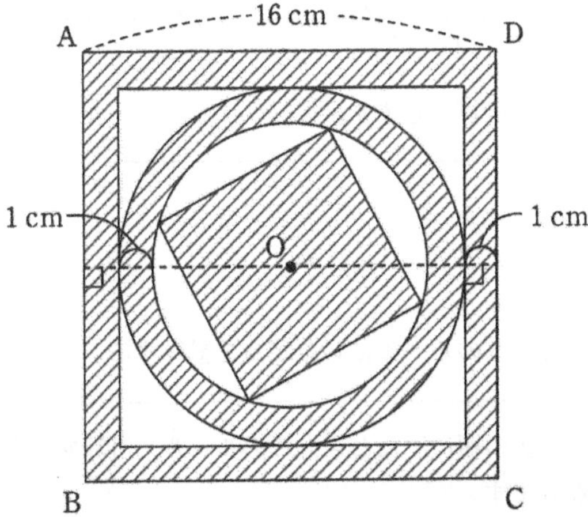

(5) あるお店では，アイスバーの棒を３本持っていくと，１本のアイスバーと引きかえることができます。このお店でアイスバーを21本買うと，最も多くて何本食べることができますか。ただし，はじめに棒は１本も持っていなかったものとします。

３．次の問いに答えなさい。

⑴　下の図のような，水の入った直方体の水そうと直方体のおもりＡ，Ｂがあります。おもりＡだけを正方形の面を下にして水そうの底面にぴったりとくっつくように入れたとき，水の高さはおもりＡの高さと同じになりました。次に，おもりＡを取り出して，おもりＢだけを正方形の面を下にして水そうの底面にぴったりとくっつくように入れたとき，水の高さはおもりＢの高さと同じになりました。このとき，おもりＡの高さを求めなさい。

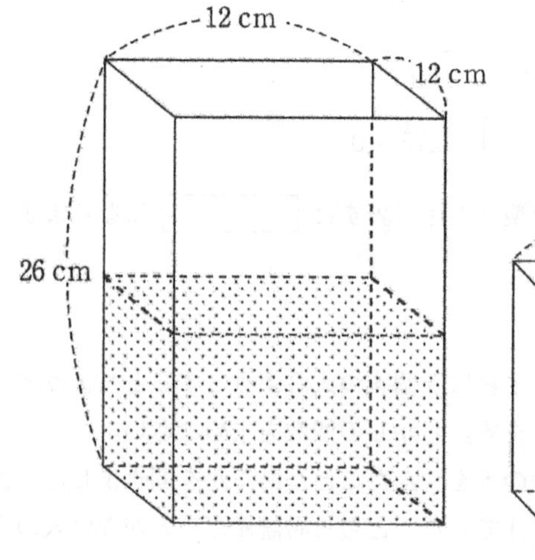

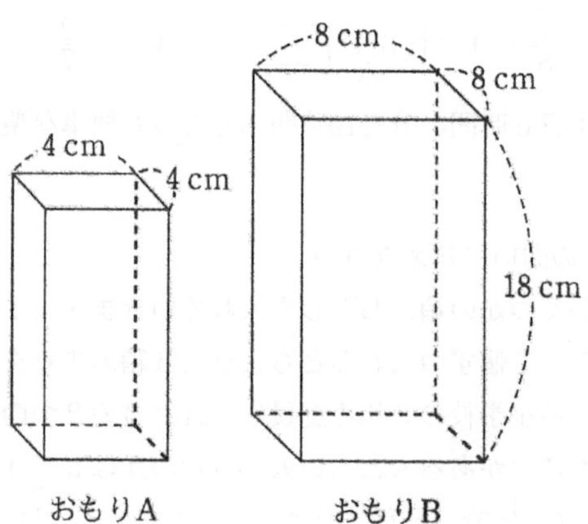

⑵　右の図のように，直角三角形ABCを面積の比が１：２：３：４：５となるように，三角形EBF，三角形EFG，三角形DEG，三角形DGC，三角形ADCにそれぞれ分けました。三角形EBFの面積を求めなさい。

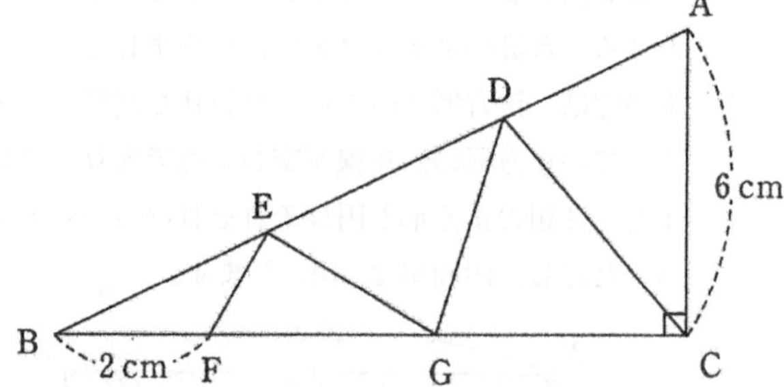

⑶　１枚のコインを投げて，次のルールで数の計算をします。

［ルール］

１．はじめの数を１とする。
２．表が出たら，２倍して１を加える。
３．裏が出たら，２倍する。
４．２回目以降は計算した結果を２，３のルールにしたがって計算する。

例えば，コインを３回投げて，表，裏，表の順に出たとき，このルールで計算すると１→３→６→13となり，結果は13になります。

このルールで計算した結果が123となるとき，コインを何回投げましたか。

４．一定の割合で水をくみ上げるポンプA，B，Cを使って，満水になっている池の水をすべてくみ出すことにしました。３つのポンプをすべて使うと30分かかります。また，AとCの２つを使うと80分かかり，BとCの２つを使うと40分かかります。
次の問いに答えなさい。

(1) ポンプAだけを使って，この池の水をすべてくみ出すと何分かかりますか。

(2) 雨の日に，満水になっているこの池の水をすべてくみ出す作業を行います。AとBの２つを使うと40分かかります。このとき，BとCの２つを使うと何分かかりますか。ただし，雨によって増える池の水の量は一定とします。

５．Aさん，Bさん，Cさんはある学校を同時に出発し，同じ道を通って中野駅へ向かいました。Aさんは出発してから35分後に駅に着き，速さを変えずに学校へもどり，同じ速さで再び駅へ向かいました。また，BさんはAさんと同じ速さで出発しましたが，28分後に速さを変えて駅へ向かいました。CさんはAさんと異なる速さで出発し，学校から駅までの道のりの$\frac{2}{3}$を進んだところでAさんに追いつかれ，Aさんと同じ速さで一緒（いっしょ）に駅へ向かいました。その結果，３人は同時に駅に着きました。Aさんが駅や学校にいる時間は考えないものとして，次の問いに答えなさい。

(1) CさんがAさんに追いつかれたのは，出発してから何分後ですか。

(2) AさんとCさんがすれちがったのは，AさんとBさんがすれちがってから何分後ですか。

６．下の図のように，四角形ABCDはAB＝10㎝，AD＝30㎝の長方形です。点P，Q，Rは長方形の辺の上を，Pは毎秒２㎝，Qは毎秒３㎝，Rは毎秒１㎝の速さで動きます。PはA→D→C→B→Aの順に，QはB→C→D→A→Bの順に，それぞれ長方形を１周して止まります。また，RはD→C→D→C…のように，Dから辺DCをPが長方形を１周するまで動きます。P，Q，Rが同時に動き始めるとき，次の問いに答えなさい。

(1) ３点が動き始めてから22秒後の三角形PQRの面積を求めなさい。

(2) ３点が動き始めてからPが長方形を１周するまでに，３点P，Q，Rで三角形を作れないときが５回あります。このうち，４回目は動き始めてから何秒後か求めなさい。

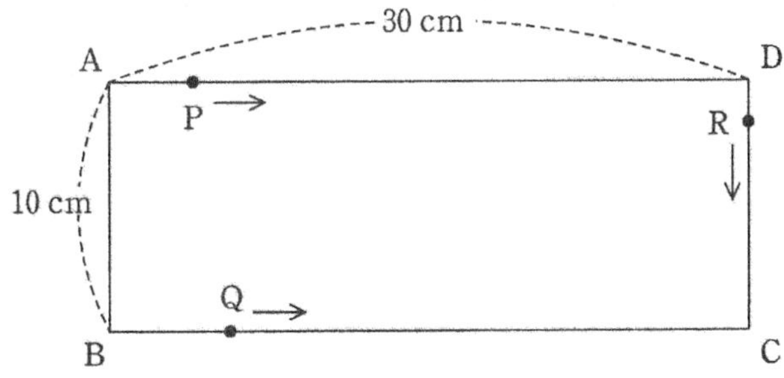

【理　科】（30分）　＜満点：50点＞

【１】 下図は，メダカの雌を表しています。あとの各問いに答えなさい。

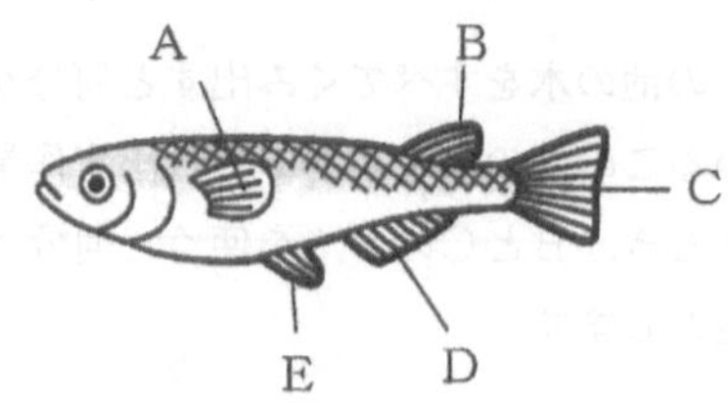

⑴ メダカには，図中のＡ～Ｅの５種類のひれがあり，合計７枚あります。２枚ずつあるひれはどれとどれですか。図中のＡ～Ｅから２種類選び，解答欄の記号を○で囲みなさい。

⑵ メダカの産卵では，雄が雌の横に並んで泳ぎ，2種類のひれで雌を包み，卵に精子をかけます。このため，おとなの雄と雌では，この２種類のひれの形がちがいます。図中のＡ～Ｅから，この２種類のひれを選び，解答欄の記号を○で囲みなさい。

⑶ 雌は産んだ卵をからだのどこにつけていますか。最も適するものを，次の（ア）～（エ）から選び，記号で答えなさい。

【２】 植物がつくる養分と，植物から出入りする気体について，あとの各問いに答えなさい。

⑴ ある植物の葉で，図１のような斑入りのものを選び，図２のように葉の一部の両面をアルミニウムはくで覆いました。次の日，日光を十分に当ててから葉を切り取り，ヨウ素液を使ってでんぷんがあるか調べたところ，図３のように，（ア）の部分はヨウ素液の色が変化し，（イ）と（ウ）の部分は色が変化しませんでした。あとの①と②に答えなさい。

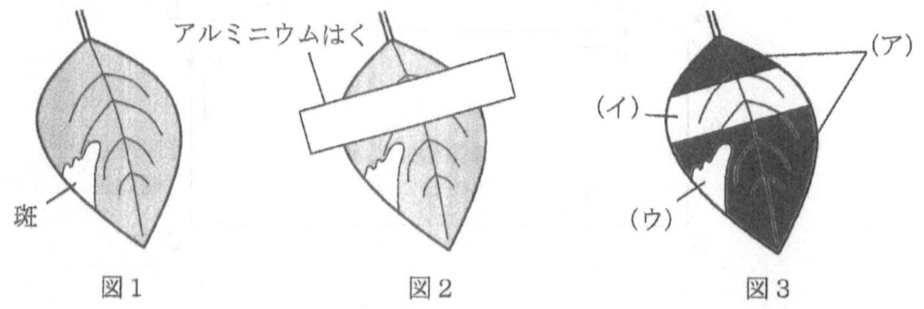

図１　図２　図３

① でんぷんができるために，光が必要であることは，図３の（ア）～（ウ）のどことどこを比べればわかりますか。記号で答えなさい。

② でんぷんができるために，葉緑体が必要であることは，図３の（ア）～（ウ）のどことどこを比べればわかりますか。記号で答えなさい。

⑵　でんぷんは，植物が成長するための養分として，からだの各部に運ばれて，使われたり蓄えられたりします。でんぷんは，水に溶けやすい糖という物質に変えられて運ばれます。ジャガイモについて，でんぷんと糖の変化（⇨）と，糖が運ばれる向き（➔）を表した図として最も適するものを，次の（ア）～（エ）から選び，記号で答えなさい。ただし，図ではでんぷんを●，糖を○で表しています。

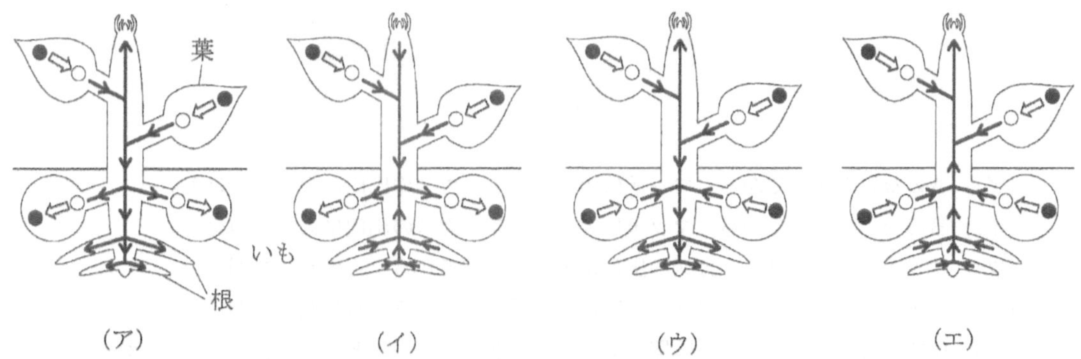

（ア）　（イ）　（ウ）　（エ）

⑶　植物から出入りする酸素と二酸化炭素について調べるため，次の実験を行いました。

実験

〔操作１〕　晴れた日の朝にジャガイモ１株を選んで，右図のように透明なふくろをかぶせて口をひもでしばった。

〔操作２〕　ふくろに小さな穴をあけてストローを差しこみ，ストローをくわえて息を吸ったりはいたりしたあと，ストローをぬいて穴をふさいだ。

〔操作３〕　気体検知管を使って，ふくろの中の酸素の割合と二酸化炭素の割合を調べた。下図はその結果である。

酸素　% 7 9 11 13 15 17 19 21 23

二酸化炭素　0.5 1 2 3 4 5 6 7 8 %

〔操作４〕　日光に１時間当てたあと，気体検知管を使って，もう一度ふくろの中の酸素の割合と二酸化炭素の割合を調べた。

操作４で，気体検知管が示した酸素の割合と二酸化炭素の割合は約何％ですか。最も適するものを，次の（ア）～（カ）からそれぞれ選び，記号で答えなさい。

（ア）　20％　　（イ）　15％　　（ウ）　10％　　（エ）　５％　　（オ）　３％　　（カ）　１％

【３】　理科の実験で使う器具について，あとの各問いに答えなさい。

⑴　図１（次のページ）はガスバーナーとその内部のつくりを表しています。点火する前はＡとＢのねじがともに閉めてあります。ガスバーナーに点火するとき，ガスの元栓を開いたあとに行う操作として正しいものを，次のページの（ア）～（エ）から１つ選び，記号で答えなさい。

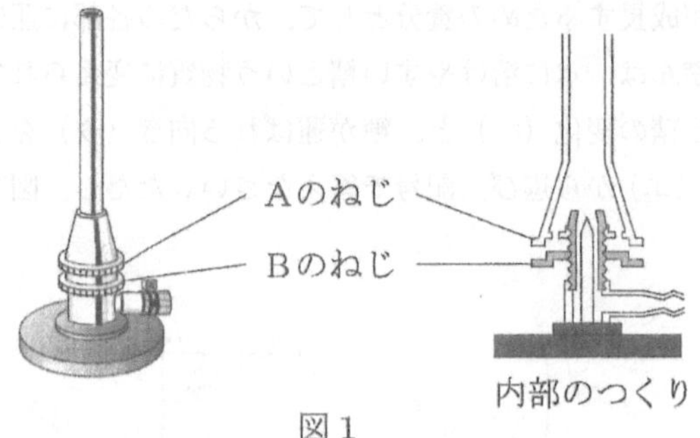

図１

（ア）　Aのねじを開いてから，マッチに火をつけて，ガスの出口に火を近づける。
（イ）　Bのねじを開いてから，マッチに火をつけて，ガスの出口に火を近づける。
（ウ）　マッチに火をつけて，ガスの出口に火を近づけてから，Aのねじを開く。
（エ）　マッチに火をつけて，ガスの出口に火を近づけてから，Bのねじを開く。

⑵　図２は駒込（こまごめ）ピペットという実験器具です。この器具の使い方として，正しいものをあとの（ア）～（エ）から２つ選び，解答欄の記号を○で囲みなさい。

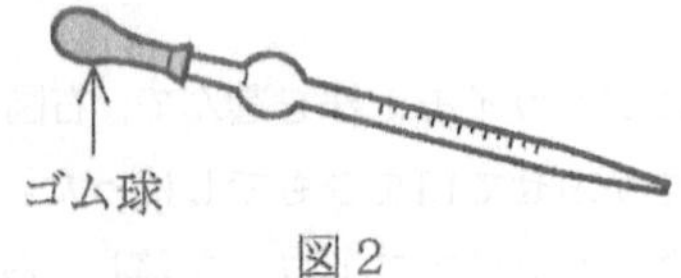

図２

（ア）　ゴム球をつぶしてから，先端（たん）を液体の中に入れる。
（イ）　先端を液体の中に入れてから，ゴム球をつぶす。
（ウ）　液体を吸い上げたあとは，先端を上にして，ゴム球の中に液体を入れる。
（エ）　液体を吸い上げたあとは，先端を上に向けないようにする。

⑶　ペットボトルに入れた泥（どろ）水を，ろ紙を使ってろ過します。このとき使用する実験器具として適するものを，次の（ア）～（キ）から４つ選び，解答欄の記号を○で囲みなさい。

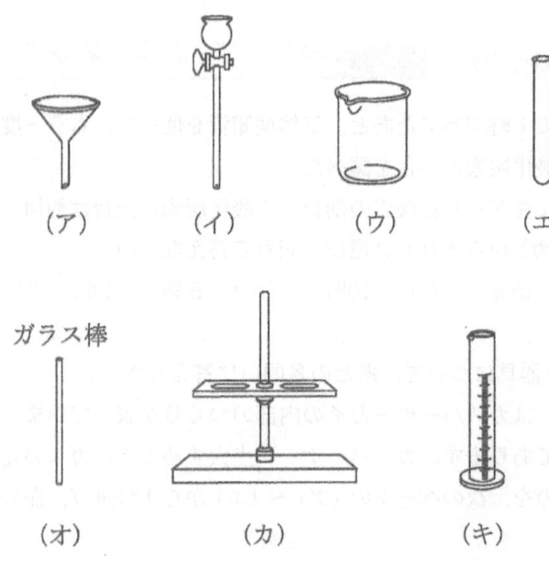

【４】 二酸化マンガンに過酸化水素水を加えると気体が発生します。このとき二酸化マンガンは，気体の発生を助けるはたらきはありますが，二酸化マンガンそのものは反応の前後で変化しません。二酸化マンガンの重さと，0.5％の過酸化水素水の体積を，次のＡ～Ｃのようにして，反応が始まってからの時間と，発生した気体の体積を調べる実験を行いました。図はその結果をまとめたものです。あとの各問いに答えなさい。

実　験 〔Ａ〕 二酸化マンガン２ｇに，0.5％の過酸化水素水48cm³を注ぐ。

〔Ｂ〕 二酸化マンガン２ｇに，0.5％の過酸化水素水24cm³を注ぐ。

〔Ｃ〕 二酸化マンガン１ｇに，0.5％の過酸化水素水24cm³を注ぐ。

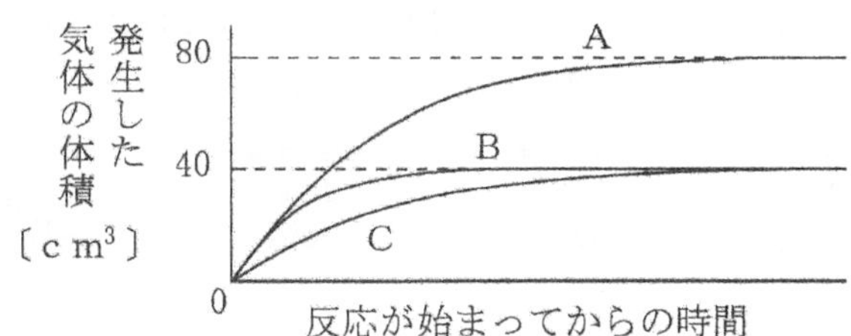

⑴ 発生した気体の特徴としてあてはまるものを，次の（ア）～（エ）から１つ選び，記号で答えなさい。

（ア）空気中に最も多く含まれている。　（イ）火をつけると音をたてて燃える。

（ウ）つんとくるにおいがある。　（エ）ものを燃やすはたらきがある。

⑵ 二酸化マンガン４ｇに，0.5％の過酸化水素水48cm³を注いだとき，反応が始まってからの時間と発生した気体の体積の関係を表すグラフとして最も適するものを，下の図中の（ア）～（エ）から選び，記号で答えなさい。ただし，グラフのＡは，実験Ａの結果を表しています。

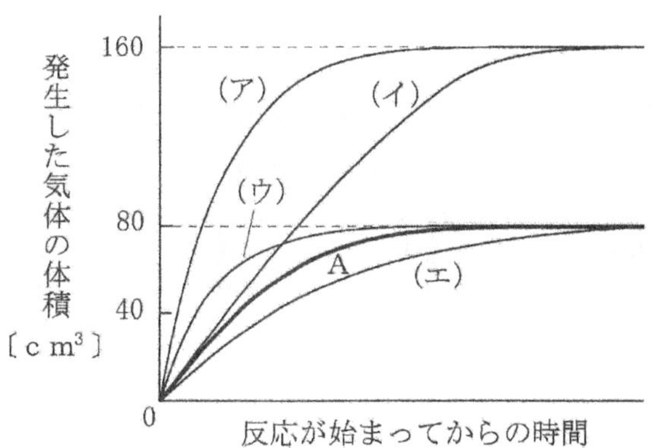

⑶ 二酸化マンガン２ｇに，１％の過酸化水素水21cm³を注いで，十分に長い時間反応させたとき，発生する気体の体積は何cm³ですか。

【５】 図１（次のページ）のように，厚いガラス板に文字を書きました。ガラス板は透明ですが，文字の部分は黒く，光を通しません。

図１のガラス板を，図２（次のページ）のようにスタンドを使って固定し，手前から懐中電灯の光を当てました。図３（次のページ）は，図２の右側から見た図です。光を当てたまま部屋を暗くすると，スタンドの手前と奥にガラス板の文字が映りました。あとの各問いに答えなさい。

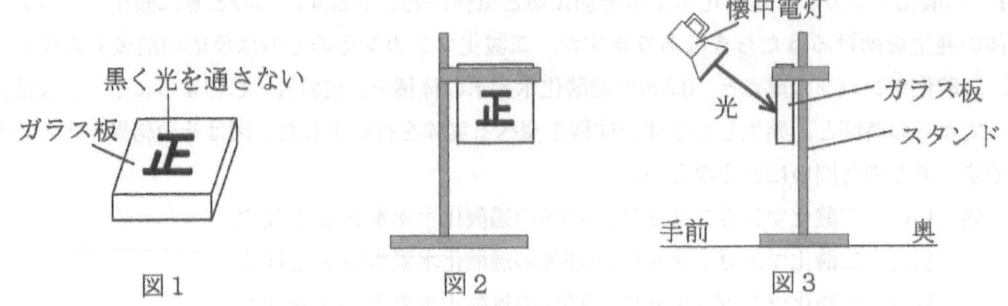

⑴　懐中電灯を持っている人から，スタンドの手前に映った文字はどのように見えますか。最も適するものを，次の（ア）～（エ）から選び，記号で答えなさい。

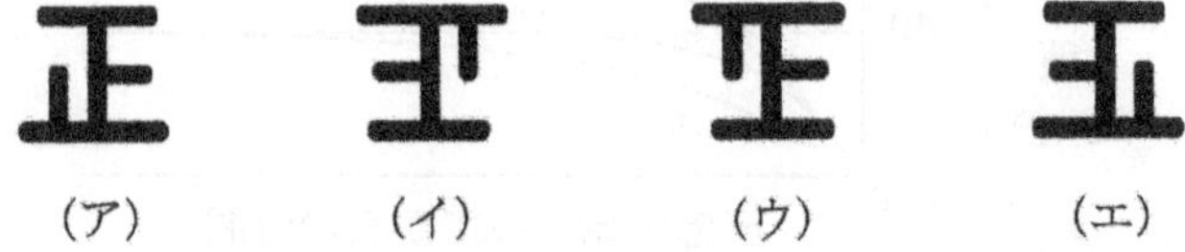

⑵　懐中電灯の光は，ガラス板に入るときと，ガラス板から出るときに折れ曲がります。このように光が折れ曲がって進むことを何といいますか。また，スタンドの奥の文字はどの位置に映りますか。次の（ア）～（ウ）から最も適するものを選び，記号で答えなさい。ただし，図中の点線は懐中電灯からガラス板までの光の延長線です。

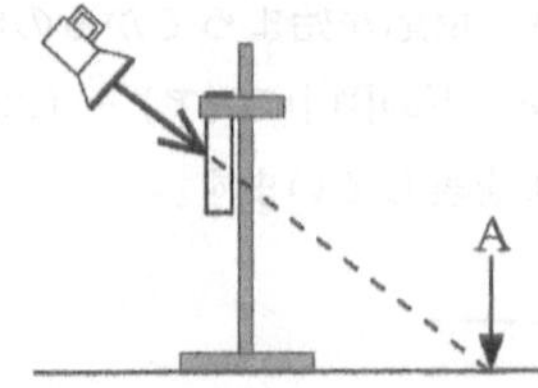

（ア）Ａの位置
（イ）Ａよりもスタンドに近い位置
（ウ）Ａよりもスタンドから遠い位置

⑶　懐中電灯を持っている人から，スタンドの奥に映った文字はどのように見えますか。最も適するものを，次の（ア）～（エ）から選び，記号で答えなさい。

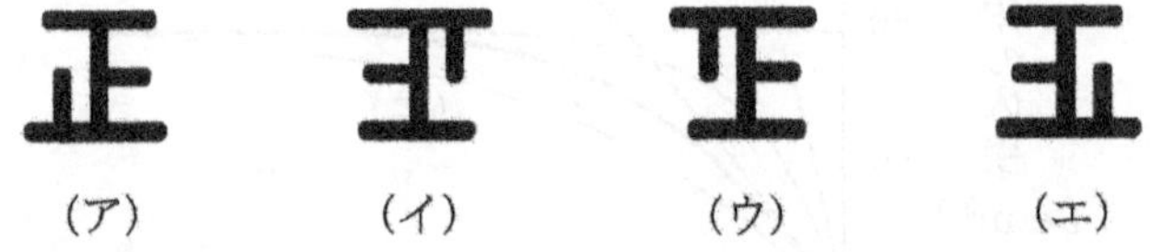

【６】　2022年に日本で見られた天体の現象について，あとの各問いに答えなさい。

⑴　図１は太陽と，太陽のまわりを回る金星と地球の道筋を表しています。金星と地球の位置関係が変化するため，地球から見た金星は月と同じように満ち欠けします。あとの①～③に答えなさい。

①　金星の特徴として，あてはまるものをあとの（ア）～（オ）から２つ選び，解答欄の記号を○で囲みなさい。

（ア）　わく星の中で，２番目に太陽に近い。

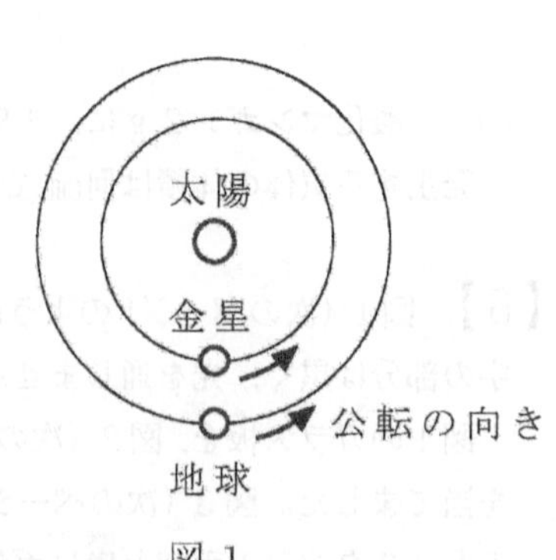

図１

（イ）　わく星の中で，最も大きい。
（ウ）　自ら光を出して輝いている。
（エ）　晴れていれば毎晩見ることができる。
（オ）　地球から肉眼で見ると，わく星の中で最も明るい。

３月20日の金星は，太陽－地球－金星のつくる角度が最大になる位置にあり，この日は，明け方に東の空で金星を見ることができました。

②　地球上で明け方の地点はどこですか。図２のＡ～Ｄから選び，記号で答えなさい。

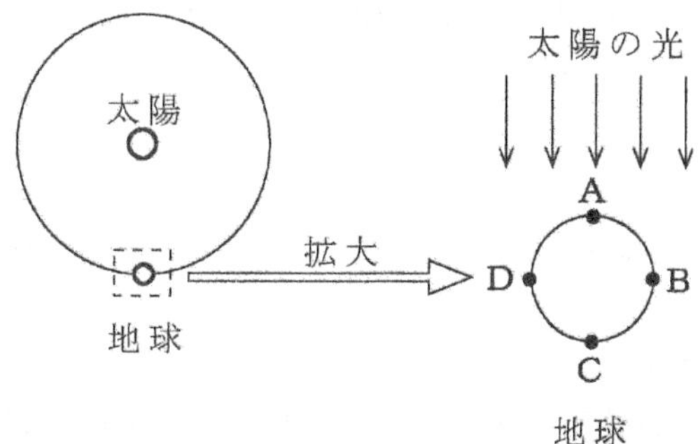

図２

③　この日の金星の位置として適するのは，図３の（ア）と（イ）のどちらですか。記号で答えなさい。また，この日の金星の光っている部分の見え方として最も適するものを図４の（ウ）～（オ）から選び，記号で答えなさい。

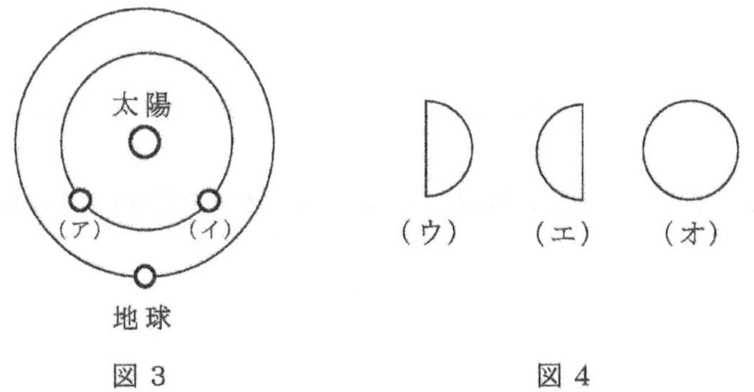

図３　　図４

⑵　11月８日に，あるわく星が月食中の月に隠れるというめずらしい現象が起こりました。このわく星は何ですか。次の（ア）～（エ）から１つ選び，記号で答えなさい。

（ア）　木星　　（イ）　水星　　（ウ）　天王星　　（エ）　土星

⑶　火星も太陽のまわりを回るわく星です。12月８日の火星は，太陽－地球－火星の順に一直線に並ぶ位置にありました。次の①と②に答えなさい。

①　この日の火星の見え方について，あてはまるものをあとの（ア）～（エ）から１つ選び，記号で答えなさい。

（ア）　夕方に西の空に見え，やがて沈んだ。
（イ）　夕方に東の空から昇り，明け方に百の空に沈んだ。
（ウ）　夕方に南中して，真夜中に西の空に沈んだ。

（エ） 真夜中に東の空から昇り，明け方に南中した。

② １か月で地球は太陽のまわりを30°，火星は太陽のまわりを16°それぞれ反時計回りに回ります。12月８日から数えて再び太陽－地球－火星の順に一直線に並ぶのは何か月後ですか。小数第１位を四捨五入して答えなさい。ただし，太陽のまわりを回る地球と火星の道筋は，同じ平面上でどちらも太陽を中心とした円とします。

【７】 図１のように，長さ20㎝で重さ36ｇの棒Ａと，長さ20㎝で重さ48ｇの棒Ｂがあります。どちらの棒も太さは一様で，重さのかたよりはありません。長さ20㎝の棒Ａと10㎝に切った棒Ｂをつなぎ，図２のような棒Ｃをつくりました。あとの各問いに答えなさい。

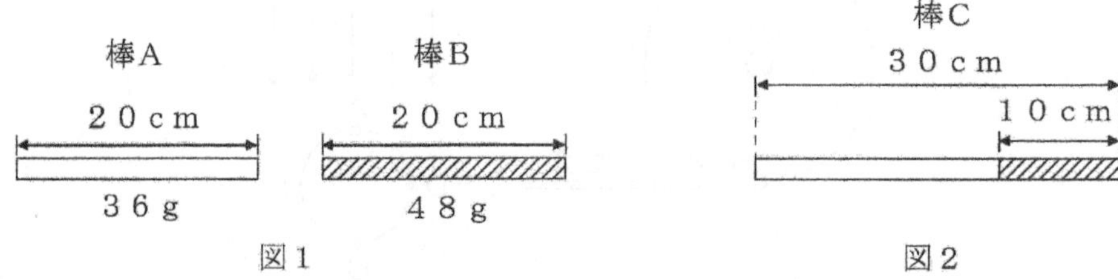

図１　図２

⑴ 図３のように，棒Ａの右端（はし）を支点にし，左端をばねばかりで持ち上げて，棒Ａを水平にしました。このとき，ばねばかりの示す値は何ｇになりますか。

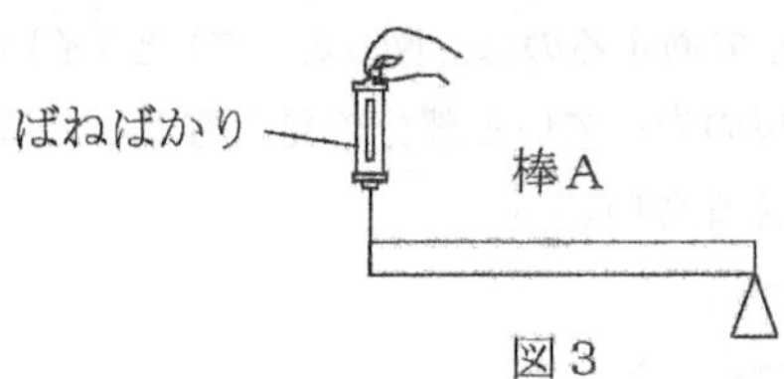

図３

⑵ 棒Ｃを一本の糸でつるして水平にするには，糸を棒Ｃの左端から何㎝のところにつければよいですか。

⑶ 図４のように，棒Ｃの右端を支点にし，左端をばねばかりで持ち上げて，棒Ｃを水平にしました。このとき，ばねばかりの示す値は何ｇになりますか。

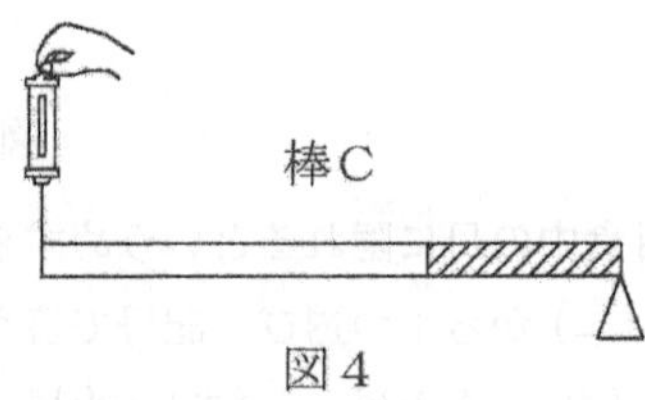

図４

⑷ 図５のように，床（ゆか）に置いた棒Ｃの中央に糸をつけました。糸で棒Ｃを持ち上げたところ，棒Ｃは水平になりませんでした。棒Ｃを水平にするには，左端または右端のどちらに何ｇのおもりをつるせばよいですか。

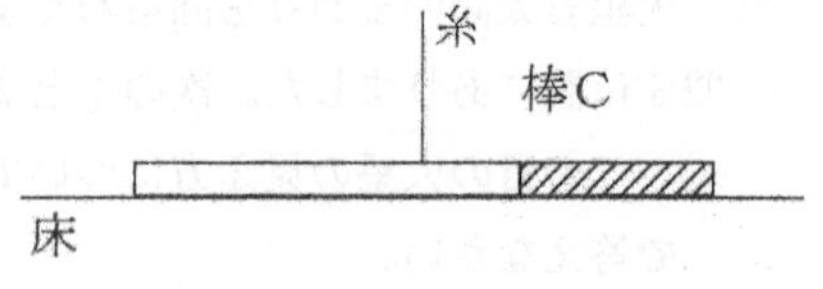

図５

【社　会】（30分）　＜満点：50点＞

１．次の表は，昨年（2022年）６月15日の岸田文雄首相の行動をまとめたものです。これについて，問いに答えなさい。

午前 8：55	官邸。
56	森洋全国石油商業組合連合会会長、西尾恒太全国石油政治連盟会長。山際大志郎経済再生担当相同席。
午前 9：23	国土交通省の藤井直樹国交審議官、久保田雅晴航空局長。
29	秋葉剛男国家①安全保障局長、滝沢裕昭内閣情報官。
35	松野博一、木原誠二、磯崎仁彦、栗生俊一正副官房長官、村田隆内閣危機管理監、秋葉国家安全保障局長、滝沢内閣情報官、【　X　】省の森健良事務次官、宇山秀樹②欧州（おうしゅう）局長。
51	保坂伸③資源エネルギー庁長官加わる。
52	全員出る。
55	秋葉国家安全保障局長、【　X　】省の森事務次官、船越健裕アジア大洋州局長、植野篤志国際協力局長。
午前11：23	④国会。
	（　中　略　）
午後 1：02	衆院本会議。
07	衆院議長応接室。
09	衆院の細田博之、海江田万里正副議長、山口俊一⑤議院運営委員長、与野党各会派にあいさつ回り。松野、木原正副官房長官、⑥自民党の高木毅、公明党の佐藤茂樹両国対委員長同行。
	（　中　略　）
午後 4：26	官邸。
午後 6：00	⑦記者会見。
午後 7：29	公邸。

2022年６月16日付 朝日新聞により作成。

問１．【X】にあてはまる中央省庁の名称（めいしょう）を，漢字で答えなさい。

問２．下線部①について，日本の安全保障や防衛政策を説明した文として正しいものを，あとのア～エの中から１つ選び，記号で答えなさい。

ア．最高裁判所は，自衛隊の合憲性が問われた訴訟（そしょう）において，違憲判断を下している。

イ．日本国憲法には，核兵器について「持たず，つくらず，持ちこませず」という非核三原則が規定されている。

ウ．日本は，唯一の被爆国として，2017年に国際連合総会で採択された核兵器禁止条約に署名している。

エ．自衛隊が国際連合平和維持活動（ＰＫＯ）の一環として初めて海外に派遣されたのは，カンボジアである。

問３．下線部②について，昨年，欧州（ヨーロッパ）では複数の女性首相が誕生しました。９月にイギリスの首相に任命されたが，就任後わずか６週間あまりで辞任を表明した人物はだれか，カタカナで答えなさい。

問４．下線部③について，次のア～エは，代表的な再生可能エネルギーです。この中で，2020年の日本における総発電量が最も多いものを１つ選び，記号で答えなさい。

ア．太陽光

イ．地熱

ウ．バイオマス

エ．風力

問５．下線部④について，国会の権限に関する次のⅠ・Ⅱの文の正誤の組み合わせとして正しいものを，下のア～エの中から１つ選び，記号で答えなさい。

Ⅰ．内閣が結んだ条約を承認する権限を持つ。

Ⅱ．最高裁判所の長官を指名する権限を持つ。

ア．Ⅰ－正　Ⅱ－正

イ．Ⅰ－正　Ⅱ－誤

ウ．Ⅰ－誤　Ⅱ－正

エ．Ⅰ－誤　Ⅱ－誤

問６．下線部⑤について，議院運営委員会のように，衆議院と参議院のそれぞれに常に置かれている委員会のことを総称して何というか，漢字で答えなさい。

問７．下線部⑥について，自由民主党を与党とする政権下でのできごとを説明した文として正しいものを，次のア～オの中から**すべて**選び，記号で答えなさい。

ア．岸信介を首相とする政権下で，日米安全保障条約が改定された。

イ．佐藤栄作を首相とする政権下で，沖縄が日本に復帰した。

ウ．田中角栄を首相とする政権下で，大韓民国との国交が正常化した。

エ．中曽根康弘を首相とする政権下で，消費税が導入された。

オ．小泉純一郎を首相とする政権下で，郵政民営化が進められた。

問８．下線部⑦について，これは同日の国会閉会を受けて行われた記者会見です。この国会に関する次のⅠ・Ⅱの文の正誤の組み合わせとして正しいものを，下のア～エの中から１つ選び，記号で答えなさい。

Ⅰ．この国会は通常国会で，会期は100日であった。

Ⅱ．この国会で，2022年度の予算案が可決・成立した。

ア．Ⅰ－正　Ⅱ－正

イ．Ⅰ－正　Ⅱ－誤

ウ．Ⅰ－誤　Ⅱ－正

エ．Ⅰ－誤　Ⅱ－誤

2．次の地図を見て，問いに答えなさい。

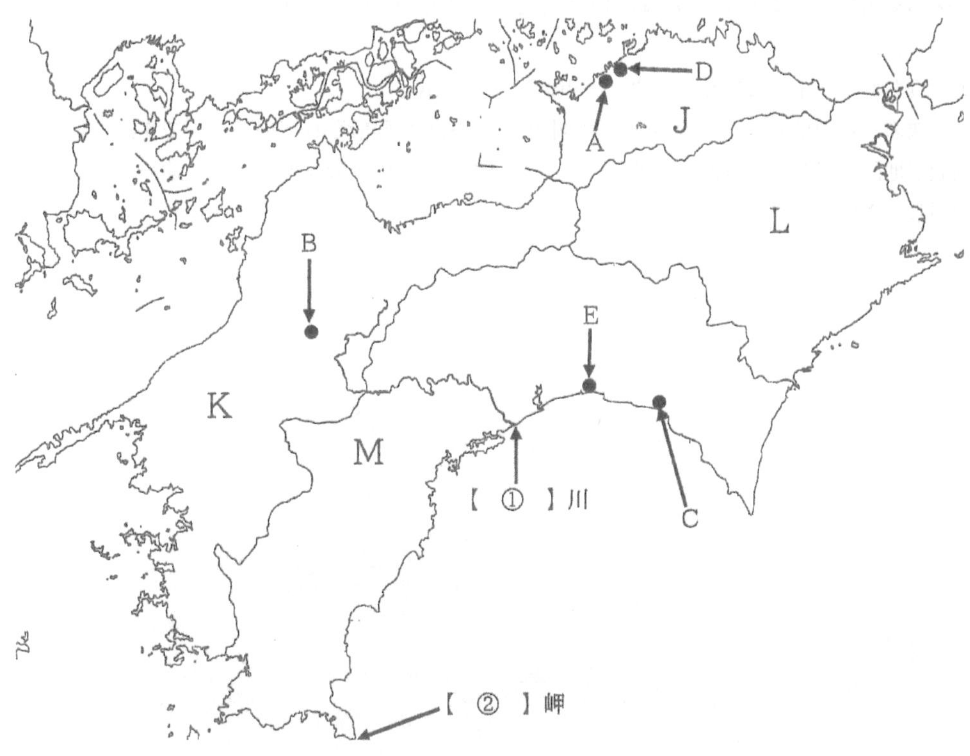

問１．上の地図中【①】・【②】にあてはまる地名を，それぞれ漢字で答えなさい。

問２．次のⅠ～Ⅲの雨温図は，上の地図中Ａ～Ｃのいずれかの地点のものです。Ⅰ～ⅢとＡ～Ｃの組み合わせとして正しいものを，下のア～カの中から１つ選び，記号で答えなさい。

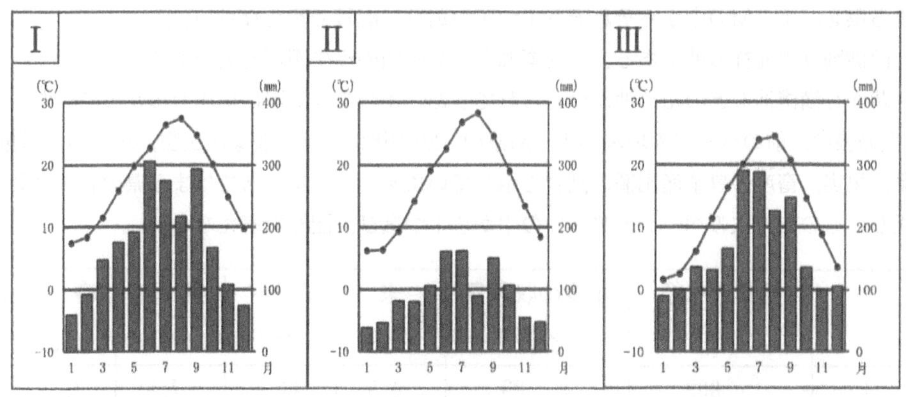

気象庁の統計により作成。

	ア	イ	ウ	エ	オ	カ
Ⅰ	Ａ	Ａ	Ｂ	Ｂ	Ｃ	Ｃ
Ⅱ	Ｂ	Ｃ	Ａ	Ｃ	Ａ	Ｂ
Ⅲ	Ｃ	Ｂ	Ｃ	Ａ	Ｂ	Ａ

問３．前のページの地図中Ｄの地域では，ある伝統的工芸品が生産され，現在では全国の生産量の約90％を占めています。この伝統的工芸品として正しいものを，次のア～エの中から１つ選び，記号で答えなさい。

ア．うちわ　　イ．こけし　　ウ．将棋駒　　エ．筆

問４．次の写真の施設は，前のページの地図中Ｅの場所に建設されているものです。これと同様の施設が地図中Ｍ県の沿岸部に多く建設されています。この施設は何のために建設されたものか，説明しなさい。

問５．次のⅠ・Ⅱの文は，前のページの地図中Ｊ～Ｍ県のいずれかのものです。Ⅰ・Ⅱの文にあてはまる県を，Ｊ～Ｍの中からそれぞれ１つずつ選び，記号で答えなさい。

Ⅰ．阿波踊りの発祥の地である。観光資源として鳴門のうず潮が有名である。

Ⅱ．昔から満濃池などのため池がつくられてきた。かつては沿岸に塩田が広がっていた。

問6．次の表は，前のページの地図中Ｊ～Ｍ県の，2019年における農業産出額，小麦の収穫量，米，野菜，果実，畜産の農業産出額の割合を示しています。Ⅰ～Ⅲにあてはまる県の組み合わせとして正しいものを，次のページのア～カの中から１つ選び，記号で答えなさい。

	農業産出額（億円）	小麦の収穫量（百ｔ）	米（%）	野菜（%）	果実（%）	畜産（%）
Ⅰ	803	89	14.9	30.1	7.8	39.9
Ⅱ	961	1	13.8	36.3	9.2	27.4
M	1,117	0.1	10.0	64.0	9.3	7.3
Ⅲ	1,207	9	12.6	15.7	43.7	20.6

農林水産省の統計により作成。

	ア	イ	ウ	エ	オ	カ
Ⅰ	J	J	K	K	L	L
Ⅱ	K	L	J	L	J	K
Ⅲ	L	K	L	J	K	J

問７．13ページの地図中M県では，野菜の栽培(さいばい)がさかんに行われています。次のグラフは，2021年における東京都中央卸売(おろしうり)市場で取引された，きゅうりの月別取扱(とりあつかい)量を示したものであり，Ⅰ～Ⅲは，M県，茨城県，岩手県のいずれかです。Ⅰ～Ⅲと県の組み合わせとして正しいものを，下のア～カの中から１つ選び，記号で答えなさい。

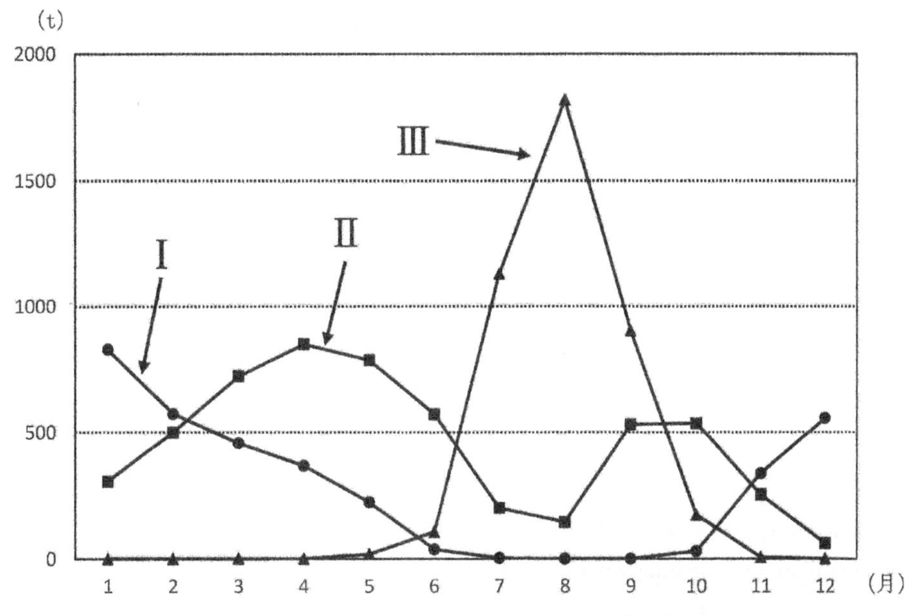

東京都中央卸売市場の統計により作成。

	Ⅰ	Ⅱ	Ⅲ
ア	M	茨　城	岩　手
イ	M	岩　手	茨　城
ウ	茨　城	M	岩　手
エ	茨　城	岩　手	M
オ	岩　手	M	茨　城
カ	岩　手	茨　城	M

問８．次のページの地形図（一部改変）は，13ページの地図中Ｌ県に位置する徳島市の中心部のものです。この図から読み取れることがらとして正しいものを，次のページのア～エの中から**すべて選び**，記号で答えなさい。

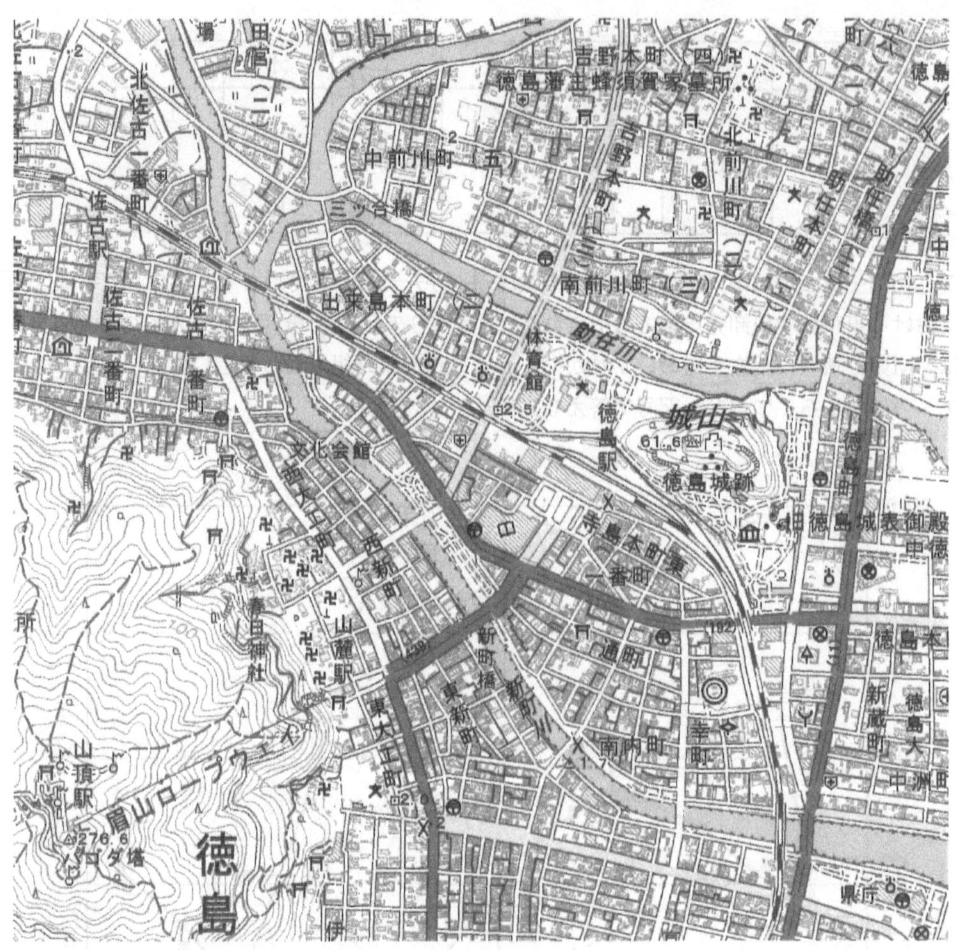

ア．消防署の西側に税務署がある。

イ．佐古駅周辺には，果樹園が広がっている。

ウ．城山から見て，市役所は南の方角にある。

エ．徳島駅と眉山ロープウェイの山頂駅の標高差は，約150mである。

3．小学6年生のアキラくんは，夏休みの自由研究で「歴史人物いろはカルタ」をつくりました。あとにあげるのはその読み札の一部です。これらについて，問いに答えなさい。

い	は	ほ	と
犬公方と あだ名され	花の御所に幕府 北山に金閣	本能寺で敗れ 夢もまた散る	東大寺に 大仏をまつる

ろ 六波羅探題で朝廷を監視

に 日本で最初の内閣総理大臣

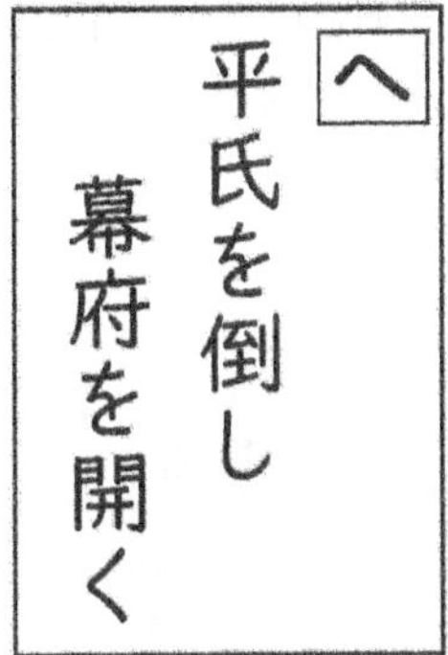

問１．い～との札を時代の古い順に並べた場合，次の〔B〕・〔D〕に入るものはどれか，それぞれ答えなさい。ただし，と・い・には固定です。

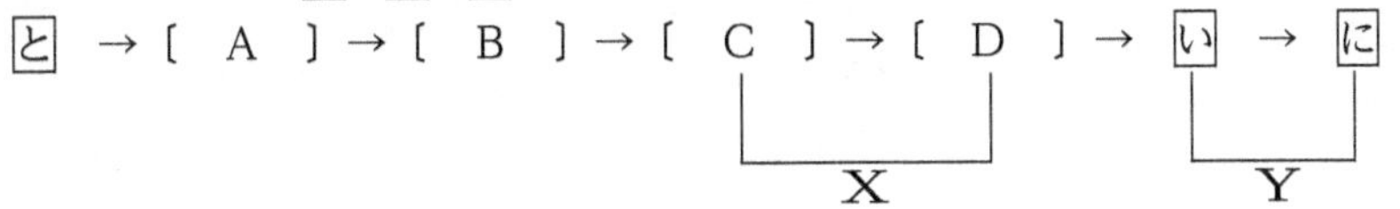

問２．問１のXの時期について，この時期の農村を説明した文として正しいものを，次のア～エの中から１つ選び，記号で答えなさい。

ア．土地の所有者に地券が発行され，地価を基準に税を納入した。

イ．租調庸などの重い税負担にたえられず，逃亡する人々が絶えなかった。

ウ．五人組とよばれる制度がつくられ，年貢納入などで連帯責任を負った。

エ．惣とよばれる自治組織がつくられ，ときには一揆を結んで領主に抵抗した。

問３．問１のYの時期について，次のア～エの政策は，この時期に大名（藩）に向けて行われたものです。これらの政策を，年代の古い順に並べかえなさい。

ア．藩を廃止して県を置き，中央政府から府知事・県令を派遣した。

イ．幕府権力の強化を目指し，江戸や大阪の周辺を幕府領にしようとした。

ウ．米の生産を奨励し，ききんに備え石高に応じて米を蓄えさせた。

エ．参勤交代の江戸滞在を半年にするかわりに，石高に応じて米を幕府に納めさせた。

問４．ろの札について，六波羅探題が設置されるきっかけとなった戦乱を何というか，答えなさい。

問５．はの札について，この幕府における将軍を補佐する役職として正しいものを，次のア～エの中から１つ選び，記号で答えなさい。

ア．関白　　イ．管領　　ウ．執権　　エ．老中

問６．にの札が示す人物は，その後，立憲政治を進めるために政党を結成し，自ら総裁となりました。この政党名として正しいものを，次のア～エの中から１つ選び，記号で答えなさい。

ア．自由党　　イ．立憲改進党　　ウ．立憲政友会　　エ．立憲民政党

問７．ほの札が示す人物は，次の朱印（印章）を命令書などで用いており，ここには彼の夢や目標を表した言葉が記されているといわれています。この言葉を漢字４字で答えなさい。

問８．［へ］の札について，源氏と平氏の最後の戦いを何というか，答えなさい。

問９．［と］の札について，この大仏の写真と，この札が示す人物名の組み合わせとして正しいものを，下のア～カの中から１つ選び，記号で答えなさい。

Ⅰ．

Ⅱ．

Ⅲ．

ア．Ⅰ－聖武天皇　　イ．Ⅰ－天武天皇
ウ．Ⅱ－聖武天皇　　エ．Ⅱ－天武天皇
オ．Ⅲ－聖武天皇　　カ．Ⅲ－天武天皇

問10．いろはカルタの最後の札は「す」で始まります。ところがアキラくんは，取り札だけ用意して，読み札をつくるのを忘れていました。アキラくんがつくった取り札にあうよう，読み札の文句を考え，答えなさい。ただし，「ず」で始まってもかまいません。

（イ）　動物に関する専門的な用語を全く使わないようにして理解しやすくしている。

（ウ）　比ゆを用いた表現を多用し、キリンの成長していく様子を生き生きと表現している。

（エ）　会話文を多用することで、それぞれの人物の性格をとらえやすくしている。

二、次の①～⑤の熟語の対義語を後の語群からそれぞれ選び、漢字に直して答えなさい。

①　困難　②　支配　③　単調　④　目的　⑤　分裂（ぶんれつ）

語群

しゅだん　ゆうこう　しゅうちゅう　とういつ
そんぞく　ようい　へんか　じゅうぞく

三、次の①～⑤の三字熟語の意味を後の（ア）～（ク）の中からそれぞれ選び、記号で答えなさい。

①　高飛車　②　二枚舌　③　門外漢　④　正念場
⑤　色眼鏡

（ア）　かたよった見方。
（イ）　よくしゃべること。
（ウ）　相手を押さえつけるような態度。
（エ）　注意深い観察。
（オ）　うそを言うこと。
（カ）　そのことに関わりのない人。
（キ）　大事な局面。
（ク）　うぬぼれること。

四、次の①～⑦の――線部を漢字に改め、⑧～⑩の――線部の読みをひらがなで答えなさい。

①　ヨキョウに手品をする。
②　秋はくだものがホウフだ。
③　子どもが電池をゴインした。
④　ドウソウカイに出席する。
⑤　売り切れヒッシの商品だ。
⑥　レンメンと続く歴史。
⑦　キケンをおかして人を助ける。
⑧　平生から健康に気を付ける。
⑨　小鳥がひなを育む。
⑩　めったにない代物だ。

> 左後ろ足に [X] を、右後ろ足に [Y] を装着している。

（ア）ギプス　（イ）装具バージョン１
（ウ）装具バージョン２　（エ）装具バージョン３

問十二、[⑩] に当てはまる言葉として最も適切なものを、次の（ア）～（エ）の中から選び、記号で答えなさい。

（ア）愉快な　（イ）前向きな
（ウ）意欲的な　（エ）元気な

問十三、――線⑪「装具バージョン３」を装着したキリンの足の絵として、最も適切なものを、次の（ア）～（エ）の中から選び、記号で答えなさい。

（ア）　（イ）
（ウ）　（エ）

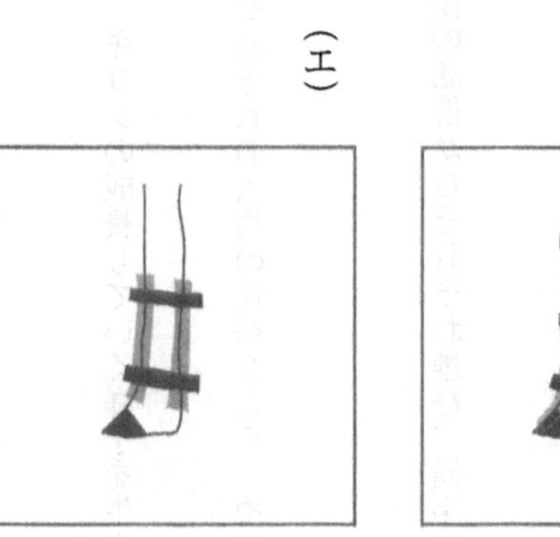

問十四、――線⑫「バージョン２の問題点」を、「～点。」に続くように、本文中から十字以内でぬき出して答えなさい。

問十五、――線⑬「ひづめ」の役割を、本文中の言葉を用いて過不足なく答えなさい。

問十六、――線⑭「腱の短縮が進んでいる」とありますが、それはなぜですか。「装具を装着することで、」から始めて、本文中の言葉を用いて十五字以内で答えなさい。

問十七、――線⑮「屈腱弛緩」について、山田先生や動物園の人たちは最終的にどうなることを目指していますか。本文中から漢字二字でぬき出して答えなさい。

問十八、――線⑯の[a]・[b]に当てはまる漢字一字をそれぞれ答え、四字熟語を完成させなさい。

問十九、――線⑰「赤ちゃんキリンにとって記念すべき日」とはどのような「日」ですか。「～日。」に続くように本文中からぬき出し、その最初と最後の三字を答えなさい。

問二十、次の一文は本文中からぬいたものですが、どこに入れるのが適切ですか。その**直前**の五字をぬき出して答えなさい。

> が、次の日になって不具合が出てきた前回の例もあるため、この時点ではまだ気はぬけない。

問二十一、本文の特徴として最も適切なものを、後の（ア）～（エ）の中から選び、記号で答えなさい。

（ア）キリンや人々の行動を細やかに描写し、臨場感のある文章にしている。

ギプスを巻いた状態での歩行には不自然さがあったのに、装具につけかえての歩き方は、まだ完璧（かんぺき）ではないにしても、通常のキリンの歩き方になっていた。

（佐藤真澄『立てないキリンの赤ちゃんをすくえ』による
ただし、出題の都合上、本文を改めたところがある）

＊1　有てい類……ひづめをもったほ乳類。
＊2　8つのひづめ……キリンは1本の足に2つのひづめを持っているから足4本で8つのひづめを持っていることになる。

問一、――線①「わかる」の主語を答えなさい。

問二、――線②「シカの骨格標本」とありますが、キリンの代わりのものとして「シカの骨格標本」が都合が良い理由を二点、本文中の言葉を用いて答えなさい。

問三、――線③「役立った」とありますが、どのような点で「役立った」のですか。それが具体的に示されている形式段落の最初の五字をぬき出して答えなさい。

問四、［Ⅰ］～［Ⅲ］に当てはまる言葉の組み合わせとして適切なものを、次の（ア）～（エ）の中から選び、記号で答えなさい。

（ア）Ⅰ　そして　Ⅱ　しかも　Ⅲ　けれども
（イ）Ⅰ　もしくは　Ⅱ　また　Ⅲ　そして
（ウ）Ⅰ　さらに　Ⅱ　だが　Ⅲ　だから
（エ）Ⅰ　あるいは　Ⅱ　ただ　Ⅲ　しかし

問五、――線④「これ」が指している内容を答えなさい。

問六、［A］～［C］に当てはまる言葉を、次の（ア）～（カ）の中からそれぞれ選び、記号で答えなさい。

（ア）グラリ　（イ）ガチガチ　（ウ）ガラリ
（エ）ダラン　（オ）キリキリ　（カ）ゴロン

問七、――線⑤「足の後ろ側を包みこむように、しっかり支えるタイプ」とありますが、「装具バージョン2」をこのような構造に改善したのは何のためですか。本文中の言葉を用いて二十五字以内で答えなさい。

問八、――線⑥「みんなドキドキしていた。先生はなおさらだった」とありますが、他のスタッフよりも緊張（きんちょう）を感じている「先生」を表現した一文を本文中からぬき出し、その最初の五字を答えなさい。

問九、――線⑦「小さい子どもと同じなんだなぁ……」とありますが、どのようなことが「同じ」だと「先生」は考えていますか。その内容をまとめた次の文の［X］・［Y］に当てはまる言葉を、指定された字数で本文中からぬき出して答えなさい。

> キリンは小さい子どもと同じで、装具を付けた感想を［X（七字）］ので、うまくいかなかった時は、その原因を［Y（十八字）］こと。

問十、――線⑧「動物園のスタッフの頼りになる助言」とありますが、「動物園のスタッフ」が「頼りになる助言」をすることができるのはなぜですか。「～から。」に続くように、これより**後**の本文中からぬき出し、その最初と最後の三字を答えなさい。

問十一、――線⑨「赤ちゃんキリンの歩行の様子」とありますが、この時の「赤ちゃんキリン」の足には何が装着されていますか。次の文の［X］・［Y］に当てはまる言葉を、次のページの（ア）～（エ）の中からそれぞれ選び、記号で答えなさい。

この間、赤ちゃんキリンの右足にはバージョン2がずっと装着されていたのだけれど、大きな問題は生じていなかった。しかし、パワーアップしたものができたのだから、交換しない理由はない。それまでと同じように、赤ちゃんキリンに麻酔をかけて眠らせている間に、前のものをはずして、新しいものを装着する。

「あれ!?　なんかちがうよ」

獣医師の野田さんが、装具をはずした状態の赤ちゃんキリンの足にふれて言った。そして、関節をそっと曲げたりのばしたりしながら、さらに続けた。

「ほら、⑭腱の短縮が進んでいるみたい」

⑮屈腱弛緩は、関節を支える屈腱と呼ばれる腱がのびてゆるんでいる状態だ。そのせいで、本来なら曲がらない角度に関節が曲がってしまっているのだけれど、この日、装具をはずしたときに確認したところ、その曲がり具合が小さくなっていたのである。

曲がり具合が小さくなっているということは、ゆるんでいた腱にギュッと縮む力が出てきているということ。［Ｂ］とのびきってしまったゴムが、しっかりのび縮みする本来のゴムにもどりつつある。そんなイメージ。もちろん、ゴムはいったんのびきってゆるんでしまったら、元にはもどらないけれど、腱はのびてゆるんでいても、運動する（使う）ことで、ギュッと縮むようになってくる。「腱の短縮が進んでいる」とは、こういうことだ。

「装具の治療効果が出ているってことでしょうね」

野田さんは言ったけれど、まさにそのとおりだった。

ギプスとちがって、装具は、足を［Ｃ］に固めているわけではなく、支えるところはしっかり支えても、関節は動くように作られている。関節が動くということは腱も使われるということ。ギプスから装具にチェンジすることで腱が使われるようになり、症状に改善のきざしが見られるようになったのだ。

「すごい、すごい」

「装具の治療効果がここまでとは思わなかった」

「装具の力、恐るべし」

キリンを囲む人々の間から、おどろきと感嘆の声があがる。

「たった1週間で、こんなにもちがうとは……」

山田先生も、装具の効果が短期間で出たことにおどろきをかくせなかった。

「これはいけるんじゃないだろうか」

本当に完治するのか。それまで⑯半［ａ］半［ｂ］だったみんなの中で、希望が大きくふくらみつつあった。

この日は、⑰赤ちゃんキリンにとって記念すべき日になった。改善のきざしが見えた右後ろ足には装具バージョン3を、それまではまだギプスを巻いていた左後ろ足にはバージョン2を、それぞれ装着した。

ギプスはひづめの裏まですっぽりおおっていたけれど、装具はひづめの裏はおおわない。つまり、ギプスを卒業して、両足ともに装具になったことで、この日、赤ちゃんキリンは、生まれて初めて自分の8つのひづめ＊2で地面をふみしめることができたのだ。

「おーっ!!」

自分のひづめで土を蹴って歩く姿に、みんなは感動の声をもらす。

スタッフの頼りになる助言があるけれど、それにしたって、キリンは何も教えてくれない。良ければ違和感なく歩いてくれるだろうし、悪ければ何らかの行動で拒否の意思を示す……。

先生の肩にプレッシャーがのしかかる。

赤ちゃんキリンが麻酔から覚める。立ちあがる。そして歩く――。

「いい！　いいね」

「前回よりも、かなり安定している感じ」

「これでいけるんじゃないですか」

赤ちゃんキリンがバージョン２をつけて歩く姿を見て、みんなの口からポジティブな感想が飛び出した。

「違和感なく歩いてくれているな」

先生も、⑨赤ちゃんキリンの歩行の様子を見て、みんなと同じように⑩印象を持ててひと安心する。

しかし、翌日、飼育担当の堂面さんや獣医師の野田さんたちが観察したところ、装具がずれている様子はなく、赤ちゃんキリンの足に痛みが出ているふうでもなかった。

「今度こそ大丈夫でしょうかね」

「うん、しばらく様子を見ましょう」

動物園のスタッフは、「これで赤ちゃんキリンがギプスを卒業できるのではないか」と期待した。翌週には、まだギプスをはめている左足にも、装具バージョン２をつける予定になっていた。

「ちょっとなあ……」

バージョン２の調子は良好だったけれど、山田先生には、少し気になることがあった。今の構造は、足をしっかり包みこんで体重を支えることはできる。でも、耐久性に問題が残るのだ。

「やっぱり、次を急ごう」

先生は決断した。

「バージョン２は構造上こわれやすいため、こわれる前に新しいバージョンを作ったほうがいいと思うのですが」

動物園側にことわりを入れてすぐに「⑪装具バージョン３」の製作に取りかかり、２～３日で完成した。

⑫バージョン２の問題点をクリアしたバージョン３は、バージョン１と同じように足の前面をおおって支えるタイプだが、⑬ひづめの前側を保護するために、１とくらべると足先の部分が長くなっていた。

「ひづめのところが圧迫されてしまうとひづめの成長に影響があるので、ひづめをおおうなら、中途半端にではなく、しっかりおおうような設計にしてください」

こんな動物園側のリクエストに応えてのことだ。

キリンにはひづめがある。ひづめは爪の一種で、足の指先を靴のように保護しているが、それだけが役割ではない。ひづめは、歩くときに土を蹴るという、歩行の補助としての大切な役目を持つ部位だ。歩けるようになるための装具で、ひづめの成長がさまたげられて歩行に支障が出てしまったのでは、元も子もなくなってしまう。

いつも赤ちゃんキリンのそばにいて、その足をいちばん長く見ている人たちの意見は貴重だ。山田先生は、動物園の人たちの声に耳をかたむけ、装具作りに生かしていった。

バージョン３が動物園に届けられたのは、バージョン２を装着してから１週間後のことだった。

山田先生にとっても、キリンの骨格標本は装具を作るための貴重な資料になるはず、と、畑瀬係長は考えた。動物園には当然、キリンの骨もある。［Ⅱ］、それらはバラバラのままで保管されていることが問題だった。

「④これをそのまま見てもらっても、何がなんだかわからんよなぁ」

キリンの足の構造を先生に理解してもらうのに役立てるなら、やはり、実物を再現して組み立てられた骨格でなくては意味がない。［Ⅲ］、大きなキリンの骨を組み立てるのに十分な、時間も場所も労力もなかった。

そこで畑瀬係長は、キリンと同じような足の構造を持つシカに着目した。シカの骨もバラバラに保管されていたのだけれど、このくらいの大きさなら、組み立てて骨格標本を作るくらいわけはない。学芸員（博物館の専門職員）の資格を持つ者としてふだんから標本は作っているし、もともと工作系は得意ということもあり、畑瀬係長は、このためにわざわざシカの骨に針金を通して足の骨格を組み上げ、標本として、先生にわたしたのだった。

その骨格標本は、装具の製作に大いに役立った。それを見ることで関節の中心がわかる。つまり、どこを軸にして関節が動いているのかがわかるため、装具の角度を微調整するときなどに参考になったという。

先生は、みんなの意見を取り入れて、みんなの力を借りながら、自分なりの考えも入れこんで、すぐにでもバージョン2の製作に取りかからなければならない。しかし、その前に、再び型どりをしなくてはならなくなった。

「あれ、また身長がのびたね」

飼育担当の堂面さんが3日ほど休暇を取って出勤してみると、こう言っておどろくほど、赤ちゃんキリンの成長のスピードは速かった。最初の型どりからわずか3週間しかたっていなかったが、前の型では、もう小さすぎたのだ。

再度、麻酔をかけて型をとって、前と同じような工程で作業を進めて完成した「装具バージョン2」は、前のものとは構造が［A］と変わっていた。

バージョン1は足の前面で支える構造だったが、今度は、⑤足の後ろ側を包みこむように、しっかり支えるタイプ。パットは、前回はひづめの後ろ側の1か所のみでベルトも1本だったのに対し、今回は、ひづめの前側とその上部の2か所に装着するようにし、合計3本のベルトで固定する。

前と同じように麻酔をかけて右足だけに装着し、キリンが麻酔から覚めるのを見守る。⑥みんなドキドキしていた。先生はなおさらだった。

「⑦小さい子どもと同じなんだなぁ……」

前回の苦い経験から、山田先生は痛感していた。

先生は、過去に何度も子ども用の装具を手がけたことがある。まだ言葉をうまく話すことができない小さな子どもは、「いい感じ。ピッタリ」とも言ってくれないし、「ここに当たって痛い」とか「なんか違和感がある」などと教えてもくれない。良ければつけてくれるし、悪ければつけてくれない。ただそれだけ。とてもシンプルだが、これはキリンにも当てはまる、と先生は感じていた。

良くない結果になったときには、何がいけないのか、装具の作り手は、自分で見きわめて改善していくしかない。もちろん今回は、⑧動物園の

【国　語】（五〇分）〈満点：一〇〇点〉

【注意】字数指定がある問いでは、句読点・記号なども一字として数えます。

一、次の文章を読んで、後の問いに答えなさい。（字数指定がある問いでは、句読点・記号なども一字として数えます）

> 広島市安佐動物公園に一頭のキリンの赤ちゃんが産まれたが、後ろの両足が先天的な屈腱弛緩（足の関節の腱がのびきっている状態）のため、立てないでいた。動物園のスタッフが包帯を固めてギプスを作り、立てるようになったものの、すぐにこわれてしまう。専門家の山田先生にキリンの歩行を補助する「装具バージョン１」を作ってもらうが、装具がずれて痛みが出てしまっていた。

「何が原因じゃろうかね」

「ずれたということは、関節が十分に支えられていなかった?」

「じゃあ、次は、もう少ししっかり包みこむような感じですかね」

「あとは、後ろのパットの部分に力が集中しすぎたことも考えられる。それで、腱が圧迫されて痛みが出たんじゃないかと……」

「パットが短すぎたことも関係しているんじゃないですかね。今度はもうちょっと長くしたほうがいいかも」

後日、装具について再検討するために、山田先生を交えた関係者全員が集まり、みんなでバージョン１の問題点を洗い出し、次に作るバージョン２について話し合う。

先生は装具のプロフェッショナルでも、キリンに関してはまったくの初心者、動物園の人たちはキリンのことならプロフェッショナルだけれど、装具のことはズブの素人だ。そんな両者がタッグを組み、たがいに足りないところをおぎなう形で、いろいろな意見を出し合った。

それを先生が持ち帰り、次の装具作りに生かすのだが、いかんせん、先生は、人間の身体については熟知していても、キリンのそれは、さっぱりわからない。

人間の場合なら、たとえば「ここに神経が通っているから、ここを装具で押さえてはいけない」というようなことが①わかるのに、キリンの場合はわからない。野田さんたち獣医師に話を聞きながら、また、キリンより研究が進んでいるシカやウシなど他の有てい類[*1]の資料を参考にしながら、手探り状態で製作を進めていった。

「これ、参考になれば」

こう言って、畑瀬係長からわたされた②シカの骨格標本も③役立った。

安佐動物公園では、飼育している動物が死ぬと、死因を特定したり、内臓などを観察して健康状態がどうだったかを確認したりするために、獣医師が解剖を行うことになっている。その際、自分の担当動物が死んだときはもちろん、そうでない場合でも、飼育技師も立ち会って解剖を手伝ったり、獣医師と一緒にさまざまな確認作業に当たったりする。

こうやって解剖が終わると、動物の骨はきれいに処理されて、標本として動物園に保管される。その後の研究や調査のために、また、動物について来園者にわかりやすく説明するときの資料にするために、［Ｉ］、学校などに貸し出して学習に役立ててもらうために。

大切なことはメモしておこうネ！

2023年度

明治大学付属中野中学校入試問題（第２回）

【算　数】（50分）　＜満点：100点＞

１．次の □ にあてはまる数を答えなさい。

(1) $\left\{\frac{21}{5}\div\frac{7}{20}\times31-\left(2\frac{6}{7}\div\frac{1}{10}+\frac{3}{7}\right)\times12\right\}\div3=\square$

(2) $\left\{\left(2.6-1\frac{3}{4}\right)\times\square-2\frac{3}{5}\right\}\div\frac{3}{8}=1$

(3) 0.29日は，□ 時間 □ 分 □ 秒です。

２．次の問いに答えなさい。

(1) ある品物を定価の10％引きで売ったときの利益は630円でした。また，この品物を定価の15％引きで売ったときの利益は480円でした。この品物の原価はいくらですか。

(2) 下の図は，１辺が同じ長さの正五角形ABCDEと正方形AEFGと正三角形AGHを組み合わせた図形です。このとき，GBとHEが交わってできる㋐の角の大きさは何度ですか。

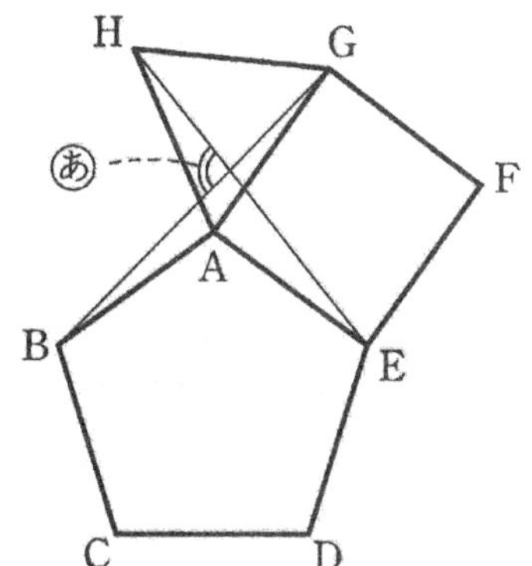

(3) 濃度がそれぞれ３％，４％，７％の食塩水があります。これらの食塩水を混ぜて５％の食塩水を240ｇ作りました。ただし，４％と７％の食塩水は同じ量だけ使いました。このとき，3%の食塩水は何ｇ使いましたか。

(4) Ａ君とＢ君はそれぞれの家から同時に出発して学校へ向かいました。Ａ君は時速3.2㎞，Ｂ君は時速４㎞で歩いたところ，Ａ君はＢ君より９分早く学校に着きました。Ａ君の家から学校までの道のりとＢ君の家から学校までの道のりの比が２：３のとき，Ａ君の家から学校までの道のりは何㎞ですか。

(5) 赤，青，黄，緑の４色で，右の図のＡ，Ｂ，Ｃ，Ｄ，Ｅの５つの部分をぬり分けます。４色すべてを使って，同じ色がとなり合わないようにするとき，ぬり方は全部で何通りありますか。

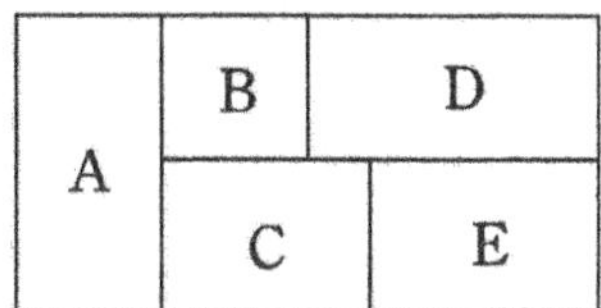

３．下の図の平行四辺形ABCDにおいて，AE：ED＝１：２，BF：FC＝２：１，AG：GE＝１：１です。ACとEB，GF，EFが交わる点をそれぞれH，Ｉ，Ｊとします。また，EBとGFが交わる点をKとするとき，次の問いに答えなさい。

(1)　BH：HK：KEを最も簡単な整数の比で表しなさい。

(2)　AH：HI：IJ：JCを最も簡単な整数の比で表しなさい。

(3)　平行四辺形ABCDの面積が144㎠のとき，斜線(しゃせん)部分の面積を求めなさい。

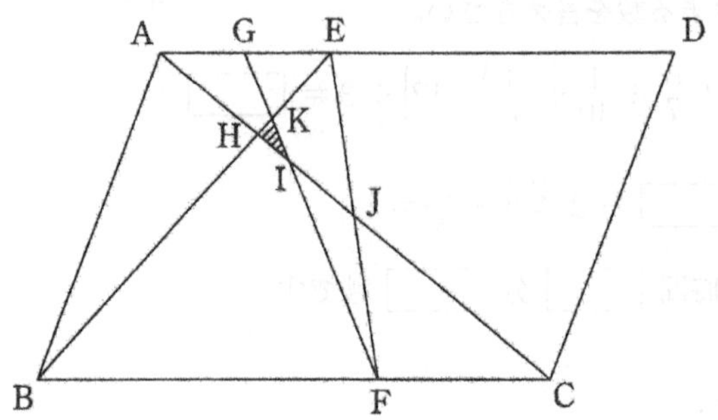

４．次の問いに答えなさい。

(1)　右の図は，底面が正方形である大小２つの直方体を積み重ねた立体です。小さい直方体の下の底面の頂点は，すべて大きい直方体の上の底面の辺の真ん中にあります。小さい直方体の２つの底面の中心（２本の対角線が交わった点）を通る直線を軸(じく)に２つの直方体を１回転させたとき，回転してできた立体の体積を求めなさい。ただし，円周率は3.14とします。

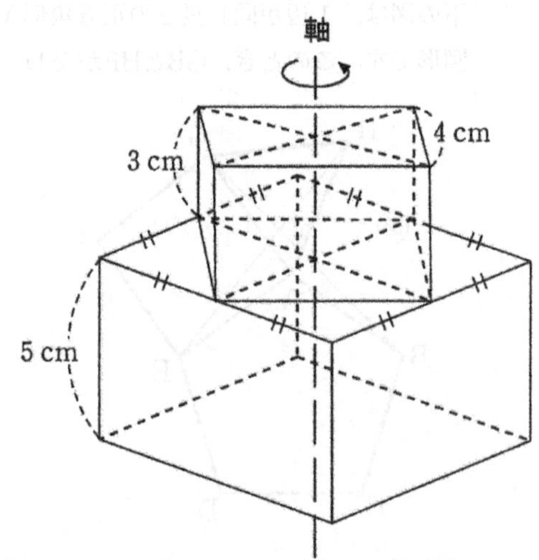

(2)　右の図のように，長方形ABCDと直角三角形ABEがあります。斜線(しゃせん)部分の面積を求めなさい。

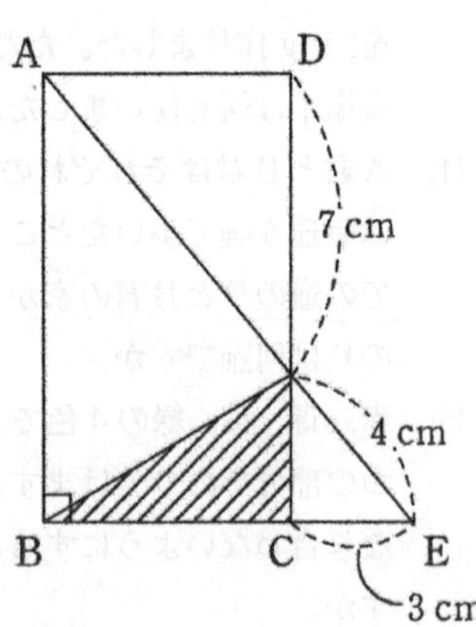

５．下の図のように，底面積の比が２：３である直方体の容器A，Bがあります。容器Aには40cmの高さまで，容器Bには50cmの高さまで水が入っています。容器Aは水道管①から，容器Bは水道管②からそれぞれ一定の割合で水が入ります。また，水道管①と水道管②は合わせて毎分８Lの水が出ます。水を入れ始めてから８分後に，容器A，Bの水の高さは等しくなり，２つの容器の中の水は合わせて110Lになりました。このとき，次の問いに答えなさい。

⑴　容器Aの底面積を求めなさい。

⑵　水を入れ始めてから15分後，容器Aには何Lの水が入っているか求めなさい。

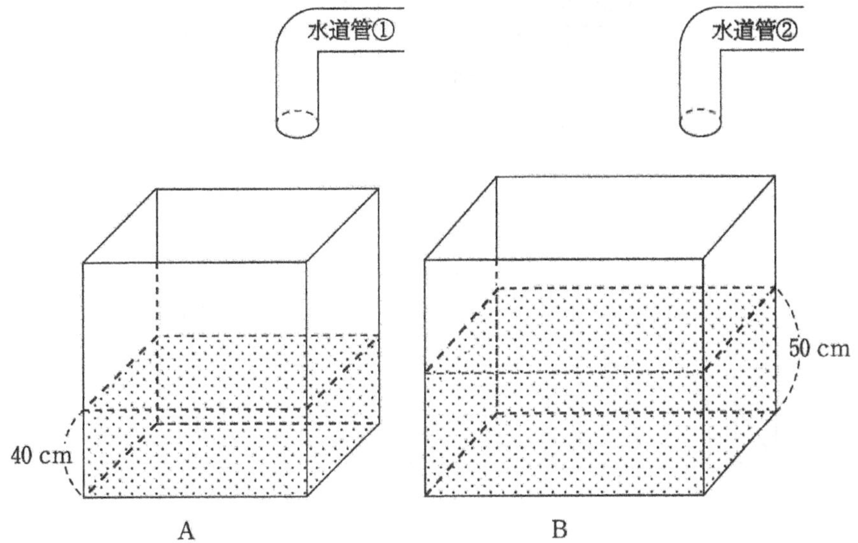

６．年齢（ねんれい）の低い順に，Aさん，Bさん，Cさん，Dさん，Eさんの５人がいます。この５人の中から異なる２人を選び，選んだ２人の年齢を足したところ，全部で次の10通りになりました。

26，29，39，45，49，55，58，59，62，78

このとき，次の問いに答えなさい。ただし，5人の年齢は全員ちがうものとします。

⑴　BさんとCさんの年齢の差はいくつになりますか。

⑵　CさんとDさんの年齢を足すといくつになりますか。

⑶　Bさんの年齢は何歳（さい）ですか。

７．次のページの図のような直方体の水そうが，底面と側面に垂直で高さの異なる２枚の長方形の板で仕切られています。①の部分に蛇口（じゃぐち）から一定の割合で水を入れ，②の部分にある排水口（はいすいこう）から一定の割合で水が出ます。水を入れ始めて，水そうがいっぱいになったところで，蛇口を閉めました。その後，90秒で排水が止まりました。下のグラフは，③の部分で測った水の高さと時間の関係を表しています。

このとき，次の問いに答えなさい。

⑴　１秒間あたりに蛇口から入れる水の量と，1秒間あたりに排水口から出る水の量の割合を，最も簡単な整数の比で表しなさい。

⑵　次のページの図の（ア），（イ），（ウ）の長さの比を，最も簡単な整数の比で表しなさい。

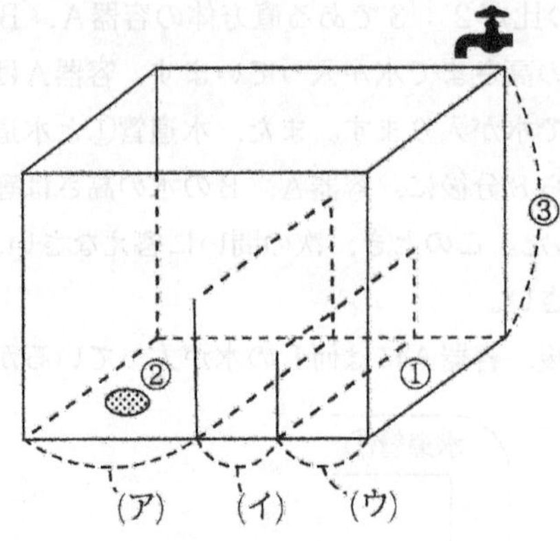
③
②
①
(ア)
(イ)
(ウ)

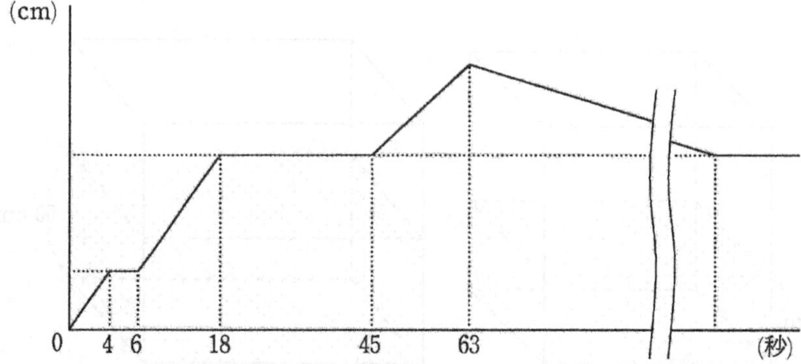
(cm)
0
4
6
18
45
63
(秒)

【理　科】（30分）　＜満点：50点＞

【１】 次の文章を読み，あとの各問いに答えなさい。

地球には多くの動物がいて，動物はもっている特徴によってなかま分けされます。動物をなかま分けするときは，まず X があるかないかで分けます。X がない動物の例としてカブトムシやミミズやタコなどがあげられます。X がある動物はさらに，（ａ）魚類，（ｂ）両生類，（ｃ）は虫類，（ｄ）鳥類，（ｅ）ほ乳類に分けられます。

⑴ 文中の X にあてはまる語句を，漢字２文字で答えなさい。

⑵ 次の（ア）～（エ）の動物のうち，殻のある卵を産むものを１つ選び，記号で答えなさい。また，その動物は文中の（ａ）～（ｅ）のどのなかまにあてはまりますか。１つ選び，解答欄の記号を○で囲みなさい。

（ア） コウモリ　（イ） ワニ　（ウ） サケ　（エ） イモリ

⑶ ほ乳類は肉食動物や草食動物に分けられます。肉食動物と草食動物では目のつき方がちがいます。肉食動物の目のつき方と，それによる見え方を説明した次の文中の①～③について，適する方をそれぞれ選び，ア～カの記号で答えなさい。

肉食動物の目は頭の（①　ア　前側・イ　横側）についており，草食動物と比べて右目と左目の視野の重なりが（②　ウ　広い・エ　狭い）。そのため，（③　オ　広い範囲を見わたせる・カ　獲物との距離がわかりやすい）。

【２】 次の各問いに答えなさい。

⑴ 次の（ア）～（オ）のプランクトンのうち，光合成を行うものを２つ選び，解答欄の記号を○で囲みなさい。

（ア） ミドリムシ　（イ） アメーバ　（ウ） ミカヅキモ
（エ） ゾウリムシ　（オ） ミジンコ

⑵ 次の（ア）～（オ）の植物のうち，冬が近づいても葉を落とさず，一年を通して葉がついているものを２つ選び，解答欄の記号を○で囲みなさい。

（ア） サクラ　（イ） カキ　（ウ） スギ　（エ） イチョウ　（オ） ツバキ

⑶ 人が息を吸うとき，横隔膜とろっ骨はそれぞれどのように動きますか。次の（ア）～（エ）から正しいものを１つ選び，記号で答えなさい。

（ア） 横隔膜とろっ骨の両方が上がる。
（イ） 横隔膜が上がり，ろっ骨が下がる。
（ウ） 横隔膜が下がり，ろっ骨が上がる。
（エ） 横隔膜とろっ骨の両方が下がる。

【３】 バーベキューなどで使われる炭は，木材を蒸し焼きにしてつくられます。割りばしを入れた試験管を加熱して炭をつくる実験を行いました。次の各問いに答えなさい。

⑴ 試験管の向きとして正しいものを，次のページの（ア）～（エ）から１つ選び，記号で答えなさい。

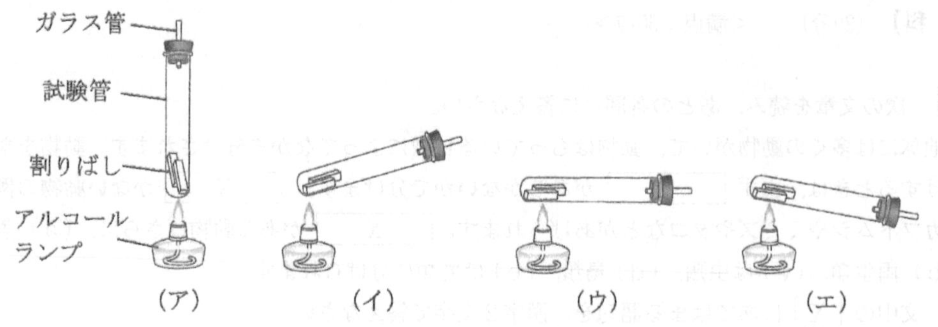

⑵　試験管を加熱してしばらくすると，取り付けたガラス管の先から白いけむりが出てきました。このけむりにはいくつかの種類の気体が含（ふく）まれています。この白いけむりの名前を答えなさい。また，このけむりに火をつけたマッチを近づけると，どのようなことが起こりますか。次の（ア）～（エ）から最も適するものを選び，記号で答えなさい。

（ア）　マッチについた火が消える。
（イ）　マッチについた火のいきおいがはげしくなる。
（ウ）　白いけむりに火がつく。
（エ）　火が試験管の中に入り，中の割りばしが燃える。

⑶　上部が開いた空き缶（かん）に木材を入れて加熱し，炭をつくりたいと思います。次の（ア）～（エ）のうち，炭をつくる方法として最も適するものを選び，記号で答えなさい。

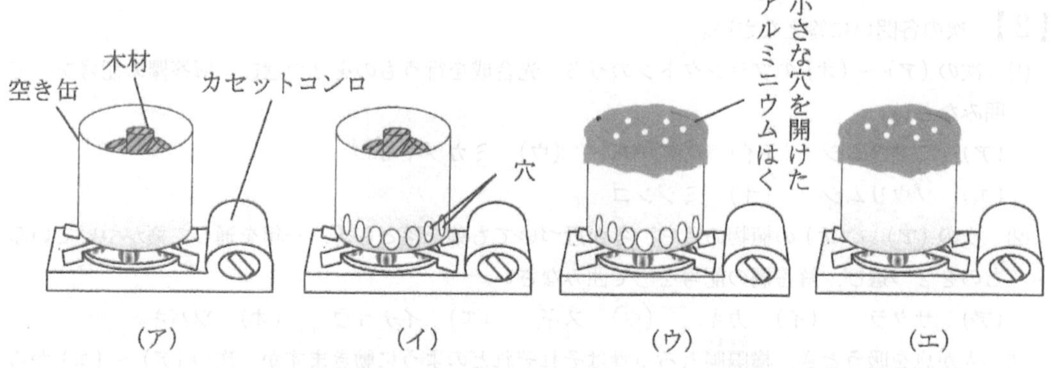

【４】　天気のことわざに「朝虹（にじ）は雨　夕虹は晴れ」というものがあり，朝に虹が見えるとやがて雨が降り，夕方に虹が見えると翌日は晴れるといわれています。次の各問いに答えなさい。

⑴　このことわざは，日本の天気が西から東に移り変わることと関係しています。日本の天気が西から東に移り変わるのは上空の何の影響（えいきょう）ですか。漢字３文字で答えなさい。

⑵　虹が現れるためには何が必要ですか。次の（ア）～（オ）から２つ選び，解答欄の記号を○で囲みなさい。

（ア）　水滴（てき）　　（イ）　水蒸気　（ウ）　ちり
（エ）　太陽の光　　（オ）　地表付近と上空の気温差

⑶　夕方に虹が見られるのはどの方位の空ですか。東・西・南・北のいずれかで答えなさい。

【５】 豆電球，スイッチおよび電池を使って右図のような回路をつくり，実験１，２を行いました。豆電球はすべて同じものを使いました。あとの各問いに答えなさい。

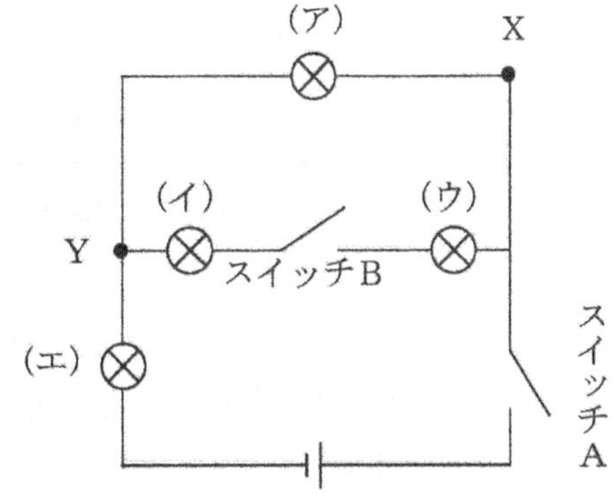

［実験１］ スイッチBは開いたまま，スイッチAを閉じた。

［実験２］ スイッチAとBを閉じた。

⑴ 実験１について，次の①と②に答えなさい。

① 点灯した豆電球を図中の（ア）～（エ）からすべて選び，解答欄の記号を○で囲みなさい。

② 図中の電池をはずし，そこに図と同じ電池２個を並列にしてつなぎました。このとき，①で選んだ豆電球の明るさは，電池１個のときと比べてどうなりますか。解答欄の適するものを○で囲みなさい。

⑵ 実験２について，次の①と②に答えなさい。

① 最も明るく点灯した豆電球を図中の（ア）～（エ）から選び，記号で答えなさい。

② スイッチを閉じたまま，XとYを導線でつないだところ，消灯した豆電球がありました。消灯した豆電球を図中の（ア）～（エ）からすべて選び，解答欄の記号を○で囲みなさい。

【６】 アルカリ性の水溶(よう)液と酸性の水溶液を混ぜ合わせると，塩(えん)とよばれる物質が生じます。たとえば，水酸化ナトリウム水溶液と塩酸を混ぜ合わせると，塩化ナトリウムという塩が生じます。また，水酸化ナトリウム水溶液と硫(りゅう)酸を混ぜ合わせると，硫酸ナトリウムという塩が生じます。

次のように，アルカリ性の水溶液と酸性の水溶液を混ぜ合わせて塩をつくる実験を行いました。ただし，ＢＴＢ溶液は緑色にしたものを使いました。あとの各問いに答えなさい。

［実験１］ ある濃(こ)さの水酸化ナトリウム水溶液A 100mLにＢＴＢ溶液を数滴入れある濃さの塩酸B 200mLを加えたところ，水溶液は緑色になった。この混合水溶液を加熱し，水をすべて蒸発させたところ，固体の塩化ナトリウムが2.34ｇ得られた。

［実験２］ 水酸化ナトリウム水溶液A 100mLにＢＴＢ溶液を数滴入れ，ある濃さの硫酸C 160mLを加えたところ，水溶液は緑色になった。この混合水溶液を加熱し，水をすべて蒸発させたところ，固体の硫酸ナトリウムが2.84ｇ得られた。

⑴ 水酸化ナトリウム水溶液A 150mLにＢＴＢ溶液を数滴入れ，塩酸B 350mLを加えました。このとき，混合水溶液は何色になりますか。また，この混合水溶液を加熱し，水をすべて蒸発させると，固体の塩化ナトリウムは何ｇ得られますか。

⑵ 水酸化ナトリウム水溶液A 100mLに塩酸B 100mLを加えました。この混合水溶液を加熱し，水をすべて蒸発させたところ，固体が1.97ｇ得られました。この固体には，塩化ナトリウムではない物質は何ｇ含まれていますか。

⑶ ３つのビーカー（ア）～（ウ）を用意し，それぞれに水酸化ナトリウム水溶液A 200mLと，ＢＴＢ溶液を数滴入れました。そこに酸性の水溶液として塩酸Bと硫酸Cを，次のページの表のように加えたところ，ビーカー（ア）～（ウ）の混合水溶液はすべて緑色になりました。次のページの①と②に答えなさい。

ビーカー	加えた酸性の水溶液
（ア）	塩酸Ｂ 200mL　と 硫酸Ｃ［ X ］mL
（イ）	塩酸Ｂ［ Y ］mL と 硫酸Ｃ 200mL
（ウ）	塩酸Ｂ 100mL　と 硫酸Ｃ 240mL

① 表中の空欄［ X ］と［ Y ］にあてはまる数値をそれぞれ答えなさい。

② 酸性の水溶液を加えて緑色になったビーカー（ア）～（ウ）の混合水溶液を，それぞれ加熱し，水をすべて蒸発させたとき，得られる固体の重さが最も小さいものはどれですか。（ア）～（ウ）から選び，記号で答えなさい。

【７】 図１のように，太さのちがうＵ字形の容器に水を入れ，その水を閉じこめるようにピストンＡとピストンＢをつけました。ＡとＢの断面積（水に接している面積）はそれぞれ60cm²と10cm²で，ピストンの重さは考えないものとします。

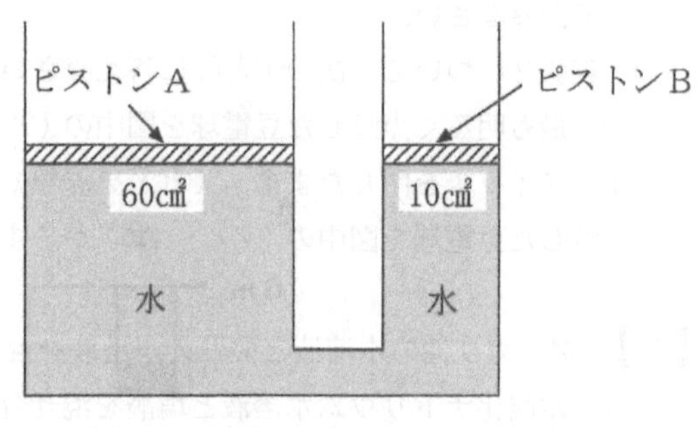

図１

図２のようにＡに120ｇ，Ｂに20ｇのおもりをのせると，ＡとＢの高さは同じままでした。これは，Ａが１cm²あたりに受ける重さ（120ｇ÷60cm²）とＢが１cm²あたりに受ける重さ（20ｇ÷10cm²）がどちらも２ｇで同じになるからです。

次に，20ｇのおもりを取りのぞくと，図３のようにＡは下がり，Ｂは上がって，水面の差（Ａ側の水面の高さと，Ｂ側の水面の高さの差）は２cmになりました。これは，図３中の点線より上の水（２cm×10cm²）が，20ｇのおもりの役目をしているからです。これらのことをふまえて，あとの各問いに答えなさい。ただし，水１cm³の重さは１ｇとします。

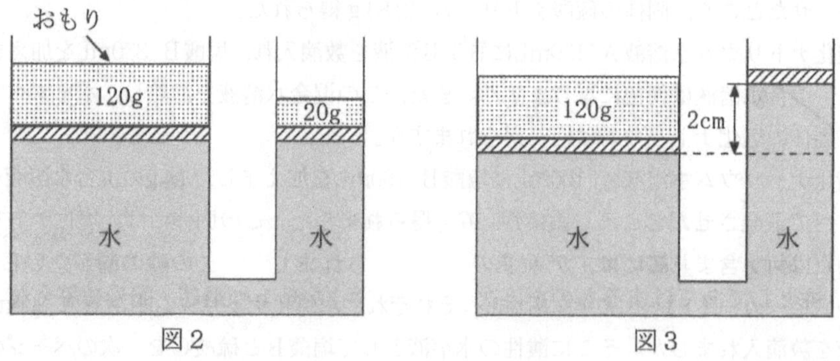

図２　　　図３

⑴ 図１の状態から，Ａに216ｇのおもりをのせたとき，水面の差を０cmにするためには，Ｂに何ｇのおもりをのせればよいですか。

⑵　⑴の水面の差が０㎝の状態から，Ａにのせた216ｇのおもりを取りのぞくと水面の差は何㎝になりますか。

⑶　図４のように，84ｇのおもりをＡとＢにそれぞれのせました。水面の差は何㎝になりますか。

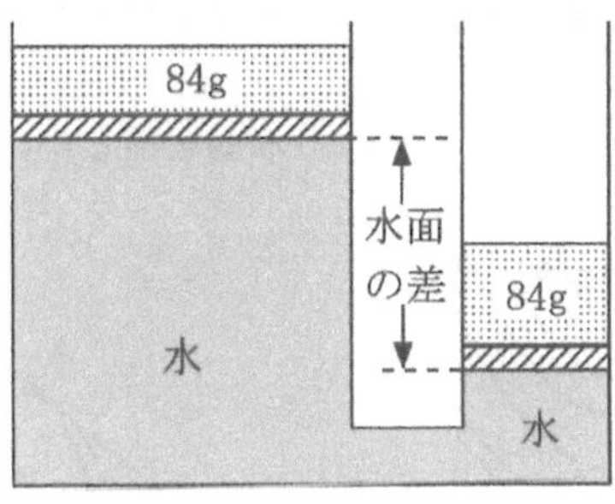

図４

【８】　ある場所の地層のつながりを調べるために，Ａ～Ｄの地点でボーリング調査（穴を掘（ほ）って地層のようすを調べる調査）を行いました。図１はこの場所の等高線と，等高線からわかる地形の断面図を示したものです。図２は，Ａ・Ｂ・Ｄ地点で行ったボーリング調査の結果を示しており，図中の深さは各地点の地表からの深さを表しています。あとの各問いに答えなさい。ただし，この場所には断層がないことと，北と南の方向には地層の傾（かたむ）きがないことがわかっています。

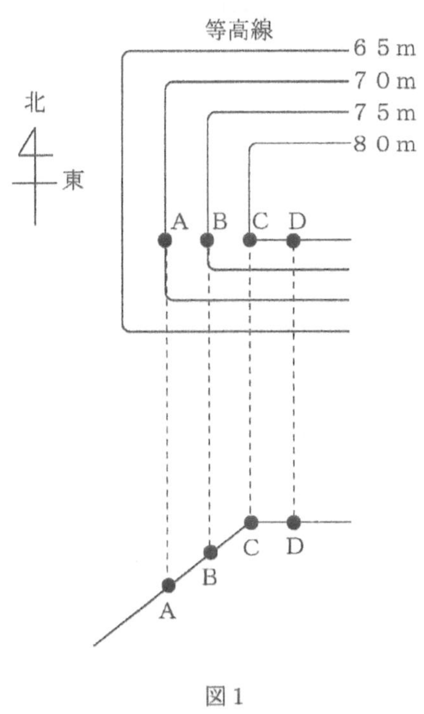

図１

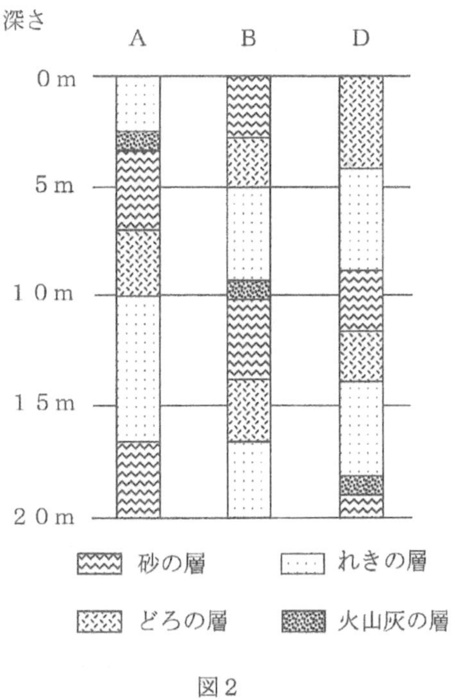

図２

⑴　砂の層の一部には，アサリの化石が見られました。この砂の層がたい積したときの環（かん）境としてあてはまるものを，次の（ア）～（エ）から１つ選び，記号で答えなさい。

（ア）　川の上流　　（イ）　湖　　（ウ）　深い海　　（エ）　浅い海

⑵ 地層のつながりを判断するときには，火山灰の層のような特徴的な層を利用します。このような層を何といいますか。

⑶ Ａ・Ｂ・Ｄ地点のボーリング調査の結果をもとにすると，この場所の地層の重なりはどのようになっていると考えられますか。最も適するものを次の（ア）～（エ）から選び，記号で答えなさい。

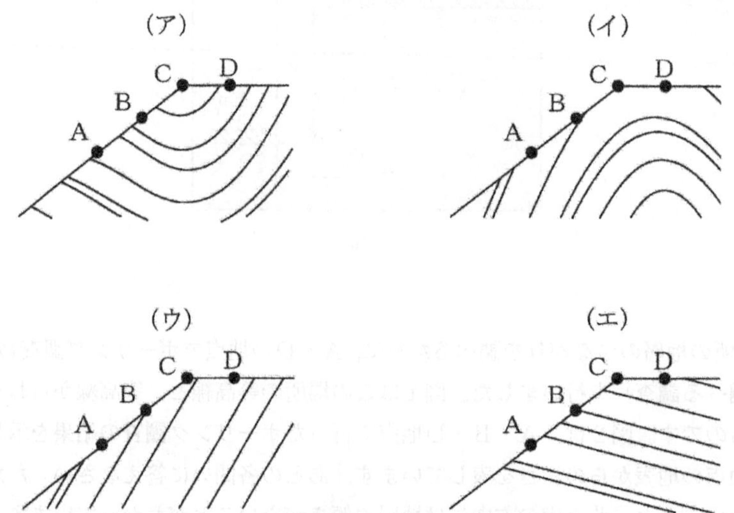

⑷ ⑶の答えをもとにすると，Ｃ地点のボーリング調査の結果はどのようになっていると考えられますか。最も適するものを次の（ア）～（エ）から選び，記号で答えなさい。

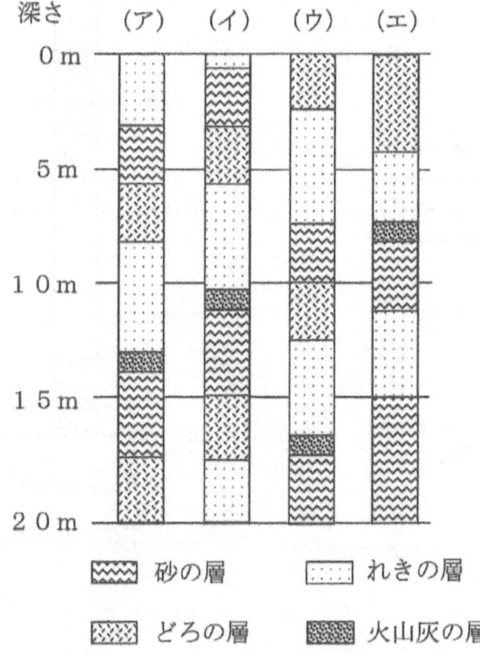

【社　会】（30分）　＜満点：50点＞

１．次の２つの図に関する先生と生徒の会話を読み，問いに答えなさい。

【平城京】

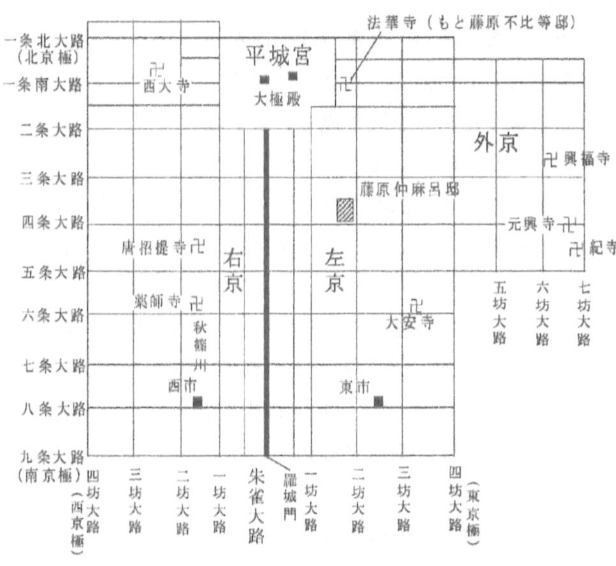

【平安京】

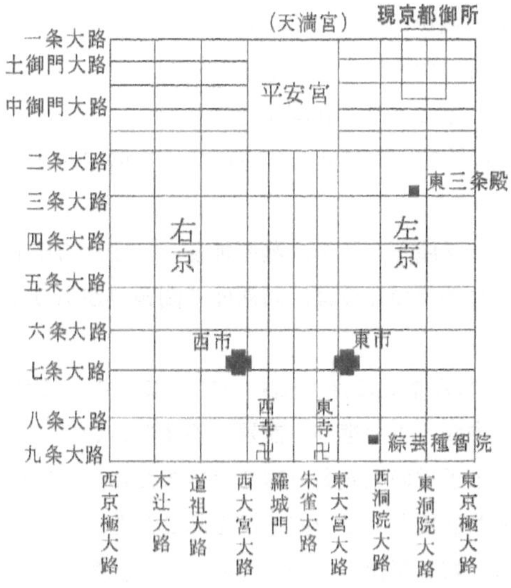

山川出版社「日本史地図・図解ソフト」により作成。

先生：２つの図を見てください。上が平城京の図，下が平安京の図です。みなさんは，この２つの都がつくられた時代を覚えていますか。

生徒：はい。平城京は①<u>奈良時代</u>の都で，710年に【　A　】天皇が遷都（せんと）しました。平安京は②<u>平安時代</u>の都で，794年に【　B　】天皇が遷都しました。

先生：その通りです。ところで，２つの図を見比べた時，何か気がつくことはありますか。

生徒：両方とも，碁盤（ごばん）目状に区画整理されています。

先生：そうですね。③このような都市づくりは条坊制と呼ばれ，中国の長安という都のつくり方にならったと言われています。このように，当時から計画的な都市づくりが進められていました。

生徒：なるほど。ところで，平城京と平安京を比べると，平安京の方が［　　］と思うのですが，それはなぜですか。

先生：良いところに気がつきましたね。奈良時代に何があったのか，思い出してみてください。奈良時代は，④宗教勢力の力が強く，しばしば政治に介入（かいにゅう）をしてきました。平安京には，そういった勢力を排除（はいじょ）しようとする意図が見られますね。

生徒：平安京はその後どうなったのでしょうか。

先生：平安時代以降も，長らく日本の都とされていました。室町時代には⑤応仁の乱で京都の大半が焼け野原となってしまいましたが，首都を東京へ移転した⑥明治時代まで，日本の中心地の一つとされてきました。

生徒：それだけ長く日本の中心であったからこそ，多くの文化財が残されているのですね。

問１．【A】・【B】にあてはまる人物名を，それぞれ漢字で答えなさい。

問２．［　　］にあてはまる適切な内容を考え，**10字以内**で答えなさい。読点も１字に含みます。

問３．下線部①について，奈良時代に関連する文として正しいものを，次のア～オの中から**すべて**選び，記号で答えなさい。

ア．初めての遣唐使として，犬上御田鍬が派遣（はけん）された。

イ．舎人親王を中心として，『日本書紀』が編さんされた。

ウ．日本最古の貨幣（かへい）といわれる富本銭が初めてつくられた。

エ．貴族の衣服として，男性は束帯，女性は十二単をまとった。

オ．墾田永年私財法が制定されたことにより，荘園が発生した。

問４．下線部②について，平安時代の人物として正しいものを，次のア～オの中から**すべて**選び，記号で答えなさい。

ア．空也　　イ．白河上皇　　ウ．長屋王　　エ．藤原純友　　オ．吉田兼好

問５．下線部③について，このような都市づくりは，防衛面で問題点がありました。それはどのようなことか，説明しなさい。

問６．下線部④について，宗教は日本の歴史に深く関わってきました。これを説明した文として**誤っているもの**を，次のア～エの中から１つ選び，記号で答えなさい。

ア．鎌倉時代には，後醍醐天皇が朱子学の大義名分論をたてまえに，幕府打倒（だとう）の兵を挙げた。

イ．室町時代には，日蓮宗の信徒が加賀などで一向一揆を起こした。

ウ．江戸時代には，幕府はキリスト教を禁止し，宗門改めにより仏教へ改宗させた。

エ．明治時代には，キリスト教徒の内村鑑三が教育勅語への不敬事件で教職を追われた。

問７．下線部⑤について，この乱をきっかけに，平安時代以降続いていた京都の祭りが中断されました。日本三大祭りの一つに数えられているこの祭りを何というか，答えなさい。

問８．下線部⑥について，明治時代に起きた，次のア～オのできごとを年代の古い順に並べかえた時，**２番目**と**４番目**にあたるものを，それぞれ記号で答えなさい。

ア．西南戦争が起こった。　　　　　　イ．版籍奉還が実施（じっし）された。

ウ．岩倉使節団が派遣された。　　　　エ．国会開設の勅諭が発せられた。

オ．民撰議院設立の建白書が提出された。

２．次の文を読んで，問いに答えなさい。

①昨年（2022年）７月10日，参議院議員通常選挙の投開票が行われました。②選挙運動期間中，候補者は③有権者に対して，社会保障・④経済政策などの公約を掲(かか)げました。

この選挙運動中に，街頭演説をしていた⑤安倍晋三元首相が銃撃(じゅうげき)されて死亡した事件は，国内外に大きな衝撃(しょうげき)を与(あた)えました。

問１．下線部①について，次の表は，この選挙において一票の格差が最大であった神奈川県選挙区と福井県選挙区の定数と有権者数を示しています。この表を参考にし，２つの選挙区の一票の格差として正しいものを，下のア～オの中から１つ選び，記号で答えなさい。

選挙区	定　数	有権者数
神奈川県	４名	769万6783名
福井県	１名	63万5127名

総務省の資料により作成。

ア．約２倍　イ．約３倍　ウ．約４倍　エ．約５倍　オ．約６倍

問２．下線部②について，選挙運動や投票などを規定した公職選挙法の内容を説明した文として正しいものを，次のア～エの中から１つ選び，記号で答えなさい。

ア．候補者は，有権者の家などを戸別訪問することができる。

イ．候補者は，ＳＮＳやウェブサイト（ホームページ）の更新(こうしん)など，インターネットを用いた選挙運動をすることができない。

ウ．いかなる理由があっても，投票日当日以外は投票することができない。

エ．投票日当日の投票時間は午後８時までであるが，特別の事情のある場合は，終了(しゅうりょう)時間を繰(く)り上げることができる。

問３．下線部③について，この年齢(ねんれい)が満(まん)18歳に引き下げられたことに続いて，成人年齢も昨年４月から満18歳に引き下げられました。これにより，新たに満18歳でできるようになったことを，次のア～オの中から**すべて**選び，記号で答えなさい。

ア．飲酒や喫煙(きつえん)をする。

イ．親（親権者）の同意なしで結婚(けっこん)する。

ウ．親（親権者）の同意なしで携帯(けいたい)電話を契約(けいやく)する。

エ．競馬の馬券（勝馬投票券）を購入(こうにゅう)する。

オ．有効期間が10年間のパスポートを取得する。

問４．下線部④について，昨年の日本経済に関する次のⅠ・Ⅱの文の正誤の組み合わせとして正しいものを，下のア～エの中から１つ選び，記号で答えなさい。

Ⅰ．急速に進んだ円高の影響などにより，外国人観光客が減少した。

Ⅱ．ロシアによるウクライナへの軍事侵攻(しんこう)の影響(えいきょう)などにより，物価が上昇(じょうしょう)した。

ア．Ⅰ－正　Ⅱ－正　　イ．Ⅰ－正　Ⅱ－誤

ウ．Ⅰ－誤　Ⅱ－正　　エ．Ⅰ－誤　Ⅱ－誤

問５．下線部⑤について，この人物を説明した文として**誤っているもの**を，次のページのア～エの中から１つ選び，記号で答えなさい。

ア．首相在任期間は，憲政史上最長である。
イ．首相在任中，新たな省庁としてデジタル庁が設置された。
ウ．首相在任中，元号が「平成」から「令和」に改められた。
エ．首相在任中，日本国憲法改正の手続きを定めた国民投票法が成立した。

３．次の文を読んで，問いに答えなさい。

現代の社会は，インターネットを通じて多くの①情報を手軽に入手することができます。しかし，内容が誤っていたり，個人の②プライバシーを侵害(しんがい)したりする情報が流されることもあるため，情報を正しく活用するよう心がける必要があります。

近年，ＳＮＳなどでの特定の個人に対するひぼう中傷※1が問題となっており，その対策が求められてきました。昨年，③衆議院，参議院の議決を経て改正刑法(けいほう)が成立し，侮辱(ぶじょく)※2罪の法定刑が厳罰(げんばつ)化されました。これによって，ひぼう中傷の抑止(よくし)につながることが期待されています。

※1 ありもしないことや悪口を言って，他の人の名誉(めいよ)を傷つけること。

※2 相手を見下して恥(はじ)をかかせること。

問１．下線部①について，情報通信技術を利用できる人とできない人との間に生じる格差のことを何というか，カタカナで答えなさい。

問２．下線部②について，プライバシーの権利のように，社会状況(じょうきょう)の変化にともない，憲法上で保障すべきと考えられるようになった権利を総称(そうしょう)して何というか，答えなさい。

問３．下線部③について，衆議院と参議院の議決が異なったとき，意見調整のために開かれる話し合いの場を何というか，漢字で答えなさい。

４．次の地図を見て，問いに答えなさい。

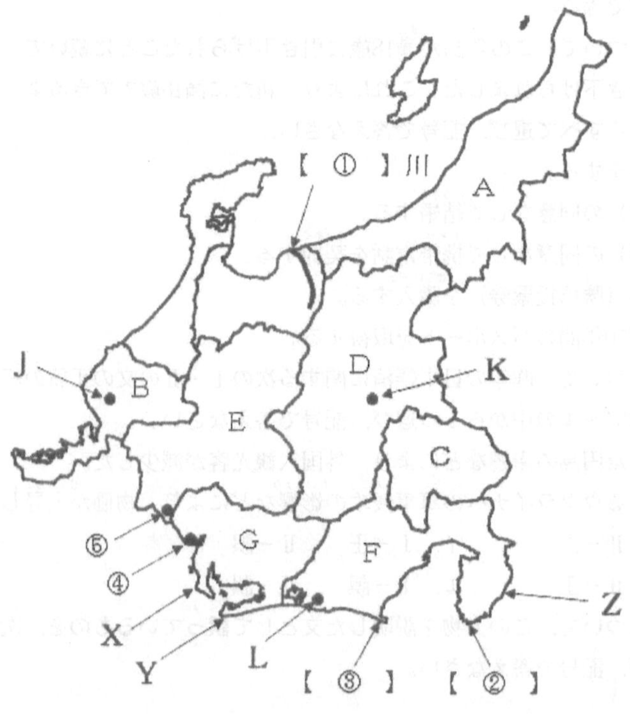

問１．地図中【①】にあてはまる地名を，漢字で答えなさい。

問２．地図中【②】・【③】にあてはまる地名の組み合わせとして正しいものを，次のア～カの中から１つ選び，記号で答えなさい。

	ア	イ	ウ	エ	オ	カ
②	石廊崎	石廊崎	御前崎	御前崎	潮　岬	潮　岬
③	御前崎	潮　岬	石廊崎	潮　岬	石廊崎	御前崎

問３．地図中④の地域は，生態系・生物多様性の保全を目的とする条約に登録されています。その条約名と④の地域に見られる地形の組み合わせとして正しいものを，次のア～カの中から１つ選び，記号で答えなさい。

	条約名	地　形
ア	ラムサール	扇状地
イ	ラムサール	干　潟
ウ	ラムサール	リアス海岸
エ	ワシントン	扇状地
オ	ワシントン	干　潟
カ	ワシントン	リアス海岸

問４．地図中⑤の地域には，古くから輪中集落が見られます。この集落を説明した次のⅠ・Ⅱの正誤の組み合わせとして正しいものを，下のア～エの中から１つ選び，記号で答えなさい。

Ⅰ．この集落は，揖斐川，木曽川，天竜川の下流に位置している。

Ⅱ．集落内の伝統的な家屋は，水害を避けるための避難小屋を持つものが多く，それは水屋と呼ばれる。

ア．Ⅰ－正　Ⅱ－正　　イ．Ⅰ－正　Ⅱ－誤

ウ．Ⅰ－誤　Ⅱ－正　　エ．Ⅰ－誤　Ⅱ－誤

問５．地図中Ａ～Ｇ県のうち，政令指定都市がある県をすべて選び，記号で答えなさい。

問６．次の表は，地図中Ａ～Ｄ県の県庁所在地にある中心駅から東京駅へ向かう際の出発時刻と到着時刻※および各県の平均標高を示しています。Ｂ県にあてはまるものを，ア～エの中から１つ選び，記号で答えなさい。

※各中心駅を平日午前７時30分以降に出発する列車に乗車した場合，最も早く東京駅に到着する時刻。

	中心駅出発時刻		東京駅到着時刻	平均標高
ア	7時39分	→	11時06分	372m
イ	7時40分	→	9時27分	995m
ウ	7時43分	→	9時20分	1,132m
エ	7時50分	→	10時04分	391m

ＪＲ時刻表および国土地理院の資料により作成。

問７．次の表は，地図中Ｃ～Ｇ県の，2019年における水田率，野菜の産出額，果実の産出額，畜産の産出額を示したものです。Ｆ県にあてはまるものを，ア～オの中から１つ選び，記号で答えなさい。

	水田率（%）	野菜の産出額（億円）	果実の産出額（億円）	畜産の産出額（億円）
ア	76.5	323	55	372
イ	56.7	1,010	190	813
ウ	49.4	818	743	279
エ	34.2	607	234	461
オ	33.2	110	595	78

農林水産省の統計による。

問８．地図中Ｊ～Ｌの都市と，それぞれの都市でさかんに生産されている工業製品の組み合わせとして正しいものを，次のア～カの中から１つ選び，記号で答えなさい。

	ア	イ	ウ	エ	オ	カ
オルゴール	Ｊ	Ｊ	Ｋ	Ｋ	Ｌ	Ｌ
眼鏡フレーム	Ｋ	Ｌ	Ｊ	Ｌ	Ｊ	Ｋ
ピアノ	Ｌ	Ｋ	Ｌ	Ｊ	Ｋ	Ｊ

問９．次のⅠ～Ⅲの文は，地図中Ｘ～Ｚの半島について説明したものです。Ⅰ～ⅢとＸ～Ｚの組み合わせとして正しいものを，下のア～カの中から１つ選び，記号で答えなさい。

Ⅰ．水不足を解消するために豊川用水がつくられた。近年では園芸農業がさかんである。

Ⅱ．伝統的にわさびの栽培が行われている。2018年には世界ジオパークに認定された。

Ⅲ．古くから窯業（ようぎょう）がさかんである。2005年には中部国際空港が開業した。

	ア	イ	ウ	エ	オ	カ
Ⅰ	Ｘ	Ｘ	Ｙ	Ｙ	Ｚ	Ｚ
Ⅱ	Ｙ	Ｚ	Ｘ	Ｚ	Ｘ	Ｙ
Ⅲ	Ｚ	Ｙ	Ｚ	Ｘ	Ｙ	Ｘ

ような言葉が適切ですか。本文中から抜き出して答えなさい。

問二十一、――線⑯「少しは時間を忘れることができそうだ」とありますが、このとき「ぼく」は「紙飛行機」からどのようなものを感じとっていると考えられますか。十五字以内で答えなさい。

問二十二、次の一文は本文中から抜いたものですが、どこに入れるのが適切ですか。その直前の五字を答えなさい。

ぼくは慌(あわ)てて電気をつけた。

二、次の①～⑤の□に自然に関する漢字一字を入れ、――線部の慣用句をそれぞれ完成させなさい。

① 東中野で暮らしていると□の便りに聞く。
② 秋の□はつるべ落としだ。
③ 旅の□にあって故郷を思う。
④ □をつくような高い峰(みね)。
⑤ あの人は、私にとっては□の上の人だ。

三、次の①～⑤の組み合わせがそれぞれ類義語になるように、□に当てはまる漢字一字を答えなさい。

① 長所・□点
② 同意・□成
③ 特別・□外
④ 不在・□守
⑤ 音信・□息

四、次の①～⑦の――線部を漢字に改め、⑧～⑩の――線部の読みをひらがなで答えなさい。

① 建物がウゴの竹の子のように立ち並ぶ。
② クラス委員をショウシュウする。
③ カイシンの作ができた。
④ 思いきった作戦が功をソウした。
⑤ チョスイチを増設する。
⑥ イチランヒョウを作成する。
⑦ 計画にソって進めた。
⑧ 意見を異にする。
⑨ 余分な説明を省いた。
⑩ 反対の意見が大勢を占(し)めた。

問十五、――線⑪「お母さんは何もわかっていない」とありますが、何を「わかっていない」と「ぼく」は考えているのですか。その説明として最も適切なものを、次の（ア）～（エ）の中から選び、記号で答えなさい。

（ア）何か言ったり、さらに一緒にいたりすると、お互い泣いて別れられなくなるので、見送らなかったということ。

（イ）見送りに行かず、簡単なあいさつだけですぐに別れないと、お互い涙があふれてしまっていたということ。

（ウ）これ以上、話したり一緒にいたりしたら、「ぼく」は泣いてしまい別れられないので、見送らないということ。

（エ）別れの際に二人で話す言葉が見当たらず、気まずくならないために、なんとなく笑うしかなかったということ。

問十六、――線⑫「壮太がいなくなったプレイルームには行く気がせずに」とありますが、なぜですか。その理由として**適切でないもの**を、次の（ア）～（エ）の中から一つ選び、記号で答えなさい。

（ア）壮太のいないプレイルームでは、何をして遊んだらいいかがよくわからなかったから。

（イ）壮太と遊んだプレイルームに一人でいると、さびしさを余計に感じてしまうから。

（ウ）プレイルームでの楽しさは壮太がいたからであり、壮太がいなければ楽しくないから。

（エ）壮太のいないプレイルームで遊んでいると、壮太がいないことに慣れてしまいそうだから。

問十七、F・G に共通して当てはまる言葉を、次の（ア）～（エ）の中から選び、記号で答えなさい。

（ア）だけど　（イ）しかも　（ウ）そこで　（エ）つまり

問十八、――線⑬「どうしても確認したくて」とありますが、「どうしても確認した」かった理由として最も適切なものを、次の（ア）～（エ）の中から選び、記号で答えなさい。

（ア）大人と子どもでは時間のとらえ方が違うことを、先生が理解しているとは思えなかったから。

（イ）外に出られることはうれしいが、苦しい治療がいつまで続くのかはっきりさせたかったから。

（ウ）病院での時間は長く、それが一週間で済むか二週間続くのかでは心理的に大きな違いがあるから。

（エ）「ぼく」には病気がよくなっているかがわからないので、本当に退院できるのか確認したかったから。

問十九、――線⑭「ぼくは自分が嫌になった」とありますが、その理由として最も適切なものを、次の（ア）～（エ）の中から選び、記号で答えなさい。

（ア）病院の中では「ぼく」自身がどんな感情を持てば良いのかわからなくなってしまったから。

（イ）退院できる時期に気を取られて、もう壮太のことを忘れていることに気がついたから。

（ウ）遅く（おそ）とも二週間後には退院できるのに、自分だけが不幸であるかのように思っていたから。

（エ）何ヶ月も入院し続けて苦しい治療を受けている子たちがいる西棟の入り口を見たから。

問二十、――線⑮「わからなくなることも」の後に補うとしたら、どの

（ア）　おっとり　　（イ）　きっぱり
（ウ）　ぐったり　　（エ）　じっとり

問七、――線⑥「それで今日は壮太の母親もそばにいるのか」とありますが、「壮太の母親」は何のために「そばにいる」のですか。十五字以内で答えなさい。

問八、――線⑦「壮太は」が直接かかる部分を、次の（ア）～（オ）の中から選び、記号で答えなさい。
（ア）　少し　　（イ）　調子が　　（ウ）　出てきたのか
（エ）　大股で　　（オ）　進んだ

問九、X に当てはまる言葉を漢字一字で答えなさい。

問十、――線⑧「じゃあ、じゃんけんは休憩してゆっくり歩こう」とありますが、「じゃんけん」を「休憩」した理由として最も適切なものを、次の（ア）～（エ）の中から選び、記号で答えなさい。
（ア）　検査のための採血のあとには、薬の影響（えいきょう）もあるので安静にしている必要があったから。
（イ）　じゃんけんを何度もやりすぎて飽（あ）きてしまい、違う遊びをしたくなっていたから。
（ウ）　じゃんけんに勝った時の言葉が思い浮（う）かばず、ゲームを続けられなくなったから。
（エ）　大きな声を出したり、勢いよく進んだりすると、さらに喉がかわいてしまうから。

問十一、C に当てはまる言葉として最も適切なものを、次の（ア）～（エ）の中から選び、記号で答えなさい。
（ア）　見当違い　　（イ）　苦しまぎれ
（ウ）　ぶしつけ　　（エ）　上すべり

問十二、D ・ E に当てはまる言葉として最も適切なものを、次の（ア）～（エ）の中からそれぞれ選び、記号で答えなさい。
（ア）　いらつく　　（イ）　うらやむ
（ウ）　みくびる　　（エ）　わりきる

問十三、――線⑨「『またな』とは言えず、『じゃあ』とあいまいに微笑みながら」とありますが、このように別れたときの「ぼく」の様子を説明したものとして最も適切なものを、次の（ア）～（エ）の中から選び、記号で答えなさい。
（ア）　検査を受けて疲れきっている壮太に、また遊ぼうという意味の言葉をかけるのは申し訳ないと思って遠慮（えんりょ）している。
（イ）　退院しても壮太と会いたいと「ぼく」は思っているが、壮太の「ぼく」に対する思いがつかめず、うろたえている。
（ウ）　「またな」には壮大が病院に診察を受けに戻ってくるという意味もあるので、言うことをためらっている。
（エ）　壮太と一緒に遊べるのはこの時が最後かもしれないと思うとさびしく、何とかその場をやり過ごそうとしている。

問十四、――線⑩「頭を下げた」とありますが、これに最も近い意味で「頭を下げた」が用いられているものを、次の（ア）～（エ）の中から選び、記号で答えなさい。
（ア）　困っていたため、不本意ながら彼（かれ）に頭を下げた。
（イ）　不快な思いをさせてしまい、あわてて頭を下げた。
（ウ）　彼女（かのじょ）の細やかな心遣（こころづか）いに、深く頭を下げた。
（エ）　入室の際、「失礼します」と言って頭を下げた。

じゃない。西棟には、何ヶ月も入院している子だっているのだ。それを思うと、胸がめちゃくちゃになる。病院の中では、自分の気持ちをどう動かすのが正解なのか、どんな感情を持つことが正しいのか、よくわからなくなってしまう。

＊　＊　＊

就寝時間が近づいてくると、やっぱり気持ちが抑えきれなくなってプレイルームに向かった。真っ暗な中、音が出ないようマットに向かっておもちゃ箱をひっくり返す。三つの大きな箱の中身をぶちまけるのだ。ただそれだけの行為が、ぼくの気持ちを保ってくれた。悪いことだとはわかっている。でも、こうでもしないと、ぼくの中身が崩れてしまいそうだった。いつも、翌朝にはおもちゃは片付けられ、きれいにプレイルームは整えられている。きっと、お母さんか三園さんが直してくれているのだろう。それを思うと、ひどいことをしてるよなと申し訳ない。だけど、何かしないと、おかしくなりそうで止められなかった。

三つ目のおもちゃ箱をひっくり返し、あれ、と思った。

布の箱から、がさっと何かが落ちた。硬いプラスチックのおもちゃの音とはちがう。暗い中、目を凝らしてみると、紙飛行機だ。

壮太だ……。赤青黄緑銀金、いろんな色の折り紙で作った紙飛行機は、三十個以上はある。片手に管を刺して固定していたから、使いにくい手で折ったんだろう。形は不格好だ。それでも、紙飛行機には顔まで描かれていて、「おみそれ号」「チビチビ号」「瑛ちゃん号」「またね号」と名前まで付いている。

壮太は、知っていたんだ。ぼくが夜にプレイルームでおもちゃ箱をひっくり返していたことを。そして、壮太がいなくなった後、ぼくがどう過ごせばいいか⑮わからなくなることも。

明日から、一つ一つ飛ばそう。三十個の紙飛行機。これを飛ばしている間、⑯少しは時間を忘れることができそうだ。

（瀬尾まいこ『夏の体温』による）

＊1　三園さん　…　「ぼく」が入院している病院の看護師

＊2　ナースステーション　…看護師が待機している場所

問一、――線①「ぼくはプレイルームに向かった」とありますが、「ぼく」が「プレイルーム」でしようとしていたことがわかる連続する二文を本文中から抜き出し、その最初の五字を答えなさい。

問二、――線②「割り切れない気持ち」とはどのような「気持ち」ですか。それを説明した次の文の□に当てはまる言葉を、本文中の言葉を用いて四十字以内で答えなさい。

□のことを考えると、入院中の不満にどう対処すればよいかわからず、すっきりしない気持ち。

問三、――線③「壮太のいない明日からを思うと、とんでもなく深い穴に落ちていく感覚がして、体がこわばった」とありますが、実際に「壮太」がいなくなった時のさびしさを表している一文を本文中から抜き出し、その最初の三字を答えなさい。

問四、――線④「楽しい時間」とはどのような「時間」ですか。「時間。」に続くように五字以内で答えなさい。

問五、――線⑤「明日が終わっても、楽しいことがありますように」とありますが、「明日」はどのような日ですか。十字以内で答えなさい。

問六、A・Bに当てはまる言葉として最も適切なものを、次の（ア）～（エ）の中からそれぞれ選び、記号で答えなさい。

「ああ、元気でな」
ぼくは手を振った。
壮太は、
「瑛ちゃんこそ元気で」
そう言ってくるりと背を向けると、そのまま部屋から出て行った。
壮太たちがいなくなると、
「フロアの入り口まで見送ればよかったのに。案外二人ともお別れはあっさりしているんだね。ま、男の子ってそんなもんか」
とお母さんは言った。
⑪お母さんは何もわかっていない。あれ以上言葉を発したら、泣きそうだったからだ。きっと壮太も同じなのだと思う。もう一言、言葉を口にしたら、あと少しでも一緒にいたら、さよならができなくなりそうだった。口や目や鼻。いろんなところがじんと熱くなるのをこらえながら、ぼくは「まあね」と答えた。

＊　＊　＊

⑫壮太がいなくなったプレイルームには行く気がせずに、午後は部屋で漫画を読んだ。時々、壮太は本当に帰ったんだな、もう遊ぶことはないんだなと気づいて、ぽっかり心に穴が空いていくようだった。これ以上穴が広がったらやばい。そう思って、必死で漫画に入り込もうとした。
二時過ぎからは診察があった。この前の採血の結果が知らされる。
「だいぶ血小板が増えてきたね」
先生は優しい笑顔をぼくに向けると、さもビッグニュースのように、
「あと一週間か二週間で退院できそうかな」
と言った。
「よかったです。ありがとうございます」
お母さんは頭を下げた。声が震えているのは本当に喜んでいるからだろう。
やっとゴールが見えてきた。ようやく外に出られる。それはうれしくてたまらない。［Ｆ］、⑬どうしても確認したくて、
「一週間ですか？　二週間ですか？」
とぼくは聞いた。
「そこは次回の検査結果を見てからかな」
先生はそう答えた。
「はあ」
「どっちにしても一、二週間で帰れると思うよ」
先生は、「よくがんばったからね」と褒めてくれた。
一、二週間。ひとくくりにしてもらっては困る。一週間と二週間では、七日間も違うのだ。七日後にここを出られるのか、十四日間ここで過ごすのかは、まるで違う。ここでの一日がどれほど長いのかを、壮太のいない時間の退屈さを、先生は知っているのだろうか。ぼくら子どもにとっての一日を、大人の感覚で計算するのはやめてほしい。
お母さんは診察室を出た後も、何度も「よかったね」と言った。ぼくは間近に退院が迫っているのに、時期があやふやなせいか、気分は晴れなかった。明日退院できる。それなら手放しで喜べる。［Ｇ］、一週間か二週間、まだここでの日々は続くのだ。
がっかりしながらも、病室に戻る途中に西棟の入り口が見えて、⑭ぼくは自分が嫌になった。何をぜいたく言っているのだ。遅くとも二週間後にはここから出られるし、ここでだって苦しい治療を受けているわけ

て、ぼくは入院したてのころはわがままだったこと、最初は低身長の検査入院の子どもたちに冷たくしてたこと、今はなんとなくそのほうがここから早く出られるような気もして、みんなに優しくしてるだけだということを、正直に話した。

「そうか。じゃあ、俺はチビだからおもしろくなって、瑛ちゃんは入院が長いから優しくなったってことか。瑛ちゃんが病気で、俺が小さくてよかったー」

壮太の言うとおりかもしれない。だけど、やっぱり違う。ぼくは入院する前のほうが性格はよかった。「みんなはいいよな」って人を［D］ことはなかったし、「どうしてぼくばっかりなんだよ」と［E］こともなかった。それに、壮太が楽しいことに、身長は関係ない。背が高くて陽気じゃない壮太でも、ぼくは一緒にいて楽しいって思うはずだ。そんなことを言おうと思ったけど、うまく伝えられる自信がなくてやめにした。

そんなことより、うっかり寝そうになる壮太を起こすことで精いっぱいだった。何度も廊下を往復したり、プレイルームに戻ってゲームをしてみたり、次から次へといろんなことをして壮太の眠気を覚ました。

「はーこれで、解放だ！」

十二時前、最後の採血が終わって、管を抜いてもらうと、壮太はプレイルームの床にごろんと寝転がった。

「おつかれ、壮太」

「サンキュー、瑛ちゃん」

「ぼくは何もしてないけどさ」

「なんか最終日に全然遊べなくてもったいなかったな」

「そんなことない。一緒に話してただけで楽しかったよ」

ぼくが言うと、

「うん。俺も半分頭は寝てたけど、楽しかった」

と壮太も言った。

そのあと、昼食ができたと放送が流れ、ぼくたちはそれぞれ部屋に戻った。

⑨「またな」とは言えず、「じゃあ」とあいまいに微笑みながら。

＊　＊　＊

昼ごはんを食べ終えて歯を磨いた後、壮太が母親と一緒にぼくの病室にやってきた。壮太の母親は大きなバッグを持ち、壮太もリュックを背負っている。

「いろいろお世話になりました」

壮太の母親は、ぼくとぼくのお母さんに⑩頭を下げた。

「ああ、退院ですね。お疲れさまでした」

ぼくのお母さんが言った。

「瑛介君に仲良く遊んでもらって、入院中、本当に楽しかったみたいで」

「うちもです。壮太君が来てくれてよかったです」

お母さんたちがそんな話をしている横で、ぼくたちはお互い顔を見合わせて、かといって今この短い時間で話す言葉も見当たらず、ただなんとなく笑った。

「行こうか。壮太」

母親に肩に手を置かれ、

「瑛ちゃん、じゃあな」

と壮太は言った。

「ＯＫー」

だるいけどじっとしていると寝てしまいそうだという壮太と廊下に出て、じゃんけんに勝てば、グリコ・パイナップル・チョコレートと文字の数だけ進めるゲームをした。ゆっくりでも歩けば、眠るのは避けられるだろう。

「俺の足短いから、なかなか進まないな」

壮大は三歩進んでから言った。

「でも壮太のほうがじゃんけん勝ってるよ」

「そうだ！　グー、チョキ、パー、その文字から始まる言葉なら何でもいいことにしよう」

「いいね。そのほうがおもしろそう！」

「グー！　やったね。じゃあ、えっと、ぐつぐつよく煮たスープ」

じゃんけんで勝った⑦壮太は、少し調子が出てきたのか大股で進んだ。

「なんだよそれ。よし勝った。じゃあ、ぼくは、パンダを見に動物園に行くのは日曜日」

ぼくも負けじと長い文を考えて歩く。

「えー、そうなんだ。動物園は土曜日じゃダメなんだ。お、俺もパーか。えっと、パリパリのポテトチップスを買うのは水曜日」

「なんで、曜日しばり？」

ぼくらはグー、チョキ、パーで始まる言葉を言い合っては笑った。

＊2ナースステーション前を通り過ぎようとすると、「ちょうどよかった。時間だよ」と、看護師さんにソファに座らされ、壮太は採血を受けた。

「ああ。血抜いたら、喉かわいたな」

壮太がナースステーション横の自販機を見てつぶやいた。

「水飲めないって、ちょっとつらいよな」

低身長の検査中は絶飲絶食だ。おなかがすくのは我慢できるけど、水が飲めないのはしんどいらしく、子どもたちもよく「お茶ー！」「喉かわいたー」と叫んでいる。ぼくもなんとなく［ X ］が引けて、壮太といる時やプレイルームに検査の子がいる時は水分を摂らないようにしている。

「⑧じゃあ、じゃんけんは休憩してゆっくり歩こう」

眠気に負けそうな壮太にぼくは言った。

「ああ、ごめんな。今日の俺あんまり楽しくないよな」

壮太はいつもより［ B ］した口調で言う。検査のための薬でこんなにしんどくなるんだ。いつも元気な壮太なだけに、つらさがよくわかる。

「眠くてぼんやりしてても、壮太は楽しいよ」

「そう？」

「もちろん」

「だといいけど。おもしろくないチビなんて終わってるもんな」

壮太はそう言って、とろんとした目で笑った。

「壮太はおもしろいけど、でも、おもしろくなくたって全然いいと思うよ」

「瑛ちゃんは、優しいよな」

「まさか」

「瑛ちゃんといると、気持ちがのんびりする」

壮太が［ C ］に褒めてくれるから、何だか居心地が悪くなっ

【国　語】〈五〇分〉〈満点：一〇〇点〉

【注意】字数指定がある問いでは、句読点・記号なども一字として数えます。

一、次の文章を読んで、後の問いに答えなさい。（字数指定がある問いでは、句読点・記号なども一字として数えます）

夕飯を食べ終え、入浴を済ませると、①ぼくはプレイルームに向かった。

音のない真っ暗な部屋。昼間は病棟で一番賑やかな場所だけど、今はひっそりとしている。

ここから出たい。走り回りたい。このフロアだけが自由な空間だなんて、狂いそうだ。早く外に出して。いつもそう思っている。でも、今はそれ以上に、ここでだっていいから、外に出なくたっていいから、壮太ともっと遊びたい。もっと話したい。もっと笑いたい。その思いではちきれそうだった。

ぼくよりさみしい思いをしている子も、つらい思いをしている子もいっぱいいることはわかっている。けれど、ぼくより楽しんでる子だって数えきれないほどいる。もし、ここで一番不幸なのがぼくだったら、何も考えず泣き叫ぶことができるのだろうか。

いつもどおりに、②割り切れない気持ちを暗闇の中で爆発させようとして、ぼくはふと手を止めた。③壮太のいない明日からを思うと、とんでもなく深い穴に落ちていく感覚がして、体がこわばった。④楽しい時間を知ってしまったぼくは、壮太なしでいられるのだろうか。どれだけ抵抗したところで、ここで過ごすしかないのだ。「たぶん大丈夫」。ぼくは＊1三園さんの言い方をまねてつぶやくと、深呼吸をした。そして、目を閉じるとそっと願った。

「⑤明日が終わっても、楽しいことがありますように。少しでいい。おもしろいと思える瞬間がありますように」

今までこの部屋で好き勝手やってたぼくの願い事なんか、聞いてはもらえないかもしれない。だけど、何かにすがらずにはいられなかった。

＊　＊　＊

八月六日金曜日。プレイルームに行くとすでに壮太がいたけど、心なしか［　Ａ　］していた。

「寝不足？」

「それもあるけど、今日検査で飲んだ薬、血糖値下げるらしくて、頭がぼんやりしてるんだ」

「ああ、そっか」

⑥それで今日は壮太の母親もそばにいるのか。

検査入院している子たちは、薬を飲んだ後に採血する。薬の種類や体質によっては副作用があるようで、気分が悪くなって吐いてしまう子も見たことがある。それに、検査中は寝てはいけないのに眠気の襲う薬が多いようで、母親たちが必死で子どもを起こしている姿には何度も出くわした。

「俺、ほかの薬は平気なのに。この薬、一番副作用が強いやつなんだよな」

「じゃあ、ゆっくりできる遊びしよう」

「おう。でも、寝ちゃだめだから、いっぱい楽しもう」

壮太は眠そうな顔で笑った。

第1回

2023年度

解 答 と 解 説

《2023年度の配点は解答欄に掲載してあります。》

＜算数解答＞《学校からの正答の発表はありません。》

1 (1) 15 (2) $\frac{15}{8}$ (3) 8：5

2 (1) 175個 (2) 216人 (3) 6個 (4) 172.82cm^2 (5) 31本

3 (1) 11.25cm (2) 2cm^2 (3) 6回 **4** (1) 120分 (2) 48分

5 (1) $93\frac{1}{3}$分後 (2) $15\frac{1}{6}$分後 **6** (1) 108cm^2 (2) 30秒後

○推定配点○

4 各5点×2 他 6点×15 計100点

＜算数解説＞

1 (四則計算，割合と比，単位の換算)

(1) $\frac{5}{8}\times\frac{9}{2}\times\left(\frac{5}{3}+\frac{11}{3}\right)=\frac{45}{16}\times\frac{16}{3}=15$

(2) $\square=\left(\frac{25}{8}\div3+1\right)\times\frac{27}{7}-6=\frac{63}{8}-6=\frac{15}{8}$

(3) $30\frac{48}{60}:19\frac{15}{60}=30\frac{4}{5}:19\frac{1}{4}=\frac{154}{5}:\frac{77}{4}=\frac{2}{5}:\frac{1}{4}=8:5$

重要 **2** (過不足算，割合と比，相当算，集合，数の性質，鶴亀算，平面図形)

(1) 箱の数…(5×4＋7×6)÷(7－5)＝31(箱) したがって，お菓子は5×(31＋4)＝175(個)

(2) Bだけ読んだ人…右図より，$4\div(5+4)-\frac{1}{4}=\frac{7}{36}$

したがって，全体の生徒数は$42\div\frac{7}{36}=216$(人)

Aを読んでいない人
⑤ ④
42人 Bだけ読んだ人
AもBも読んでいない人

(3) チョコレート…合計金額の1の位より，77×7＝539(円) クッキーとドーナツの個数…16－7＝9(個) したがって，クッキーは{110×9－(1109－539)}÷(110－40)＝6(個)

(4) 右図1より，16×16－14×14＋(7×7－6×6)×3.14＋6×6×2＝256＋72－196＋13×3.14＝172.82(cm^2)

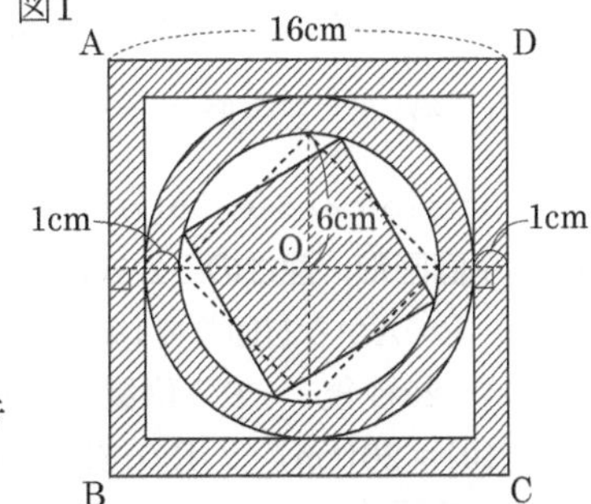

(5) 右図2より，買ったアイスバーを○，交換したアイスバーを△で表すと，全体の本数は，3×(21－1)÷2＋1＝31(本)

図2
○ ○ ○
△ ○ ○
⋮ 10行
△ ○ ○
△

重要 **3** (割合と比，平面図形，立体図形)

(1) Aを入れたとき，水とふれる部分の底面積…12×12－4×4＝128(cm^2) Bを入れたとき，水とふれる部分の底面積…12×12－8×8＝80(cm^2) したがって，Aの高さは80×18÷128＝11.25(cm)

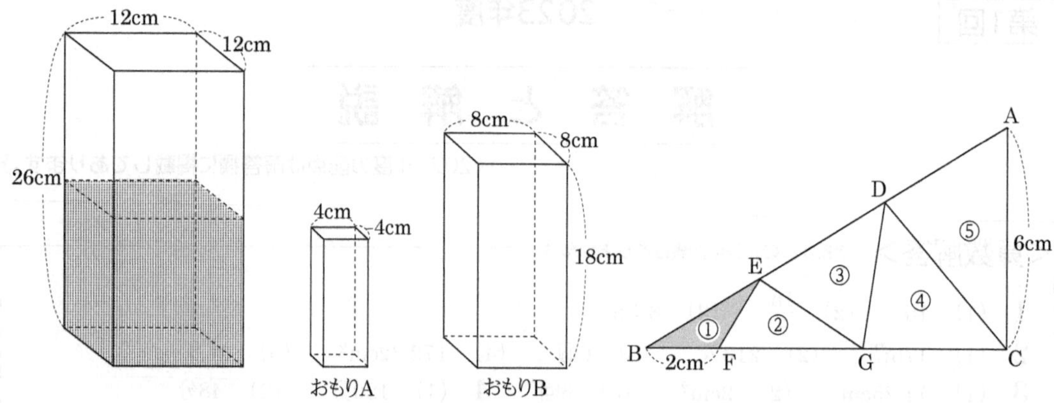

(2)　BG…$2\times3=6$(cm)　　BC…$6\div6\times(6+4)=10$(cm)　　したがって，求める面積は$10\times6\div2\div(10+5)=2$(cm^2)

(3)　表…2倍+1　　裏…2倍　　$123=61\times2+1\rightarrow61=30\times2+1\rightarrow30=15\times2\rightarrow15=7\times2+1\rightarrow7=3\times2+1\rightarrow3=1\times2+1$　　したがって，求める回数は6回

重要 4　(割合と比，仕事算)

満水の量…30，80，40の公倍数240とする。A・B・Cによる1分の排水量…$240\div30=8$
A・Cによる1分の排水量…$240\div80=3$　　B・Cによる1分の排水量…$240\div40=6$

(1)　Aによる1分の排水量…$8-6=2$　　したがって，Aによる排水時間は$240\div2=120$(分)

(2)　雨によって増える1分の水量…△　　A・Bによる1分の排水量…(1)より，$8-(3-2)=7$
△…$(7\times40-240)\div40=1$　　したがって，B・Cによる排水時間は$240\div(6-1)=48$(分)

重要 5　(速さの三公式と比，旅人算，割合と比)

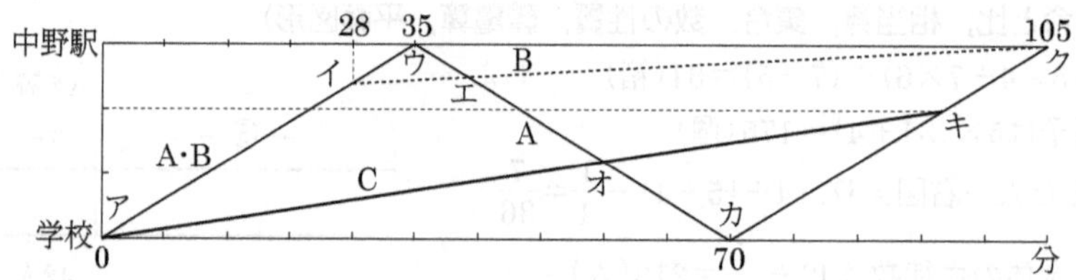

(1)　キの時刻…グラフより，$70+35\times\frac{2}{3}=93\frac{1}{3}$(分後)

(2)　三角形イエウとクエカ…相似比$(35-28):35=1:5$　　エの時刻…$35+35\div(1+5)=40\frac{5}{6}$(分後)　　三角形アオウとキオカ…(1)より，相似比$35:\left(93\frac{1}{3}-70\right)=3:2$　　オの時刻…$35+35\div(3+2)\times3=56$(分後)　　したがって，求める時刻は$56-40\frac{5}{6}=15\frac{1}{6}$(分後)

6　(平面図形，速さの三公式と比，旅人算，割合と比)

P…Aから右回りで1周　　Q…Bから右回りで1周　　R…DC間を往復

重要 (1)　22秒後　　Pの位置…Cから$2\times22-(30+10)=4$(cm)　　Qの位置…Dから$3\times22-(30+10)=26$(cm)　　Rの位置…Dから$1\times22-10\times2=2$(cm)　　したがって，次ページ図より，求める面積は$(26+4)\times10\div2-(26\times2+4\times8)\div2=108$(cm^2)

やや難 (2)　三角形PQRができないとき　　1回目…Q・Rが出合う　　2回目…Q・Pが出合う　　3回目…P・Rが出合う　　Qが1周する時刻…$(30+10)\times2\div3=26\frac{2}{3}$(秒後)　　RがCに着く時刻…10秒後，30秒後，～　　したがって，4回目は30秒後でQ・P・Rが辺BC上にある。

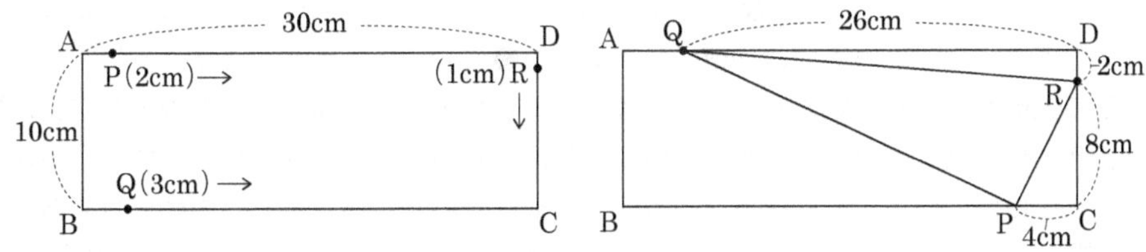

★ワンポイントアドバイス★

難しい問題がないように見えるが，問題がそれぞれ簡単には解けない設定になっており注意しなければいけない。自分にとって解きやすい問題から解いていき，時間配分に注意する必要がある。6(2)は時間に余裕があれば解ける問題である。

<理科解答> 《学校からの正答の発表はありません。》

【1】 (1) A，E (2) B，D (3) (エ)

【2】 (1) ① (ア)と(イ) ② (ア)と(ウ) (2) (ア)
(3) 酸素 (ア) 二酸化炭素 (カ)

【3】 (1) (エ) (2) (ア)，(エ) (3) (ア)，(ウ)，(オ)，(カ)

【4】 (1) (エ) (2) (ウ) (3) $70cm^3$

【5】 (1) (ウ) (2) 屈折，(ウ) (3) (ア)

【6】 (1) ① (ア)，(オ) ② B ③ 位置 (イ) 見え方 (エ) (2) (ウ)
(3) ① (イ) ② 26か月後

【7】 (1) 18g (2) 16cm (3) 28g (4) 左端に4g

○推定配点○

各2点×25(【2】(1)・(3)，【5】(2)，【6】(1)③各完答) 計50点

<理科解説>

【1】 (動物－メダカのからだ)

基本 (1) 図のAは胸びれ，Bは背びれ，Cは尾びれ，Dは尻びれ，Eは腹びれである。このうち2枚ずつあるのはAの胸びれとEの腹びれである。両生類，ハ虫類，ホ乳類と比較すると，胸びれは前あし，腹びれは後ろあしにあたる。

(2) 雄と雌で形が異なるのは，Bの背びれとDは尻びれである。背びれは，雌には切れ込みがなく，雄には切れ込みがある。また尻びれは，雌は後ろが細い三角形に近いが，雄は平行四辺形に近く幅が広い。これは，雄が雌を引き寄せるのに都合がよい。

(3) 雌は，腹びれと尻びれの間から卵を産む。

【2】 (植物のはたらき－光合成の実験)

基本 (1) ① 光の条件だけが異なり，それ以外の条件が同じ組み合わせは，(ア)と(イ)である。

② 葉緑体の条件だけが異なり，それ以外の条件が同じ組み合わせは，(ア)と(ウ)である。なお，斑(ふ)は葉緑体がなく白い部分である。

(2)　葉でつくられたデンプン●は，水に溶けやすい糖○に変えられて，師管を通って全身に向かう。地下茎の新しいいもでは，糖○がデンプン●に変わって蓄えられる。(イ)・(エ)は根の先端や茎の先端から糖が吸収されるわけではない。(ウ)・(エ)は新しいいものデンプンが糖に変えられて全身に流出しているのがおかしい。もし，たねいものデンプンだとしても，芽が出て葉が出るころには使い切ってなくなっているので，やはりおかしい。正しいのは(ア)である。

(3)　操作1～3では，袋の中にはく息を入れており，酸素の割合は18.0％，二酸化炭素の割合は3.0％である。この植物を日光に当てると，光合成によって酸素がつくられて増加し，割合は18.0％より増えている。また，二酸化炭素は使われて減少し，割合は3.0％よりも減少している。

【3】 (器具の使用法－ガスバーナー，駒込ピペット，ろ過)

重要 (1)　Aは空気調節ねじであり，点火した後に調節に使うものである。Bはガス調節ねじであり，点火のときにはこれを開く。また，Bのねじを開いてからマッチに火をつけようとすると，マッチに火がつくまでの間ずっとガスが出続けて危険である。マッチに火をつけた後にBのねじを開くのが正しい。

(2)　(イ)では，液体の中に泡が出てきてしまい，飛び散るなどのおそれがある。また，(ウ)のようにゴム球の中に液体を入れると，ゴム球内部の不純物が液体に混じったり，ゴム球が傷んだりしてしまう。

(3)　ろ過では，(カ)のろうと台に，ろ紙を敷いた(ア)のろうとを置く。ろ液を集める(ウ)のビーカーの内壁に，ろうとのあしが接するように，ビーカーの位置を調整する。ろ過の操作では，上から注ぐ液は必ず(オ)のガラス棒を伝わらせる。なお，(イ)のコックつきろうと管，(エ)の試験管，(キ)のメスシリンダーは必ずしも使うわけではない。

【4】 (気体の性質－酸素の発生)

(1)　二酸化マンガンに過酸化水素水を加えると，酸素が発生する。酸素は無色無臭の気体で，空気中に約21％含まれ，窒素に次いで2番目である。空気よりもわずかに重い。酸素自身は燃えないが，他のものと結びついて燃やすはたらきがある。

重要 (2)　AとBを比べると，過酸化水素水の量が多いほど，発生する酸素の体積も多い。また，BとCを比べると，二酸化マンガンが多いほうが酸素の発生は速いが，最終的に発生する酸素の体積は変わらない。そこで，二酸化マンガン4gに，0.5％の過酸化水素水を48cm^3注いだ場合，Aよりも二酸化マンガンが多いので，酸素は速く発生する。しかし，過酸化水素水の量は変わらないので，最終的に発生する酸素の体積はAと変わらず80cm^3である。

やや難 (3)　二酸化マンガンの量は，最終的に発生する酸素の体積には関係がない。また，1％の過酸化水素水21cm^3に含まれている過酸化水素の量は，濃度が半分の0.5％の過酸化水素水を2倍量の42cm^3にしたときの過酸化水素の量と同じである。グラフの値から，過酸化水素水の量と気体の体積の比は，48：80＝42：□となり，□＝70(cm^3)である

【5】 (光の性質－光の屈折と反射)

(1)　光の進み方を図示したものが右図である。「正」の字は，向きを分かりやすくするため「↑」の記号にしている。手前側の床に映った像は，光の反射によってできる。これを懐中電灯のある左側から見ると，「↓」のように上下が逆に見える。左右は逆にならない。

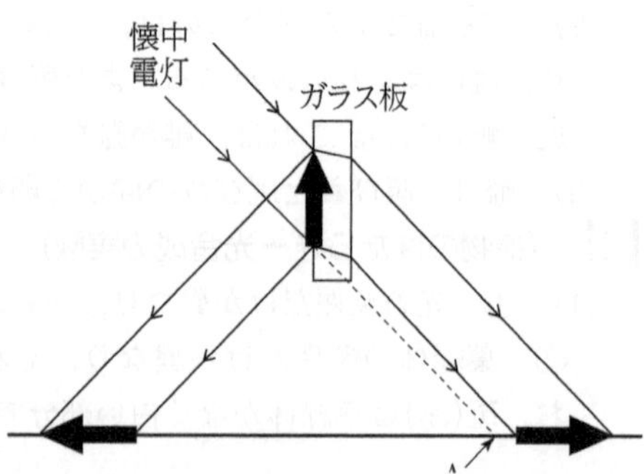

やや難 (2)　図で，スタンドの奥側の床に映った像は，光の屈折によってできる。ガラスへ入射する光は内側

へ屈折し，ガラスを出るときは元の光に平行になる。屈折せず直進していれば，図の破線のようにAの位置に映るはずだが，屈折したために右にずれて映る。

(3) 図で，スタンドの奥側の床に映った像は，懐中電灯のある左側から見ると，ガラス板と同じ向きの「↑」に見える。左右は逆にならない。

【6】 (太陽と月－2022年の天体現象)

(1) ① (イ) 最も大きいのは木星である。 (ウ) 惑星はすべて自ら光らず，太陽の光を反射している。 (エ) 地球から見て太陽と重なった位置にあると見えない。 ② 図2と図1が同じ向きだと考えると，図中の地球の自転は反時計回りだから，Aが正午12時ごろ，Dが夕方18時ごろ，Cが真夜中0時ごろ，Bが明け方6時ごろである。 ③ 地球の明け方の位置から見える金星は(イ)である。このとき，金星には左側から太陽の光が当たっているので，左半分が光って見える。

(2) 2022年11月8日の満月のときには皆既月食が起こり，その暗い月と天王星が重なって，天王星が隠れるという天王星食も起こった。満月による惑星食は，満月と重なることのない水星や金星では起こらないが，火星以遠の惑星ならどれでも起こりうる。この日は天王星であった。

(3) ① 太陽－地球－火星の順に一直線に並んだのだから，地球から見て火星は太陽と正反対側にあり，真夜中に南中する。つまり，夕方に東からのぼり，真夜中に南中し，明け方に西に沈むという，満月と同じような動きをする。 やや難 ② 太陽－地球－火星の順に一直線に並んでから，再び一直線に並ぶまでに，地球は火星に比べて360°多く公転する。1か月あたりの公転の角度の差は30－16＝14(°)だから，360°差が付くまでにかかる時間は，360÷14＝25.7…で，四捨五入により26か月後である。なお，実際の日付は，2022年12月8日の次は2025年1月16日であり，計算とだいたい合っている。

【7】 (力のはたらき－光の屈折と反射)

(1) 20cmの棒Aの中央に36gの重さがすべてかかっている。右端を支点にすると，下図のように中央までの長さは10cmなので，つり合いの式は，10×36＝20×□で，ばねばかりの示す値は□＝18(g)である。

重要 (2) 棒Cのうち，棒Aの部分の重さは36gで，棒Bの部分の重さは48÷2＝24(g)である。重さの比は，36：24＝3：2である。よって，棒C全体の重心は，下図のように棒Aの部分の重心と棒Bの部分の重心の間を2：3に分ける点にある。重心どうしの距離は，20÷2＋10÷2＝15(cm)だから，2：3に分けると6cmと9cmになる。よって，棒C全体の重心の位置は，左端から10＋6＝16(cm)となる。

(3) 右図のように，棒C全体の重心の位置は，左端から16cm，右端から14cmの位置であり，ここに36＋24＝60(g)の重さがある。右端を支点にすると，つり合いの式は，14×60＝30×□で，ばねばかりの示す値は□＝28(g)である。

やや難 (4) 右図のように，糸をつけた中央の位置は，左端から15cmの位置である。また，棒C全体の重心の位置は，左端から16cmで，中央から1cm右の位置であり，ここに60gの重さがある。よって，左端におもりをつるせばつりあう。つり合いの式は，1×60＝15×□で，必要な重さは□＝4(g)である。

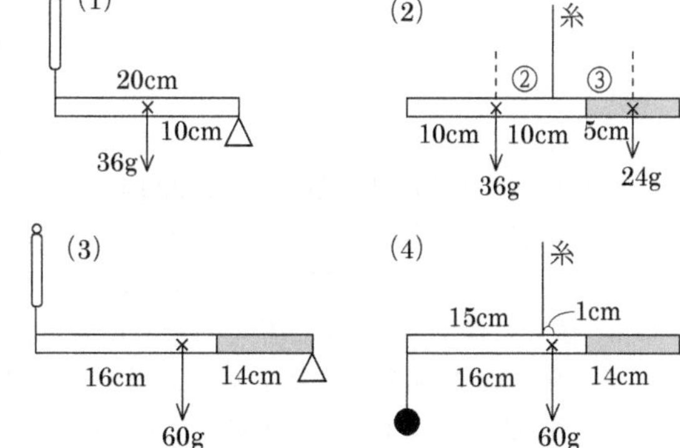

★ワンポイントアドバイス★

図をよく読み，問題文の必要な情報を書き込むなどして整理し，見やすくしてから解き進めよう。

＜社会解答＞《学校からの正答の発表はありません。》

1 問1 外務(省) 問2 エ 問3 (リズ・)トラス 問4 ア 問5 イ
問6 常任委員会 問7 ア，イ，オ 問8 ウ

2 問1 ① 仁淀(川) ② 足摺(岬) 問2 オ 問3 ア 問4 (例) 大きな津波が発生した時に，一時的に避難するために建設された。 問5 Ⅰ L Ⅱ J 問6 イ
問7 ア 問8 ア，ウ

3 問1 B ろ D ほ 問2 エ 問3 エ→ウ→イ→ア 問4 承久の乱 問5 イ
問6 ウ 問7 天下布武 問8 壇ノ浦の戦い 問9 ウ 問10 (例) 推古天皇の摂政となり，さまざまな政治を行った[隋へ小野妹子を派遣し，対等な関係を築こうとした]

○推定配点○

1 問5 1点 他 各2点×7 2 問5 各1点×2 他 各2点×8
3 問2・問5・問9 各1点×3 他 各2点×7(問1完答) 計50点

＜社会解説＞

1 (政治－2022年の時事問題，政治のしくみや戦後の外交など)

問1 2つある空らんの直後に「欧州局長」「アジア太平洋局長」とあるので外務省だとわかる。

重要 問2 1991年に湾岸戦争が起こり，その影響で翌年1992年に国連平和維持活動[PKO]協力法が成立した結果，自衛隊がPKOの一環として初めてカンボジアに派遣されたのでエが正しい。なお，アについて，自衛隊が合憲か違憲かは，裁判所は高度の政治性を持つものとして結論を下していない。イについて，非核三原則は1971年に国会で決議された日本の基本方針だが，日本国憲法に規定されたものではない。ウについて，日本は2017年に国連総会で採択された核兵器禁止条約に署名していない。ちなみに核兵器禁止条約は2021年に発効した。

問3 2022年9月にイギリスの首相としてリズ・トラスが就任したが，経済政策の失敗などが原因で同年10月に辞任し，就任から50日足らずで首相が交代した。なお，後任のリシ・スナク首相はアジア系初のイギリス首相である。

重要 問4 再生可能エネルギーとは，エネルギーの回復量が使用量を上回り，半永久的に利用できるものを指す。選択肢のうち，総発電量が最も多いのはアの太陽光である。続いてウのバイオマス，エの風力，イの地熱の順となる(2020年)。

基本 問5 国会は，内閣が締結した条約を承認する権限を持つのでⅠは正しいが，最高裁判所の長官を指名するのは内閣の権限であるのでⅡは誤っている。

やや難 問6 国会には衆議院・参議院それぞれに委員会がある。そのうち常に置かれている17の委員会を常任委員会[常設委員会]といい，国会議員は最低1つの委員会に所属しなければならない。また，常任委員会とは別に，必要に応じて設けられる特別委員会もある。

重要 問7 ア 1960年の岸信介内閣の時に日米安全保障条約が改定されたので正しい。 イ 1972年，佐藤栄作内閣の時に沖縄が日本に復帰したので正しい。 ウ 1965年に日韓基本条約が結ばれて大韓民国との国交が正常化したのは佐藤栄作内閣の時なので誤り。 エ 1989年に消費税が導入されたのは竹下登内閣の時なので誤り。 オ 郵政民営化は2001年～2006年の小泉純一郎内閣が進めた政策で，2005年に郵政民営化関連法が成立したので正しい。

問8 通常国会は毎年1月から150日間の会期で必ず行われ，主に次年度の予算を決定する国会なのでⅠは誤りで，Ⅱは正しい。

2 (日本の地理－四国地方の地形や気候，農業や地形図など)

問1 ① 四国山地から南東へ流れ，高知平野を形成して土佐湾へ流れるのは仁淀川である。なお，高知平野には東部から物部川も流れる。 ② 高知県の南西部にあり，四国の最南端でもあるのは足摺岬である。なお，高知県にある岬のうち，東側にあるのは室戸岬である。

問2 Ⅰ～Ⅲの雨温図のうち，降水量が少ないⅡは瀬戸内気候にあたるのでAがあてはまる。Ⅰは沿岸を流れる暖流の黒潮[日本海流]の影響で冬でも比較的温暖なのでCである。残るⅢはBとなり，四国山地内に位置していて標高が高いため，冬の気温が低くなっている。

基本 問3 Dは香川県の丸亀市である。丸亀市は伝統的工芸品の丸亀うちわの生産が盛んである。なお，イのこけしは宮城県大崎市の鳴子，ウの将棋駒は山形県天童市，エの筆は広島県の熊野町や奈良県奈良市などで生産が盛んな伝統的工芸品である。

重要 問4 写真の施設は「津波避難タワー」である。津波は水深の浅い海底で大地震が発生した際に起こる災害である。太平洋に面する高知県では南海トラフなどを震源とする大地震やそれに伴う津波の発生が想定されており，この施設は津波が発生した際の避難場所として建設されている。

基本 問5 Ⅰ 阿波踊りや鳴門のうず潮で有名なのはかつて阿波国と呼ばれていた徳島県である。

Ⅱ 満濃池などのため池が多くつくられていたのはかつて讃岐国と呼ばれていた香川県である。香川県は瀬戸内気候のため降水量が少なく，農業用水や生活用水の確保のためにため池が多くつくられている。満濃池は空海がつくったと言われる香川県内最大のため池である。また，瀬戸内海沿岸では，降水量が少ない気候をいかして，かつては塩作りが盛んに行われていた。

重要 問6 各項目の，数値が特に大きい部分に着目する。小麦は讃岐平野で生産が盛んなので，ⅠはJの香川県，Ⅲは果実の生産が盛んなので，みかんなどかんきつ類の栽培が特に盛んなKの愛媛県で，残るⅡはLの徳島県となる。なお，Mの高知県は促成栽培が盛んで，野菜の割合が特に高い。

やや難 問7 きゅうりは本来，6月～9月の夏が旬の野菜である。旬の夏に出荷されるのは露地栽培のきゅうりで，3県の中で，出荷量は東北地方の岩手県が多い。岩手県の夏の気温と，4～5月の春の気温が似ているため，この時期に出荷量が多いⅡが関東地方の茨城県である。12～1月の冬に出荷量が多いⅠは，冬でも暖かい気候をいかし，ビニルハウスで野菜を作る促成栽培が盛んな高知県である。なお，きゅうりの生産量は宮崎県，群馬県，埼玉県の順に多い(2020年)。

基本 問8 地図に方位記号がないので，上が北である。アの消防署(Y)は地図の南東部にあり，その西側には税務署(令)があるので正しい。イの佐古駅は地図の北西部にあるが，周辺に果樹園の地図記号(♁)はないので誤り。ウの城山は地図の中央東よりにあるが，市役所(◎)は南にあるので正しい。エの徳島駅は地図の中央部にあり，標高は10m未満だが，地図南西部にある山頂駅は標高が250～260mほどなので誤りである。

3 (日本の歴史－いろはカルタを題材にした古代～近代の総合問題)

基本 問1 **い**は徳川綱吉のことで江戸時代，**ろ**は北条義時のことで鎌倉時代，**は**は足利義満のことで室町時代，**に**は伊藤博文のことで明治時代，**ほ**は織田信長のことで安土桃山時代，**へ**は源頼朝のことで鎌倉時代，**と**は聖武天皇のことで奈良時代のことである。よって古い順に**と→へ→ろ→は→**

ほ→い→に，となる。

問2　室町時代から安土桃山時代の間，農村では自治を行う惣(村)がつくられ，寄合と呼ばれる話し合いを開いて村のおきてを定めたり，領主に対して一揆を起こしたりしたのでエが正しい。なお，アは明治時代の地租改正(1873年)，イは奈良～平安時代の律令制度下のできごと，ウは江戸時代に関する文である。

重要 問3　古い順に並べかえると，エの上米の制は8代将軍徳川吉宗の享保の改革(1716年～)，ウの囲い米の制は老中松平定信の寛政の改革(1787年～)，イの上知令は老中水野忠邦の天保の改革(1841年～)，そしてアは1871年の廃藩置県の順となる。

基本 問4　承久の乱は，1221年に後鳥羽上皇が鎌倉幕府の2代執権北条義時を討伐する目的で起こした戦いで，幕府側が勝利し，後鳥羽上皇は隠岐(現在の島根県)に流された。承久の乱の後，朝廷や西日本の御家人を監視するために設置されたのが六波羅探題である。ちなみに，六波羅探題の初代長官は後に3代執権となる北条泰時である。

問5　花の御所に幕府を移し，北山に金閣を建てたのは室町幕府3代将軍足利義満である。室町幕府の将軍補佐役を管領といい，細川氏，畠山氏，斯波氏が交代で務めた。なお，アの関白は成人した天皇に代わって政治を行う役職，ウの執権は鎌倉時代の将軍補佐役，エの老中は江戸時代の常任の将軍補佐役である。

問6　日本で最初の内閣総理大臣は長州藩出身の伊藤博文で，1885年に就任した。伊藤博文は1900年に立憲政治を進めるために立憲政友会を結成し，初代総裁となった。なお，アの自由党は1881年に板垣退助が結成した政党，イの立憲改進党は1882年に大隈重信が結成した政党である。エの立憲民政党は昭和初期の政党である。

やや難 問7　1582年の本能寺の変で自害したのは織田信長である。織田信長は「天下布武」を目標とし，印章として用いたとされる。なお，天下布武は，「武力をもって天下を平定する」とかつては解釈されていたが，現在は「徳をもって争いのない世の中をつくる」という解釈が一般的である。

基本 問8　源氏と平氏は，1159年の平治の乱で平清盛が源義朝を倒して初めは平氏が優勢だったが，1180年の石橋山の戦い以降，源頼朝や弟の源義経の活躍もあり，源氏が平氏を圧倒し，1185年の壇ノ浦の戦いで平氏は滅んだ。その後源頼朝は源義経を倒し，1192年に征夷大将軍となった。

問9　東大寺の大仏は，聖武天皇が743年に建立の詔を出し，752年に完成したもので，Ⅱの写真が正しい。なお，Ⅰは鎌倉の高徳院にある大仏，Ⅲは奈良県明日香村の飛鳥寺にある大仏である。天武天皇は672年の壬申の乱で大友皇子を倒した大海人皇子が即位した後の名称である。

重要 問10　すの取り札は聖徳太子[厩戸皇子]である。聖徳太子は593年におばである推古天皇の摂政となり，蘇我氏と協力して天皇中心の国づくりを進めた。603年には冠位十二階，604年には憲法十七条，607年には小野妹子を隋へ派遣した。また，建立した寺院として四天王寺(大阪市)，法隆寺(奈良県斑鳩町)がある。解答として，「す」「ず」から始まる短文を答えればよい。

★ワンポイントアドバイス★

記号問題は正答を1つでなくすべて選ぶ問題や正誤の組み合わせなど，正確で幅広い知識を要求されるので注意。時事問題の分量も他校より多い傾向があるので入試前年の時事問題は常に意識を払っておこう。

<国語解答>《学校からの正答の発表はありません。》

一　問一　先生　問二　(例)　一点目　シカはキリンと同じような足の構造を持つから。
二点目　大きなキリンより簡単に組み立てることができるから。　問三　その骨格標
問四　エ　問五　(例)　バラバラのまま保管されているキリンの骨。　問六　A　ウ
B　エ　C　イ　問七　(例)　関節を十分に支えて，装具がずれないようにするため。
問八　先生の肩に　問九　X　言ってくれない　Y　自分で見きわめて改善していくしかない　問十　いつも ~ ている(から。)　問十一　X　ア　Y　ウ　問十二　イ
問十三　イ　問十四　構造上こわれやすい[耐久性に問題が残る](点。)
問十五　(例)　足の指先を保護するだけでなく，歩行を補助する。　問十六　(例)　(装具を装着することで,)腱が使われるようになったから。　問十七　完治　問十八　a　信
b　疑　問十九　生まれ ~ できた(日。)　問二十　安心する。　問二十一　ア

二　①　容易　②　従属　③　変化　④　手段　⑤　統一

三　①　ウ　②　オ　③　カ　④　キ　⑤　ア

四　①　余興　②　豊富　③　誤飲　④　同窓会　⑤　必至　⑥　連綿
⑦　危険　⑧　へいぜい　⑨　はぐく(む)　⑩　しろもの

○推定配点○

一　問一・問四・問十一・問十二　各2点×5　問二・問五・問七・問十五・問十六
各5点×6　問六・問十八　各1点×5　問二十・問二十一　各4点×2　他　各3点×9
二~四　各1点×20　計100点

<国語解説>

一　(記録文－要旨・大意・論理展開・細部の読み取り，指示語，空欄補充，四字熟語，文と文節，記述力)

基本　問一　——線①は「先生」が，「人間の場合なら……というようなことがわかる」ということ。①の文では主語の「先生」が省略されていることに注意。

やや難　問二　「そこで畑瀬係長……」で始まる段落内容から，シカはキリンと同じような足の構造を持つこと，大きなキリンより簡単に組み立てることができることが，——線②が都合が良い理由である。

問三　「その骨格標本……」で始まる段落で「シカの骨格標本」が役に立ったことを具体的に述べている。

問四　Ⅰは前後で同類の内容を列挙しているので「あるいは」，Ⅱは直前の内容につけ加える内容が続いているので「ただ」，Ⅲは直前の内容と対立する内容続いているので「しかし」が当てはまる。

問五　——線④直前で「キリンの骨」が「バラバラのまま保管されていること」をふまえて説明する。

問六　Aはすっかり変わるさまを表すウ，Bは力がぬけたさまを表すエ，Cはゆとりがないさまを表すイがそれぞれ当てはまる。

重要　問七　「装具バージョン2」は，冒頭でも述べているように，装具がずれて痛みが出た「装具バージョン1」を改善したものなので，装具バージョン1から改善したことを具体的に説明する。

問八　——線⑥後の「先生の肩にプレッシャーがのしかかる。」という一文で，先生が緊張してい

る様子を表現している。

問九 「先生は過去に……」から続く2段落内容から，Xには「言ってくれない(7字)」，Yには「自分で見きわめて改善していくしかない(18字)」がそれぞれ当てはまる。

問十 「いつも赤ちゃん……」で始まる段落で，「いつも赤ちゃんキリンのそばにいて，その足をいちばん長く見ている」「動物園のスタッフ」の意見は貴重であることを述べている。

問十一 ——線⑨前で，バージョン2を「右足だけに装着し」た「赤ちゃんキリン」の様子と，「動物園のスタッフは……」で始まる段落内容から，Xにはア，Yにはウが当てはまる。

問十二 ⑩は，安定して歩いているバージョン2をつけた赤ちゃんキリンの様子を見た，みんなや先生の印象なので，明るい見通しや考えを持つさまを表すイが当てはまる。

やや難 問十三 ——線⑪の「装具バージョン3」は，ひづめの前側とその上部の2か所を3本のベルトで固定したバージョン2を改善して足先の部分を長くしたものなので，ベルトが3本で足先が長いイが適切。

問十四 「『バージョン2は……』」で，バージョン2の問題として「構造上こわれやすい(9字)」ことを話している。「バージョン2の調子……」で始まる段落の「耐久性に問題が残る(9字)」でもよい。

問十五 「キリンにはひづめが……」で始まる段落で，ひづめは「足の指先を靴のように保護している」役割だけでなく，「歩くときに土を蹴るという，歩行の補助としての大切な役目を持つ部位」であることを述べているので，これらの内容をまとめる。

重要 問十六 「曲がり具合が……」で始まる段落で，「腱は……運動する(使う)ことで，ギュッと縮むようになってくる。『腱の短縮が進んでいる』とは，こういうことだ」と述べていることをふまえ，設問の指示に従って端的に説明する。

重要 問十七 「本当に……」で始まる段落で述べているように，山田先生や動物園の人たちは，赤ちゃんキリンの「屈腱弛緩」が「完治(2字)」することを目指している。

問十八 「半信半疑」は半分信じて半分疑っている状態のこと。

問十九 ——線⑰は「ギプスはひづめの……」で始まる段落で述べているように，赤ちゃんキリンが「生まれて初めて自分の8つのひずめで地面をふみしめることができた」日のことである。

問二十 ぬけている一文の「不具合」はバージョン2のことで，バージョン2を装着した赤ちゃんキリンが違和感なく歩いている様子にみんなはひと安心する→ぬけている一文→「しかし，翌日，……赤ちゃんキリンの足に痛みが出ているふうでもなかった」という流れになる。

やや難 問二十一 装具をつけた赤ちゃんキリン，その装具を作るために試行錯誤している動物園のスタッフや山田先生の様子が，読者も実際にその場にいるかのような感じで描写されているのでアが適切。「有てい類」「屈腱弛緩」などの専門用語も用いているのでイは不適切。ウの「比ゆを用いた表現」，エの「会話文」も多用していないので不適切。

重要 **二 (反対語)**

非常にむずかしいという意味の①の対義語は，簡単に行えるという意味の「容易(ようい)」。上に立って治めるという意味の②の対義語は，つき従うという意味の「従属(じゅうぞく)」。変化がないという意味の③の対義語は，他の状態などに変わるという意味の「変化(へんか)」。達成のために目指すという意味の④の対義語は，目的を達成するために使う方法という意味の「手段(しゅだん)」。分かれてばらばらになるという意味の⑤の対義語は，ばらばらだったものを一つにまとめるという意味の「統一(とういつ)」。

三 (ことばの意味)

①は将棋で飛車を自分の陣の前に出す攻撃的な戦法から。②は同じ口から全く違う言葉が出てくる

ことから。③は学びの場を表す門に弟子入りできない人を表すことから。④は正しい心が必要な場面であることから。⑤は先入観などで判断することを，色のついたレンズを通すことにたとえたことから。

重要 四 (漢字の読み書き)

①はその場を楽しいものにするために行う芸。②はゆたかに富んでいること。③は誤って飲みこむこと。④は同じ学校の出身者が集まる会。⑤は必ずそうなること。同音異義語で全力をつくすという意味の「必死」と区別する。⑥は長く続いて絶えないさま。⑦の「険」を「剣」などとまちがえないこと。⑧は「ふだん，いつも」という意味。⑨の訓読みはほかに「そだ(つ，てる)」。⑩は人や物を評価をまじえていう語。

★ワンポイントアドバイス★

絵や図は，本文の文字だけの説明をていねいに拾い上げて照らし合わせていくことが重要だ。

第2回

2023年度

解 答 と 解 説

《2023年度の配点は解答欄に掲載してあります。》

＜算数解答＞《学校からの正答の発表はありません。》

1 (1) 8　(2) 3.5　(3) 6時間57分36秒

2 (1) 2070円　(2) 96度　(3) 48g　(4) 2.4km　(5) 72通り

3 (1) 15：1：4　(2) 3：1：2：6　(3) 0.4cm^2

4 (1) 326.56cm^3　(2) 10.5cm^2　**5** (1) 400cm^2　(2) 68.5L

6 (1) 3歳　(2) 58歳　(3) 18歳　**7** (1) 3：1　(2) 3：1：2

○推定配点○

各5点×20　　計100点

＜算数解説＞

1 (四則計算，単位の換算)

(1) 124－29×4＝124－116＝8

(2) $\square=\left(2\frac{3}{5}+\frac{3}{8}\right)\div\left(2\frac{3}{5}-1\frac{3}{4}\right)=\frac{119}{40}\times\frac{20}{17}=3.5$

(3) 24×0.29＝6.96(時間)　60×0.96＝57.6(分)　したがって，6時間57分36秒

重要 **2** (割合と比，消去算，平面図形，速さの三公式と比，場合の数，単位の換算)

(1) 定価×0.9＝原価＋630…ア　定価×0.85＝原価＋480…イ　アーイ…定価＝(630－480)÷0.05＝3000　したがって，原価は3000×0.9－630＝2070(円)

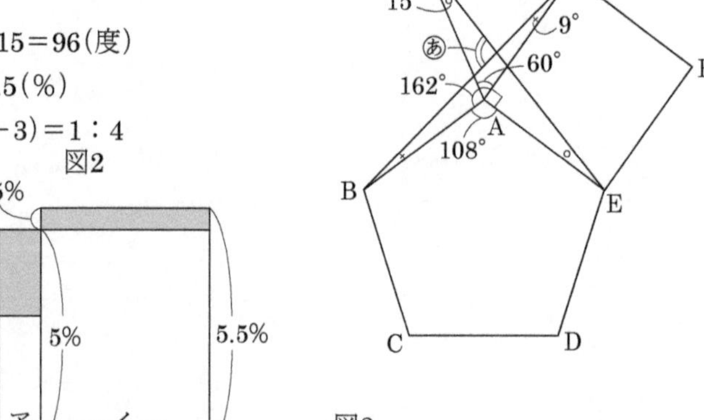

(2) 右図1より，角あは60－9＋60－15＝96(度)

(3) 4%と7%の平均…(4＋7)÷2＝5.5(%)

ア：イ…右図2より，(5.5－5)：(5－3)＝1：4

したがって，3%の食塩水は240÷(1＋4)＝48(g)

【別解】 (240×5.5－240×5)÷(5.5－3)＝48(g)

(4) A君の家から学校までの距離：B君の家から学校までの距離…2：3　A君の時速：B君の時速…3.2：4＝4：5　A君の時間：B君の時間…(2÷4)：(3÷5)＝5：6

したがって，A君の家から学校までは3.2×9÷(6－5)×5÷60＝2.4(km)

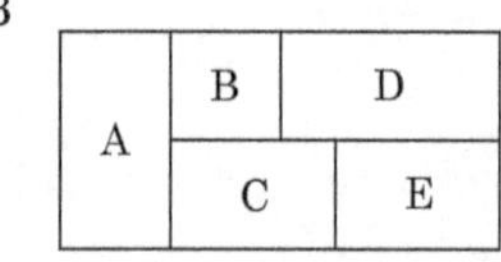

(5) 同じ色をぬる部分…AとD，AとE，BとE　したがって，ぬり方は4×3×2×1×3＝72(通り)

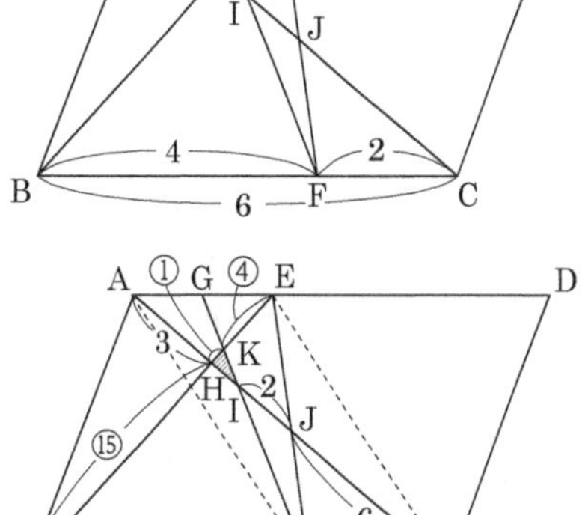

重要 3 (平面図形, 相似, 割合と比)

(1) BH：HE…右図より, 6：2＝3：1　BK：KE…4：1　BE…(3＋1)×(4＋1)＝20とする　BH…$20\times\frac{3}{4}$＝15　BK…$20\times\frac{4}{5}$＝16　KE…20－16＝4　したがって, BH：HK：KEは15：(16－15)：4＝15：1：4

(2) AH：HC…2：6＝1：3　AI：IC…1：2　AJ：JC…1：1　AC…(1＋3)×(1＋2)＝12とする　AH…12÷4＝3　AI…12÷3＝4　AJ…12÷2＝6　したがって, AH：HI：IJ：JCは, 3：(4－3)：(6－4)：6＝3：1：2：6

(3) 三角形HJE…右図より, 144÷3÷2÷2＝6(cm²)
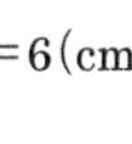
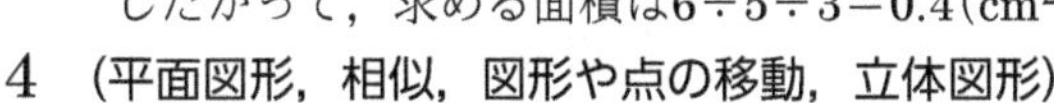
したがって, 求める面積は6÷5÷3＝0.4(cm²)

4 (平面図形, 相似, 図形や点の移動, 立体図形)

重要 (1) 小円の面積…下図1より, 4×4÷2×3.14＝8×3.14　大円の面積…4×4×3.14＝16×3.14　したがって, 回転体の体積は, 8×3.14×3＋16×3.14×5＝(24＋80)×3.14＝104×3.14＝326.56(cm³)

やや難 (2) 図2より直角三角形FCEとFDA…ア：3＝7：イ　したがって, ア×イ÷2＝3×7÷2＝10.5(cm²)

図1

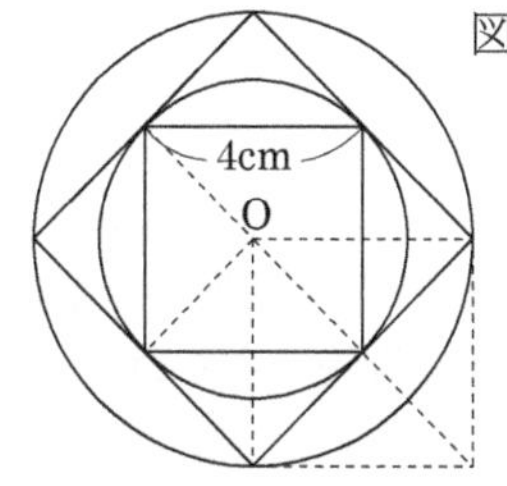

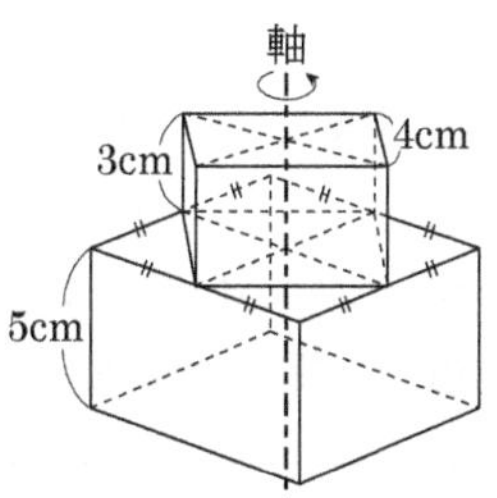

図2

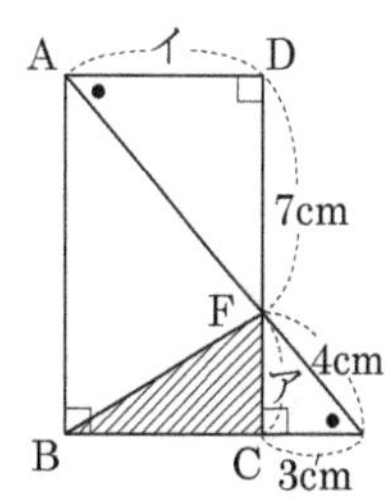

重要 5 (平面図形, 立体図形, 割合と比, 単位の換算)

AとBの底面積の比…2：3　水道管①と②1分間の給水量の和…8L

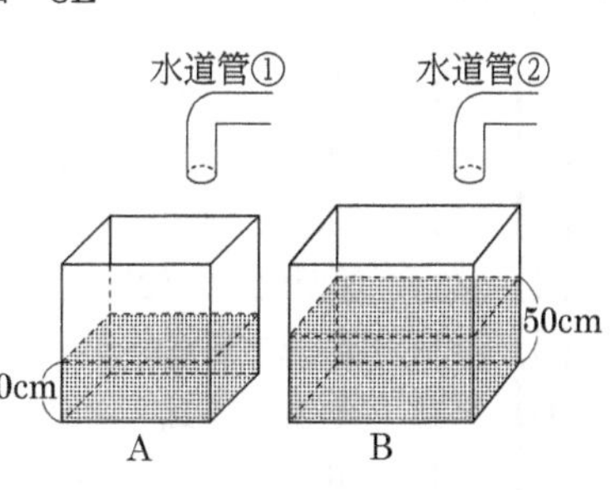

(1) 初めのAとBの水の体積の比…(2×40)：(3×50)＝8：15　初めのAとBの水の体積…110－8×8＝46(L)　したがって, Aの底面積は, 46×1000÷(8＋15)×8÷40＝400(cm²)

(2) 8分後の水面の高さ…110×1000÷{400÷2×(2＋3)}＝110(cm)　したがって, 15分後のAの水の体積は, 400×{40＋(110－40)÷8×15}÷1000＝0.4×171.25＝68.5(L)

6 (和差算, 数の性質)

それぞれの年齢をA～Eで表す。

基本 (1) A＋B＝26　A＋C＝29　したがって, C－Bは29－26＝3(歳)

重要 (2) (1)より, B＋Cは奇数であり, B＋C＝39　同じく, D＋E＝78　C＋E＝62, D－C＝78－62＝4より, C＋D＝58(歳)

(3)　(1)・(2)より，Cは(3＋39)÷2＝21，Bは39－21＝18(歳)…B＋C＝45の場合，条件に合わなくなる。

重要 7　(平面図形，立体図形，グラフ，割合と比，単位の換算)

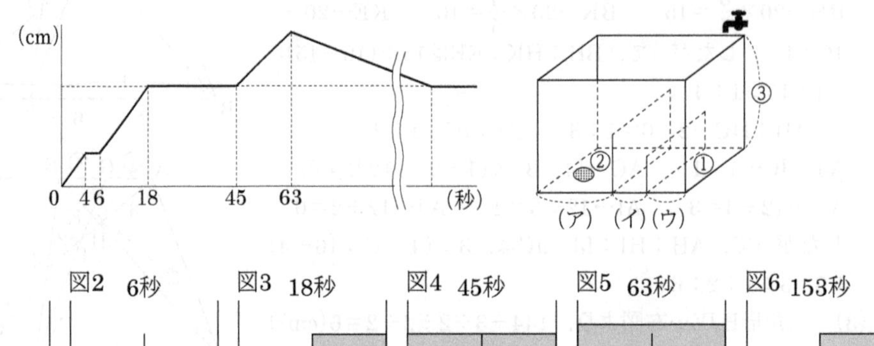

(1)　図3・図5…給水しながら排水する時間は63－18＝45(秒)　　図5・図6…排水する時間は90秒　これらの時間の比…1：2　　したがって，等しい時間で給水する量と排水する量の比は(2＋1)：1＝3：1

(2)　(イ)：(ウ)…図1・図2より，(6－4)：4＝1：2　　(ア)：{(イ)＋(ウ)}…(1)，図3・図4より，(3×18)：{(3－1)×(45－18)}＝1：1　　したがって，求める比は3：1：2

★ワンポイントアドバイス★

1，2の8題で，確実に得点しよう。4(2)「長方形と直角三角形」は相似な図形のままで解こうとしても解けず，文字の使用により比の式を表すと簡単に解ける。6「5人の年齢」についての問題は，設定が4人ではないので間違いやすい。

<理科解答>《学校からの正答の発表はありません。》

【1】　(1)　背骨　　(2)　動物　(イ)　　なかま　(c)　　(3)　①　ア　　②　ウ　　③　カ
【2】　(1)　(ア)，(ウ)　　(2)　(ウ)，(オ)　　(3)　(ウ)
【3】　(1)　(エ)　　(2)　(名称)　木ガス　　(記号)　(ウ)　　(3)　(エ)
【4】　(1)　偏西風　　(2)　(ア)，(エ)　　(3)　東
【5】　(1)　①　(ア)，(エ)　　②　すべて変わらない　　(2)　①　(エ)　　②　(ア)，(イ)，(ウ)
【6】　(1)　黄色，3.51g　　(2)　0.80g　　(3)　①　X　160　　Y　150　　②　(ア)
【7】　(1)　36g　　(2)　3.6cm　　(3)　7.0cm
【8】　(1)　(エ)　　(2)　かぎ層　　(3)　(エ)　　(4)　(ウ)

○推定配点○

【1】　各2点×3((2)・(3)各完答)　　【2】　各2点×3　　【3】　各2点×3((2)完答)
【4】　各2点×3　　【5】　各2点×3((1)完答)　　【6】　各2点×3((1)・(3)各完答)
【7】　各2点×3　　【8】　各2点×4　　計50点

＜理科解説＞

【1】 (動物－さまざまな動物)

(1) 魚類，両生類，ハ虫類，鳥類，ホ乳類は，どれも背骨を中心とする内骨格を持つなかまであり，セキツイ動物とよばれる。

(2) 殻のある卵を産むのは，卵の中身を陸上の乾燥から守るためである。セキツイ動物では，ハ虫類と鳥類の特徴であり，選択肢ではハ虫類のワニがあてはまる。コウモリはホ乳類なので，卵ではなく子を産む。魚類のサケと両生類のイモリは，水中に産卵するので，乾燥から守るための殻が必要ない。

重要 (3) ホ乳類の肉食動物の目は前方についており，両目の視野が大きく重なる。これは，物を立体的に見て，獲物までの距離を正確に知るのに都合がよい。一方，草食動物の目は横についており，両目の視野の重なりは少ないが，合わせた視野はたいへん広い。これは，敵をできるだけ早く発見するのに都合がよい。

【2】 (生物総合－小問集合)

(1) 葉緑体を持ち光合成をするのは，選択肢のうちではミドリムシとミカヅキモである。特に，ミドリムシは植物のように自分で栄養分をつくりながら，動物のように動くこともできる。

(2) スギなどの針葉樹の多くは，冬も葉を落とさない常緑樹である。他の選択肢は広葉樹だが，そのうち，冬に花を咲かせるツバキが常緑樹である。秋になると，サクラやカキは葉が赤色～黄色に，イチョウは黄色に色づいて落葉する。

(3) 息を吸うときは，胸の空間を大きくするために，肺の下にある横隔膜は下へ引っ張られ，肺を囲むろっ骨は上がる。

【3】 (燃焼－木の蒸し焼き)

基本 (1) 固体を試験管で加熱するときは，口を下げ底を上げた状態で加熱する。底を下げて加熱すると，発生した液体が冷えて加熱部の高温のガラスに触れ，ガラスが割れるおそれがある。

(2) 木を蒸し焼き(乾留)すると，気体が発生して試験管から出てくる。この気体は木ガスとよばれ，気体そのものが炎を上げて燃える。

(3) 蒸し焼き(乾留)は，新しい空気(酸素)を送らないようにして加熱することである。これにより，木材は直接に燃えることがなく，木ガス，木タール，木酢液などに分解され，木炭が残る。選択肢の(ア)～(ウ)では，新しい空気が木材に送られるので，直接に炎を上げて燃えてしまう

【4】 (気象－虹の発生)

(1) 日本の天気が西から東へ移り変わるのは，一年を通じて日本の上空を西から東へ偏西風が吹いているためである。偏西風により，高気圧や低気圧が西から東へ動き，天気が変化する。夕方に虹が見えると，晴れている西の空が自分の方へ近づいているから，翌日は晴れる。

(2) 太陽の光は，さまざまな色の光が混ざっている。雨の直後には空気中に水滴がたくさん浮いており，水滴に太陽光が入射する。光が屈折するときは，色ごとに屈折の角度が少しずつ異なる。そのため，水滴で屈折した光は色ごとに分かれて目に届く。これが虹である。

(3) 弧を描く虹の円の中心は，自分から見て太陽の向きの正反対にある。夕方は太陽が西の地平線の少し上にあるので，虹の円の中心は東の地平線の少し下にあり，地上には円周の上側の一部が虹になって見える。

【5】 (電流と回路－スイッチの切り替え)

基本 (1) ① 実験1では，スイッチBが開いているので，電流は＋極→(ア)→(エ)→－極と流れる。豆電球2個の直列つなぎなので，(ア)と(エ)が暗く点灯する。 ② 乾電池を並列に増やしても，豆電球を流れる電流の大きさは変わらないので，明るさは暗いままで変わらない。

(2) ① 実験2では，スイッチA，Bの両方が閉じているので，電流は＋極→(ア)→(エ)→－極と流れるだけでなく，＋極→(ウ)→(イ)→(エ)→－極にも流れる。両方の電流が流れる(エ)が最も

重要 明るく点灯する。なお，明るい順は，(エ)＞(ア)＞(イ)＝(ウ)の順である。 ② スイッチA，Bの両方が閉じたまま，XとYを導線で直接つなぐと，電流は＋極→X→Y→(エ)→－極と流れ，導線と並列になる(ア)や(ウ)→(イ)には流れなくなる

【6】 (水溶液の性質－中和と塩)

(1) 実験1で過不足なくちょうど反応するときの量比は，水酸化ナトリウム水溶液A：塩酸B：塩化ナトリウム＝100mL：200mL：2.34gである。Aを150mLにした場合，Bは300mLしか反応しないので，塩酸Bが余って酸性の水溶液となる。そのため，BTB液は黄色になる。水を蒸発させると，塩酸に溶けていた塩化水素は逃げるので，塩化ナトリウムだけが残る。塩化ナトリウムの量は，100：2.34＝150：□より，□＝3.51(g)となる。

重要 (2) 実験1で過不足なくちょうど反応するときの量比は，水酸化ナトリウム水溶液A：塩酸B：塩化ナトリウム＝100mL：200mL：2.34gである。塩酸Bが100mLしかない場合，量比は半分になって，50mL：100mL：1.17gとなる。このとき，水酸化ナトリウム水溶液Aが余って，水溶液はアルカリ性である。水を蒸発させて残った固体1.97gのうち，塩化ナトリウムは1.17gなので，それ以外の固体は1.97－1.17＝0.80(g)である。これは，余ったAに含まれていた水酸化ナトリウムである。

(3) ① (ア)で，200mLの塩酸Bと過不足なく中和する水酸化ナトリウム水溶液Aの量は，実験1のとおり100mLである。水酸化ナトリウム水溶液Aは，あと200－100＝100(mL)残っている。これと過不足なく中和する硫酸Cは，実験2のとおりX＝160(mL)である。次に(イ)で，200mLの硫酸Cと過不足なく中和する水酸化ナトリウム水溶液Aの量は，A：C＝100：160＝□：200より，□＝125(mL)である。水酸化ナトリウム水溶液は，あと200－125＝75(mL)残っている。これと過不足なく中和する塩酸Aは，A：B＝100：200＝75：Yとして，Y＝150(mL)となる。

やや難 ② (ア)では，100mLの水酸化ナトリウム水溶液Aが塩酸Bと中和して塩化ナトリウムが2.34gできる。同時に，100mLの水酸化ナトリウム水溶液Aが硫酸Cと中和して硫酸ナトリウムが2.84gできる。つまり，同じ量の水酸化ナトリウム水溶液ならば，塩酸Bよりも硫酸Cと反応したほうが，多くの固体ができる。よって，得られる固体の量は，(ア)＜(イ)＜(ウ)となる。

【7】 (力のはたらき－水圧器)

(1) Aに216gのおもりをのせると，Aの1cm²あたりに受ける重さが216÷60＝3.6(g)増える。水面の差を0にするには，Bの1cm²あたりに受ける重さも3.6g増やせばいいので，Bに乗せるおもりの重さは，□÷10＝3.6より，□＝36(g)となる。

(2) Aの216gのおもりを取り除くと，Bの1cm²あたりに受ける重さの方が3.6g多い状態になる。そのため，Aが上がって水面の差ができる。Aの1cm²あたりに受ける重さが3.6g増えるには，1cm²あたりの水の重さが3.6gになればよいので，水面の差は3.6cmとなる。

(3) Aの1cm²あたりに受ける重さは84÷60＝1.4(g)である。一方，Bの1cm²あたりに受ける重さは84÷10＝8.4(g)である。その差は，8.4－1.4＝7.0(g)である。そのため，Aが上がって水面の差ができる。Aの1cm²あたりに受ける重さが7.0g増えるには，1cm²あたりの水の重さが7.0gになればよいので，水面の差は7.0cmとなる。

【8】 (地層と岩石－地層の広がり)

(1) アサリは，浅い海底に生息する二枚貝である。このように，堆積した当時の環境がわかる化石を示相化石という。

(2) 離れた場所の地層どうしのつながりを調べるには，火山灰層や凝灰岩層を目印にすることが

多い。これは，離れた場所にほぼ同時にできた地層だからである。このような層を，地層を解く鍵になるという意味で，鍵層という。

重要 (3) 図1でAの地表の標高は70mであり，図2でAの深さ3mのところに火山灰の層があるので，Aの火山灰層の標高は70－3＝67(m)である。同じように，Bの火山灰層の標高は75－10＝65(m)，Dの火山灰層の標高は80－19＝61(m)である。このように，西から東へAからDに行くにつれ，火山灰層の標高は徐々に低くなっており，地層全体が東へ行くほど下がる向きに傾いていることがわかる。

(4) (3)で考えた火山灰層の標高は，Aで67m，Bで65m，Dで61mなので，Cでは63mだと推定できる。図1でCの地表の標高は80mだから，Cでの火山灰層の深さは，80－63＝17(m)である。これにあう柱状図は(ウ)である。

★ワンポイントアドバイス★

問題文や図をよく読み，基礎知識を思い浮かべながら，どんな作業をすればよいかよく考えて解こう。

＜社会解答＞《学校からの正答の発表はありません。》

1 問1 A 元明(天皇) B 桓武(天皇) 問2 (例) 寺院の数が少ない
問3 イ，オ 問4 ア，イ，エ 問5 (例) 碁盤目状に区画整理されているため，敵が都市の中を移動しやすく，守備側は守りづらいということ。 問6 イ
問7 祇園祭 問8 2番目 ウ 4番目 ア

2 問1 イ 問2 エ 問3 イ，ウ，オ 問4 ウ 問5 イ

3 問1 デジタルデバイド 問2 新しい権利[新しい人権] 問3 両院協議会

4 問1 黒部(川) 問2 ア 問3 イ 問4 ウ 問5 A，F，G 問6 ア
問7 エ 問8 ウ 問9 エ

○推定配点○

1 問1 各1点×2 他 各2点×7(問8完答)
2 各2点×5 3 各2点×3 4 各2点×9 計50点

＜社会解説＞

1 (日本の歴史－平城京と平安京の地形をテーマとした問題 古代から中世ほか)

基本 問1 A 平城京は710年に元明天皇が遷都した都である。 B 平安京は794年に桓武天皇が遷都した都である。桓武天皇は784年に長岡京に都を移し，その後平安京に移した。

問2 桓武天皇は力を持った仏教勢力を政治から遠ざけるために長岡京や平安京に都を移した。そのため，平城京と比べると平安京には寺院の数が少なくなっている。

重要 問3 奈良時代は710年～794年の間である。日本書紀は720年に舎人親王を中心として編さんされた歴史書で，墾田永年私財法は743年に聖武天皇が出した法令であるのでイとオが正しい。なお，アの初めての遣唐使として犬上御田鍬が派遣されたのは飛鳥時代の630年，ウの富本銭がつ

くられたのも飛鳥時代の683年ごろ，エの貴族の衣服として男性は束帯，女性は十二単をまとったのは平安時代のことである。

やや難 問4　平安時代は794年～1185[1192]年の間である。アの空也は10世紀に浄土の教えを広めた人物で，市聖とも呼ばれる。イの白河上皇は1086年に院政を始めた人物。エの藤原純友は939年に瀬戸内海で朝廷に対し反乱を起こした人物。よってア，イ，エが正しい。なお，ウの長屋王は天武天皇の孫で，729年に藤原氏の陰謀により長屋王の変を起こすが敗れた奈良時代の人物。オの吉田兼好は鎌倉時代の末期に随筆『徒然草』を著した人物である。

やや難 問5　平城京や平安京のように，唐の長安にならって碁盤目状に区画整理された都市づくりを条坊制という。道路が規則的に区切られているため，攻める側からは自分の居場所や攻撃目標を把握しやすく有利だが，守る側からは敵の進撃速度が速いため守りづらいという欠点がある。

問6　一向一揆は一向宗の信徒たちが中心となって起こした一揆のことで，一向宗とは浄土真宗のことであるのでイが誤っている。1488年の加賀の一向一揆では，加賀国の守護大名を倒して以後約100年にわたって自治を行い，「百姓の持ちたる国」とも言われた。

問7　日本三大祭りは，一般的には京都の祇園祭，大阪の天神祭，東京の神田祭[山王祭]の3つである。このうち祇園祭は平安時代前期に始まり，1467年の応仁の乱によって中断されたこともあったが，町衆と呼ばれる有力な商工業者によってその後復活し，現在に至っている。

重要 問8　古い順に並べかえると，イの版籍奉還が1869年，ウの岩倉使節団派遣が1871年，オの民撰議院設立建白書提出が1874年，アの西南戦争が1877年，エの国会開設の勅諭が1881年となる。

2　(政治－参議院議員通常選挙に関する問題，2022年の時事問題など)

基本 問1　一票の格差とは，議員一人当たりの有権者の数の違いによって一票の価値が不平等になることを言い，議員一人当たりの有権者の数が多ければ多いほど一票の価値は小さくなる。神奈川県の有権者数を定数の4名で割ると，議員一人当たりの有権者は約192万4000名となり，それを福井県の有権者数の約63万5000名で割ると，約3.03倍となるのでイが正しい。

やや難 問2　候補者は戸別訪問をすることができない一方で，インターネットを使った選挙運動はすることができる。また，公示日または告示日の翌日から投票日前日までの間に期日前投票を行うことも認められている。よってア，イ，ウは誤り。エの，投票に支障をきたさないと認められ，特別な事情がある場合は，終了時間を午後8時から最大4時間繰り上げることができることは，公職選挙法で定められているので正しい。

重要 問3　2022年4月に改正民法が施行され，成人年齢が満20歳から満18歳に引き下げられた。これにより，男女ともに満18歳から親の同意なしで結婚をしたり，携帯電話の契約やローンなど，契約を結んだりすることが可能となった。また，有効期間が10年間のパスポートを取得することも可能になった(未成年者は有効期間が5年間)。その一方で，飲酒や喫煙，公営ギャンブルは従来と変わらず満20歳以上から認められる。

問4　2022年は円安が進み，一時1ドル150円台を記録したのでⅠは誤っている。円安が進むと日本では輸入が不利となり，食料や資源の多くを輸入に頼るわが国では物価が上がる原因となった。その上，2022年2月から始まったロシアのウクライナ侵攻も国内物価上昇に大きな影響を与えたのでⅡは正しい。ちなみに円安の状態だと，一般的には日本から外国へ旅行しづらく，外国から日本へは旅行しやすくなる。

やや難 問5　安倍晋三は2006年9月～2007年9月，2012年12月～2020年9月と二つの時期で首相を務め，在任期間は3188日と憲政史上最長である。第一期の2007年5月に国民投票法が成立し，第二期の2019年5月1日に元号が平成から令和に改められた。なお，デジタル庁が設置されたのは2021年9月のことで，この時の首相は後任の菅義偉(2020年9月～2021年10月)である。

3　(政治－情報に関する問題，基本的人権や国会のしくみ)

重要　問1　情報通信技術を利用できる人とできない人との間に生じる，得られる情報の量的・質的な格差などのことをデジタルデバイド(ディバイドでも可)という。これは，インターネットやコンピューターなどを経済的な事情で入手できなかったり，年齢的・能力的に使いこなせなかったりするなどの理由で生じるものとされる。

基本　問2　プライバシーの権利のように，日本国憲法に明記されていないが，社会状況の変化にともなって新たに認められるようになった権利を新しい権利[新しい人権]という。新しい権利にはプライバシーの権利のほか，知る権利や環境権，自己決定権や忘れられる権利などがある。これらの新しい権利は，日本国憲法第13条の幸福追求権に基づいて認められている。

基本　問3　衆議院と参議院の議決が異なったとき，意見調整のために開かれる話し合いの場を両院協議会という。両院協議会は衆参それぞれ10名ずつの委員で組織され，内閣総理大臣の指名，条約の承認，予算の議決に関しては必ず開かれる。また，法律の議決に関しては必要に応じて開かれる。

4　(日本の地理－中部地方の地形や農業，工業など)

問1　黒部川は北アルプスと呼ばれる飛驒山脈に源を発し，富山湾の北東部に注ぐ川である。黒部川は水量が多いうえに流れも速いため，上流では水力発電が盛んに行われ，黒部ダムは日本有数の水力発電所として知られる。

問2　②は静岡県の伊豆半島の南端で，石廊崎(いろうざき)である。また，③は静岡県の御前崎である。なお，御前崎の周辺には日本有数の茶の産地である牧ノ原台地や浜岡原子力発電所などがある。なお，潮岬は和歌山県にあり，本州最南端の岬である。

重要　問3　④は伊勢湾の最奥部にある藤前干潟である。藤前干潟は，水鳥の生息地として国際的に重要な湿地や干潟などを保護するラムサール条約に登録されている。なお，国内では53か所がラムサール条約に登録されている(2023年2月現在)。また，ワシントン条約は絶滅の恐れのある生物の国際商取引を禁止・規制する条約である。

基本　問4　水害に備えて，集落の周りを堤防で囲った集落を輪中という。輪中集落は周囲を木曽川・長良川・揖斐川の下流に位置しているのでⅠは誤りである。また，水害に備えるための避難小屋を水屋といい，災害に備えて物資や舟などを保管しているのでⅡは正しい。

基本　問5　中部地方にある政令指定都市は静岡県の静岡市と浜松市，愛知県の名古屋市，新潟県の新潟市の4市である。よってA，F，Gとなる。

問6　A～D県のうち，平均標高が最も高いウがDの長野県で，同様に平均標高が2番目に高いイが山梨県である。残るアとエのうち，東京駅への所要時間が2時間14分と短い方が上越新幹線の通っているAの新潟県で，所要時間が3時間27分と最も時間がかかるアがBの福井県である。なお，福井駅から東京駅へは，いったん滋賀県の米原まで行った後に東海道新幹線で東京まで行くのが最も早い。

やや難　問7　各項目の数値が特に大きい部分を手がかりに選んでいく。水田率が最も高いアはEの岐阜県，野菜と畜産の産出額が最も多いイはGの愛知県，果実の産出額は最も高く，野菜の産出額が2番目に高いウはDの長野県，果実の産出額が2番目に多い一方，野菜と畜産の産出額が最も低いオはCの山梨県となる。よって残ったエがFの静岡県である。

問8　オルゴールは精密機械工業が盛んなKの長野県諏訪市，眼鏡フレームはJの福井県鯖江市，ピアノはLの静岡県浜松市でそれぞれ生産が盛んな製品である。なお，Jの福井県鯖江市は眼鏡フレームの国内生産の90％以上を占めている都市として有名である。

基本　問9　Ⅰ　豊川，天竜川の水を引く豊川用水は愛知県東部の渥美半島にある。　Ⅱ　わさびの産地として知られ，2018年には国際的に価値のある地質を保護するための世界ジオパークに認定されたのは静岡県の伊豆半島である。 Ⅲ 古くから常滑焼など窯業がさかんで，2005年には沖合に中部国際空港が開業したのは愛知県西部の知多半島である。よってエの組み合わせが正しい。

★ワンポイントアドバイス★

第1回と同様に，時事問題が多く出題されているので要注意。歴史は基本的な問題が多く，原始～近現代を通して確認していこう。地理は地名を答える問題などでやや難度が高い。地名はもちろん，位置関係も地図で確認しよう。

＜国語解答＞《学校からの正答の発表はありません。》

一 問一 真っ暗な中 問二 (例) 自分より大変な思いをしている子がいるのはわかっているが，自分より楽しんでいる子 問三 時々， 問四 壮太といる(時間。)
問五 (例) 壮太が退院する日。 問六 A ウ B ア 問七 (例) 寝そうになる壮太を起こすため。 問八 オ 問九 気 問十 エ 問十一 ア
問十二 D ア E イ 問十三 エ 問十四 ウ 問十五 ウ 問十六 エ
問十七 ア 問十八 ア 問十九 ウ 問二十 壮太は知っていたんだ。
問二十一 (例) 壮太からのやさしさやはげまし。 問二十二 飛行機だ。

二 ① 風 ② 日 ③ 空 ④ 天 ⑤ 雲

三 ① 美 ② 賛 ③ 例 ④ 留 ⑤ 消

四 ① 雨後 ② 招集 ③ 会心 ④ 奏(した) ⑤ 貯水池 ⑥ 一覧表
⑦ 沿(って) ⑧ い ⑨ はぶ(いた) ⑩ たいせい

○推定配点○

一 問二・問四・問五・問七・問二十一 各5点×5 問三・問十四 各3点×2
問六・問八・問十一・問十七 各2点×5 問九・問十二 各1点×3 他 各4点×9
二～四 各1点×20 計100点

＜国語解説＞

一 (小説－心情・情景・段落構成・細部の読み取り，接続語，空欄補充，ことばの意味，文と文節，記述力)

やや難 問一 「夕食を食べ終え」た後の――線①と同様の「ぼく」の行動として，最後の「就寝時間……」で始まる場面で「真っ暗な中，音が出ないようマットに向かっておもちゃ箱をひっくり返す。三つの大きな箱の中身をぶちまけるのだ。」ということをしようとしていることが描かれている。

重要 問二 ――線②直前の段落で描かれている「ぼく」の心情をふまえ，自分より大変な思いをしている子がいるのはわかっているが，自分より楽しんでいる子もいるという②を説明する。

問三 壮太が退院した後，「壮太がいなくなった……」で始まる段落の「時々，壮太は本当に帰ったんだな，もう遊ぶことはないんだなと気づいて，ぽっかり心に穴が空いていくようだった。」という一文で実際に壮太がいなくなったさびしさを表している。

問四　――線④は「低身長の……」で始まる段落の「壮太といる(5字)」時間のことである。

重要　問五　――線⑤の「明日」である「八月六日」は，壮太の「『なんか最終日に……』」というせりふや「昼ごはんを……」で始まる場面などで描かれているように，「壮太が退院する日」である。

問六　Aには疲れて体の力が抜けたさまを表すウ，Bには動作がゆっくりしているさまを表すアがそれぞれ当てはまる。

問七　――線⑥直後の段落内容から，「寝そうになる壮太を起こすため」というような内容で⑥の理由を説明する。

基本　問八　主語である――線⑦は述語のオにかかる。述語のオの動作主は⑦になることを確認する。

問九　「気が引ける」は，自分の言動をおさえて遠慮する，という意味。

問十　――線⑧直前の内容からエが適切。検査中で絶飲絶食の壮太にとって「水が飲めないのはしんどいらし」いということをふまえていない他の選択肢は不適切。

問十一　Cには，判断を誤るという意味のアが当てはまる。イはその場しのぎの言い訳などをすること。ウは礼儀を欠くこと。エは深みがなく軽々しいこと。

問十二　Dは「みんなはいいよな」という気持ちなのでア，Eは「どうしてぼくばっかりなんだよ」という気持ちなのでイがそれぞれ当てはまる。

問十三　――線⑨前で「『……最終日に全然遊べなくてもったいなかったな』」と壮太が話しているように，この日は壮太が退院する日で，一緒に遊べるのは今日が最後かもしれないことをさびしく感じて⑨のようになっているのでエが適切。「ぼく」のさびしさを説明していない他の選択肢は不適切。

問十四　――線⑩には，感謝の気持ちがこめられているのでウが適切。アは自分が下位であることを認める態度，イは謝罪の気持ち，エはあいさつをそれぞれ表している。

問十五　――線⑪の理由として直後で「あれ以上言葉を発したら，泣きそうだったからだ」という「ぼく」の心情が描かれているのでウが適切。「ぼく」のこととして説明していないア・イ，⑪直後の心情をふまえていないエはいずれも不適切。

問十六　――線⑫直後で，壮太がいないことで「ぽっかり心に穴が空いていくようだった」という「ぼく」の心情が描かれているので，エの「慣れてしまいそう」は適切でない。

問十七　F・Gいずれも，直前の内容とは反対の内容が続いているのでアが適切。

重要　問十八　「一，二週間。……」で始まる段落で，「『一，二週間で帰れると思うよ』」と言う先生に「大人の感覚で計算するのはやめてほしい」という「ぼく」の心情が描かれているのでアが適切。この段落内容をふまえていない他の選択肢は不適切。

問十九　――線⑭前後で，退院の時期があやふやなことにがっかりした自分に「何をぜいたく言っているのだ」と⑭のようになっているのでウが適切。⑭直後の心情をふまえていない他の選択肢は不適切。

重要　問二十　――線⑮の段落は「ぼくが夜に……ことを。そして……⑮」を「壮太は知っていたんだ」という文脈になる。

やや難　問二十一　「紙飛行機」は，だれもいない夜のプレイルームで「ぼく」が気持ちを保つためにおもちゃ箱をひっくり返しているのを知っていた壮太が，「ぼく」のためにおもちゃ箱の中に入れておいたものである。自分が退院した後の「ぼく」のことも考えて，壮太は紙飛行機を作っていたことから「ぼく」は紙飛行機から「壮太からのやさしさやはげまし」を感じとっていると考えられる。

問二十二　一文の内容から，直前は暗い状況であることが読み取れるので，「布の箱……」で始まる段落の「暗い中，目を凝らしてみると，紙飛行機だ。」の直後に入れるのが適切。

重要 二 (慣用句)

①はどこからかふいてくる風のように伝わってくるうわさや知らせ。②は秋の日は井戸のつるべが落ちるように早く暮れてしまうことのたとえ。③は旅先の土地のこと。④は天に届くほど高いこと。⑤は遠く手の届かない位置や場所のたとえ。

三 (同義語)

①はすぐれたところ，よい点という意味。②はよいと認めること。③は他とは異なる状態であること。④は家やその場にいないこと。⑤は知らせやたよりのこと。

重要 四 (漢字の読み書き)

①の「雨後のたけのこ」は似たような物事が次々と現れ出ることのたとえ。②は招き集めること。③は思いどおりにいって十分に満足すること。④の「功を奏す」は成功すること。⑤は用水をためておく池。⑥はさまざまな事がらを一目でわかるようにまとめた表。⑦の音読みは「エン」。熟語は「沿道」など。⑧の訓読みは「こと」。⑨の音読みは「セイ・ショウ」。熟語は「帰省」「省略」など。⑩はおおよそのありさまという意味。他に「おおぜい」とも読むが，この読みはたくさんの人を表す場合に用いる。

★ワンポイントアドバイス★

小説では，行動や表情などからも心情をていねいに読み取っていこう。

2022年度

★★★★★★★★★★★★★★★★★★★★★★★★★

入　試　問　題

2022年度

明治大学付属中野中学校入試問題（第１回）

【算　数】（50分）　＜満点：100点＞

1． 次の □ にあてはまる数を答えなさい。

(1)　$2.7\times3.14-0.9\times1.14\times3+0.9\times6+6\times2.7=$ □

(2)　$\left\{1\frac{4}{5}+\left(3.25-\square\right)\times\frac{12}{25}\right\}\div7\frac{1}{5}=\frac{3}{8}$

(3)　100円，50円，10円の３種類の硬貨（こうか）がたくさんあります。これらを使い，280円の品物を買うとき，支払い方法は全部で □ 通りあります。ただし，使わない種類の硬貨があってもよいものとします。

2． 次の問いに答えなさい。

(1)　ある果物屋で，１個120円のりんごと１個170円のなしを合わせて20個買い，250円のかごに入れたところ，ちょうど3000円となりました。このとき，りんごを何個買いましたか。

(2)　ある学年で国語と算数のテストを行いました。国語のテストのみに合格した人数は全体の$\frac{3}{10}$，算数のテストに合格した人数は全体の$\frac{5}{9}$，どちらにも合格しなかった人数は78人でした。このとき，この学年の生徒の人数を求めなさい。

(3)　下の図は，直角三角形ABCの頂点Bが辺AC上にくるように，CDを折り目として折り曲げたものです。このとき，斜線部分の面積を求めなさい。

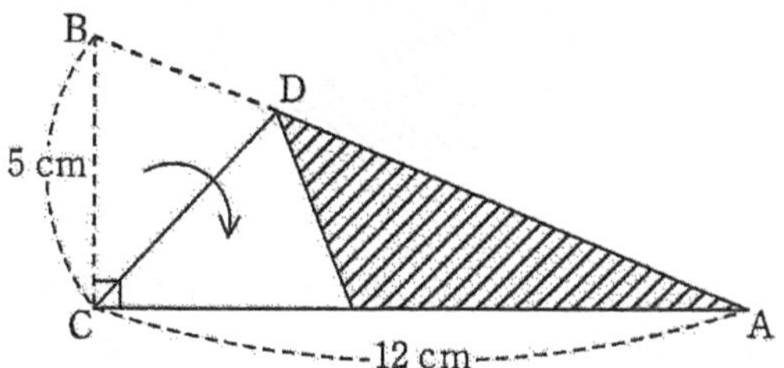

(4)　ある入学試験で，900人の受験生のうち，270人が合格しました。合格者の平均点と不合格者の平均点との差は60点であり，全受験生の平均点は126点でした。このとき，合格者の平均点を求めなさい。

(5)　次のページの図１のように，水平な台の上に３分の１の深さまで水が入った直方体の容器があります。この容器を次のページの図２のように，辺FGを水平な台につけたまま45°傾（かたむ）けます。このとき，面BFGCと水が触（ふ）れている部分の面積を求めなさい。

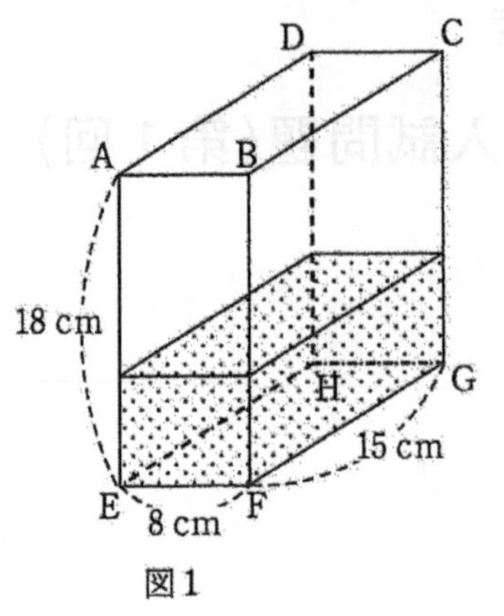

図１

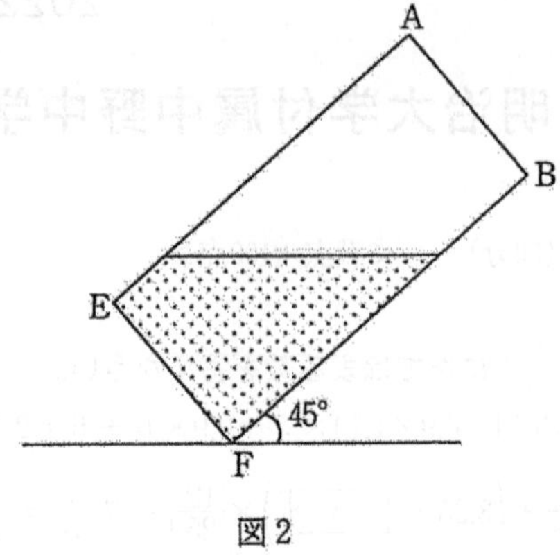

図２

3． 次の問いに答えなさい。

⑴　２つの容器Ａ，Ｂがあり，容器Ａには7.2％の食塩水が600ｇ，容器Ｂには12％の食塩水が900ｇ入っています。これらの容器ＡとＢから同じ量の食塩水をくみ出し，それぞれ逆の容器に入れたところ，両方の食塩水の濃度が同じになりました。このとき，くみ出した食塩水は何ｇずつですか。

⑵　下の図のように，半径９㎝の円の周上を４等分した点を結んで正方形をかき，さらに，この正方形のそれぞれの辺を３等分した点をとり，小さい正方形ができるように点を結びました。このとき，斜線部分の面積の和を求めなさい。ただし，円周率は3.14とします。

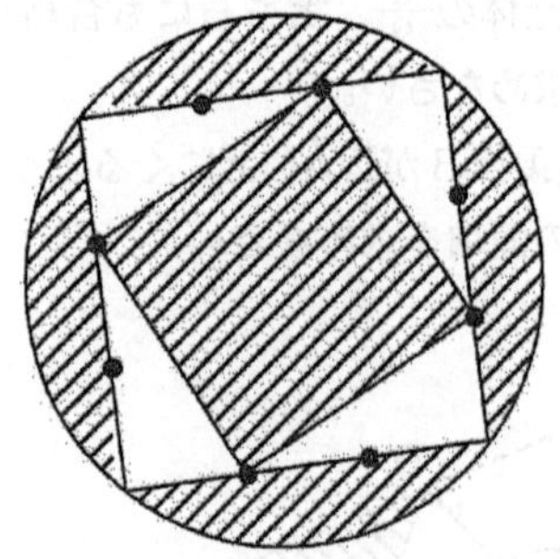

4． 下の図のように，ADとBCが平行で，AD：BC＝３：４の台形ABCDがあります。AE：EB＝１：２となる点をE，BF：FC＝１：１となる点をFとします。また，BDとEFが交わる点をG，BDとECが交わる点をHとします。このとき，次の問いに答えなさい。

⑴　BH：HDを最も簡単な整数の比で表しなさい。

⑵　三角形EGHの面積は台形ABCDの面積の何倍ですか。

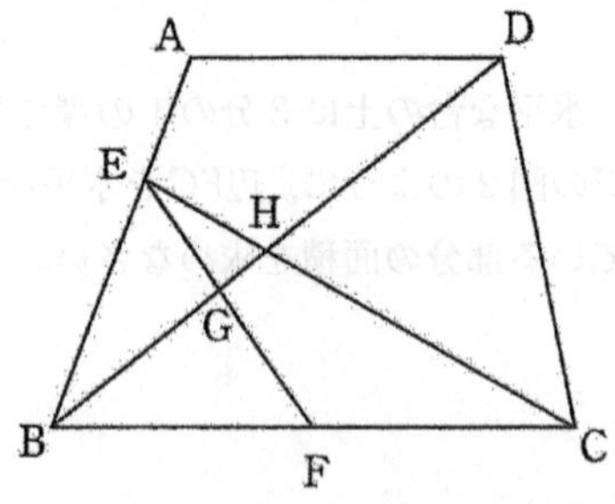

5． 下のように，整数をある規則にしたがって並べ，正方形を作ります。
このとき，次の問いに答えなさい。

1番目

1	4
2	3

2番目

1	8	7
2		6
3	4	5

3番目

1	12	11	10
2			9
3			8
4	5	6	7

……

⑴ 2022番目には整数が何個並べられていますか。

⑵ 4つの角（かど）の整数の和が130となる正方形について，並べたすべての整数の和を求めなさい。

6． 正面と真上から見ると図1のように見える，直方体を2つ組み合わせた容器があります。この容器を水平な台の上に置き，矢印の方向（⇩）に一定の割合で水を30秒間入れ，ふたをしました。それまでの時間と水面の高さの関係を表したものが図2のグラフです。このとき，次の問いに答えなさい。

⑴ 長方形ABCDと長方形EFGHの面積の比を最も簡単な整数の比で表しなさい。

⑵ ふたをした容器を逆さまにして，再び水平な台の上に置きました。
このとき，水面の高さは何cmになりましたか。

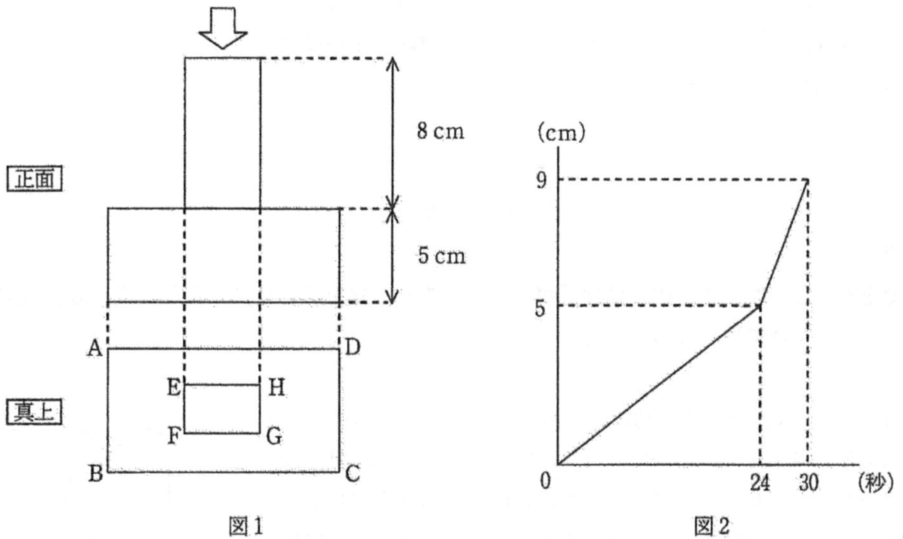

図1　　図2

7． 兄と弟が8.8km離れているA町とB町を往復しました。2人はA町を同時に出発して，同じ速さで走っていましたが，弟がB町に向かう途中で毎分40mだけ速さを増したので，弟が先にB町に到着し，折り返してから800mの所で兄とすれちがいました。そして，兄は弟とすれちがった地点から速さを2倍にしたところ，兄の方が先にA町に到着し，その10分後に弟もA町に到着しました。また，弟が初めの速さで走っていた時間と速さを増して走っていた時間との比は8：27でした。このとき，次の問いに答えなさい。ただし，2人はA町に戻るまで休けいをしなかったものとします。

⑴ 兄が初めの速さで走った時間と2倍の速さで走った時間の比を，最も簡単な整数の比で表しなさい。

⑵ 兄と弟の初めの速さは時速何kmですか。

【理　科】（30分）　＜満点：50点＞

【１】 下図は，植物を３つの基準をもとにA～Dのなかまに分類したもので，各基準にあてはまる場合は○を，あてはまらない場合は×を記してあります。アサガオ，トウモロコシ，スギ，ワラビはそれぞれ図のように分類されます。あとの各問いに答えなさい。

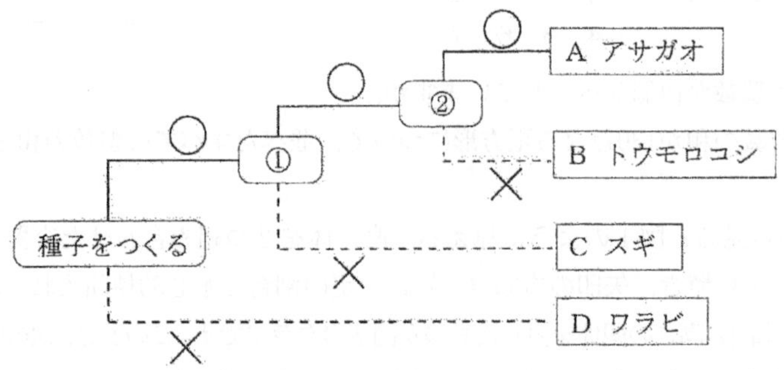

⑴ 図の①，②の基準には，次の(ア)～(エ)のいずれかがあてはまります。それぞれの基準にあてはまるものを選び，記号で答えなさい。

（ア） 花が咲く。　　（イ） 子葉が２枚である。
（ウ） 胚珠が子房に包まれている。　　（エ） 葉脈が平行脈である。

⑵ 図のCのなかまに分類される植物を，次の(ア)～(エ)から２つ選び，解答欄の記号を○で囲みなさい。

（ア） カエデ　（イ） イチョウ　（ウ） マツ　（エ） ツツジ

⑶ 次の特徴をもつ植物は，図のA～Dのどのなかまに分類されますか。１つ選び，記号で答えなさい。

［特徴］

受粉すると実ができ，中には種子があった。また，茎を輪切りにしたところ，道管と師管の集まりは，茎全体に散らばっていた。

【２】 図１は，ほ乳類のある動物の血液の流れを表したもので，矢印は血液の流れる向きを表しています。次のページの図２は心臓のつくりを表したものです。あとの各問いに答えなさい。

⑴ 図１の(ア)～(キ)を流れる血液を同じ量で比べると，二酸化炭素以外の不要物が最も少ないのはどれですか。記号で答えなさい。

⑵ 空腹な状態になったとき，図１の(ア)～(キ)を流れる血液を同じ量で比べると，栄養分が最も多いのはどれですか。記号で答えなさい。

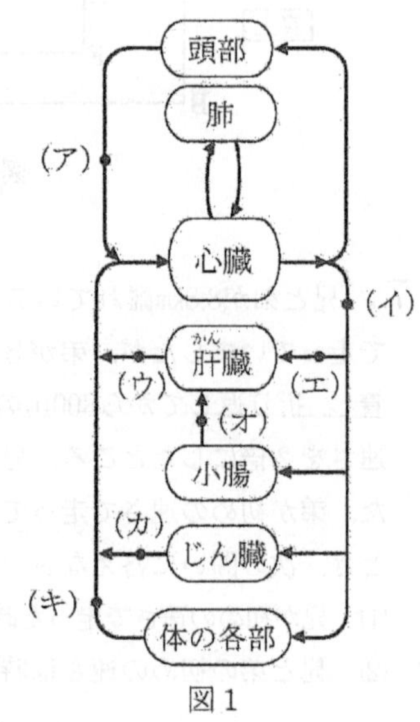

図１

⑶　心臓は，図２で示された４つの部屋，Ａ（右心房），Ｂ（右心室），Ｃ（左心房），Ｄ（左心室）からできています。これらの部屋は，血液が流れこむときに広がり，血液を送り出すときに縮みます。心臓の４つの部屋の動き方として，正しいものを次の(ア)～(エ)から１つ選び，記号で答えなさい。

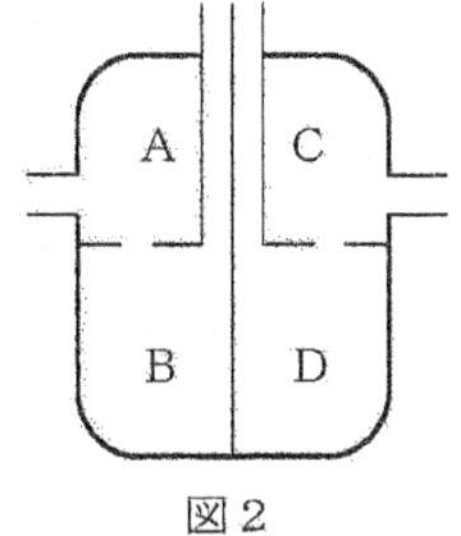

図２

(ア)　Ａ，Ｂ，Ｃ，Ｄの順に縮む。次に４つの部屋が同時に広がる。これをくり返す。
(イ)　ＡとＢが縮むと同時に，ＣとＤは広がる。次にＣとＤが縮むと同時に，ＡとＢは広がる。これをくり返す。
(ウ)　ＡとＤが縮むと同時に，ＢとＣは広がる。次にＢとＣが縮むと同時に，ＡとＤは広がる。これをくり返す。
(エ)　ＡとＣが縮むと同時に，ＢとＤは広がる。次にＢとＤが縮むと同時に，ＡとＣは広がる。これをくり返す。

【３】　川を流れる水のはたらきについて，次の各問いに答えなさい。

⑴　雨が降って，川が増水したとき，増水する前に比べてどのような変化がありますか。あてはまるものを次の(ア)～(エ)から２つ選び，解答欄の記号を○で囲みなさい。
(ア)　土砂が運ばれにくくなる。
(イ)　水の流れが速くなる。
(ウ)　石を浮かせる力が小さくなり，大きい石は流されにくくなる。
(エ)　川底をけずる力が大きくなる。

⑵　右図は，川の曲がっているところの断面を下流側から見たものです。あとの①と②に答えなさい。図のＸは下流側から見たときの左側の岸を，Ｙは右側の岸を表しています。

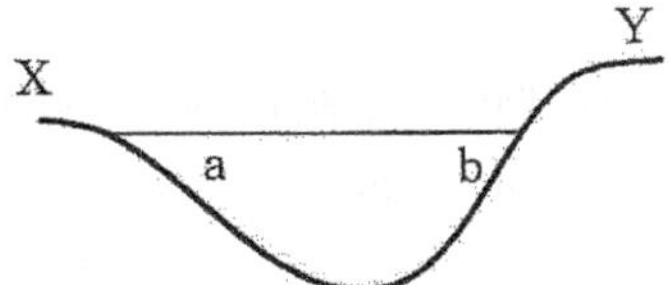

①　図のａとｂでは，水の流れが速いのはどちらですか。記号で答えなさい。
②　この地点の川の曲がり方は，次の(ア)と(イ)のどちらになりますか。記号で答えなさい。(ア)と(イ)のＸとＹは上の図と同じ場所を表しています。

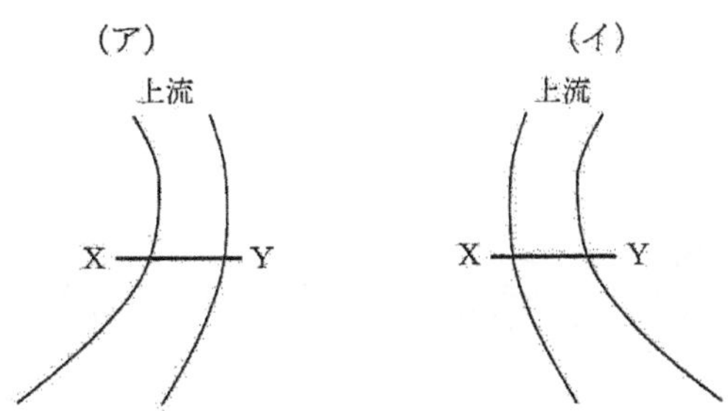

⑶　川の増水による災害を防ぐ工夫の１つに，砂防えんてい（砂防ダム）があります。砂防えんていのはたらきとして，あてはまるものを次の(ア)～(エ)から２つ選び，解答欄の記号を○で囲みなさい。

（ア）　大量の土砂が流れ出るのを防ぐ。
（イ）　洪水（こうずい）によってあふれた水の一部を，一時的に貯める。
（ウ）　水の流れを遅（おそ）くする。
（エ）　川から水を引き，農業用水として利用する。

【４】　太陽がのぼる位置や沈（しず）む位置は，日ごとに少しずつ変わっていきます。図は，日本のある場所で常に真東を向き，毎月20日ごろの太陽がのぼる位置を１年間にわたり記録して，古い順に上からならべたものです。あとの各問いに答えなさい。

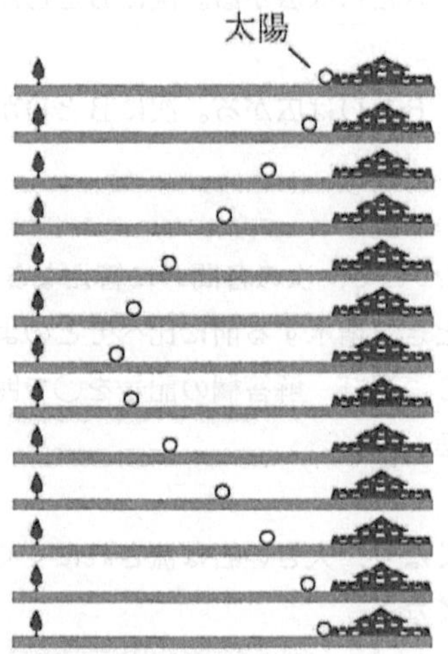

⑴　図中の左端（はし）は，北東・南東・南西・北西のどの方角ですか。
⑵　図の１番上の記録は何月のものですか。１～12の数字で答えなさい。
⑶　記録を始めた月から同じように１年間，真西を向いて太陽が沈む位置を記録して古い順に上からならべると，どのようになりますか。正しいものを次の(ア)～(エ)から１つ選び，記号で答えなさい。

（ア）　（イ） 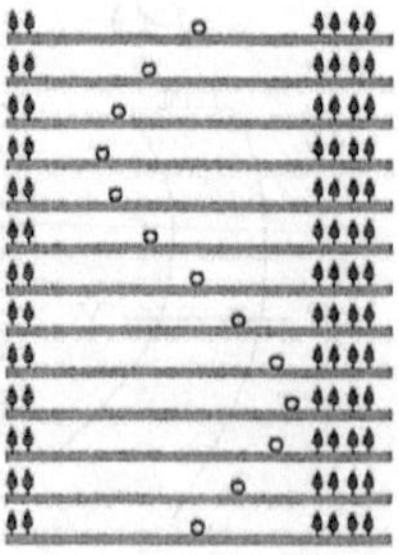　（ウ） 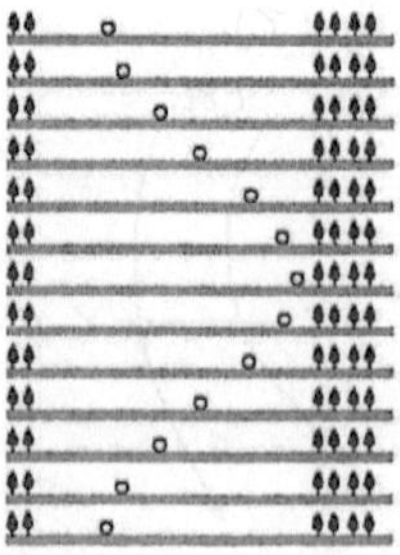　（エ）

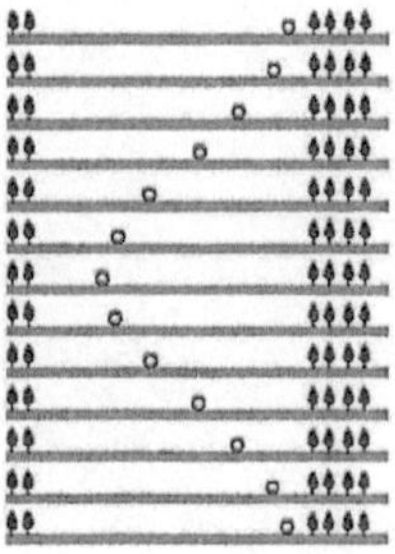

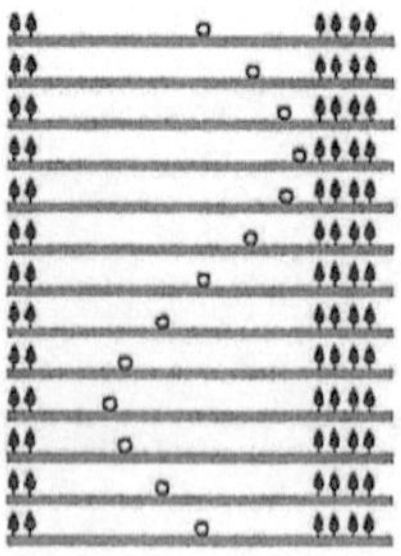

【５】 次の５種類の水溶液があります。これらの水溶液を区別するために，いろいろな方法で調べました。ただし，見た目では区別できないものとします。あとの各問いに答えなさい。

〔水溶液〕 うすい塩酸・食塩水・うすい水酸化ナトリウム水溶液・炭酸水
うすいアンモニア水

⑴ 水溶液について説明した次の(ア)～(エ)のうち，正しいものを１つ選び，記号で答えなさい。

(ア) 水溶液をろ過することによって，溶けているものと水を分けることができる。

(イ) 水溶液は，色がついていてもついていなくても，すべて透明である。

(ウ) 水溶液をルーペで観察すると，溶けているものを見ることができる。

(エ) 水溶液を長い時間置いておくと，水溶液の濃さは，上の方は少しずつうすくなり，底の方は少しずつ濃くなる。

⑵ それぞれの水溶液に，次の(ア)～(エ)のうち，１つの操作を行い，うすい塩酸を見つけたいと思います。どの操作をすればよいですか。記号で答えなさい。

(ア) 青色のリトマス紙に，ガラス棒を使って水溶液をつける。

(イ) 赤色のリトマス紙に，ガラス棒を使って水溶液をつける。

(ウ) アルミニウムが入った試験管に，水溶液を少量そそぐ。

(エ) 鉄（スチールウール）が入った試験管に，水溶液を少量そそぐ。

⑶ それぞれの水溶液に，次の(ア)～(エ)のうち，２つの操作を行い，食塩水を見つけたいと思います。どの操作とどの操作をすればよいですか。記号で答えなさい。ただし，答えは２通りあります。どちらも答えなさい。

(ア) 青色のリトマス紙に，ガラス棒を使って水溶液をつける。

(イ) 赤色のリトマス紙に，ガラス棒を使って水溶液をつける。

(ウ) 石灰水が入った試験管に，水溶液を少量そそぐ。

(エ) スライドガラスにガラス棒で水溶液を少量とり，水を蒸発させる。

【６】 ばねにいろいろな重さのおもりをつり下げて，ばねの伸びを調べました。図１のグラフは測定の結果を表しています。あとの各問いに答えなさい。

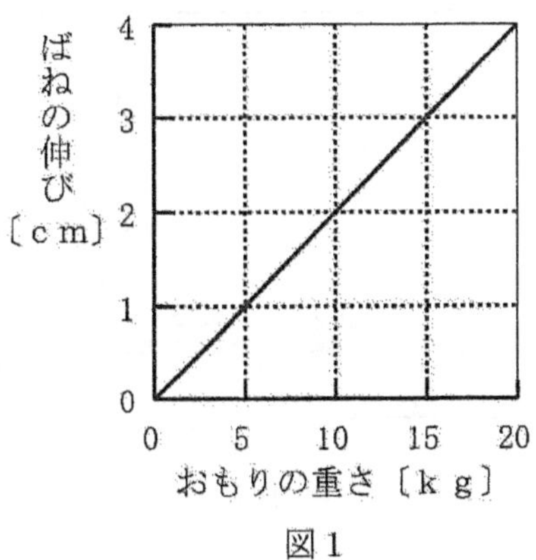

図１

⑴ ばねに重さがわからないおもりをつり下げたところ，ばねは2.8㎝伸びました。おもりの重さは何kgですか。

このばねを使って，図２のような荷物の重さを調べる装置を作りました。ばねの上の端は棒（図では●で示されています）とつながっていて，小さな穴がたくさんあいた壁（かべ）に棒を差しこむことで固定しています。ただし，皿と支点の距離（きょり）は40㎝，ばねと支点の距離は50㎝とし，皿とステー（皿を支える細長い板）の重さは考えないものとします。

装置は以下の手順で使います。

1．皿に重さをはかりたい荷物をのせる。
2．ステーが下がり，ばねが伸びる（図３）。
3．ステーが水平になる位置まで，ばねの上の端につながった棒を上に動かして壁に差しこむ（図４）。
4．ばねの伸びをはかる。

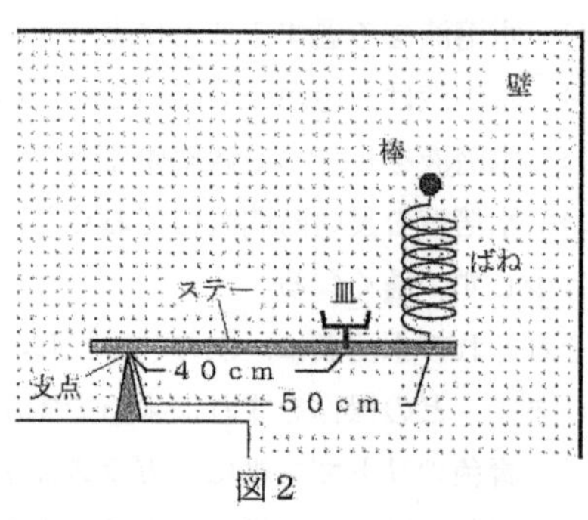

図２

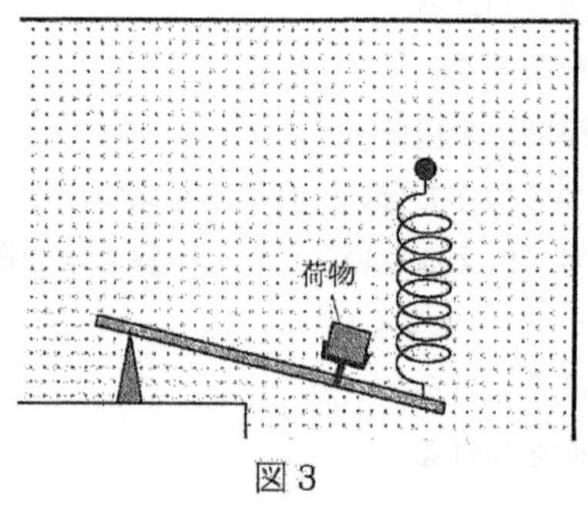

図３

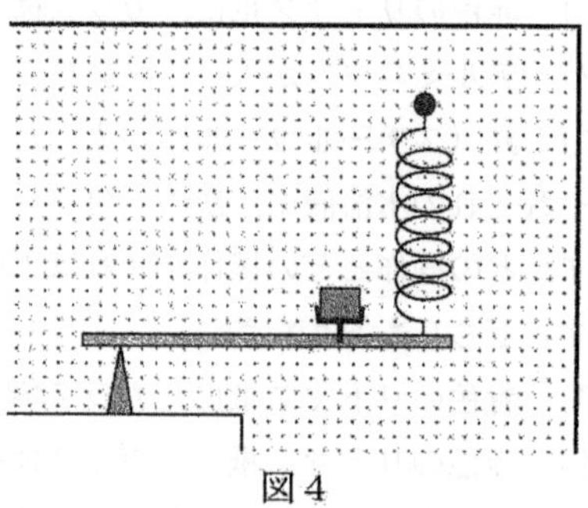
図４

⑵　この装置に重さのわからない荷物をのせたところ，ばねは４㎝伸びました。荷物の重さは何kgですか。

次に，この装置ではかることができる重さを増やすために，図５のように，ステーに穴をあけて皿を置く位置を変えられるようにします。

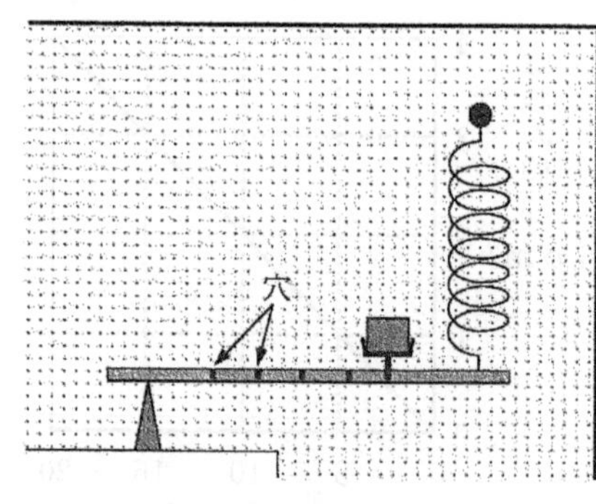

図５

⑶　図５の装置ではかることができる最大の重さを80kgにするには，支点から何㎝のところに穴をあけて皿を置けばよいですか。ただし，装置は80kgの荷物をのせても壊（こわ）れませんが，ばねは４㎝より伸びると壊れてしまいます。

【７】 閉じこめた空気や水について，次の各問いに答えなさい。

⑴ 下図のように空気の入った筒に，シャボン玉の膜を間隔が同じになるように張りました。ピストンを上から押したとき，膜の間隔はどのようになりますか。次の(ア)～(オ)から１つ選び，記号で答えなさい。

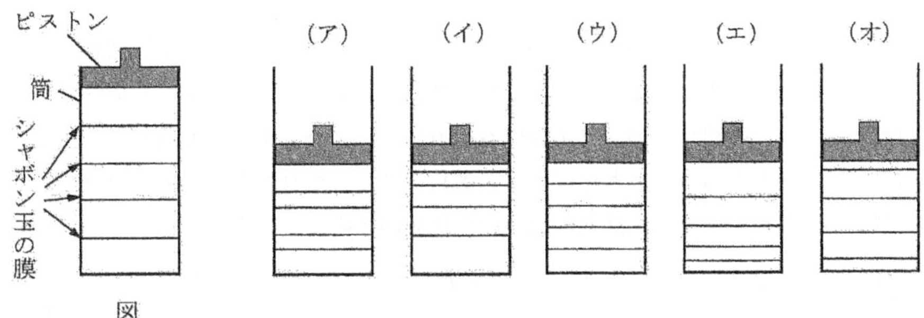

⑵ 次のＡ～Ｅの条件で，風船を筒の中に閉じこめました。あとの図は，それぞれのようすを表したものです。この状態からピストンを上から押したとき，風船が小さくなるのはどれですか。Ａ～Ｅからすべて選び，解答欄の記号を○で囲みなさい。

Ａ 空気が入った風船を筒の底に固定した。

Ｂ 水で満たされた風船を筒の底に固定した。

Ｃ 空気が入った風船を筒の底に固定し，筒の半分の高さまで水を入れた。

Ｄ 水で満たされた風船を筒の底に固定し，筒の半分の高さまで水を入れた。

Ｅ 筒の半分の高さまで水を入れ，空気が入った風船を水面に浮かべた。

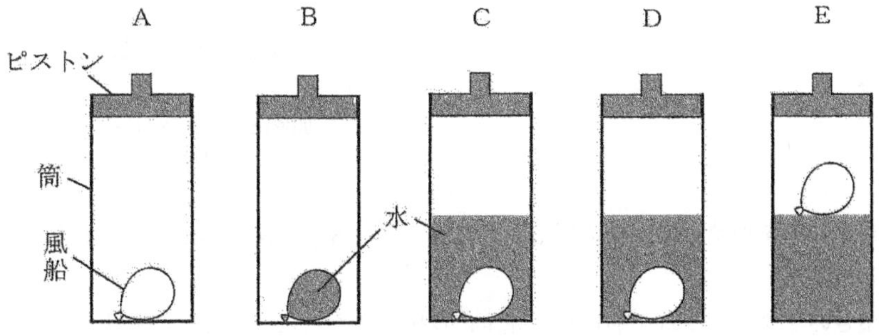

⑶ 右図のように，注射器に空気を入れて閉じこめました。この注射器の先をゴムの板に押しつけ，空気の出入りがないようにしました。図の状態からピストンを真上に引いたとき，閉じこめた空気の重さと空気の密度は，それぞれどのように変化しますか。次の(ア)～(カ)から１つ選び，記号で答えなさい。ただし，空気の密度とは１cm^3あたりの空気の重さのことです。

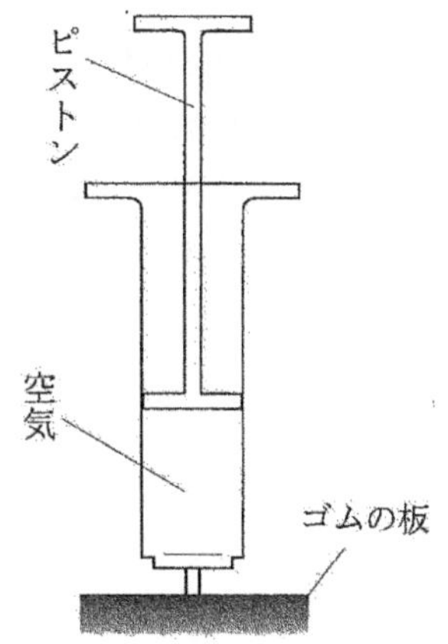

	空気の重さ	空気の密度
(ア)	大きくなる	大きくなる
(イ)	大きくなる	小さくなる
(ウ)	小さくなる	大きくなる
(エ)	小さくなる	小さくなる
(オ)	変わらない	大きくなる
(カ)	変わらない	小さくなる

【８】 銅やマグネシウムを加熱すると空気中の酸素と結びつき，銅は酸化銅という物質に，マグネシウムは酸化マグネシウムという物質に変わります。また，金属を加熱したあとの重さは，金属に結びついた酸素の分だけ加熱する前よりも重くなります。粉末状の銅とマグネシウムを用いて次の実験を行いました。あとの各問いに答えなさい。

〔実験〕

1．いろいろな重さの粉末状の銅を，図１のようにガスバーナーで十分に加熱して，完全に反応（すべての銅が酸素と結びつくこと）させて，それぞれ加熱後の重さを調べた。

2．いろいろな重さの粉末状のマグネシウムをガスバーナーで十分に加熱して，完全に反応（すべてのマグネシウムが酸素と結びつくこと）させて，それぞれ加熱後の重さを調べた。

3．各金属の加熱前の重さと加熱後の重さの関係を図２のようにまとめた。

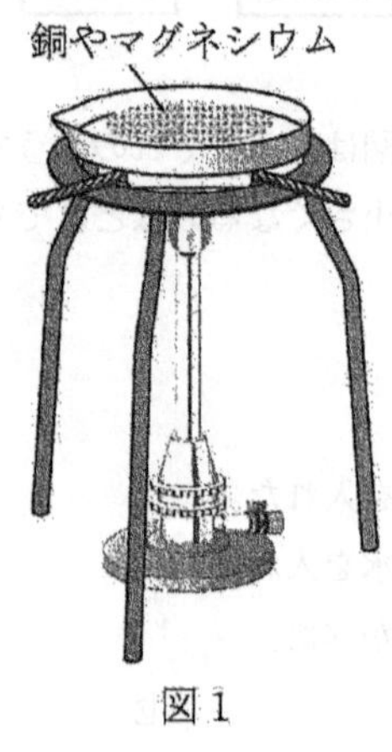

図１

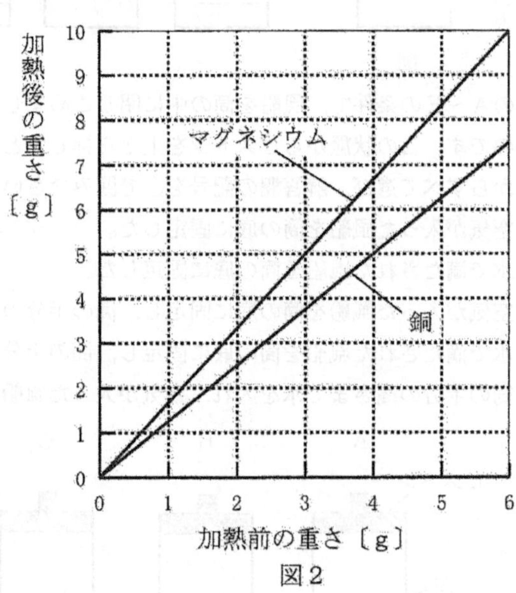

図２

⑴　ある重さの銅を加熱して完全に反応させたところ，８gの酸化銅ができました。何gの銅を加熱しましたか。

⑵　ある重さのマグネシウムを加熱して完全に反応させたところ，３gの酸化マグネシウムができました。このとき結びついた酸素の重さは何gですか。

⑶　13gの銅を加熱したところ，完全には反応しなかったため，加熱後の重さは14.5gになりました。このとき，反応していない銅の重さは何gですか。

⑷　銅とマグネシウムが混ざった粉末4.8gを加熱し，完全に反応させたところ，加熱後の重さは6.5gになりました。もとの粉末に含まれていたマグネシウムの重さは何gですか。

【社　会】（30分）　＜満点：50点＞

1．次の地図を見て，問いに答えなさい。

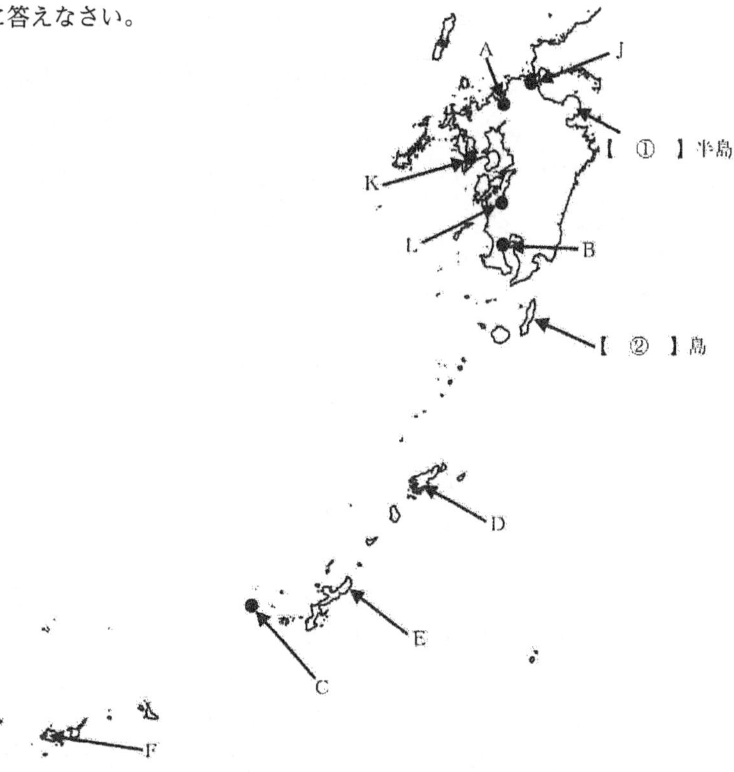

問１．地図中の【①】・【②】にあてはまる地名を，それぞれ漢字で答えなさい。

問２．次のⅠ～Ⅲの雨温図は，地図中のA～Cのいずれかの地点のものです。Ⅰ～ⅢとA～Cとの組み合わせとして正しいものを，下のア～カの中から１つ選び，記号で答えなさい。

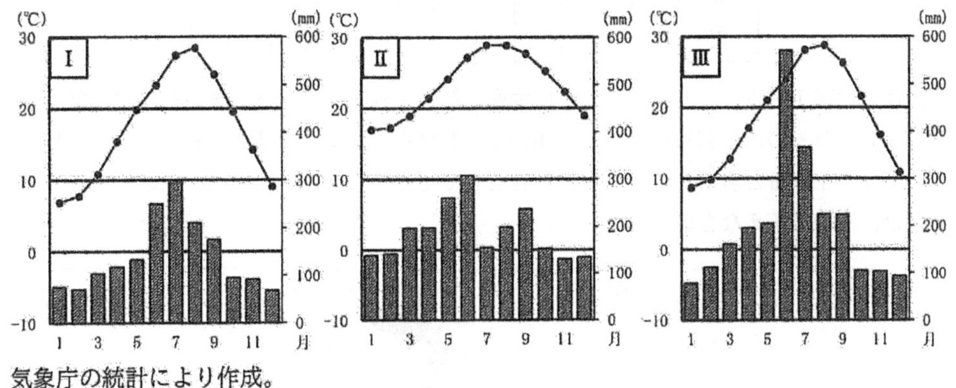

気象庁の統計により作成。

	ア	イ	ウ	エ	オ	カ
Ⅰ	A	A	B	B	C	C
Ⅱ	B	C	A	C	A	B
Ⅲ	C	B	C	A	B	A

問３．次のⅠ～Ⅲの道路標識は，前のページの地図中のＤ～Ｆのいずれかの地点で見られる動物（天然記念物・特別天然記念物）への注意をうながしたものです。Ⅰ～ⅢとＤ～Ｆとの組み合わせとして正しいものを，下のア～カの中から１つ選び，記号で答えなさい。

	ア	イ	ウ	エ	オ	カ
Ⅰ	Ｄ	Ｄ	Ｅ	Ｅ	Ｆ	Ｆ
Ⅱ	Ｅ	Ｆ	Ｄ	Ｆ	Ｄ	Ｅ
Ⅲ	Ｆ	Ｅ	Ｆ	Ｄ	Ｅ	Ｄ

問４．次のⅠ～Ⅲの文は，地図中Ｊ～Ｌのいずれかの都市について説明したものです。Ⅰ～ⅢとＪ～Ｌとの組み合わせとして正しいものを，下のア～カの中から１つ選び，記号で答えなさい。

Ⅰ．江戸時代末より造船業が行われ，造船所の一部は世界遺産に登録されている。

Ⅱ．日清戦争の賠償（ばいしょう）金で製鉄所が建設されて以来，鉄鋼業が行われている。

Ⅲ．かつて有機水銀による深刻な公害が発生したが，現在では環境（かんきょう）モデル都市に選ばれている。

	ア	イ	ウ	エ	オ	カ
Ⅰ	Ｊ	Ｊ	Ｋ	Ｋ	Ｌ	Ｌ
Ⅱ	Ｋ	Ｌ	Ｊ	Ｌ	Ｊ	Ｋ
Ⅲ	Ｌ	Ｋ	Ｌ	Ｊ	Ｋ	Ｊ

問５．次の地図Ⅰ～Ⅲは，九州でさかんに生産・飼育されている，さつまいもの収穫量，茶の収穫量，ブロイラーの出荷羽数について，2018年における上位７つの都道府県をぬりつぶして示したものです。Ⅰ～Ⅲと農畜産物（のうちくさんぶつ）の組み合わせとして正しいものを，次のページのア～カの中から１つ選び，記号で答えなさい。

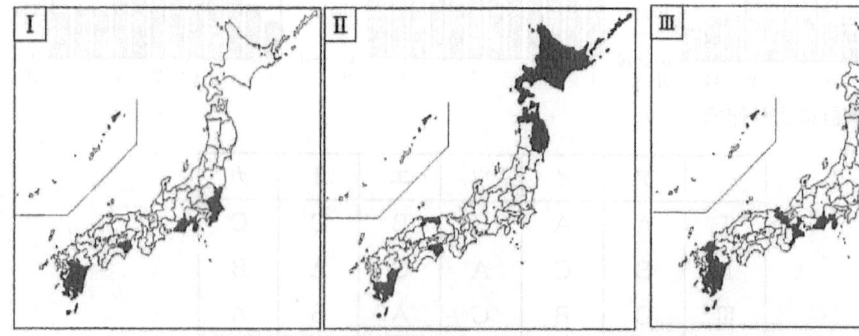

農林水産省の統計により作成。

	Ⅰ	Ⅱ	Ⅲ
ア	さつまいも	茶	ブロイラー
イ	さつまいも	ブロイラー	茶
ウ	茶	さつまいも	ブロイラー
エ	茶	ブロイラー	さつまいも
オ	ブロイラー	さつまいも	茶
カ	ブロイラー	茶	さつまいも

問６．次の表は，2019年における九州地方の３県の海面漁獲（ぎょかく）量，ぶり類とのり類の養殖収穫量（ようしょくしゅうかくりょう）を示したものです。表中Ⅰ～Ⅲにあてはまる県の組み合わせとして正しいものを，下のア～カの中から１つ選び，記号で答えなさい。

（単位：百ｔ）

	海面漁獲量	ぶり類 養殖収穫量	のり類 養殖収穫量
Ⅰ	2,508	94	4
Ⅱ	589	430	6
Ⅲ	97	9	652

農林水産省の統計により作成。

	ア	イ	ウ	エ	オ	カ
Ⅰ	鹿児島県	鹿児島県	佐賀県	佐賀県	長崎県	長崎県
Ⅱ	佐賀県	長崎県	鹿児島県	長崎県	鹿児島県	佐賀県
Ⅲ	長崎県	佐賀県	長崎県	鹿児島県	佐賀県	鹿児島県

問７．次の表は，2020年度における九州各県の発電実績を示したものです。表中Ⅰ～Ⅲにあてはまる県の組み合わせとして正しいものを，あとのア～カの中から１つ選び，記号で答えなさい。

（単位：10万kWh）

	水 力	火 力	原子力	地 熱	その他	総発電量
長崎県	66	270,498	−	−	3,442	274,007
Ⅰ	7,591	181,755	−	7,574	5,750	202,670
佐賀県	5,379	1,993	156,309	−	1,399	165,079
福岡県	632	100,300	−	−	6,906	107,838
熊本県	7,599	87,665	−	−	4,036	99,301
Ⅱ	5,579	10,909	60,454	3,337	11,566	91,845
沖縄県	−	74,854	−	−	517	75,371
Ⅲ	33,841	8,208	−	−	4,852	46,901

表中の−は実績がないことを示す。経済産業省の資料により作成。

	ア	イ	ウ	エ	オ	カ
Ⅰ	大分県	大分県	鹿児島県	鹿児島県	宮崎県	宮崎県
Ⅱ	鹿児島県	宮崎県	大分県	宮崎県	大分県	鹿児島県
Ⅲ	宮崎県	鹿児島県	宮崎県	大分県	鹿児島県	大分県

問８．次のⅠ～Ⅳの写真は，沖縄県内で見られる景観です。それぞれの写真を説明した文として**誤っているもの**を，下のア～エの中から１つ選び，記号で答えなさい

ア．Ⅰの写真のように，玄関（げんかん）や屋根に，魔（ま）よけの意味を持つシーサーが置かれている家屋が多い。

イ．Ⅱの写真のように，火災に備えるための水タンクが建物の屋根に設置されている家屋が多い。

ウ．Ⅲの写真のように，菊（きく）を栽培（さいばい）している畑では，開花時期を調整するための照明が設置されている。

エ．Ⅳの写真のように，市街地の中に米軍基地が存在し，移設が検討されている。

２．次の文を読んで，問いに答えなさい。

【　A　】に施行（しこう）された日本国憲法は，国民主権，平和主義，①基本的人権の尊重を三大原理としています。国民主権といっても，選挙によって選ばれた国民の代表者が話し合い，国民に代わって政治を行う【　B　】制を採用しています。

国の基本法である憲法は，国家権力を制限するものであり，②憲法に反する法令などはつくることができません。

問１．【A】にあてはまる，日本国憲法が施行された日付として正しいものを，次のア～エの中から１つ選び，記号で答えなさい。

ア．1946年５月３日　　イ．1946年11月３日　　ウ．1947年５月３日　　エ．1947年11月３日

問２．【B】にあてはまる語句を，漢字４字で答えなさい。

問３．下線部①について，日本においては，基本的人権として身体の自由が保障されており，正当な理由がなければ逮捕されることはありません。裁判官が発して，逮捕や家宅捜索などを行う際に示されるものを何というか，漢字２字で答えなさい。

問４．下線部②について，日本において，法律などが憲法に適合するかしないかを最終的に決定する機関は，その特性から「憲法の番人」とよばれています。この機関の名称を，漢字で答えなさい。

３． 次の文を読んで，問いに答えなさい。

昨年（2021年）10月14日，衆議院が解散されました。衆議院の解散は天皇の国事行為の一つですが，これは①内閣の助言と承認によって行われるものです。

衆議院が解散されると，任期満了前であっても②衆議院議員としての資格が失われ，解散から【　Ａ　】日以内に実施される衆議院議員総選挙によって，新たな議員が選出されます。また，総選挙の実施から【　Ｂ　】日以内に特別国会が召集されます。

問１．【A】・【B】にあてはまる数字を，次のア～カの中からそれぞれ１つずつ選び，記号で答えなさい.

ア．10　　イ．20　　ウ．30　　エ．40　　オ．50　　カ．60

問２．下線部①について，次の文Ⅰ・Ⅱの正誤の組み合わせとして正しいものを，下のア～エの中から１つ選び，記号で答えなさい。

Ⅰ．内閣が国会に提出する法案は，議員が提出する法案に比べて成立する割合が低い。

Ⅱ．内閣を構成する国務大臣は，全員が国会議員でなくてはならない。

	ア	イ	ウ	エ
Ⅰ	正	正	誤	誤
Ⅱ	正	誤	正	誤

問３．下線部②について，衆議院議員に関して述べた文として正しいものを，次のア～オの中から**すべて**選び，記号で答えなさい。

ア．議員の任期は，４年である。

イ．議員定数は，465名である。

ウ．議員定数は，小選挙区選出議員よりも比例代表選出議員の方が多い。

エ．被選挙権を有するのは，満30歳以上の日本国民である。

オ．小選挙区選挙と比例代表選挙の両方に立候補する，重複立候補が認められている。

４． 次の［１］～［５］は，日本にある世界文化遺産の名称とその説明です。これを読んで，問いに答えなさい。

［１］【　Ａ　】・古市古墳群

古墳時代の最盛期であった４世紀後半から５世紀後半にかけて，当時の政治・文化の中心地の一つであり，大陸に向かう航路の発着点であった大阪湾に接する平野上に築造されました。

世界でも独特な，墳長500メートル近くに達する①前方後円墳から20メートル台の墳墓まで，大きさと形状に多様性を示す古墳により構成されています。

［２］古都京都の文化財

794年から1868年にかけて天皇が居所をおいた日本の首都であり，武家政権が政治の中心を鎌倉と江戸にうつした時期以外，文化・経済・政治の中心として繁栄（はんえい）しました。

北，西，東の三方を丘陵（きゅうりょう）に囲まれた盆地という地理的特徴（とくちょう）を利用して建設された都市です。中央の平地部では，②幾多（いくた）の兵火※１に見舞（みま）われて火災が頻発（ひんぱつ）し，多くの建物などが失われては再興されるというくり返しでした。しかし，周辺の山麓（さんろく）部は災害を免（まぬが）れ，起伏（きふく）に富んだ自然地形を利用して建てられた大寺院や山荘（さんそう）・庭園がいまでも多数残されています。

平地部にも東寺や二条城などの大きな規模の記念物や各種の伝統的な住宅様式を示す町並みなどの文化遺産が，条坊制の中に残っています。

※１戦乱による火災

［３］【　Ｂ　】神社

③瀬戸内海の島を背後にして，その入り江（え）の海の中に木造建物が建ち並ぶ日本でも珍（めずら）しい神社です。社殿（しゃでん）構成は12世紀にはじまりましたが，その後焼失し，1241年に再建されました。海に建つ木造建物として過酷（かこく）な環境下にありながら，歴代政権の厚い保護に支えられて，古い様式を今日に伝えています。この周囲の自然景観は，17世紀頃（ころ）から「日本三景」の一つとしてたたえられてきました。

［４］日光の社寺

徳川初代将軍家康の霊廟（れいびょう）※２である東照宮が1616年に造営されて以来，④徳川幕府の聖地となりました。東照宮は，その後1636年に全面的に大規模な造り替（か）えが行われ，現在の規模・構造になりました。さらに，1653年には３代将軍家光の霊廟である大猷院（だいゆういん）が造営されました。８世紀以来，男体山を中心とする山岳信仰（さんがくしんこう）の聖地であり，山麓や中禅寺湖畔（はん）にははやくから社寺が営まれていました。

※２先祖の霊をまつってある宮

［５］【　Ｃ　】と絹産業遺跡（いせき）群

世界経済の貿易を通じた一体化が進んだ⑤19世紀後半から20世紀にかけて，高品質な生糸の大量生産の実現に貢献（こうけん）した技術交流と技術革新を示す集合体です。その結果，世界の絹産業の発展と絹消費の大衆化がもたらされました。

この技術革新は，製糸技術の革新と，原料となる良質な繭（まゆ）の増産を支えた養蚕技術の革新の双方（そうほう）が相まって成し遂（と）げられました。本資産は，製糸とこれを支える養蚕の技術革新の過程を示す構成要素を併（あわ）せ持ち，生糸を生産する過程全体を今日に伝える顕著な見本です。

（「文化遺産オンライン」による。一部改変。）

問１．【A】～【C】にあてはまる語句を，それぞれ漢字で答えなさい。

問２．下線部①について，【A】の古墳群に含（ふく）まれる日本最大の前方後円墳の名称を，漢字で答えなさい。

問３．下線部②について，京都を舞台とした次のア～エのできごとを，年代の古い順に並べかえなさい。

ア．応仁の乱　　イ．禁門の変（蛤御門の変）　　ウ．保元の乱　　エ．本能寺の変

問４．下線部③について，瀬戸内海の歴史を述べた文として**誤っているもの**を，あとのア～エの中から１つ選び，記号で答えなさい。

ア．平安時代には，平清盛が大輪田泊を整備し，日宋貿易を行った。

イ．室町時代には，日明貿易を行うため，勘合船が往来した。

ウ．江戸時代には，河村瑞賢が開いた東廻（まわ）り航路の寄港地の一つとして，瀬戸内海の港が整備された。

エ．第二次世界大戦後には，石油化学コンビナートがつくられ，重化学工業が発達した。

問５．下線部④について，徳川将軍とその在位中のできごとの組み合わせとして正しいものを，次のア～オの中から**すべて**選び，記号で答えなさい。

ア．徳川家光の時，天草四郎を指導者とする島原の乱が起こった。

イ．徳川綱吉の時，江戸の町人を中心とする化政文化か栄えた。

ウ．徳川吉宗の時，公正な裁判を行うための公事方御定書が制定された。

エ．徳川家斉の時，老中の田沼意次が株仲間を公認した。

オ．徳川家茂の時，桜田門外の変で大老の井伊直弼が暗殺された。

問６．下線部⑤について，明治時代の日本では，富国強兵をめざして工業などの分野で近代化が推進されました。このことを何というか，漢字で答えなさい。

問7．昨年，北海道や東北地方の縄文遺跡群の一部が世界文化遺産に登録されました。**この遺跡群がない**県を，次のア～エの中から１つ選び，記号で答えなさい．

ア．青森県　　イ．秋田県　　ウ．岩手県　　エ．宮城県

問８．世界文化遺産に登録されることの利点と問題点はどのようなところにあると考えられますか。石見銀山を例にとり，次の**資料①と次のページの資料②にもとづいて**説明しなさい。

資料①　大森町住民憲章

石見銀山のある島根県大田市大森町の住民が，世界文化遺産登録直後の2007年８月に制定した住民憲章

石見銀山　大森町住民憲章

このまちには暮らしがあります。
私たちの暮らしがあるからこそ
世界に誇（ほこ）れる良いまちなのです。
私たちは
　このまちで暮らしながら
　人との絆（きずな）と石見銀山を
　未来に引き継（つ）ぎます

記

未来に向かって私たちは
　一，歴史と遺跡，そして自然を守ります。
　一，安心して暮らせる住みよい町にします。
　一，おだやかさと賑（にぎ）わいを両立させます。

平成十九年八月　制定

資料②　石見銀山・観光坑道（龍源寺間歩）の見学者の推移

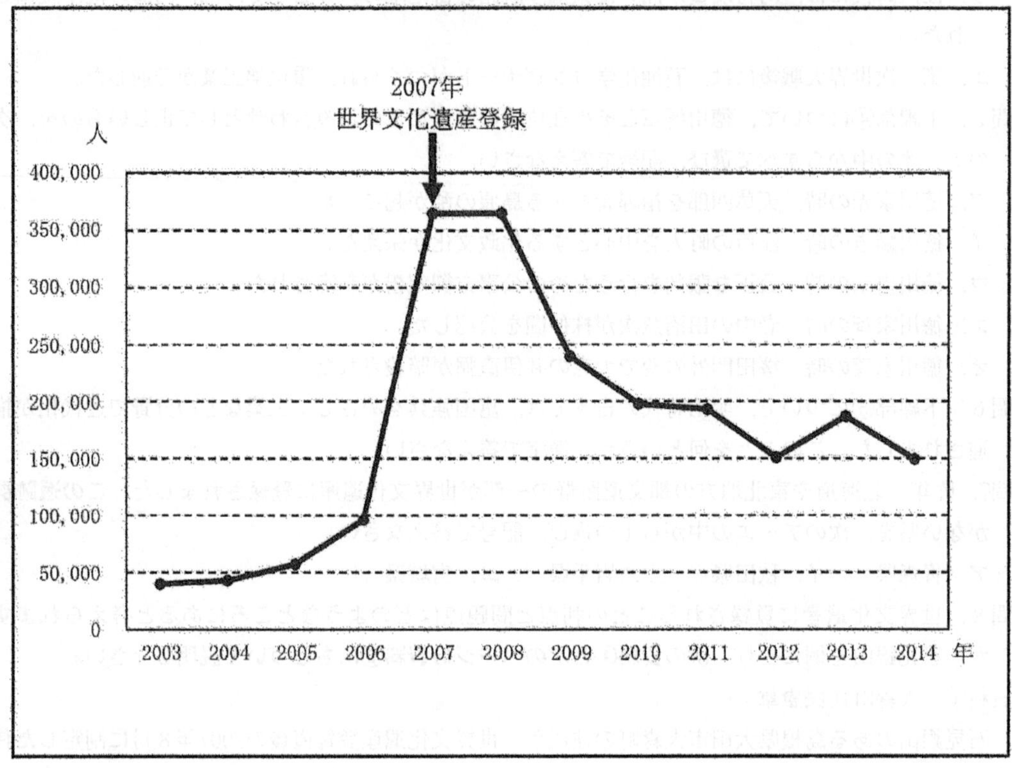

「文化遺産の世界」により作成。

（ア）ピンポンダッシュの犯人をまちがえてしまい、藤堂さんの面目がつぶれてしまったから。
（イ）ピンポンダッシュの犯人はわかったが、藤堂さんを傷つける結果となってしまったから。
（ウ）ピンポンダッシュの犯人をまちがえてしまい、子どもにぬれぎぬを着せてしまったから。
（エ）ピンポンダッシュの犯人はわかったが、その真相に藤堂さんが腹を立ててしまったから。

二、次の①～⑤の意味になるように、語群〔Ⅰ〕と語群〔Ⅱ〕の言葉を組み合わせて慣用句を作り、それぞれ記号で答えなさい。

① 白状する　② 調子を合わせる　③ 味方をする
④ もてあます　⑤ おおげさなことを言う

語群〔Ⅰ〕

（ア）大風呂敷（おおぶろしき）を　（イ）油を　（ウ）相づちを
（エ）手を　（オ）口を　（カ）肩（かた）を
（キ）背を

語群〔Ⅱ〕

（a）さす　（b）わる　（c）うる　（d）うつ
（e）もつ　（f）やく　（g）でる　（h）あう
（i）むける　（j）ひろげる

三、次の①～⑤について、一つだけ画数が異なる漢字を（ア）～（エ）の中から一つ選び、それぞれ記号で答えなさい。

① （ア）弓　（イ）少　（ウ）収　（エ）円
② （ア）気　（イ）百　（ウ）両　（エ）近
③ （ア）男　（イ）吸　（ウ）防　（エ）弟
④ （ア）出　（イ）写　（ウ）印　（エ）氷
⑤ （ア）世　（イ）区　（ウ）月　（エ）比

四、次の①～⑦の――線部を漢字に改め、⑧～⑩の――線部の読みをひらがなで答えなさい。

① コユウの文化を大切に守る。
② 責任をマットうする。
③ マイクをナイゾウした録音機。
④ どうかマサユメになりますように。
⑤ とてもフウリュウな庭。
⑥ 相手の作戦をサカテにとって反撃（はんげき）に転じた。
⑦ シオドキをみて、父に話した。
⑧ おこづかいを工面しておもちゃを買った。
⑨ 奮ってご参加ください。
⑩ 最後は彼（かれ）に委ねられた。

表現していますか。抜き出して答えなさい。

問十一、⑪に当てはまる言葉として最も適切なものを、次の(ア)～(エ)の中から選び、記号で答えなさい。

(ア)　緊張（きんちょう）　(イ)　反論

(ウ)　動揺（どうよう）　(エ)　反省

問十二、――線⑫「念のためおまえらの指、見せておけ」とありますが、「藤堂さん」がこのように言った目的を、具体的に答えなさい。

問十三、――線⑬「同じこと」とありますが、その内容が具体的に示されている部分を本文中から抜き出し、最初と最後の五字を答えなさい。

問十四、――線⑭「いるんだ」の主語を答えなさい。

問十五、⑮に当てはまる言葉を十字以内で答えなさい。

問十六、――線⑯「ここ」とはどこを指していますか。本文中から十六字で抜き出して答えなさい。

問十七、〰〰線Ⓐ「ここの家の人が見ていたかもしれない。」・Ⓑ「あーっ！見て。」・Ⓒ「え、えっ。」は誰（だれ）の言葉だと考えられますか。最も適切なものを、次の(ア)～(エ)の中から選び、記号で答えなさい。

(ア)　Ⓐ魔王・Ⓑぼく・Ⓒぼくと魔王と藤堂さん

(イ)　Ⓐぼく・Ⓑ魔王・Ⓒぼくと魔王と藤堂さん

(ウ)　Ⓐ魔王・Ⓑ藤堂さん・Ⓒぼくと魔王

(エ)　Ⓐぼく・Ⓑぼく・Ⓒぼくと魔王

問十八、――線⑰「聞きたいこと」とありますが、具体的にどのようなことを「聞きたい」のですか。「～ということ。」に続くように、本文中から二十五字で抜き出し、その最初と最後の五字を答えなさい。

問十九、――線⑲「しょっぱいものをのみこんだように口もとをゆがめている」とありますが、この時の「藤堂さん」の気持ちとして最も適切なものを、次の(ア)～(エ)の中から選び、記号で答えなさい。

(ア)　龍介くんのお母さんが息子のいたずらをかばっていることに驚く気持ち。

(イ)　龍介くんのお母さんが息子のいたずらをかばっていることを不愉快（ふゆかい）に思う気持ち。

(ウ)　龍介くんが本当は道場をやめたがっていることを知り、戸惑（とまど）う気持ち。

(エ)　龍介くんが本当は道場をやめたがっていることを知り、不機嫌（ふきげん）な気持ち。

問二十、――線⑳「達成感」とありますが、「ぼく」が「達成感」を覚えた理由として**適切でないもの**を、次の(ア)～(エ)の中から一つ選び、記号で答えなさい。

(ア)　自分で自分の疑いを晴らすことができ、藤堂さんにも謝ってもらえたから。

(イ)　予想外だったとはいえ、自分たちの力で事件の真相を解明することができたから。

(ウ)　「ぼく」のことを犯人だと主張していた藤堂さんが、かんちがいを認めてくれたから。

(エ)　事件の真相を解明できただけでなく、思惑（おもわく）通りに真犯人を見つけることができたから。

問二十一、――線㉑「ちょっとにがい味のものだった」とありますが、なぜですか。その理由として最も適切なものを、次の(ア)～(エ)の中から選び、記号で答えなさい。

たずらしてきらわれようとしてチャイムを押したんだ。それでも、いざとなると、怒られるのがこわくなって、かくれてしまったのかもしれない。どっちにしろご近所トラブルの一種なのだろう。

藤堂さんはすっかりしょげてしまっていた。でも、ぼくが帰るというと、よびとめてきた。

「もし、時間があったら、ジュースでも飲んでいかないか？　犯人とまちがえたおわびだ。菓子もあるぞ。」

魔王は「ええっ。」と顔をこわばらせ、びびってあとずさり。けど、ぼくはかまわず大きくうなずいた。

「はい。いただきます。」

（赤羽じゅんこ『ぼくらのスクープ』による）

＊　しばたたかせ　…　しきりにまばたきをして

問一、――線①「再現」と同じ内容を示している言葉を、本文中から抜き出して答えなさい。

問二、――線②「こんなこと」とはどのようなことを指していますか。具体的な内容を「〜こと。」に続くように、十字以内で答えなさい。

問三、――線③「あてにならなかった」とありますが、「魔王」はどのような様子なのですか。本文中の言葉を用いて二十字以内で答えなさい。

問四、――線④「やぶれかぶれだ」とありますが、この時の「ぼく」の気持ちとして最も適切なものを、あとの(ア)〜(エ)の中から選び、記号で答えなさい。

(ア)　もうどうにでもなれという投げやりな気持ち。
(イ)　どうせ勝てないとやけっぱちになる気持ち。
(ウ)　なにがなんでもたたかおうと意気込む気持ち。
(エ)　負けても仕方がないと開き直る気持ち。

問五、――線⑤「藤堂さんの顔が赤くなった」とありますが、なぜですか。その理由として**適切でないもの**を、次の(ア)〜(エ)の中から一つ選び、記号で答えなさい。

(ア)　子どもが話の途中に口をはさんできたので、腹が立ったから。
(イ)　子どもに当然のことを指摘されて、恥ずかしかったから。
(ウ)　子どもに自分の非を注意されて、気まずかったから。
(エ)　子どもが自分に口答えをしたので、驚いたから。

問六、――線⑥「それ」とはどのようなことを指していますか。十五字以内で具体的に答えなさい。

問七、――線⑦「あそこの花台」とありますが、「花台」の場所を説明した次の文の(ア)・(イ)に当てはまる漢字一字を、それぞれ答えなさい。

> 花台は、玄関から門の方に向かって置いてある飛び石を途中で（　ア　）側に曲がったところにあり、そこから門の外までは、（　イ　）メートルを切るくらいである。

問八、――線⑧「やられた」とありますが、何を「やられた」のですか。答えなさい。

問九、[⑨]・[⑱]には同じ言葉が入ります。その言葉として最も適切なものを、あとの(ア)〜(エ)の中から選び、記号で答えなさい。

(ア)　ずかずかと　　(イ)　おずおずと
(ウ)　じりじりと　　(エ)　ばたばたと

問十、――線⑩「ぼくが押していないという証拠にはならない」とありますが、やっていないことを明らかにすることを本文ではどのように

ただけなのに、話がちがう方向にむかっている。

魔王が一歩前にでた。

「龍介くんがピンポンダッシュをしたのですか？」

「えっ、そのことできたんじゃないんですか？」

おばさんが「まずった」という感じに口に手をあてる。

「ばかな。そんなはずはない。あの子はいい子だ。」

藤堂さんの声が大きくひびく。

すると、玄関の先にある階段から、ひとりの少年が ⑱ 顔だけだした。龍介くんのようだ。

「ピンポンダッシュ、もうしません。もうしないから、ママを怒（おこ）らないで。」

問いかけられた少年は、か細い声でそれだけいうと、すぐに顔をひっこめた。

「ガレージのところで、こそこそかくれていたから、問いただしたんです。でも、理由はあるんですよ。道場、やめたいから、藤堂さんにきらわれるようなことをしようと思ったって。道場で怒られるのが、どうもいやだったらしく……。わたしが近所の手前、やめにくいからがまんしなさいといってしまったから、こじれたのかもしれません。すみません。ほんとうにすみません。」

おばさんが頭をさげる。

「わ、わしが、龍介くんをしかったってか？　あいさつは大きな声でとか、しゃきっと立てとか、そんなことくらいだろ。」

藤堂さんがそういうと、二階でひいっと泣き声があがった。

「藤堂さんにとっては、そんなことくらい、でも、あの子にとってはきつかったんです。あとであらためておわびにうかがいますから、今日はお帰りください。」

おばさんはぼくらを追いだすようにドアの外に押しだし、がしゃんとかぎをかけた。

「龍介、だいじょうぶ？」

ドアのむこうから、そういって階段をかけあがる音が聞こえた。

「なんだ。あれは？」

藤堂さんは、⑲しょっぱいものをのみこんだように口もとをゆがめている。

「わしが『道場、楽しいか？』って聞いたら、楽しいっていっていたんだぞ。」

「どんまいだよ。」

ぼくは藤堂さんの背中をたたいた。

「世の中、いろいろあるよ。ぼくもうまくいかないことばかりだもん。」

「お、おう。」

藤堂さんは、はずかしそうに目を細めた。

それから、深々とぼくに頭をさげてくれたんだ。

「わしの負けだな。犯人とまちがって、悪かった。わしのかんちがいだったようだ。」

「よっし。」

ぼくは、小さくガッツポーズした。ヤッタ――。

つかめた。やっと、真実がわかった。

藤堂さんにもあやまってもらえた。

⑳達成感がこみあげてきて、思わず魔王とハイタッチする。

真実はぼくが想像したのとちがって、㉑ちょっとにがい味のものだった。犯人は藤堂さんがかわいがっていた子だったからだ。藤堂さんにい

ことはわかった。でも、おまえでないという証拠にはならないぞ。」

痛いところを突かれた。

この実験で証明できるのはここまで。 ⑮ 可能性があるってところまでだ。

やっぱり、やってないことの証明、「悪魔の証明」はできないのか。

奥歯をかみしめたときだ。

「目撃者をさがそう。このままだったら、気持ち悪い。」

とつぜん、魔王がいいだした。

「⑯ここにかくれるのなら。」

そういって、となりの佐々木さんという家を見る。新築のおしゃれな家で三階建てだ。

「Ⓐここの家の人が見ていたかもしれない。」

「それはいい。この家のことはよく知っている。小一の龍介くんがわしの道場にかよっている。じつにかわいい子なんだが、弱弱しかったから、鍛えてやろうと思って、さそったんだ。」

げーって思った。ぼくが龍介くんなら、藤堂さんから剣道をならうなんて、ぜったいにいやだ。

「聞いてみよう。今、明かりがついてるから、だれかいるじゃろ。」

佐々木さんの家はガレージのおくに玄関がある形だ。藤堂さんはずかずかと車の横をすすんでいく。ぼくらはそのあとに続いた。

藤堂さんはぼくらが後ろにいるのを確認して、チャイムを押した。

「わしじゃ。となりの藤堂だ。ちょっとすまんが顔だしてくれ。」

「はーい。」

ミニスカートのおばさんがでてきた。目がくりっとしてかわいらしい。しかし、ぼくらを見ると、警戒するような表情をうかべる。

「どうかしましたか？」

「いや、忙しいときにすまん。⑰聞きたいことがあって。こいつらが実験だとか調査だとか、うるさくいうもんでな。」

藤堂さんがそこまでいったときだ。

「Ⓑあーっ！　見て。」

フレッシュグリーンのパーカーが、目にとびこんできた。犯人にまちがえられたとき、ぼくが着ていたＴシャツと同じ色。玄関にあるハンガーラックに、かけてあったのだ。

「おっ。」

藤堂さんもそれに目をとめる。

「なんですか？　じろじろと。」

おばさんはハンガーラックをかくすように前に立つ。

「いやその、じつはピンポンダッシュでな……。」

藤堂さんがそういったときだ。

「やはり、そのことで……。」

おばさんはあきらかにぎょっと顔をひきつらせ、玄関にひざをついてすわりこんだ。

「ごめんなさい。あやまりにいこうと思ってたんです。でも、龍介がいやがるから、つい、あとで、あとでとなって。しかってはいたんですよ。ほんと、ごめんなさい。」

「Ⓒえ、えっ。」

ぼくらはみんな、顔を見合わせた。

ガレージにかくれる子どものすがたを見ていなかったかと聞きたかっ

げた。

「だれだ？」

藤堂さんはかけてきて、がしゃがしゃと木の門をあけて外にでる。右、左を見た。一歩前にでて、もう一度左右を見た。

それから、勝ちほこった様子でぼくを指さす。

「やっぱり、おまえだ。おまえしか見えない。」

「ちがいます。押したのは、ぼくでーす。」

となりの佐々木さんの家の車のかげから、魔王が立ちあがった。ガレージに柵がないから、車の横にもぐりこんでかくれていたんだ。

「なんと。」

藤堂さんはぼくを見て、ぽかんとした。

「ほんとうに、おまえは押してないのか？　わしの場所から、チャイムの位置は見えない。ごまかしてないか？」

藤堂さんは、慎重だった。魔王が押した証拠はない。それに⑩魔王がチャイムを押したというだけでは、ぼくが押していないという証拠にはならないといいはる。

でも、魔王は ⑪ しなかった。

「おれが押したという証明ならできます。」

ランドセルを地面に置いて、ふでばこから赤いサインペンを選んで、とりだし、それでチャイムのボタンを赤くぬった。

「おい、おい、やめろ。何をしてる？」

藤堂さんは目をつりあげた。

「こうすれば、押した人の指が赤くなるでしょ。だれが押したか証拠になります。あとで色はきれいに落としますから。」

「そうか。よし。意味はわかった。⑫念のためおまえらの指、見せておけ。」

ぼくらは両手をパーにして藤堂さんに見せた。今、どちらの指も赤くない。

「押したやつの指が、赤くなるんだな。」

もう一度、藤堂さんは花台にもどった。

ぼくと魔王はさっきと同じ位置にもどって、⑬同じことをくりかえす。

チャイムがなると、藤堂さんがとびだしてきた。

ぼくのほうをまず見る。

それから体をのりだして、となりのガレージのところを見た。かくれていた魔王が立ちあがった。

「たしかに、そんなふうにそっちの車のほうにすわっていると、見えないかもな。よし。指を見せてみろ。」

魔王が手をひろげた。ぼくもひろげた。

ひとさし指に赤い色がついているのは、魔王だけだ。

「ね、ぼくが犯人じゃない場合もあるってわかったでしょ。ぼくはやってない。⑭他にいるんだ。いたずらをした犯人が。」

えっへんとむねをはる。

「うーん。」

藤堂さんは目をしばたたかせ、＊腕をくんだ。

「じゃ、真犯人は、どこのどいつだ？」

声をはりあげる。

「そこまでは、わからないよ。」

「じゃ、おまえかもしれないじゃないか。やってないかもしれんという

けゆるんだ。

「⑦あそこの花台で、花の手入れをしていたんだ。咲きおわった花をつんでしまわないと、次の花が咲かないからな。」

藤堂さんは、門をあけて、「こっちこっち。」とまねきいれてくれた。後ろにいた魔王もあわてて、近くにくる。

門から玄関まで飛び石が置いてあった。その飛び石は途中で二手に分かれていて、右にまがると庭のほうに続いていく。

藤堂さんは、門と庭との間あたりにある花台のところで作業していたらしい。

「それでな、チャイムが聞こえた。わしは、腰をのばして様子をうかがった。柵のあたりに、緑の服がちらっと見えた。また、⑧やられたと思い、いそいで、もっていたものをほうりだしてな。」

藤堂さんは、花ばさみを置いて、門にむかう。

「門にいったんじゃ。かんぬきをはずして道にでたら、走っていくおまえの背中が見えた。それでよびとめた。もちろん、よびとめる前に、右、左を両方ともよーく見た。ほかにだれもいなかったんじゃ。まちがいない。だから、おまえしかチャイムを押すことはできない。」

藤堂さんは、最後に「わかったか。」といって、ぜいぜいと息をした。花台から門の外まで、五メートルもないけど、あわてたせいで息がきれている。

「ありがとうございます。」

魔王が［⑨］前にでて、ていねいに、頭をさげる。

「もし、犯人が見えないようにかくれたのなら、どうですか？」

「かくれたって、そういうのは、わしはわかる。よく見だのだから。」

藤堂さんは、つかみかかるようないきおいでいう。

「でも、やってみたいんです。うまくかくれられるかどうか。実験させてください。」

ぼくは九十度くらいに深く頭をさげた。

「お願いします。」

魔王もとなりにきて、頭をさげた。

頭にじりじりと視線を感じた。藤堂さんがにらんでるからだ。

「やってみれば気がすむのか？」

カミナリのような大声。

「はい。チャイムを押して、かくれられるか、藤堂さんに見つかるか、ためしたいんです。」

ふるえる声で魔王がたのむ。

「そうなら早くそういえばいい。」

ヤッター。しぶしぶだが、再現すること、ＯＫしてくれた。

藤堂さんは魔王のほうを見て、どうやるんだってたずねている。

「ピンポンダッシュのときと同じようにしていてください。同じ場所にいて、チャイムを聞いてから動いてください。」

「わかった。あの日と同じことをするんじゃな。」

藤堂さんは、花ばさみを手にとり、手入れを始めた。

ぼくたちは、いそいで外にでた。魔王とぼくはとなりの佐々木という家の玄関のあたりに立つ。

「よし、始めよう。」

まず、ぼくは前をむいたまま、急ぎ足で藤堂さんの門をとおりすぎ、そのまま歩道を走る。魔王は体をかがめてチャイムを押すと、さっと逃

【国　語】（五〇分）〈満点：一〇〇点〉

【注意】　字数指定がある問いでは、句読点・記号なども一字として数えます。

一、次の文章を読んで、後の問いに答えなさい。（字数指定がある問いでは、句読点・記号なども一字として数えます）

> 井田敦也と魔王こと堤奏太は学級新聞の係である。良い記事を書くために井田が思いついたことは、以前、自分がぬれぎぬを着せられた「ピンポンダッシュ事件」の真相を明らかにするための取材をすることだった。

「なんじゃ、①その再現なんとかって。」

藤堂さんは、しわのおくの目をかーっと見ひらいて、ぼくをにらんできた。

それだけで、すげー迫力。八十三歳の貫ろくも加わって、寺院にある仁王像ってやつを思いだしたくらい。

――こわっ。

ぼくは思わずあとずさった。

勇気をふりしぼり、覚悟を決めて対決しようと思って、きたんだ。②こんなことで負けてはだめだと思うが、体がかってに後ろにさがる。

魔王はまるで③あてにならなかった。

「それなら、協力するよ。」

ガッツポーズでそういったくせに、五メートルくらいはなれたところで、首をすくめてちぢこまっている。

「聞こえないのか。なんじゃと聞いてるんだ。」

藤堂さんが顔をしかめて、一歩ふみだしてくる。

こうなったら、もう、④やぶれかぶれだと、ぼくはむねをはって、藤堂さんの目をにらみかえした。

「ぼくはピンポンダッシュをしていません。犯人にまちがえられて、めいわくしています。だから、そのときのことを、再現して、ぼくは何もやってないことをわかってもらいたいんです。うたがわれたままじゃ、いやなんです。」

藤堂さんは、考えるように空をあおいだ。

「そうか。あんときのピンポンダッシュの子か。じゃが、わしは、ちゃんと玄関をでて、道を見まわした。この道を歩いていたのは、おまえだけだった。ほかには……。」

「ぼく、『おまえ』じゃありません。ぼくは井田です。」

つい、いいかえしてしまった。⑤藤堂さんの顔が赤くなった。

「こっちが話しているとき、口をはさむんじゃない。いいか。だれがなんていったって、おまえしかいなかった。」

口からあわをとばすようないきおい。

それにしても元気だ。八十三歳でこれなんだから、若いときはどんなだったんだろうと、一瞬、ぼうっとしてしまうほど。

いけない。今は、集中しなきゃと、首を横にふった。

「そ、それを再現してみるんです。あのとき、藤堂さんは何をしていたんですか？」

ちゃんと名字でよぶことができた。

魔王が、お年寄りの中には、おじいちゃんとよばれるのをいやがる人もいる、ちゃんと名字でよぼうといったからだ。

⑥それは効果があったらしく、藤堂さんのこわばっていた表情が少しだ

2022年度

明治大学付属中野中学校入試問題（第２回）

【算　数】（50分）　＜満点：100点＞

1．次の □ にあてはまる数を答えなさい。

(1)　$(11\times 3-9\times 2)\times 2+15\times 2.15-166\div 4=$ □

(2)　$3.6-\frac{10}{11}\times\left\{\left(0.75-\frac{2}{3}\right)\div \square +2\right\}\div 5=3$

(3)　１ピラーが14.4円で，１円が$\frac{1}{120}$ゼットのとき，27ゼットは □ ピラーになります。

2．次の問いに答えなさい。

(1)　Ａ君とＢ君のはじめの所持金の比は５：４でした。２人が買い物でお金を９：２の比で使ったところ，Ａ君は3300円，Ｂ君は4200円残りました。Ａ君のはじめの所持金はいくらですか。

(2)　右の図は，ある立体の展開図を表しています。この立体の体積を求めなさい。

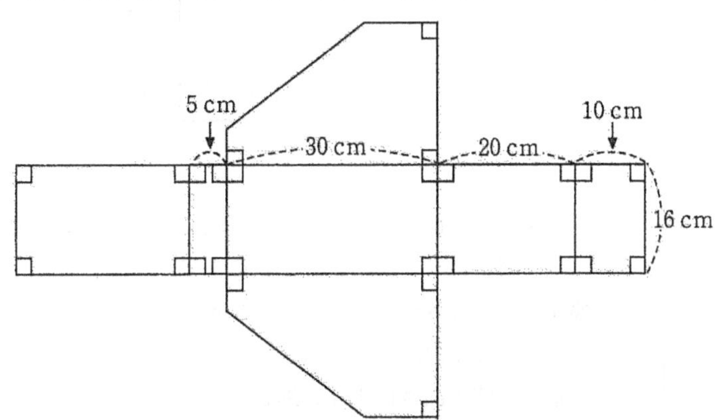

(3)　いくつかのボールと箱があります。ボールを１箱に６個ずつ入れていくと，１個以上４個未満しか入らない箱が１つと，１個もボールが入っていない箱が３つできました。そこで，１箱に４個ずつ入れると，すべての箱にちょうど入れることができました。ボールの数は何個ですか。

(4)　半径５㎝高さ５㎝の円柱と，半径２㎝高さ10㎝の円柱の，底面と底面をぴったりとくっつけた立体をつくります。ペンキの入った容器の中に，この立体を容器の側面につかないように底面に垂直に入れたところ，ペンキの深さは８㎝になりました。下の図１は，このときの容器を横から見たもので，図２は，上から見たものです。この立体を真上に取り出したとき，この立体のペンキがついている部分の面積を求めなさい。ただし，円周率は3.14とします。

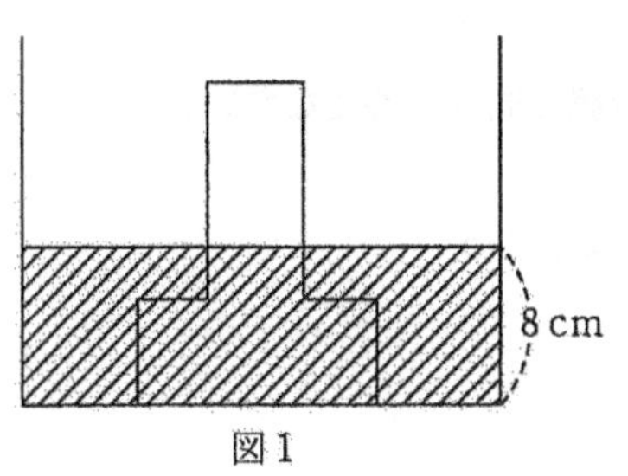

図１

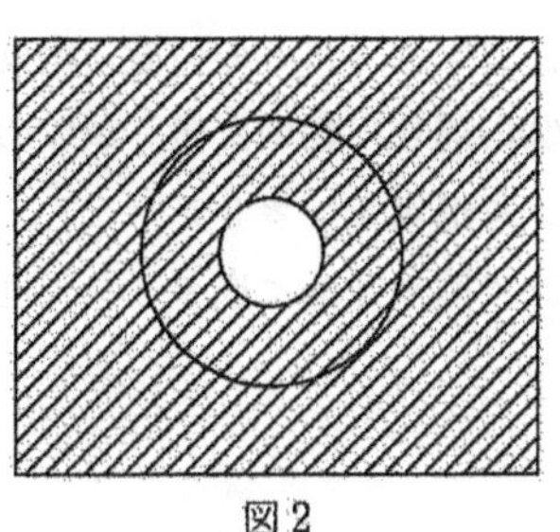

図２

⑸　時計の針は２時を指しています。このあと，７回目に長針と短針でつくられる角度が90°になる時刻は何時何分ですか。

3．問題に誤りがあったため，掲載しておりません。

4．下の図のマス目の上を⬆のように「矢印」がかかれたコマが動きます。マス目はアルファベットのかかれた列と，数字のかかれた行で表しています。コマは以下のルールにしたがって動きます。

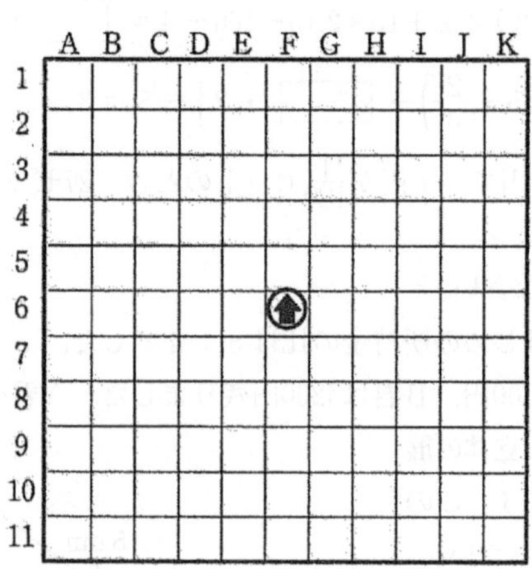

ルール

- 上の図のようにコマは「Ｆ６の位置で北向き」から動き始めます。
- ＜□＊●＞は，コマの動きを表します。
- ●には□をくり返す回数が入ります。
- □に入る文字の意味は，次の通りです。
  進：矢印の向きに１マス進む
  回：その場で時計まわりの向きに90°回る
- ＜□＊●＞が２つ以上並んだときは，左から順に続けて行います。

次の例１と例２でコマが実際に動いた様子を表します。

例１：＜回＊１＞＜進＊２＞

＜回＊１＞で東に向き，＜進＊２＞でその向きに２つ進むため，コマは「Ｈ６の位置で東向き」になります。

例２：＜＜回＊１＞＜進＊２＞＊２＞

＜回＊１＞＜進＊２＞が２回くり返されるため＜回＊１＞＜進＊２＞＜回＊１＞＜進＊２＞と同じなので，コマは「Ｈ８の位置で南向き」になります。

コマが以下の⑴⑵の通りに動いた後，コマのある位置と向きを答えなさい。

⑴　＜＜回＊３＞＜進＊４＞＊３＞

⑵　＜＜進＊２＞＜回＊２＞＜進＊５＞＜回＊１＞＊2022＞

５．学校，図書館，郵便局の３地点があり，学校と図書館のちょうど真ん中に郵便局があります。Ａ君とＢ君は，学校から図書館へ移動し，Ｃ君は図書館から学校へ移動します。Ａ君とＢ君は同時に出発しましたが，Ａ君は忘れ物に気づいたため郵便局で折り返し，出発してから12分後に学校に戻りました。そして，４分後に忘れ物を持って再び学校を出発しました。また，Ａ君が学校に戻ったのと同時にＣ君は図書館を出発し，Ｂ君が図書館に到着したのと同時にＣ君は学校に到着しました。Ａ君，Ｂ君，Ｃ君のそれぞれの速さは一定であり，Ｂ君の速さはＡ君の速さの$\frac{2}{5}$倍でした。次の問いに答えなさい。

⑴　Ｃ君の速さは，Ａ君の速さの何倍ですか。

⑵　Ｂ君がＣ君とすれ違ってから，Ｂ君がＡ君に追いこされるまでにかかる時間は何分何秒ですか。

６．ＡとＢの２つの水そうがあり，はじめからある量の水がそれぞれ入っていました。水道管①は水そうＡに，水道管②は水そうＡからＢに，水道管③は水そうＢから外につながっています。水道管①，②，③には３：５：２の割合で矢印の向きに水が流れています。ただし，水そうから水があふれることはありません。このとき，次の問いに答えなさい。

⑴　水そうＡとＢにはじめに入っていた水の量はそれぞれ90Ｌ，50Ｌでした。２つの水そうの水の量が同じになったとき，水そうＡに入っている水の量は何Ｌですか。

⑵　水そうＡとＢにはじめに入っていた水の量の比が10：３でしたが，３分後には２：３になりました。ＡとＢに入っている水の量の比が２：７になるのは，はじめから何分何秒後ですか。

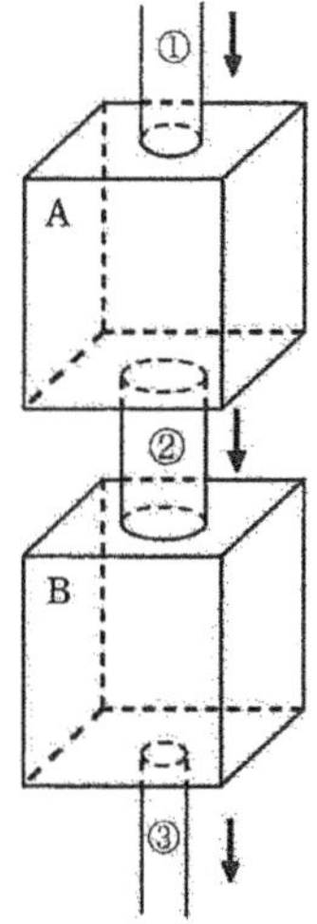

７．次のページの図のように正方形ABCDがあります。点Ｐは辺AB上を，点Ｑは辺CD上をそれぞれ一定の速さで何度も往復します。正方形ABCDが直線PQによって分けられた図形のうち，頂点Ａ，Ｄを含む図形をＳとします。グラフは，点Ｐ，点ＱがそれぞれＡ，Ｃを同時に出発してから，点Ｑが１往復するまでのＳの面積の変化を表しています。次の問いに答えなさい。

⑴　点Ｐの速さは秒速何㎝ですか。

⑵　点Ｑが出発してから１往復するまでに，Ｓの面積が正方形ABCDの面積の半分になるのは，点Ｐ，点Ｑが出発してから何秒後と何秒後ですか。ただし，０秒は含めないものとします。

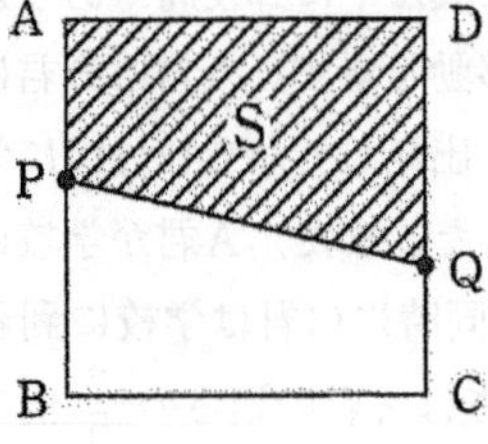
A
D
S
P
Q
B
C

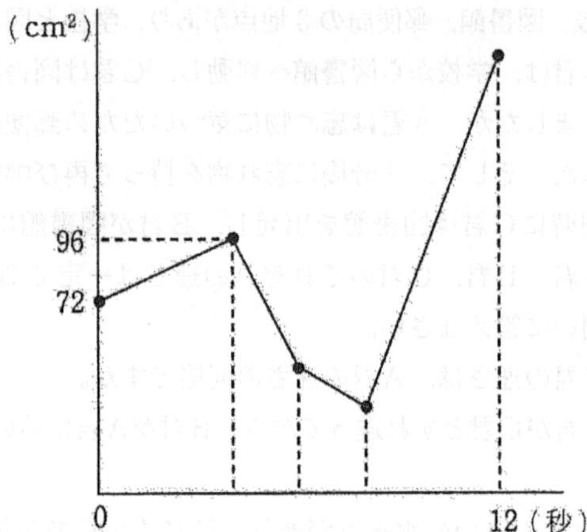
（cm²）
96
72
0
12（秒）

【理　科】（30分）　＜満点：50点＞

【１】 昆(こん)虫について，次の各問いに答えなさい。

⑴　右図はセミを裏側（はねがついていない側）から見た図です。セミのあしは何本あり，頭・胸・腹のどこについていますか。解答欄の図にすべてのあしを書き入れなさい。

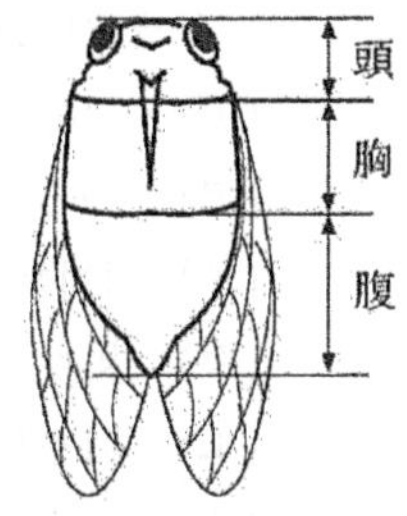

⑵　次の①と②にあてはまる昆虫を，あとの(ア)～(オ)からそれぞれ１つ選び，記号で答えなさい。

①　冬を幼虫の姿で過ごす。　　②　冬を成虫の姿で過ごす。

（ア）ショウリョウバッタ　（イ）ナナホシテントウ　（ウ）オオカマキリ
（エ）アゲハチョウ　（オ）カブトムシ

⑶　昆虫はからだとあしに節をもち，外骨格とよばれる硬(かた)い構造でからだがおおわれています。昆虫以外で，節をもち，外骨格でおおわれている生物を，次の(ア)～(オ)から２つ選び，解答欄の記号を○で囲みなさい。

（ア）エビ　（イ）イカ　（ウ）ウニ　（エ）カメ　（オ）ムカデ

【２】 人の誕生について，次の各問いに答えなさい。

⑴　人の受精卵と胎(たい)児について説明した次の(ア)～(オ)のうち，正しいものを２つ選び，解答欄の記号を○で囲みなさい。

（ア）受精卵は，母親の体内にある胎盤(たいばん)の中で育つ。
（イ）受精卵は，女性の体内でつくられた卵と男性の体内でつくられた精子が結びついてできる。
（ウ）受精卵には，子が生まれるまでに必要な栄養がすべて含(ふく)まれている。
（エ）胎児と胎盤はへそのおでつながっている。
（オ）胎児は生まれる１ヶ月ほど前から息をはじめる。

⑵　母親のお腹の中で，胎児のまわりにある液体を何といいますか。漢字２字で答えなさい。

⑶　次のグラフは，受精後の週数と，胎児の重さの関係を表したものです。あとの①と②に答えなさい。

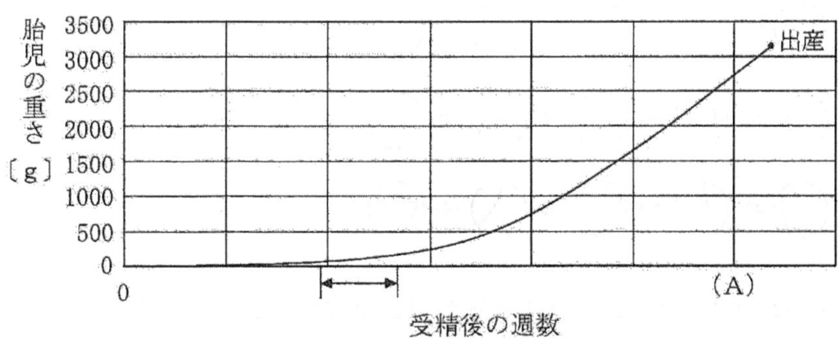

① グラフ中の（A）の週数として，最もあてはまるものを次の（ア）～（オ）から選び，記号で答えなさい。

（ア） 12　（イ） 18　（ウ） 24　（エ） 30　（オ） 36

② グラフ中の←→の期間で見られるようになる胎児の特徴(ちょう)として，最もあてはまるものを次の（ア）～（オ）から選び，記号で答えなさい。

（ア） からだを回転させてよく動くようになり，母親がそれを感じるようになる。

（イ） お腹の中で回転できないくらい大きくなる。

（ウ） 男性か女性か区別できるようになる。

（エ） 目や耳ができ始める。

（オ） 心臓が動き始める。

【３】 2021年５月に東京で，かいき月食が観測されました。月食について，次の各問いに答えなさい。

⑴ 月食がおこるときの地球・太陽・月の並び順について，正しいものを次の（ア）～（ウ）から１つ選び，記号で答えなさい。

（ア） 地球－太陽－ 月

（イ） 地球－ 月 －太陽

（ウ） 月 －地球－太陽

⑵ 月食について説明した次の（ア）～（オ）のうち，正しいものを２つ選び，解答欄の記号を○で囲みなさい。

（ア） 月食がおこるのは必ず満月のときである。

（イ） 日中でも月食を観測することができる。

（ウ） 月が最もかけて見えるのは，必ず月が真南にきたときである。

（エ） 約１ヶ月に１度は，月食を地球上のどこかで観測することができる。

（オ） 月食がおこっているとき，地球上の月が見える場所からであれば，どこでも月食を観測することができる。

⑶ 2021年５月のかいき月食を，東京で観測したときの月の見えかたのうつり変わりとして，最もあてはまるものを次の（ア）～（エ）から選び，記号で答えなさい。

（ア）

（イ）

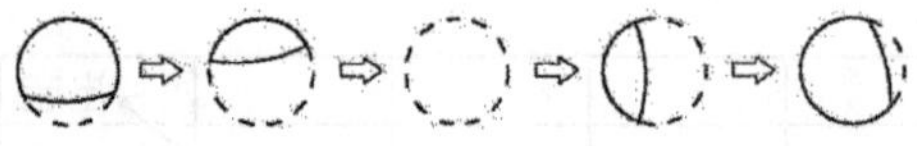

（ウ）

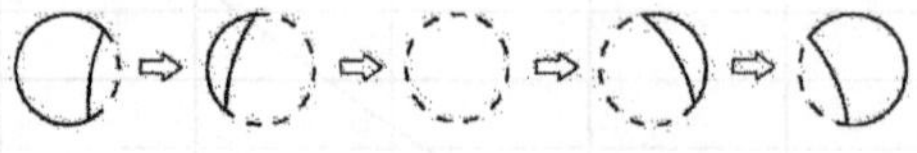

（エ）

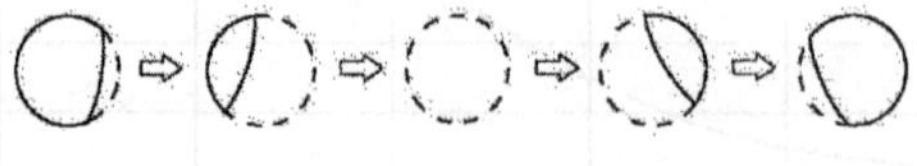

⑷ かいきとなった月（全部かけた月）は何色に見えますか。ただし，全く見えない場合は「なし」と答えなさい。

【４】 図１は，ろうそくが燃えているようすを模式的に表したものです。ろうそくを使って実験を行いました。あとの各問いに答えなさい。

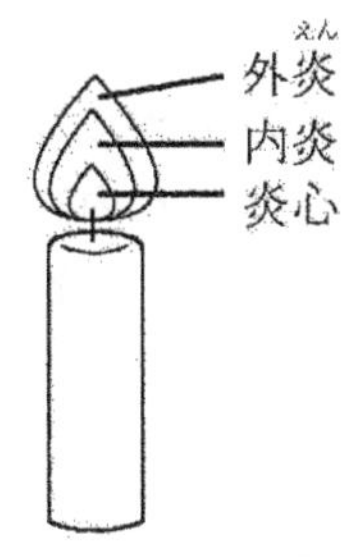

図１

⑴ 図２のように，白い厚紙をろうそくの炎の中心に水平に入れて，すぐ抜き取ると，厚紙の一部が黒くなっていました。このときの厚紙のようすとして，最もあてはまるものを次の(ア)～(エ)から選び，記号で答えなさい。

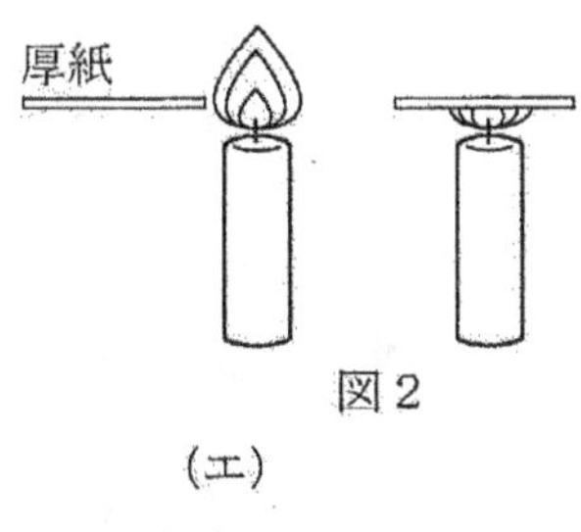

図２

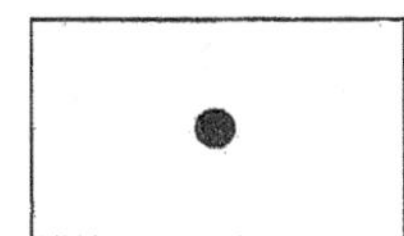
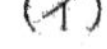

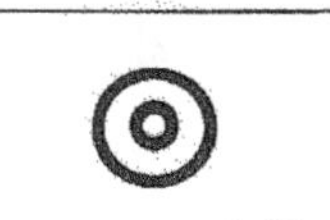
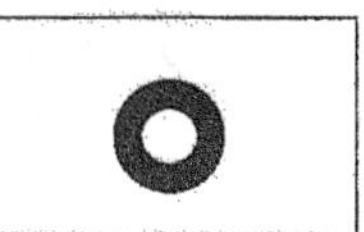

(ア)　(イ)　(ウ)　(エ)

⑵ 図３のように，ガラス管の一方の端を炎心に入れたものを（A），内炎に入れたものを（B）とします。ガラス管の反対側の端にマッチの火を近づけたとき，（A）と（B）それぞれのようすとして，最もあてはまるものを次の(ア)～(エ)から選び，記号で答えなさい。

(ア) 黒いけむりが出て，けむりに火は着かなかった。
(イ) 黒いけむりが出て，けむりに火が着いた。
(ウ) 白いけむりが出て，けむりに火は着かなかった。
(エ) 白いけむりが出て，けむりに火が着いた。

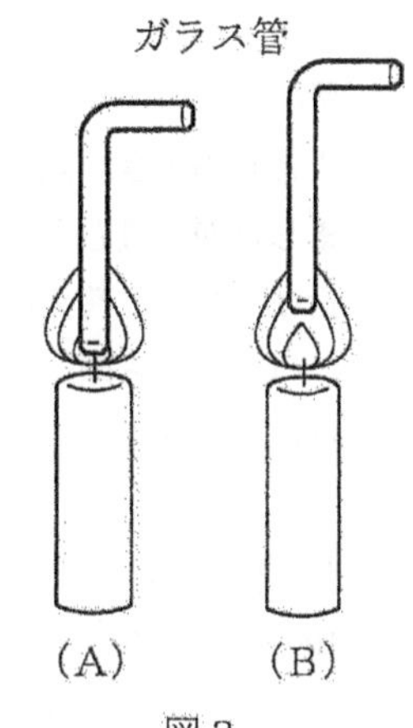

図３

⑶ 図４のように，ろうそくに空気の入ったびんをかぶせて，ろうそくの炎とびんのようすを観察しました。あとの①と②に答えなさい。

図４

① ろうそくの炎とびんのようすとして，正しいものを次の（ア）～（エ）から１つ選び，記号で答えなさい。

（ア） 炎は少しずつ大きくなり，びんの内側がくもった。

（イ） 炎は少しずつ大きくなり，びんの外側がくもった。

（ウ） 炎は少しずつ小さくなって消え，びんの内側がくもった。

（エ） 炎は少しずつ小さくなって消え，びんの外側がくもった。

② びんがくもったのは，ある物質がついたためです。この物質の名前を答えなさい。

【５】 台風について，次の各問いに答えなさい。

⑴ 海上の台風の観測には，気象衛星が利用されています。日本の気象衛星の愛称(しょう)は何ですか。

⑵ 北半球において，台風周辺で吹(ふ)いている風の向きを表した図として，正しいものを次の(ア)～(エ)から１つ選び，記号で答えなさい。ただし，図は台風を上から見たようすを表しています。

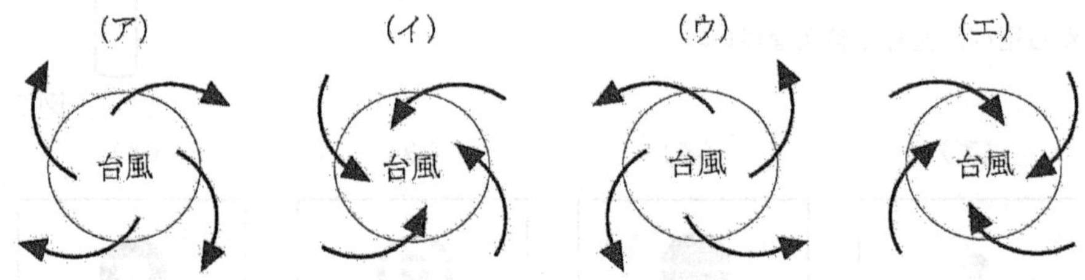

⑶ 日本のある地点で，台風が近づいてきたときから遠ざかるまで，風の向きを観測しました。右図は，観測地点と台風の中心の道すじを表したものです。台風の中心の位置がAとBのとき，観測地点ではそれぞれどの向きに風が吹きましたが。最もあてはまるものを，あとの(ア)～(エ)から選び，記号で答えなさい。

北
B
A
観測地点
台風

（ア） 北から南　（イ） 南から北

（ウ） 東から西　（エ） 西から東

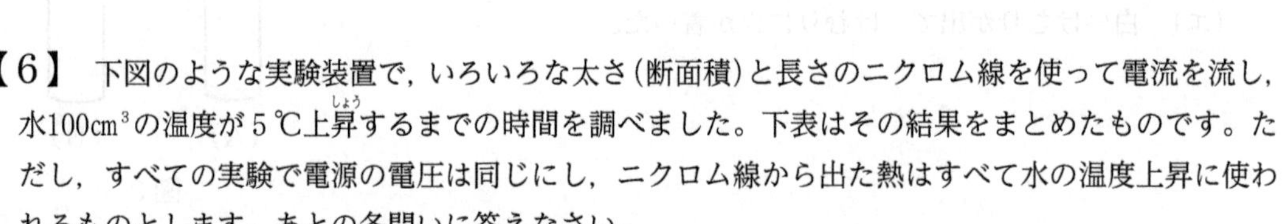

【６】 下図のような実験装置で，いろいろな太さ（断面積）と長さのニクロム線を使って電流を流し，水100㎤の温度が５℃上昇(しょう)するまでの時間を調べました。下表はその結果をまとめたものです。ただし，すべての実験で電源の電圧は同じにし，ニクロム線から出た熱はすべて水の温度上昇に使われるものとします。あとの各問いに答えなさい。

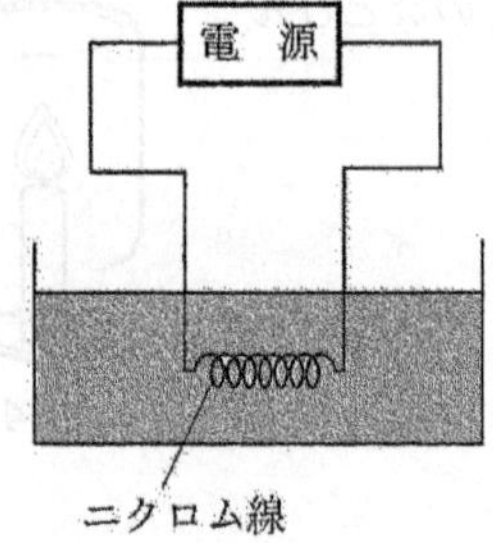

〔使ったニクロム線と水１００ｃｍ³の温度が５℃上昇するまでの時間〕

断面積〔ｍｍ²〕	長さ〔ｃｍ〕	時間〔秒〕
０．２	１０	４５
０．２	２０	９０
０．５	５	９
０．５	３０	５４
１．０	２０	１８
１．０	３０	２７

⑴　次の（ア）～（エ）のニクロム線のうち，水100cm^{3}の温度が５℃上昇するまでの時間が最も短いものを選び，記号で答えなさい。

	断面積〔mm^2〕	長さ〔cm〕
（ア）	０．４	１０
（イ）	０．５	２０
（ウ）	０．７	１０
（エ）	１．０	３０

⑵　断面積と長さが同じニクロム線を２本ずつ使い，次の（ア）と（イ）の回路を作りました。水100cm^{3}の温度が５℃上昇するまでの時間が短いのは，（ア）と（イ）のどちらですか。記号で答えなさい。また，そのつなぎ方を何つなぎといいますか。

（ア）

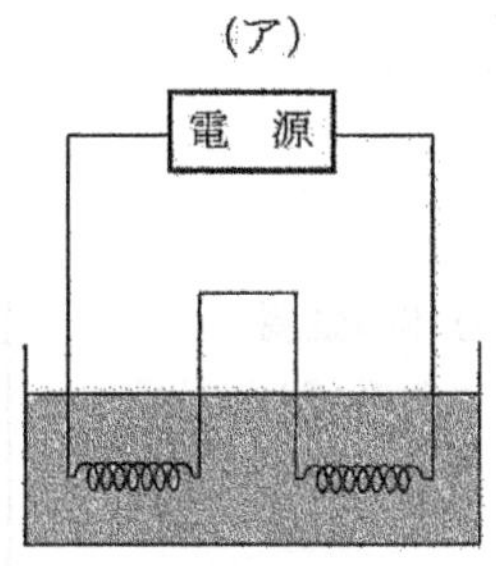

（イ）

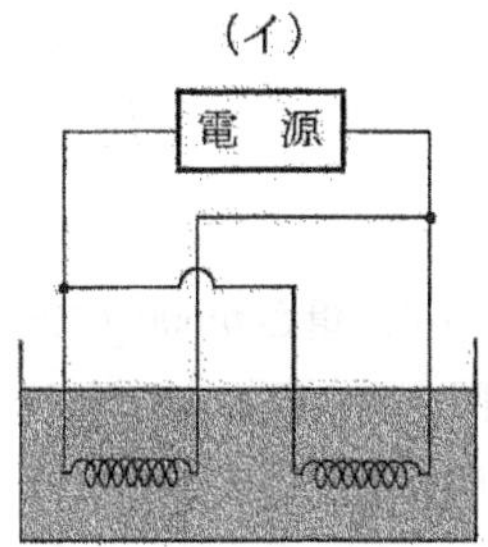

⑶　断面積が0.9mm^{2}で，長さが15cmのニクロム線を１本使い，水100cm^{3}の温度が５℃上昇するまでの時間を調べました。このときにかかった時間と同じ時間で水100cm^{3}の温度を５℃上昇させるためには，断面積が0.2mm^{2}で長さが10cmのニクロム線を何本，何つなぎにすればよいですか。ただし，使うニクロム線の数が最も少なくなるように答えなさい。

【７】　水中にある物体には浮（ふ）力という，ものを浮（う）かそうとする力がはたらいています。物体にはたらく浮力の大きさは，物体が沈（しず）んでいる部分の水の重さ，つまり物体が押（お）しのけた水の重さと等しくなります。物体が水に浮かんでいるときは，物体の重さと浮力が等しくなっています。浮力について，次の各問いに答えなさい。ただし，水１cm^{3}の重さは１ｇとします。

⑴　重さが800ｇで底面積が200cm^2，高さが６cmの直方体の木片があります。この木片を水に入れると，図１のように浮かびました。あとの①と②に答えなさい。

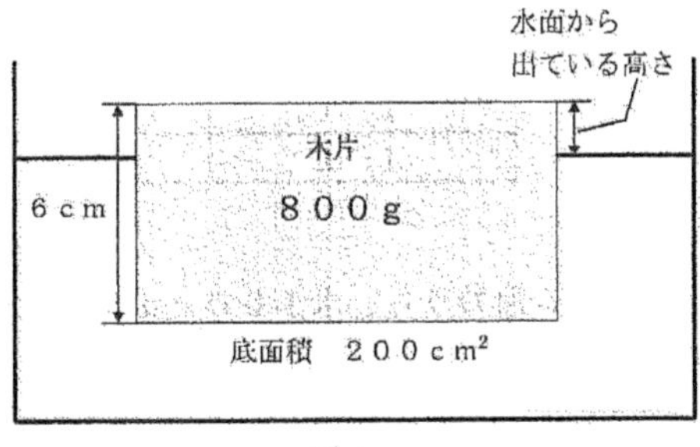

図１

①　この木片にはたらいている浮力は何ｇですか。

②　この木片の水面から出ている部分の高さは何cmですか。

⑵　図２のように，水が入った容器を台ばかりにのせると，台ばかりの目盛りは800ｇを指しました。あとの①と②に答えなさい。

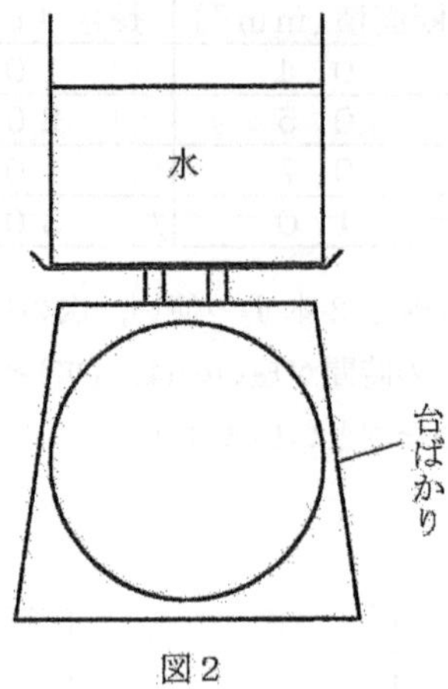

図２

①　この容器の中に，重さが600ｇで一辺が６㎝の立方体の金属を入れると，図３のように水に沈みました。このとき，台ばかりの目盛りは何ｇを指しますか。

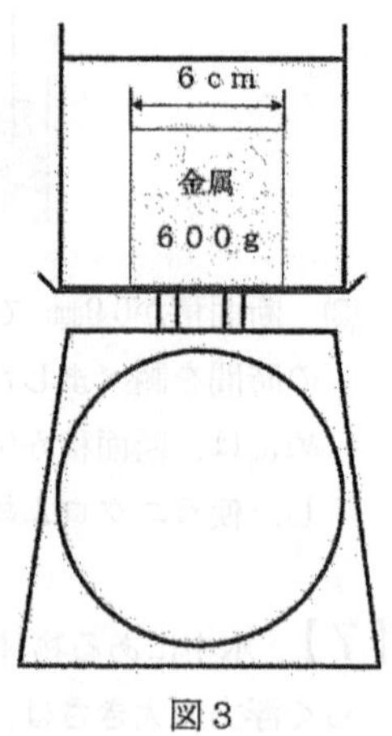

図３

②　この立方体の金属に糸を取り付けて，図４のようにばねばかりでゆっくり持ち上げました。ばねばかりの目盛りが474ｇを指しているとき，この金属の水面から出ている部分の高さは何㎝ですか。ただし，糸の重さは考えないものとします。

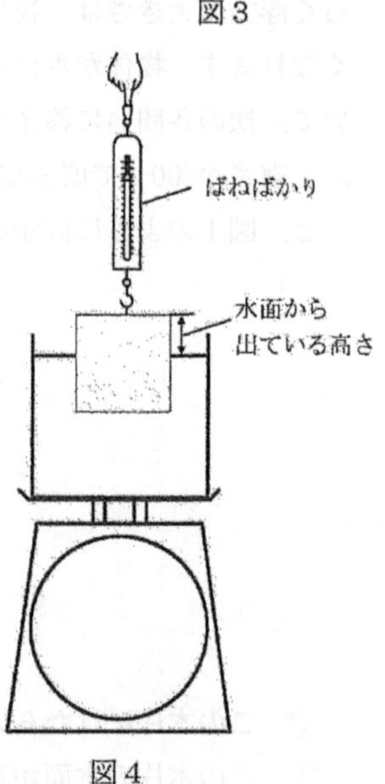

図４

【8】 ビーカーＡとＢに，白い固体が70ｇずつ入っています。この白い固体は，食塩と硝酸カリウムという物質が混ざったもので，混ざっている量はビーカーＡとＢでちがいます。下表は，食塩と硝酸カリウムについて，いろいろな温度の水100cm³に溶ける限界の重さをまとめたものです。あとの各問いに答えなさい。答えは小数第２位を四捨五入して小数第１位まで求めなさい。

ただし，水の中に食塩と硝酸カリウムをいっしょに入れても，それぞれが溶ける限界の重さは変わらないものとします。また，水に固体が溶けたり，水溶液の温度が変化したりしても，体積は変わらないものとします。

〔水１００ｃｍ³に溶ける限界の重さ〕

水の温度〔℃〕	２０	４０	６０	８０	１００
食塩〔ｇ〕	３５.８	３６.３	３７.１	３８	３９.３
硝酸カリウム〔ｇ〕	３１.６	６３.９	１０９	１６９	２４５

⑴ ビーカーＡに入っている食塩の重さは15ｇ，硝酸カリウムの重さは55ｇです。ビーカーＡに80℃の水50cm³を加えたところ，固体はすべて溶けました。次の①と②に答えなさい。

① ビーカーＡを40℃まで冷やしたとき，溶けきれずに出てくる結晶がありました。この結晶の重さは何ｇですか。

② ①のあと，ビーカーＡを80℃まであたため，①で溶けきれずに出てきた結晶を再びすべて溶かしました。その後さらに100℃まであたため，100℃を保ったまましばらく加熱を続けたところ，水が蒸発して，また溶けきれずに出てくる結晶がありました。水溶液の体積が20cm³になったとき，溶けきれずに出てきた結晶の重さは何ｇですか。

⑵ ビーカーＢに水200cm³を加えて20℃にしたところ，溶けきれない固体がありました。ろ過をして，この固体をとり出したところ，重さは３ｇでした。次の①と②に答えなさい。

① この固体は何ですか。次の（ア）～（ウ）から１つ選び，記号で答えなさい。

（ア） 食塩

（イ） 硝酸カリウム

（ウ） 食塩と硝酸カリウムが混ざったもの

② ビーカーＢの中に入っていた白い固体70ｇには，食塩は何ｇ含まれていましたか。

【社　会】（30分）　＜満点：50点＞

1．次の文を読んで，問いに答えなさい。

昔のできごとや暮らしを知るよりどころになるものが，文字や絵画などの記録です。①日本人も古くからさまざまなできごとや暮らしを絵に残してきました。漫画（まんが）もその一つで，現在では日本を代表する文化として，海外からも多くの注目を浴びています。

「日本最古の漫画」といわれているのが，昨年（2021年），東京国立博物館で特別展示された②絵巻物の国宝『鳥獣戯画』です。③12～13世紀のころにつくられたとされていて，動物を擬人（ぎじん）化して，当時の人々の暮らしや社会の様子などが描（えが）かれています。

④江戸時代になると，それまで一部の貴族や僧侶（そうりょ）のものであった漫画は，印刷技術の発展にともなって，大衆文化として広がりました。なかでもこの時代に活躍（かつやく）した葛飾北斎の『北斎漫画』は有名で，この作品から「漫画」という言葉も定着していったようです。

開国後も漫画は，海外からの文化を取り入れながら発展しました。人々の生活や社会に影響（えいきょう）を与（あた）える⑤風刺（ふうし）漫画が流行したのも，その一つです。さらに大正時代の自由な風潮の中で漫画の評価も高まり，多くの少年誌や雑誌が生まれました。

⑥昭和時代に軍国化が進むと，漫画も厳しい規制の対象となり，連載（れんさい）の中止や雑誌の休刊などが相次ぎましたが，⑦終戦とともに漫画の歴史は，再び動き出しました。

⑧高度経済成長によって社会構造や生活様式が大きく変化すると，それまで子どもたちの娯楽（ごらく）の一つと見られていた漫画も，大人向けのもの，社会的事件をあつかったものなど，対象やジャンルも幅広くなっていきました。

平成時代以降，⑨インターネットの普及（ふきゅう）によって，その幅（はば）がより一層広くなり，テクノロジーの進化によって，現在もなお，次々と新しい「マンガ」の形が生まれています。

問1．下線部①について，次の写真の遺物には，当時の人々の生活の様子が描かれています。**この遺物の名称（めいしょう）を答えた上で**，当時の人々はどのような生活を営んでいたのか，**ここに描かれた絵から読みとれる情報をもとに説明しなさい。**

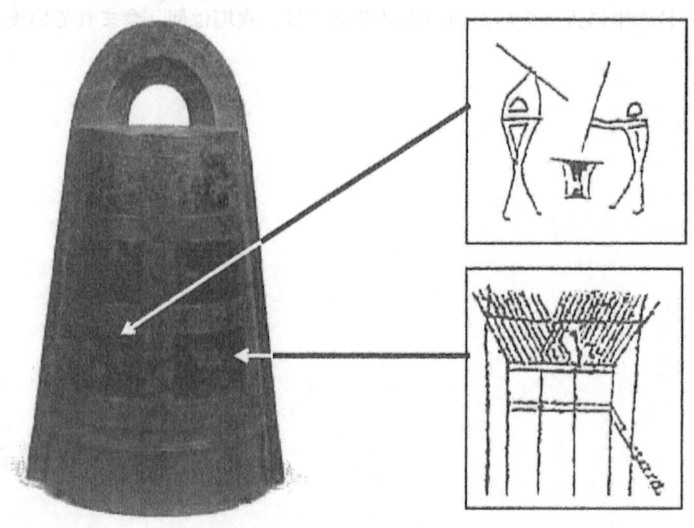

問２．下線部②について，右の絵巻物は『源氏物語』を題材としたものです。『源氏物語』の作者はだれか，漢字で答えなさい。

問３．下線部③について，この時期は，日本では何時代にあたりますか。次のア～オの中から**すべて**選び，記号で答えなさい。

ア．飛鳥時代　　イ．奈良時代　　ウ．平安時代　　エ．鎌倉時代　　オ．室町時代

問４．下線部④について，この時代に発達した，次の作品に代表されるような役者や庶民（しょみん）の生活を描いた絵画を何というか，漢字３字で答えなさい。

問５．下線部⑤について，次の風刺画と関連する題材で描かれたものを，次のページのア～エの中から１つ選び，記号で答えなさい。

問６．下線部⑥について，この過程で起きた次のア～エのできごとを，年代の古い順に並べかえなさい。

ア．国際連盟を脱退した。　　　イ．国家総動員法が制定された。

ウ．二・二六事件が起きた。　　エ．柳条湖事件が起きた。

問７．下線部⑦について，戦後，漫画表現の開拓者として活躍し，『ジャングル大帝』や『鉄腕アトム』などの優れた作品を数多く残した人物はだれか，漢字で答えなさい。

問８．下線部⑧について，これにともない多くの家庭用電気機械器具（家電）が普及しました。その普及率の推移を示した次のグラフ中Ａ～Ｃにあてはまる家電の組み合わせとして正しいものを，次のページのア～カの中から１つ選び，記号で答えなさい。

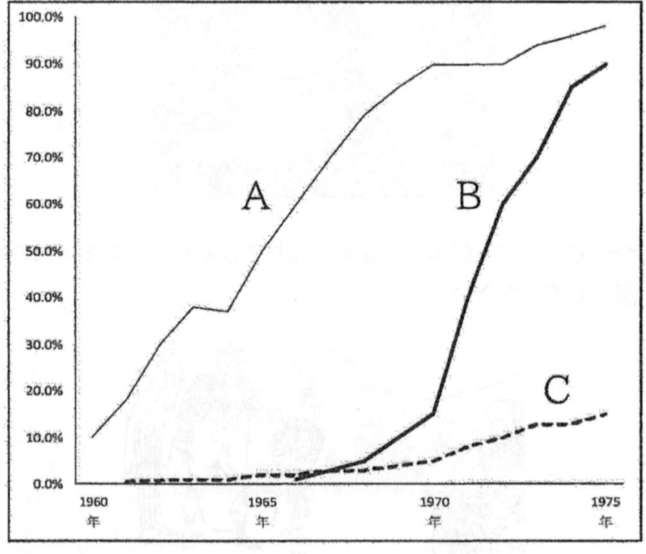

内閣府の資料により作成。

	A	B	C
ア	エアコン	カラーテレビ	電気冷蔵庫
イ	エアコン	電気冷蔵庫	カラーテレビ
ウ	カラーテレビ	エアコン	電気冷蔵庫
エ	カラーテレビ	電気冷蔵庫	エアコン
オ	電気冷蔵庫	エアコン	カラーテレビ
カ	電気冷蔵庫	カラーテレビ	エアコン

問９．下線部⑨について，スマートフォンで家電を操作するなど，あらゆるものがインターネットを通じてつながることを意味する言葉として正しいものを，次のア～エの中から１つ選び，記号で答えなさい。

ア．ＡＩ　　イ．ＩＣＴ　　ウ．ＩｏＴ　　エ．ＳＮＳ

２．次の地図[1]・[2]を見て，問いに答えなさい。

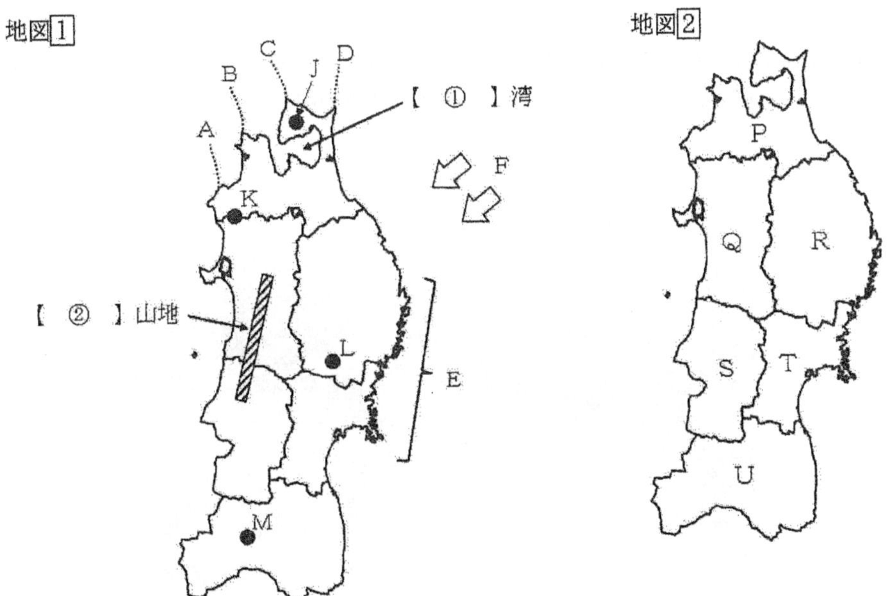

問１．地図[1]中の【①】・【②】にあてはまる地名を，漢字で答えなさい。

問２．東北地方と北海道を結ぶ青函トンネルのルートとして正しいものを，地図[1]中のＡ～Ｄの中から１つ選び，記号で答えなさい。

問３．地図[1]中のＥの地域の海岸には，多くの入り江(え)が見られます。この地域について述べた文として正しいものを，次のア～エの中から１つ選び，記号で答えなさい。

ア．水深が深く波がおだやかで，養殖(ようしょく)業がさかんである。

イ．海岸を掘(ほ)り込(こ)んだ港が多く作られ，重化学工業がさかんである。

ウ．水はけの悪い三角州が広がり，海岸には多くの棚田(たなだ)が連続して見られる。

エ．ほぼ遠浅な海岸が続き，昨年の東京オリンピックでサーフィン会場として使われたところがある。

問４．地図[1]中のＦが示す風が春から夏にかけて長く続くと，農作物の生育に影響をおよぼすことがあります。この風の性質に関係の深い海流の名称とその種類との組み合わせとして正しいものを，次のア～エの中から１つ選び，記号で答えなさい。

	ア	イ	ウ	エ
名　称	親　潮	親　潮	黒　潮	黒　潮
種　類	寒　流	暖　流	寒　流	暖　流

問５．地図[1]中のＪ～Ｍについて述べた次のア～エの文のうち，正しいものを**すべて**選び，記号で答えなさい。

ア．Ｊが位置する半島は，世界自然遺産に登録されており，エゾシカやヒグマなど，希少な生物が生息している。

イ．Ｋが位置する山地は，世界自然遺産に登録されており，ブナの原生林が広かっている。

ウ．Ｌが位置する地域は，世界文化遺産に登録されており，奥州藤原氏が栄華（えいが）を極めた。

エ．Ｍが位置する地域は，世界文化遺産に登録されており，徳川家康をまつる社寺が建立されている。

問６．東北地方では，さまざまな年中行事・工芸品・郷土料理などの伝統文化が見られます。地図[2]中のＱの県に見られる伝統文化を，次のア～エの写真の中から**すべて**選び，記号で答えなさい。

問７．地図[2]中のＲの県では，かつて，厳しい冬をしのぐために，馬屋と母屋（おもや）を一体化した特徴（とくちょう）的な家屋が見られました。この家屋を真上から見た典型的なかたちを，次のア～エの中から１つ選び，記号で答えなさい。

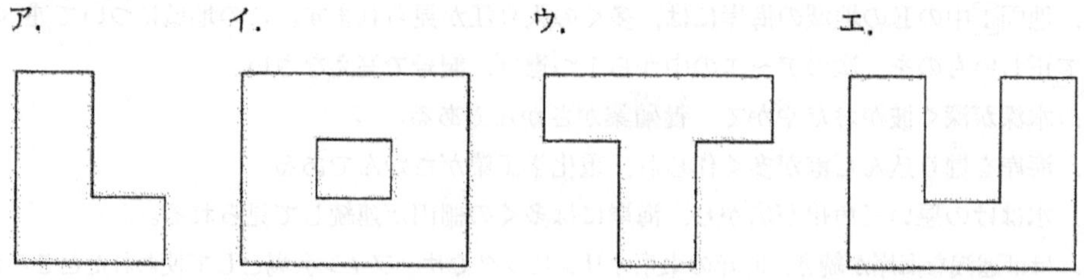

問８．次の表中ア～エは，地図②中のＰ・Ｓ・Ｔ・Ｕの県の，2020年における人口密度，人口20万人以上の都市の数，高齢化率（65歳以上の人口割合），2015年における第１次産業人口割合を示したものです。Ｓの県にあてはまるものを，次のア～エの中から１つ選び，記号で答えなさい。

	人口密度	人口20万人以上の都市の数	高齢化率	第１次産業人口割合
ア	315人／㎢	1	27.7%	4.5%
イ	137人／㎢	3	30.7%	6.7%
ウ	132人／㎢	2	32.7%	12.4%
エ	116人／㎢	1	33.1%	9.4%

総務省の統計により作成。

問９．2011年に起こった「東日本大震災」について述べた次のⅠ・Ⅱの文の正誤の組み合わせとして正しいものを，下のア～エの中から１つ選び，記号で答えなさい。

Ⅰ．この地震によって，東北地方だけでなく関東地方の各地でも地盤の液状化現象が起こった。

Ⅱ．地図②中のＴの県では，原子力発電所事故の影響で，現在も帰還困難区域が指定されている。

	ア	イ	ウ	エ
Ⅰ	正	正	誤	誤
Ⅱ	正	誤	正	誤

３．次の新聞記事を読んで，問いに答えなさい。

日本国民が①基本的人権を手にしたのは，皮肉にも，戦争に負けたからである。

1945年10月，ＧＨＱ（連合国軍総司令部）は近衛文麿元首相に憲法改正を示唆※1，さらにマッカーサー最高司令官は幣原喜重郎首相に日本の民主化に関する５大改革を示し，その１項目は「参政権付与による日本婦人の解放」だった。

これを受け，幣原内閣は閣議で②女性参政権を承認し，敗戦から４カ月後の同年12月に改正衆議院議員選挙法が成立。20歳以上の男女に平等な選挙権が認められた。46年４月，戦後初の衆議院議員選挙で39人の女性国会議員が誕生。③当選者に占める女性の割合は8.4％だった。史上最高は民主党に政権交代した2009年の11.3％，直近の17年は10.1％だ。

一方，憲法改正は一筋縄※２ではいかなかった。政府の憲法問題調査委員会がまとめた改憲試案は大日本帝国憲法の「焼き直し」に過ぎず，ＧＨＱは自前の草案作成に乗り出す。

（中略）

マッカーサー草案を見せられた日本政府は驚愕※３。ＧＨＱとの押し引きの末にまとまった憲法改正草案が46年６月，国会に提出された。幾度かの修正を経たのち，日本国憲法が同年11月３日に公布，翌47年５月３日に施行された。

新憲法は，アメリカ独立宣言や④フランス人権宣言以降の近代人権思想と⑤近代立憲主義にのっとり，すべての人の普遍的※４な人権（11条，97条）や個人の尊重，幸福追求の権利（13条），法の下の平等と⑥性別等による差別の禁止（14条），婚姻の自由と両性の本質的平等（24条）が明記された。ようやく，日本の女性は男性と同等の権利と平等を獲得した。

しかし，女性の「特性論」や「性別役割分業論」に基づく差別は，日本社会に広く根を張ったままだった。たとえば労働の現場では，女性は結婚を理由に解雇され，定年は男性より早く設定された。女性たちは憲法という「武器」をとり，裁判に公序良俗※５違反を訴えて勝訴し，それが法改正・整備にもつながった。

86年，【　　　】法が施行され，99年に男女共同参画社会基本法が制定された。96年には法制審議会が選択的夫婦別姓を盛り込んだ民法改正案を答申した。　（2021年５月３日付　朝日新聞）

※１　それとなく示すこと。

※２　普通の方法。手段。

※３　非常におどろくこと。

※４　すべてに共通し，例外のないこと。

※５　公共の決まりと世の中の良い習わし。

問１．【　　　】には，事業主が募集や採用などで，性別を理由にし，差別することを禁止した法律が入ります。この法律の名称を，漢字で答えなさい。

問２．下線部①について，次の文は，基本的人権を争点とした訴訟における最高裁判所の判決の内容です。この判決の根拠となる日本国憲法の条文を，下のア～エの中から１つ選び，記号で答えなさい。

> 新たに薬局を開設するときは，すでにある薬局から一定の距離を置かなければならないとする薬事法の規定は違憲である。

ア．すべて国民は，法の下に平等であって，人種，信条，性別，社会的身分又は門地により，政治的，経済的又は社会的関係において，差別されない。

イ．何人も，公共の福祉に反しない限り，居住，移転及び職業選択の自由を有する。

ウ．すべて国民は，健康で文化的な最低限度の生活を営む権利を有する。

エ．すべて国民は，勤労の権利を有し，義務を負ふ。

問３．下線部②について，平塚らいてう（雷鳥）の呼びかけにより，女性の社会的・政治的地位の向上を目指して1920年に設立された団体の名称を，漢字で答えなさい。

問４．下線部③について，昨年の衆議院議員総選挙で当選した女性国会議員は45名でした。当選者数に占める女性の割合は何％ですか。**小数第２位を四捨五入した**算用数字で答えなさい。

問５．下線部④について，フランス人権宣言は，『社会契約論』を著した哲学者の影響を強く受けています。この人物はだれか，答えなさい。

問６．下線部⑤について，次の日本国憲法の条文の【　　】にあてはまる語句を，漢字で答えなさい。

> 第98条　この憲法は，国の【　　　】であって，その条規に反する法律，命令，詔勅及び国務に関するその他の行為の全部又は一部は，その効力を有しない。

問７．下線部⑥について，生物学的な性別に対して，社会的・文化的につくられる性別（性差）のことを何というか，カタカナで答えなさい。

③ 親□感　言語□断
④ 最高□　意味□長
⑤ □極的　一日千□

〈部首名〉

（ア）うかんむり	（イ）おおざと	（ウ）きへん
（エ）さんずい	（オ）しんにょう	（カ）にんべん
（キ）のぎへん	（ク）まだれ	（ケ）もんがまえ
（コ）れっか		

三、次の①～⑤の〈　〉内の意味を表す言葉をひらがなで答えなさい。ただし、一字目は指定したひらがなにし、字数は□の数に合わせること。

① 日本の産業は い□□□□□ 発展をとげた。
〈とくに目立ってはっきりしている。〉

② 手紙を し□□□□。
〈書き記す。〉

③ い□□□□ 負けを認める。
〈思い切りがよくさっぱりしている。〉

④ 彼は つ□□□□ ふるまいをする。
〈ひかえめである。〉

⑤ さ□□□□□□ ようですが、一言申し上げます。
〈立場をわきまえず、よけいな言動をするさま。〉

四、次の①～⑦の――線部を漢字に改め、⑧～⑩の――線部の読みをひらがなで答えなさい。

① 人付き合いにはおセジも必要だ。
② 市長もごリンセキなさった。
③ 名画のフクセイを壁（かべ）に飾る。
④ マンションの建築にナンショクを示す。
⑤ 年上の方をウヤマう。
⑥ 温暖化防止をテイショウする。
⑦ 決勝戦でおしくもヤブれてしまった。
⑧ 無愛想な職人だが、うでは確かだ。
⑨ 易者に占（うらな）ってもらう。
⑩ 王様に仕える。

問十三、――線⑪「鹿が人が住む集落にやってきて農作物を荒らすのは、戦後に拡大された『造林計画』の影響ともいわれている」とありますが、「造林計画」によって、「鹿」にどのような「影響」があったのですか。それが書かれている形式段落を探し、最初の七字を答えなさい。

問十四、[D]・[E]・[F]に当てはまる言葉の組み合わせとして最も適切なものを、次の(ア)～(エ)の中から選び、記号で答えなさい。

(ア)　D　なぜなら　E　さらに　F　もちろん
(イ)　D　だから　E　もちろん　F　しかし
(ウ)　D　しかし　E　ところが　F　なぜなら
(エ)　D　つまり　E　しかし　F　そして

問十五、～～線a～d「の」の中から、はたらきの異なるものを一つ選び、記号で答えなさい。

問十六、[⑫]・[⑭]に当てはまる体の一部を表す漢字を、それぞれ答えなさい。

問十七、――線⑬「林業に見切りをつけざるを得なくなっていった」とありますが、どういうことですか。最も適切なものを、次の(ア)～(エ)の中から選び、記号で答えなさい。

(ア)　林業をあきらめたこと。
(イ)　林業の改革をしたこと。
(ウ)　林業に見通しをつけたこと。
(エ)　林業は他人にゆずったこと。

問十八、――線⑮「同じ問題」とは、具体的にどのような「問題」ですか。本文中の言葉を用いて答えなさい。

問十九、――線⑯「取り返しのつかないこと」の内容を示している部分を、本文中から十字以内で抜き出して答えなさい。

問二十、次の一文は本文中から抜いたものですが、どこに入れるのが適切ですか。その**直前**の五字を答えなさい。

> すると川畑さんはそんな疑問を見透（みす）かしたように、続けた。

問二十一、この文章を内容から二つに分ける場合、後半はどこから始まりますか。その最初の五字を答えなさい。

問二十二、本文の内容として適切なものを、次の(ア)～(エ)の中から一つ選び、記号で答えなさい。

(ア)　ニホンジカによる農作物の被害額は、イノシシによる農作物の被害額の3倍にあたる。
(イ)　野生動物の駆除作業は体力が必要だが、しっかりとした知識と経験があれば事故が起きる危険はない。
(ウ)　猟友会の活躍により駆除が進み、多賀町では鹿による農作物の被害は激減している。
(エ)　鹿が人の住む集落に下りる原因の一つは、里山とともに暮らす人々が減ったことである。

二、次の①～⑤について、三字熟語と四字熟語の□には、それぞれ同じ部首の漢字が当てはまります。その部首名をあとの(ア)～(コ)の中から選び、記号で答えなさい。

①　価□観　　以心□心
②　大黒□　　針小□大

＊１　ＧＰＳ……人工衛星で地上での現在位置を計測するシステム。

＊２　電牧線……電流を流し、この電線に触れた動物にショックを与えて田畑などへの侵入を防ぐものであり、獣害防除、放牧等で広く使用される。

＊３　対じ　……山などが向かいあってそびえ立つこと。

問一、――線①「どうしても同行したいです！」とありますが、何に「同行したい」のですか。漢字の訓読みで表している言葉を本文中から抜き出して答えなさい。

問二、Ａ～Ｃには、次の(ア)・(イ)のどちらかが入ります。それぞれ選び、記号で答えなさい。

(ア)　大将　　(イ)　待子

問三、――線②「『バックストップ』というルールがあるのだ」とありますが、この「ルール」は何のために「あるの」ですか。本文中の言葉を用いて具体的に答えなさい。

問四、――線③「有害獣駆除」の目的とは何ですか。それが書かれている連続する二文を本文中から抜き出し、その最初の五字を答えなさい。

問五、――線④「ササは冬場も生えているので鹿にとって、貴重な食糧ですね」とありますが、このことが関わると考えられる具体的な被害を「～こと。」に続くように、本文中から抜き出して答えなさい。

問六、――線⑤「はい」を言い切りの形に改めなさい。

問七、――線⑥「は……？」とありますが、私が疑問に感じた理由を、「農作物」という言葉を用いて、四十字以内で答えなさい。

問八、――線⑦「この問題」とはどのような「問題」ですか。「～の問題。」に続くように、本文中の言葉を用いて答えなさい。

問九、――線⑧「登山」と同じ組み立てである二字熟語を、次の(ア)～(エ)の中から選び、記号で答えなさい。

(ア)　昼食　　(イ)　帰宅

(ウ)　半円　　(エ)　外遊

問十、――線⑨「やがて」が直接かかっていく部分を、次の(ア)～(エ)の中から選び、記号で答えなさい。

(ア)　琵琶湖へと

(イ)　流れ込み

(ウ)　湖の生態系をも

(エ)　変えてしまうかもしれない

問十一、――線⑩「ここ多賀町の自然はすでに悲鳴を上げはじめていた」とは、「多賀町の自然」がどのようになっていることを表していますか。「多賀町の自然が」に続けて解答欄に合うように十字以内で答えなさい。

問十二、Ⅰ～Ⅳには次の(ア)～(エ)の各文が入ります。正しい順序になるように、解答欄のⅠ～Ⅳに記号を入れなさい。

(ア)　天敵だったニホンオオカミの絶滅により、命を失う危険が減っていることも大きな要因といえるだろう。

(イ)　２歳以上のメスのほとんどが妊娠し、エサの確保さえできれば、ほぼ毎年出産するため、短期間でその数はどんどん増えていく。

(ウ)　鹿の生態として、メスは生まれてから１年で出産が可能となり、１年に１回、１頭の子どもを産む。

(エ)　ニホンジカが増えた原因はいくつかあげられる。

その次にイノシシ、カラス、サルと続く。

被害は２０００年頃から日本全国に広がっていき、２０１０年度の被害総額は２３９億円にまで達している。もっとも駆除の急がれる野生獣は、生息頭数の多いニホンジカなのだ。

［Ⅰ］。［Ⅱ］。［Ⅲ］。［Ⅳ］。

また、自然環境ばかりがその原因ではない。⑪鹿が人が住む集落にやってきて農作物を荒らすのは、戦後に拡大された「造林計画」の影響ともいわれているからだ。

造林計画とは、広葉樹からなる天然林を伐採し、代わりにスギやヒノキ、カラマツ、アカマツなどの針葉樹に置き換えていくことをいう。針葉樹は成長が比較的早く、建築用材として価値が高いからだ。［Ｄ］、お金にはならない広葉樹をなくし、代わりに高く売れる針葉樹への植え替えが、戦後（１９４５年以降）、日本各地で行われてきた。

ニホンジカがエサとしていた、くりやどんぐりの実がなる広葉樹が、植え替えによってなくなってしまった。当然、ニホンジカは、エサを求めて歩き回り、生きのびるために次第に人の住む集落に近づいてくるようになった。

［Ｅ］、鹿は元来人間を恐れる生き物で、警戒心がとても強い。そう簡単に人の住む集落に入り込んで来ないのが普通だ（「奈良のシカ」が、いかに特殊かがわかるだろう）。それなのに、多くの鹿が山から下りてきて、田畑を荒らすようになってしまったのはどうしてなのだろう？

一番の原因は、「里山」が激減していることだと考えられている。

里山とは、野生動物と人間、それぞれが住む場所のa「境界線」のような地域のことだ。b人の住む集落に密接している山で、人が山の木々を切って燃料のまきを取ったり、炭を作ったりしていた。人が［⑫］を入れることで里山のc生態系は守られていた。

ところが、時代の移り変わりとともに、里山から人のd気配が消えてしまった。

多賀町は、森林が町の86パーセントを占め、かつては林業が盛んで町の中心となる産業だった。しかし、日本の木材は外国からの安い輸入木材に押され、価格競争に勝てなくなって、⑬林業に見切りをつけざるを得なくなっていった。また、電気やガスが普及したことで、まきを燃料として使わなくなり、里山とともに暮らす人びとは次第に減っていった。

放置された里山には、野生動物が出て来やすくなる。［Ｆ］、里山からちょっと［⑭］をのばせば、密接する集落に稲や野菜などおいしい食べ物がたくさんある。一度おいしい作物を味わった動物たちは、危険を承知で山を下りてくる。人が育てた農作物は山で得られるエサとは比べものにならないほど栄養価が高く、野生動物の出生率も上がるに違いない。

これは多賀町にかぎってのことではない。集落と山との境界線になっていた里山が消滅することで、⑮日本各地で同じ問題が起きている。このまま問題を放っておけば、ニホンジカが増え続け、やがてエサ不足になってニホンジカの数も自然と減っていくのかもしれないが、その前に山の生態系そのもののバランスが崩れ、⑯取り返しのつかないことになるに違いない。各地でニホンジカやイノシシの生息数を適正に管理するための対策が強化されているのは、そのためなのだろう。

（今西乃子『命の境界線　保護されるシカと駆除される鹿』による
ただし、一部表記を改めたところがある）

３００円です」

それが多いのか少ないのか私にはわからなかったが、被害額が算出され、町役場で把握しているのは当然のことなのだろうと思った。

すると川畑さんはこう続けた。

「農作物の被害額なら、わかりやすく算出できますよね？　ところが、自然破壊はお金に換算することができません。これから10年先、20年先にどうなって、どれだけ私たちの生活に影響が出るのか、簡単には算出できない。住民の多くは農作物がぶじならば⑦この問題は終わったと思っている。自然環境の破壊というお金に換算できないぶん、軽視されてしまうんです。でも、それは大まちがいで……それが、こわいんです」

川畑さんの言葉を聞きながら、私は昨日町役場を訪れた時、久保町長が話してくれたことを思い出していた。

「多賀町には米原市にまたがる霊仙山という山があります。花の多い山で、⑧登山客も多く来るのですが……」

鈴鹿山脈の最北に位置する標高１０９４メートルの花が美しい霊仙山。東側の山腹は岐阜県大垣市上石津町と不破郡関ケ原町に属し、北側には伊吹山が対じしている。＊3「花の百名山」として知られていて、シーズン中は花を楽しみに多くの登山者が訪れる。

しかし今、その霊仙山の一部がハゲ山になっているという。

「20年ほど前まではほんとうに花がきれいな山で、ササがたくさんあった。それが今ではなくなり、山肌がむき出しになってしまった」

この町で生まれ、暮らしてきた久保町長は嘆いていた。

山は多様性に富んだ植物や生物によってバランスが保たれている。それが、ときに人間の経済のために壊され、野生動物によって植物が食べつくされ、そのバランスが崩れればさまざまな問題が起きる。そのひとつが山肌がむき出しになった「ハゲ山」だ。そこに大雨が降り続けば、土砂崩れが起き、町を襲う。

滋賀県で、この霊仙山のようなことが周辺でつぎつぎと起きれば、⑨やがて土砂は、日本一の湖、琵琶湖へと流れ込み、ついには湖の生態系をも変えてしまうかもしれないというのだ。

鹿やイノシシ、サルなどによる農作物被害も土砂崩れも、すべてはつながっている。

⑩ここ多賀町の自然はすでに悲鳴を上げはじめていた。

「一度壊れたものを、元に戻すのには、それと同じだけの時間……いや、その倍以上の時間がかかるんです」

私は久保町長の言葉に、自然とともに生きるむずかしさを思い知ると同時に、駆除され続ける鹿たちの運命を思った。

それにしても、なぜ「ニホンジカ」が有害獣として駆除されるまでに増えてしまったのだろうか？

現在、日本におけるニホンジカの数は、２００万頭とも３００万頭を超えるとも推定されている。その数は、同じ有害獣とされている「イノシシ」の3倍にあたる。

近年の急増に対して、環境省は２０１３年に強化対策に乗り出し、10年後の２０２３年までに個体数を半分にまで減らす目標を立てた。現在では、対策によって減少しているものの、年間の捕獲数は50万頭に満たず、目標にはまだまだ遠くおよばない。

その急増は、人間の生活にも影響をおよぼしている。野生鳥獣による農作物被害は、ニホンジカによるものが全体の3分の1を占めていて、

た山に分け入るだけの知識と体力が欠かせない。

　気がつくと、菊河さんの姿はすでに山の中に消えていた。

　私たちが待つあぜ道では物音ひとつしない。シーンと静まり返る中、川畑さんから「ヒルに気をつけて」と忠告され、私は足元を見た。気をつける間もなくヒルが靴に2匹くっついていた。油断していると次から次へとヒルがはい上がってくる。ヒルは、おもに哺乳類の血を好むので、野生動物の数が増えれば増えるほど、ヒルの数も増加するのだという。ニホンジカがいつ、どこで出没するのかはだれもわからない。ヒルやダニ、蚊と格闘しながらひたすら待つのは、大変な忍耐が必要だ。

　何度も足元を気にしていると、川畑さんがそばに生えていたシダを指さして言った。

「ほら、こっちもシダ、あっちもシダ。鹿は植物質なら何でも食べますが、シダはあまり好んで食べないんです。だから、シダばかりが残る。④ササは冬場も生えているので鹿にとって、貴重な食糧ですね」

　現在、滋賀県内の鹿の推定生息数は７万１０００頭ほど。適正とされる個体数は８０００頭とされているので、今いる鹿の頭数を９分の１まで減らさなくてはならないことになる。これは大変な数字だ。

「被害が出ている農作物は、おもに水稲、小麦、大豆、そば、後は野菜。それと……ほら、あそこの杉の木。下の方にビニールを巻きつけてあるでしょう？　鹿が杉の木の皮を⑤はいで食べてしまう。被害は農作物だけじゃなく、林業にも影響しているんです」

　川畑さんが指さす方向にはビニールテープで巻かれた杉の木がたしかにあった。

「多賀町の駆除目標は年間９００頭でしたよね？　鹿の農作物の被害はそれほどひどいのですか？」

「いや、多賀町では、今はずいぶん減りました」

「⑥は……？」

　私が首をかしげると、川畑さんはこう続けた。

「多賀町では平成20年度から数年かけて、山と集落の境目に高さ約２メートルある獣侵入防止柵を設置しました。町内にのべ35キロメートルにわたっています。その防止柵を設置した後、鹿による農作物被害は劇的に減ったんですよ。今、一番の厄介者はサルですね」

　柵の上は電牧線＊2になっていて電気が流れており、この柵がすべて完成してからは、鹿が集落に侵入する被害は激減したという。

　ならば、鹿の駆除などもう必要ないのではないか。

「鹿を有害獣として駆除するのは、もちろん農作物を守り、町民の生活を守るという目的もありますが、それだけではありません。林業を守り、野山を守り、この町の本来あるべき姿を守っていくためでもあるんです」

　どうやら有害獣駆除の必要性は、今を生きる私たちのことを守るためだけではなく、町の環境を将来にわたって保全していくという、これからの未来に関わる大きな問題だと言う。

「ニホンジカの適正な生息数というのは、１平方キロメートルあたり３頭から５頭。その数を超えてしまうと、自然環境にも影響をおよぼすと試算されています」

　この数字を上回った状態が続くと、自然の生態系のバランスが崩れていくという。

「たとえば、多賀町の昨年の有害獣による農作物の被害額は、３３３万

【国　語】〈五〇分〉〈満点：一〇〇点〉

【注意】字数指定がある問いでは、句読点・記号なども一字として数えます。

一、次の文章を読んで、後の問いに答えなさい。（字数指定がある問いでは、句読点・記号なども一字として数えます）

「さあ、行くか？　言うても、危ないで。行けるんか？」

「①どうしても同行したいです！」とお願いすると、大将は猟友会の仲間である小川義幸さんと、宇都宮勝巳さん、菊河義和さんらと何やら相談した後、菊河さんの車の後についていくようにと言った。

大将の指示どおり、私は町役場の竹田さん、川畑さんといっしょに、菊河さんの後を追って車で10分ほどのところにある、「梨ノ木山」に向かうことにした。

「狩りはどんな風にするんですかね？」

道中、役場の川畑さんにこれから行われる狩猟のやり方を聞くと、「グループの狩りは勢子と待子とに分かれてやります」と教えてくれた。

「勢子」とは、狩猟を行うときに、獲物を追い立て待子のいる方向に追い込むリーダー的役割の人を指す。それを待ち受けて獲物を撃つのが「待子」だ。

狩猟は単独で行うこともあるが、今回のようにグループで行う場合を「協猟」という。リーダーの勢子は大将の藤河さん、待子が菊河さん、小川さん、宇都宮さんだ。

「［A］は、猟犬のサクラとモモコを連れて、山に入り、2頭を離します。犬は匂いで鹿の痕跡を追って、鹿を見つけたらほえて［B］に知らせ、そのまま鹿を追い込んで行くんです。そして、追いつめられた場所に［C］が銃をかまえて、鹿が逃げてきたところを撃つ！　という段取りですね」

＊1 GPS装置によって鹿を追う犬の場所はつねに把握できるので、その位置を大将が確認して無線で知らせれば、待子は鹿を迎え撃つことができる、という作戦だ。

到着すると、私たちは菊河さんの後について山道を進んだ。

「ここらへんで待っててくれるか？」

そう言われて、私たちはその場にとどまった。

「ここから、あっちは絶対に入ったらあかん！　わかったな？」

菊河さんは山手を指さしていうと、そのまま山の中へわっさ、わっさと入って行った。

銃は山に向かって撃つため、事故が起こらないよう山には入るな、とのことらしい。また、狩りをする場合、②「バックストップ」というルールがあるのだと、役場の川畑さんが教えてくれた。

「あたり前のことですが、銃を撃つときは、まず目視で周囲の安全を確保してから的を定めます。そして、たとえ的に外れたとしても、必ず銃弾がとまる場所に向けて撃ちます。山の谷から斜面にむかって発砲すれば、弾が外れたとしても、山があるから人がいる集落には飛んでいかないでしょう？　弾が外れても、必ず留まるエリア、これがバックストップ。これを確かめて撃つのが、狩りのルールなんです。この山の向こうは集落ですからね。ビューンっと飛んで行ってしまったら、大変な事故につながります」

一言で③有害獣駆除というが、そこには資格があり、ルールがあり、ま

大切なことはメモしておこうネ！
T.G

第1回

2022年度

解　答　と　解　説

《2022年度の配点は解答欄に掲載してあります。》

＜算数解答＞《学校からの正答の発表はありません。》

1　(1)　27　　(2)　$1\frac{3}{8}$　　(3)　12

2　(1)　13個　　(2)　540人　　(3)　$12\frac{6}{17}\mathrm{cm}^2$　　(4)　168点　　(5)　150cm^2

3　(1)　360gずつ　　(2)　182.34cm^2　　4　(1)　4：5　　(2)　$\frac{2}{63}$倍

5　(1)　8088個　　(2)　3570　　6　(1)　16：5　　(2)　11.75cm

7　(1)　5：3　　(2)　時速7.2km

○推定配点○

1，2　各5点×8　　他　各6点×10　　計100点

＜算数解説＞

1　(四則計算，場合の数)

(1)　$2.7\times9.14+0.9\times(6-3.42)=2.7\times9.14+0.9\times2.58=2.7\times10=27$

(2)　$\square=3.25-(7.2\div8\times3-1.8)\times\frac{25}{12}=3.25-\frac{9}{10}\times\frac{25}{12}=2\frac{5}{4}-1\frac{7}{8}=1\frac{3}{8}$

重要　(3)　100円硬貨が2枚のとき…50円硬貨が1枚，0枚⇒2通り

100円硬貨が1枚のとき…50円硬貨が3枚，2枚，1枚，0枚⇒4通り

100円硬貨が0枚のとき…50円硬貨が5枚，4枚，3枚，2枚，1枚，0枚⇒6通り

したがって，全部で2＋4＋6＝12(通り)

重要　2　(鶴亀算，割合と比，集合，平面図形，図形や点の移動，平均算，立体図形)

(1)　$\{170\times20-(3000-250)\}\div(170-120)=650\div50=13$(個)

(2)　国語でも算数でも合格しなかった生徒数…全体の $1-\left(\frac{3}{10}+\frac{5}{9}\right)=\frac{13}{90}$　　したがって，全体の生徒数は

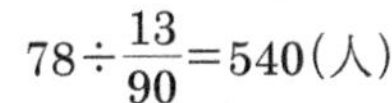

$78\div\frac{13}{90}=540$(人)

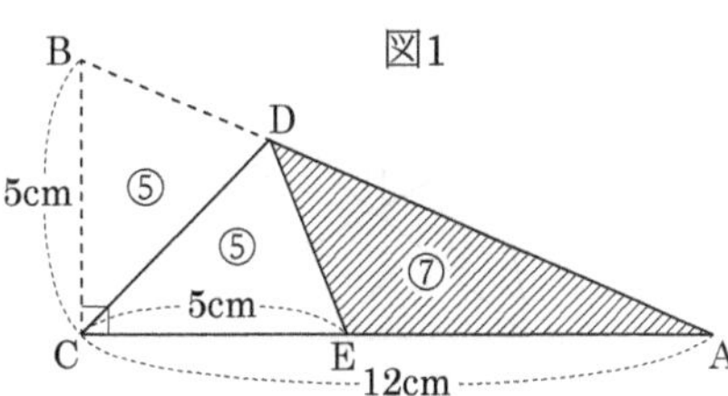

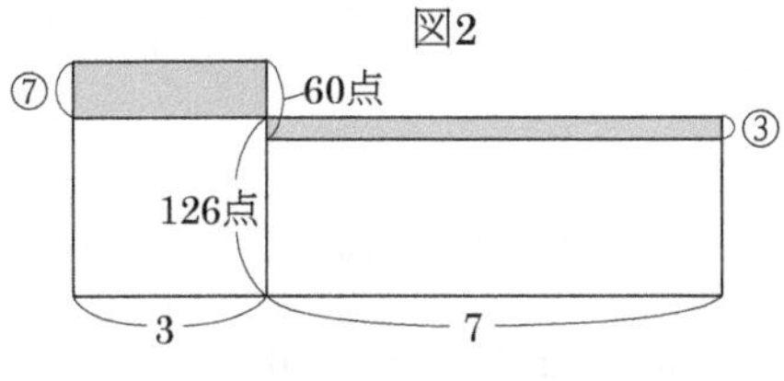

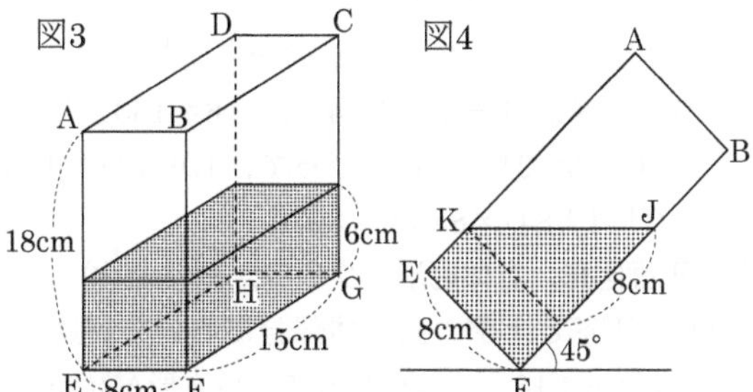

(3)　図1より，三角形CEDとEADの面積比は5：(12－5)＝5：7　　したがって，斜線部分である三角形EADは$5\times12\div2\div(5+12)\times7=\frac{210}{17}$($\mathrm{cm}^2$)

(4)　900人：270人＝10：3より，合格者と不

合格者の人数比は3：(10－3)＝3：7　前ページ図2より，色がついた部分の面積は等しく合格者の平均点は126＋60÷(7＋3)×7＝168(点)

(5)　前ページ図4において，図3よりKE＋FJの長さは6×2＝12(cm)に等しいので，FJの長さは8＋(12－8)÷2＝10(cm)　したがって，求める面積は10×15＝150(cm^2)

重要 3 (割合と比，平面図形)

(1)　600g：900g＝2：3であり，各容器について7.2％と12％の食塩水の割合が2：3になるように混ぜ合わせればよい。したがって，一方の容器からくみ出して他の容器に入れる食塩水の重さは600÷(2＋3)×3＝360(g)　【別解】900÷(2＋3)×2＝360(g)

(2)　図ア…正方形ABCDの面積は9×9×2＝162(cm^2)　図イ…正方形EFGHの面積は162÷9×(9－4)＝90(cm^2)　したがって，斜線部分の面積は9×9×3.14－162＋90＝182.34(cm^2)

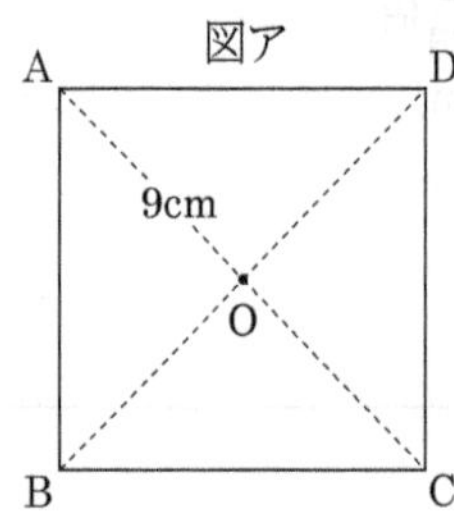

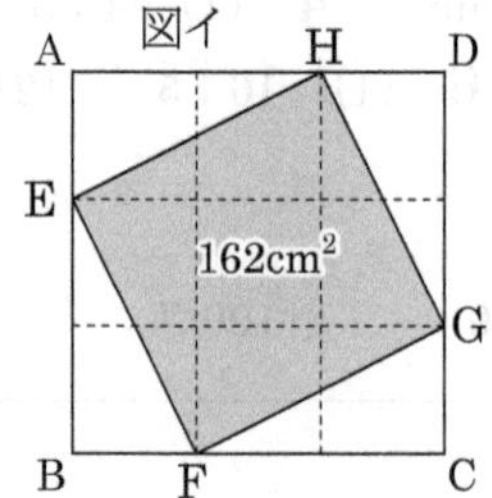

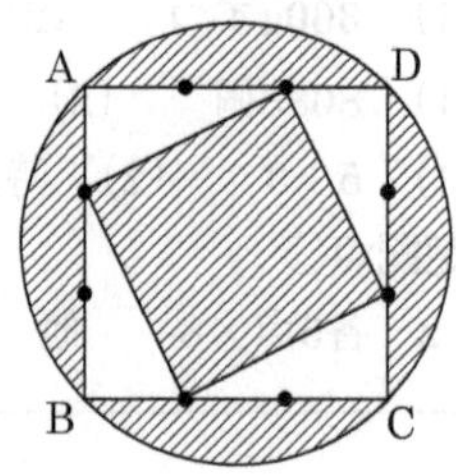

重要 4 (平面図形，相似，割合と比)

(1)　図1…三角形JEAとCEBの相似比は2：4＝1：2　三角形JHDとCHBの相似比は(2＋3)：4＝5：4　したがって，BH：HDは4：5

(2)　図2…三角形KEAとFEBの相似比は1：2　三角形KGDとFGBの相似比は(1＋3)：2＝2：1＝6：3　三角形ABDの面積…台形ABCDの3÷(3＋4)＝$\frac{3}{7}$　三角形ABHの面積…三角形ABDの$\frac{4}{9}$　三角形EBHの面積…三角形ABHの$\frac{2}{3}$　したがって，三角形EGHの面積は台形ABCDの$\frac{3}{7}\times\frac{4}{9}\times\frac{2}{3}\times\frac{1}{4}=\frac{2}{63}$(倍)

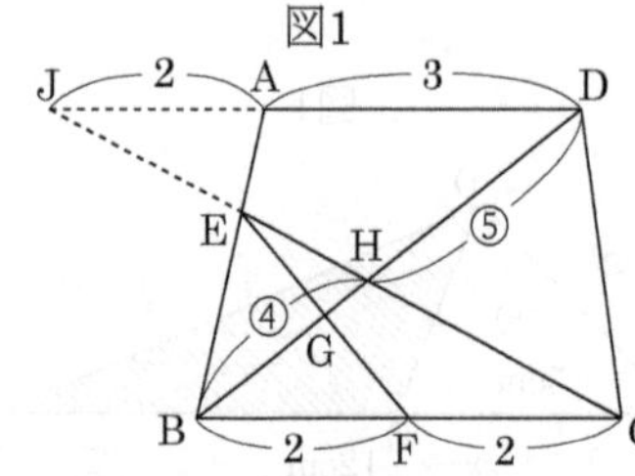

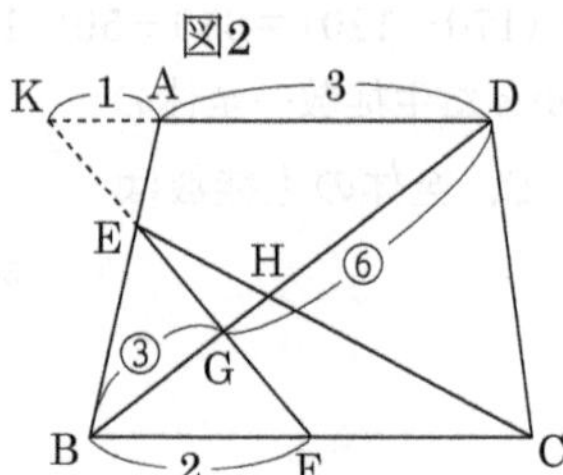

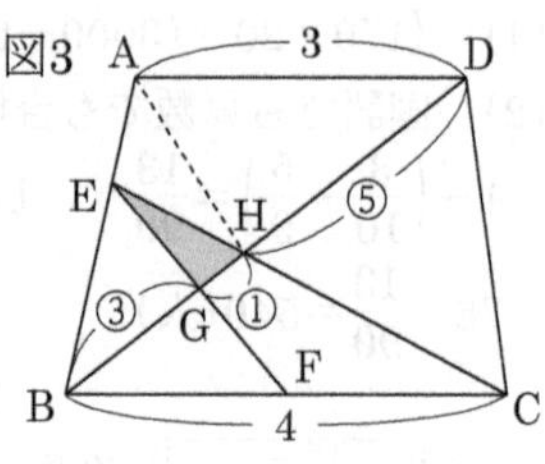

重要 5 (方陣算，数列)

(1)　2022×4＝8088

(2)　□番目の正方形の4つの角の整数の和…1＋1＋□＋1＋□×2＋1＋□×3＝4＋□×6＝130より，□＝(130－4)÷6＝21　したがって，1から21×4＝84までの和は(1＋84)×84÷2＝3570

1番目	2番目	3番目
1 4 2 3	1 8 7 2 　 6 3 4 5	1 12 11 10 2 　 　 9 3 　 　 8 4 5 6 7

……

重要 6 (平面図形，立体図形，グラフ，割合と比)

(1)　下部と上部の直方体部分において1秒で水深が増える割合の比…(5÷24)：{(9－5)÷(30－24)＝5：16　したがって，長方形ABCDとEFGHの面積比は，16：5

(2)　(1)より，水の体積を16×5＋5×4＝100とすると，容器を逆さにする場合の水深は8＋(100－5×8)÷16＝11.75(cm)

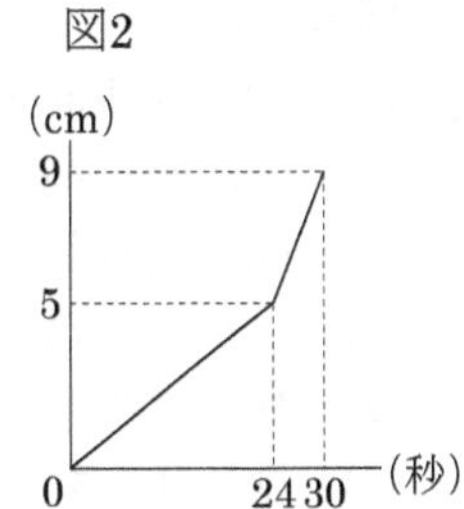

やや難 7　(速さの三公式と比，割合と比，単位の換算)

(1)　兄がA町から8000m走った時間…グラフより，⑧＋40(分)　兄が2倍の速さでA町まで8000m走った時間…④＋20(分)　兄が2倍の速さでA町まで800×2＝1600(m)走った時間ア…(④＋20)÷5＝(0.8)＋4(分)　㉗…④＋(0.8)＋40＋20＋4＋10＝(4.8)＋74(分)に等しい。　①…㉗－(4.8)＝(22.2)が74分に相当し，①は$74\div22.2=\frac{10}{3}$(分)　したがって，兄が初めの速さで走った時間と2倍の速さで走った時間の比は$\left(\frac{10}{3}\times8+40\right):\left(\frac{10}{3}\times4.8+24\right)=\frac{200}{3}:40=5:3$

(2)　兄が初めの速さで8000m走った時間…(1)より，$\frac{200}{3}$分　したがって，兄弟の最初の時速は$8\div\frac{200}{3}\times60=7.2$(km)

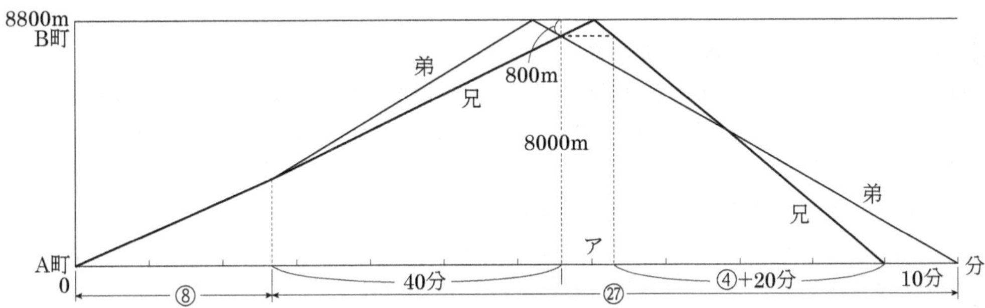

★ワンポイントアドバイス★

1(3)「280円の支払い方法」，2(3)「直角三角形の折り返しと面積」など，全般についても基本レベルの問題がない。3(1)「濃度」は，両容器の食塩水を混ぜた濃度に等しく，7「兄弟のA町・B町間の往復」は，難しい。

＜理科解答＞ 《学校からの正答の発表はありません。》

【1】 (1) ① ウ　② イ　(2) イ，ウ　(3) B
【2】 (1) カ　(2) ウ　(3) エ
【3】 (1) イ，エ　(2) ① b　② ア　(3) ア，ウ
【4】 (1) 北東　(2) 12月　(3) ウ
【5】 (1) イ　(2) エ　(3) アとイ，イとエ
【6】 (1) 14kg　(2) 25kg　(3) 12.5cm
【7】 (1) ウ　(2) A，C，E　(3) カ
【8】 (1) 6.4g　(2) 1.2g　(3) 7g　(4) 1.2g

○推定配点○
各2点×25(【1】(1)，【3】(2)，【5】(3)各完答)　計50点

<理科解説>

【1】 (植物―植物の分類)

重要 (1) ①は被子植物と裸子植物の分類で，A，B側が被子植物，C側が裸子植物である。被子植物は胚珠が子房に包まれている。②は双子葉植物か単子葉植物かの区別で，アサガオは双子葉植物である。双子葉植物は子葉が2枚である。葉脈は網状脈である。

基本 (2) 裸子植物に分類されるのは，イチョウとマツである。

基本 (3) 維管束が茎全体に散らばっているのは，単子葉植物の特徴である。これは図のBに相当する。

【2】 (人体－血液の循環・心臓)

基本 (1) 血液に溶け込んだ二酸化炭素以外の不要物は，じん臓でろ過される。そのため，腎臓を出る血管中の血液には不要物が少ない。

(2) 食事をした後では，食物から取り入れた栄養分が小腸で吸収され肝臓へ送られるので図の(オ)の血管中の栄養分が多いが，空腹時には小腸での栄養の吸収は少なく肝臓から蓄えられていた栄養分が出てくるので，(ウ)の血管を流れる血液中に栄養分が多い。

(3) A，Cの心房が縮むとB，Dの心室が広がり血液がB，Dに流れ込む。B，Dが縮むと血液が肺や全身に送り出され，同時にA，Cが広がり心臓に血液が戻される。この運動が繰り返されて血液が循環する。

【3】 (流水・地層・岩石―水のはたらき)

基本 (1) 雨が降って水量が増すと水の流れが速くなり，侵食作用や運搬作用が大きくなる。

基本 (2) ① 川のカーブのところでは，カーブの外側で流れが速く侵食作用が大きく，内側で流れがゆるやかでたい積作用が大きい。 ② 図ではX側でたい積が起こり，Y側で侵食が起きているので，Xがカーブの内側でYが外側である。

(3) 砂防えんていの主な目的は，土砂を食い止めて大量の土砂が流れ出ることを防ぐことと，水の流れを遅くして下流での侵食や洪水被害を防ぐことである。

基本【4】 (地球と太陽・月―太陽の動き)

(1) 太陽が昇る方角は，夏の時期には北に偏り冬の時期には南に偏る。図では真東を向いているので，左端は北東の方角になる。

(2) 1番上の記録は太陽が昇る方角が最も南に傾くので，冬至の頃であり12月である。

(3) 昇るときと同様に，太陽は夏では北寄りの方角に冬では南寄りの方角に沈む。(3)の図の右端が北西の方角になる。

【5】 (水溶液の性質・物質との反応―水溶液の判別)

基本 (1) 物質が水に均一に溶けたものが水溶液である。水溶液は色が付いたものも透明であり，溶けている物質をルーペで見ることはできない。

重要 (2) リトマス紙を使った操作では，酸性の水溶液が2種類あるので1つの操作ではうすい塩酸を見分けられない。アルミニウムの入った試験管にうすい塩酸，水酸化ナトリウム水溶液を注ぐと，どちらも水素が発生するので区別できない。鉄が入った試験管に少量の水溶液をそそいで水素が発生するものがうすい塩酸である。

(3) (ア)の操作で青色リトマス紙が赤色になると酸性である。この変化をするのは，うすい塩酸と炭酸水である。残りの3つに(イ)の操作をすると，水酸化ナトリウム水溶液とアンモニア水で赤色リトマス紙が青色に変化する。このとき変化しなかったものが食塩水である。(イ)の操作で色の変化しないものが，塩酸，炭酸水，食塩水である。この3つに(エ)の操作をすると，食塩水だけが水の蒸発後にスライドガラス上に白い固体が残る。

【6】 (ばね・てこ―力のつり合い)

基本 (1) おもりの重さとばねの伸びが比例するので，おもりの重さを□kgとすると，1：5＝2.8：□　□＝14(kg)

重要 (2) てんびんの右端には，ばねが上向きに引く力がはたらく。ばねの伸びが4cmなので，力の大きさは20kgである。荷物の重さを□kgとすると，□×40＝20×50　□＝25(kg)である。

重要 (3) ばねが引く力は最大で20kgであり，支点から皿までの距離を□cmとすると，80×□＝20×50　□＝12.5(cm)である。

【7】 (圧力―容器内の圧力)

(1) ピストンを押すと容器内の圧力が大きくなる。このとき，シャボン玉の膜で囲まれたそれぞれの部屋の中の圧力は等しくなるので，均等に体積が縮み(ウ)のようになる。

(2) 水は圧力が大きくなっても体積はほとんど変化しない。そのため，圧力が大きくなっても水で満たされた風船の体積は変化しない。Cのように風船が水の中にあっても，水中での圧力は大きくなるので，風船は小さくなる。

重要 (3) ピストンを押しても容器内の空気の量は同じなので，空気の重さは変わらない。しかし，体積が小さくなるので空気の密度は大きくなる。

【8】 (燃焼―金属の燃焼と重さの変化)

重要 (1) 反応前の重さと反応後の重さが比例する。図より4gの銅が燃焼すると5gの酸化銅が生じる。8gの酸化銅ができたので，燃焼した銅の重さを□gとして，□：8＝4：5　□＝6.4(g)

重要 (2) 同様に3gのマグネシウムが燃焼すると5gの酸化マグネシウムが生じるので，燃焼させたマグネシウムの重さは□：3＝3：5　□＝1.8(g)　3gの酸化マグネシウムのうち1.8gがマグネシウムの重さなので，これと結びついた酸素の重さは3－1.8＝1.2(g)である。

(3) 反応しなかった銅の重さを□gとすると，反応した銅の重さは(13－□)gである。銅が反応すると重さが$\frac{5}{4}$倍になるので，反応後の全体の重さは$\frac{5}{4}$×(13－□)＋□＝14.5　□＝7(g)である。

(4) もとの粉末に含まれていたマグネシウムの重さを□gとすると，銅の重さは(4.8－□)gである。マグネシウムは反応すると重さが$\frac{5}{3}$倍になるので，$\frac{5}{4}$×(4.8－□)＋$\frac{5}{3}$×□＝6.5　□＝1.2(g)である。

★ワンポイントアドバイス★

レベルは標準問題レベルであるが，時間のわりに問題数が多く計算問題も出題される。すべてを解答できなくても，基本問題で得点できるようにしたい。

<社会解答> 《学校からの正答の発表はありません。》

1 問1 ① 国東(半島)　② 種子(島)　問2 イ　問3 オ　問4 ウ　問5 イ　問6 オ　問7 ア　問8 イ

2 問1 ウ　問2 間接民主(制)　問3 令状　問4 最高裁判所

3 問1 A エ　B ウ　問2 エ　問3 ア・イ・オ

4 問1 A 百舌鳥　B 厳島　C 富岡製糸場　問2 大仙(古墳)

問3　ウ→ア→エ→イ　　問4　ウ　　問5　ア・ウ・オ　　問6　殖産興業　　問7　エ
問8　(例)　利点としては世界遺産がある町のよさを世界に知ってもらうことができ，またそのことを地元の誇りとすることができること，世界遺産を保護・保存するという目的のために地元住民の結び付きが強くなること，観光客の増加により観光業が盛んになることや道路などのインフラが整備されるなどの経済効果がある。問題点としては，観光客が増加することで世界遺産自体が壊されてしまうことや地元住民とトラブルになることで地元の生活が壊されてしまう環境破壊，また年月が経つにつれて観光客数の伸びが期待した程ではなく，十分な経済的効果が得られないことがある。

○推定配点○
1　各2点×9　　2　各2点×4　　3　各1点×3(問1・問3各完答)
4　問8　12点　　他　各1点×9(問3・問5各完答)　　計50点

＜社会解説＞

1　(日本の地理―九州地方に関する問題)

問1　①　国東半島は，大分県北東部の両子山(720m)を中心とした円錐形の火山からなる半島である。中央部は瀬戸内海国立公園に属し，周囲の海岸線の大部分は国東半島県立自然公園に指定されている。　②　種子島は，九州の鹿児島県に属している大隅諸島の中の島の1つである。同島は県内では奄美大島，屋久島に次いで3番目に大きく，人口は奄美大島に次いで多い。同島の最高地点の標高は約280mなので，海側から見るとほとんど平らに見える。

重要　問2　Ⅰ　九州北部の福岡(地図中のA)は年平均気温が16～17度で，降水量は夏に多く，冬は乾燥しているので全体的に1600mm程でやや少ない。　Ⅱ　南西諸島の久米島(地図中のC)は亜熱帯性の気候なので，年平均気温は22～23度で冬でも非常に温かい。降水量は夏に多く，全体的には2000mm程で年間を通してやや多い。　Ⅲ　九州南部の鹿児島(地図中のB)は温暖多雨な太平洋側の気候で，年平均気温は18～19度，降水量は夏に多く，全体的には2300mm程で年間を通して多い。

問3　Ⅰ　この道路標識の動物は，西表島(地図中のF)でみられるイリオモテヤマネコである。このネコは1965年にこの島で発見され，当初は新種のネコとされたが，現在ではアジア東部に生息するベンガルヤマネコの亜種とされ，国の天然記念物に指定されている。　Ⅱ　この道路標識の動物は，奄美大島(地図中のD)でみられるアマミノクロウサギである。体長約40～50cm，体重は1～3kg程で，全身は光沢のある長い体毛と柔らかく短い体毛で覆われている。このウサギだけで固有種とされ，絶滅危惧種とされている。　Ⅲ　この道路標識の動物は，沖縄本島(地図中のE)でみられるヤンバルクイナである。この鳥類は沖縄本島北部の山原(やんばる)地域だけに住む固有種であり，1981年に発見された。この鳥はほとんど飛ぶことができず，絶滅危惧種とされている。

問4　Ⅰ　長崎市(地図中のK)では，幕末の1857年に艦船修理工場から造船業が始まった。管理が明治政府に移った後に1887年に三菱に払い下げられ，三菱重工業長崎造船所となった。この長崎造船所の中で，小菅修船場跡や第三船渠などの5資産が世界遺産「明治日本の産業革命遺産・製鉄・製鋼，造船，石炭産業」の構成資産となっている。　Ⅱ　北九州市(地図中のJ)では日清戦争の賠償金で1901年に官営八幡製鉄所が建設され，国内最大の鉄鋼供給地として工業化が進んだ。第二次世界大戦後も，鉄鋼・金属などの重工業を中心に高度経済成長の原動力となった。
Ⅲ　水俣市(地図中のL)では，1956年に有機水銀を原因とする深刻な公害病である水俣病が発生した。しかし現在では公害などの苦難を乗り越えるために，市民・企業・行政が環境モデル都市づくりを進めて2008年に国から環境モデル都市の1つに認定された。

重要 問5 さつまいもの収穫量が多いのは鹿児島・茨城・千葉・宮崎・徳島なので地図Ⅰ，茶の収穫量が多いのは静岡・鹿児島・三重・宮崎・京都なので地図Ⅲ，ブロイラーの出荷羽数が多いのは宮崎・鹿児島・岩手・青森・北海道なので地図Ⅰである。

問6 Ⅰ 長崎県・鹿児島県・佐賀県の3県の中で海面漁獲量が一番多いことから，この3県の中で東シナ海などの漁業でも知られている最も水産業が盛んな長崎県である。 Ⅱ 3県の中でぶり類の養殖収穫量が最も多いことから，日本一の養殖ぶりの生産量をほこる長島町がある鹿児島県である。 Ⅲ 3県の中でのり類の養殖収穫量が最も多いことから，有明海でのり類の養殖が盛んな佐賀県である。

重要 問7 Ⅰ 表中の九州地方の各県の中で地熱による発電の実績が最も多く，火力による発電と総発電量も2番目なので温泉が多く，比較的工業も盛んな大分県である。 Ⅱ 地熱による発電の他に原子力による発電も行われているので，九州地方で佐賀県以外に原子力による発電が行われている鹿児島県である。 Ⅲ 九州地方で総発電量が最も少ないので，第一次産業の比率が国内で最も高く，第二次・第三次産業はあまり盛んでない宮崎県である。

問8 沖縄本島は南北に細長い一方，同島の川の多くは東西方向に流れている。そのためそれらの川の長さは20km未満の比較的短いものが多く，雨が降るとすぐに海に流れ込んでしまう。また島によっては水分をしみこませやすい土壌でできている島もあり，島内に水をためておくダムも存在するが，それらのダムの規模は大きいものではなく，大量の水を蓄えていくことはできない。それらのことから，沖縄県では比較的たくさんの雨がふるものの，水不足が発生しやすい状況となっている。そのため，多くの家では屋根や屋上に給水タンクを設置して水不足に備えている。昔から雨水をろかして再利用する装置を備えており，現在でも飲み水以外の水を雨水から利用している家庭も多い。したがって，水タンクが建物の屋根に設置されているのは，火災に備えるためではない。

2 **(政治―日本国憲法の原理に関する問題)**

基本 問1 日本国憲法は1946年11月3日(選択肢イ)に公布され，1947年5月3日(選択肢ウ)に施行されたが，その施行日が「憲法記念日」とされている。

問2 間接民主制とは民主政治の1つの形態であり，代表民主制ともいう。これは選挙などの方法によって国民の代表者を選んで，その代表者が話し合い，国民に代わって政治を行うことである。この方法は，国民が自分の権利の行使を代表者にまかせることで，政治に参加する方法である。現在は，世界のほとんどの国でこの間接民主制が採用されている。

問3 日本では基本的人権の1つである身体の自由を保障するために，警察官や検察官が被疑者を逮捕や拘留する場合には，必ず裁判官・裁判所が発行する令状を必要とするという令状主義の原則が行われている。ただし，現行犯による逮捕の場合には令状は必要ではない。

基本 問4 最高裁判所は最も上位に位置する裁判所で，長官と14人の裁判官によって構成され，東京にある。またこの裁判所は法律などが合憲か違憲かを最終的に決定する権限が与えられているので，「憲法の番人」と呼ばれている。

3 **(政治―衆議院議員総選挙に関する問題)**

基本 問1 衆議院が解散されると，解散から40日以内に衆議院総選挙が行われて新たな議員が選ばれる。また衆議院総選挙が行われた日から30日以内に特別国会が召集される。したがって，【 A 】には40，【 B 】には30の数字があてはまる。

問2 Ⅰ この文は誤っている。法案が成立する割合は内閣が国会に提出する法案(内閣提出法案)

が7～9割が成立するのに対して，議員が提出する法案(議員立法)が成立する割合は約2割である。したがって，内閣が国会に提出する法案が議員が提出する法案に比べて成立する割合が低いことはない。　Ⅱ　この文は誤っている。国務大臣は全員ではなく，過半数が国会議員でなくてはならないことが，日本国憲法第68条1項に記されている

重要　問3　衆議院議員は議員の任期は4年(選択肢ア)で，その議員定数は465名(選択肢イ，2022年5月現在)である。また選挙権は満18歳以上，被選挙権は満25歳以上の日本国民である。さらに衆議院議員総選挙では小選挙区比例並立制が採用されており，小選挙区選挙と比例代表選挙の両方に立候補する重複立候補が認められている(選択肢オ)。　ウ　議員定数は小選挙区選出議員が289名，比例代表選出議員が176名なので，小選挙区選出議員よりも比例代表選出議員の方が多いことはない。　エ　被選挙権を有するのは満25歳以上なので，満30歳以上の日本国民ということはない。被選挙権が満30歳以上のものは，参議院議員と都道府県知事である。

4 (総合―日本の世界文化遺産に関する問題)

問1　A　百舌鳥・古市古墳群は大阪府の堺市・羽曳野市・藤井寺市にまたがり，2019年に世界文化遺産に登録された。この遺産は堺市の百舌鳥エリアの大仙古墳を含む23基の古墳，羽曳野市・藤井寺市の古市エリアの26基の古墳で構成されている。　B　厳島神社は，現在の広島県にあたる安芸国の一の宮である。この神社は航海の守護神とされ，平氏の棟梁であった平清盛の崇敬を受けて平氏の氏神のようになった。1996年に世界文化遺産に登録された。　C　富岡製糸場と絹産業遺産群は群馬県富岡市の富岡製糸場，伊勢崎市，藤岡市，下仁田町に点在する養蚕関係の史跡から成る文化遺産で，2014年に世界遺産として登録された。なお，富岡製糸場は，1872年に群馬県の富岡に造られた官営模範工場で，フランスから機械を買い入れ，技術者を呼んで，政府が経営した。

基本　問2　百舌鳥・古市古墳群に含まれる日本最大の前方後円墳は，大仙古墳である。この古墳は大阪府堺市にある日本最大規模の前方後円墳で，全長486m，高さ35mである。

問3　選択肢アの応仁の乱は1467～1477年，イの禁門の変(蛤御門の変)は1864年，ウの保元の乱は1156年，エの本能寺の変は1582年のできごとである。したがって，これらのできごとを年代の古い順に並べると，ウ→ア→エ→イとなる。

問4　江戸時代に河村瑞賢(1618～1699年)が開いた航路のなかで瀬戸内海を通る航路は，東廻り航路ではなく西廻り航路である。東廻り航路は秋田から津軽海峡を経て，太平洋を南下して江戸に至る航路である。

重要　問5　ア　この文は正しい。徳川家光の在位期間は1623～1651年，島原の乱が起こったのは1637年のことである。　イ　この文は誤っている。徳川綱吉の在位期間は1680～1709年，化政文化が栄えたのは18世紀末～19世紀初めである。徳川綱吉の在位期間に栄えたのは，元禄文化(17世紀末～18世紀初め)である。　ウ　この文は正しい。徳川吉宗の在位期間は1716～1745年，公事方御定書が制定されたのは1742年である。　エ　この文は誤っている。徳川家斉の在位期間は1787～1837年，田沼意次が株仲間を公認したのは田沼時代の1767～1786年である。　オ　この文は正しい。徳川家茂の在位期間は1858～1866年，桜田門外の変が起こったのは1860年である。

問6　殖産興業とは明治政府が掲げた近代産業を育成するための政策で，外国人を招いて機械工業，鉄道網の整備，資本主義の育成などの国家の近代化が図られた。この政策により，富岡製糸場などの官営模範工場が建設された。

問7　北海道・北東北の縄文遺跡群は北海道南部(道南)と北東北にある縄文時代の遺跡群のことで，2021年にユネスコの世界文化遺産に登録された。この遺跡は，北海道と東北地方の青森県・岩手県・秋田県の1道3県に点在している。したがって，宮城県(選択肢エ)にはこの遺跡群はない。

問8　世界文化遺産に登録されることの利点は，資料①の「石見銀山　大森町住民憲章」の「私たちの暮らしがあるからこそ世界に誇れる良いまちなのです。」の部分から，1)　世界遺産がある町のよさを世界に知ってもらうこと，2)　世界遺産があることを地元の誇りとすることができることが考えられる。また資料①の「人と絆と石見銀山を未来に引き継ぎます。」の部分から，3)　世界遺産を保護・保存するという目的のために地元住民の結び付きが強くなることが考えられる。さらに資料②のグラフの「石見銀山・観光坑道の見学者の推移」によると世界文化遺産への登録(2007年)によって観光客が以前の3倍以上に増えていることから，4)　観光業が盛んになること，5)　道路などのインフラが整備されること，などの地元への経済効果もあると考えられる。他方，問題点としては，資料①の「歴史と遺産，そして自然を守ります。」の部分から，1)　観光客が増えることなどから世界遺産自体が壊されてしまう恐れがあることがわかる。また資料①の「安心して暮らせる住みよいまちにします。」の部分から，2)　さまざまな地域から来る観光客と地元住民とトラブルになることも予想される。さらに資料①の「おだやかさと賑わいを両立させます。」の部分から，3)　地元の生活が壊されてしまう環境破壊も発生する可能性が考えられる。一方，資料②からは2009年以降は観光客の数も減少傾向になっていることから，4)　観光客数が期待したほどの伸びがなかったこと，5)　それにより十分な経済的効果が得られないことが考えられる。

★ワンポイントアドバイス★

地理・歴史・政治の各分野ほぼ同じ割合の出題であるが，説明問題は昨年度より分量があるものとなっているので，日頃から100～200字程度の文章でまとめる練習をしっかり行うようにしよう。

＜国語解答＞《学校からの正答の発表はありません。》

一　問一　実験　問二　(例)　藤堂さんがこわかった(こと。)　問三　(例)　はなれたところで，ちぢこまる様子。　問四　ア　問五　エ　問六　(例)　老人を藤堂さんとよんだこと。　問七　ア　左　イ　五　問八　ピンポンダッシュ　問九　イ
問十　悪魔の証明　問十一　ウ　問十二　(例)　あらかじめ指に色をつけてごまかそうとしていないか，確かめるため。　問十三　ぼくは前を～っと逃げた
問十四　犯人が　問十五　(例)　犯人がほかにもいる　問十六　となりの佐々木さんの家の車のかげ　問十七　ア　問十八　ガレージに～なかったか(ということ)
問十九　ウ　問二十　ア　問二十一　イ

二　①　オ・b　②　ウ・d　③　カ・e　④　エ・f　⑤　ア・j

三　①　ア　②　エ　③　イ　④　ウ　⑤　ア

四　①　固有　②　全(う)　③　内蔵　④　正夢　⑤　風流　⑥　逆手
⑦　潮時　⑧　くめん　⑨　ふる(って)　⑩　ゆだ(ね)

○推定配点○

一　問三・問六・問十二・問十五　各4点×4　他　各3点×18
二　各2点×5(各完答)　三　各2点×5　四　各1点×10　計100点

＜国語解説＞

一　(物語文－主題・心情・細部表現・の読み取り，指示語，空欄補充，ことばの用法，記述力)

問一　この「再現」とは，「ピンポンダッシュ事件」の真相を明らかにするため，その時の状況と同じように行動して，再び状況をあらわすこと。文章中の，再び同じような行動をしているところを中心に，解答の手がかりを探す。空欄⑮直前に「実験」とある。「実験」して真相を明らかにするということ。この「実験」は「再現」という言葉の代わりに使える。解答は「実験」になる。

問二　傍線②までの状況を読み，解答を考えることができる。藤堂さんは「ぼく」をにらんできた。その様子は，貫禄も加わって恐ろしかったのである。だから，ぼくは体が勝手に後ろにさがった。傍線②は，体が後ろにさがる原因になるような，藤堂さんの様子をさしている。「藤堂さんがにらんできて，その様子がこわかった」ということ。字数が10字以内と厳しいが，「藤堂さんがにらんできた」「藤堂さんの様子がこわかった」というように内容をうまくまとめたい。

問三　傍線③以降に，この場面における「魔王」の様子が書かれている。「あてにならなかった」とは，頼みにならないということ。傍線③以降に書かれた，魔王の頼みにならない様子をまとめる。傍線③以降の「五メートルくらいはなれたところ」「ちぢこまっている」という表現を中心にまとめるとよい。

問四　「やぶれかぶれ」とは，どうにでもなれという意味。傍線④の部分で「ぼく」は，藤堂さんのことはこわいが，どうなってもよいという気持ちになり，にらみかえしたのである。「どうにでもなれ」「投げやり」とある，アが正解になる。イは「勝てない」，エは「負けても仕方がない」とあるが，おかしい。勝負を挑んでいる話ではない。うたがいをはらすのが目的である。ウは「なにがなんでもたたかおう」とあるが，「やぶれかぶれ」から，戦いに向けての強い意気込みは読み取れない。

問五　藤堂さんが「ぼく」が，話している途中で口をはさんだことをおさえる。藤堂さんは「ぼく」のそのような態度に腹を立てたのだ。アは適切。また，藤堂さんが「お前」と呼んだことを「ぼく」に注意されたことをおさえる。当然のことを指摘されて，恥ずかしかったこともわかる。イは適切。さらに，藤堂さんが「ぼく」という，はるかに年下の子どもに注意されたこともおさえる。気まずかったであろう。ウは適切。適切でないのは，エ。傍線⑤までの場面を読んでいくと，「ぼく」はすでに反抗している。今さら口答えに驚くような状況ではない。解答はエになる。

問六　傍線⑥直前に書かれた内容から読み取ることができる。お年寄りの中には，おじいちゃんとよばれるのを嫌がる人もいるため，意識して藤堂さんとよんだのである。それが効果あったということである。「藤堂さんとよんだ」という内容を中心にまとめる。

問七　ア　文章中には，門から玄関まで飛び石があり，右にまがると庭の方とある。つまり，設問の文にあるように，玄関から門の方に向かう場合，途中で左側にまがることになる。アは「左」になる。　イ　花台から門の外までの距離は，傍線⑧以降に「五メートルもない」と書かれている。イは「五」になる。

問八　傍線⑧直前に「チャイムが聞こえた」とある。この文章が「ピンポンダッシュ事件」について書かれていることからもわかる。解答は「ピンポンダッシュ」である。

問九　同じ場面内になる，空欄⑨よりも少し後の部分には，「ふるえる声で魔王がたのむ」と書かれている。この場面で，魔王は藤堂さんを恐れているのである。また，空欄⑱では，直後で少年が「もうしません」と謝っている。その言葉から，少年がおびえていたことが読み取れる。恐れたり，おびえたりするときの言葉が，空欄⑨と⑱にはあてはまる。解答は，恐れやためらいの様子を意味する，イの「おずおずと」になる。アの「ずかずかと」は，遠慮のない様子を意味する。ウの「じりじりと」は，ゆっくりとであるが，近づく様子。エの「ばたばたと」は，落ち着かない様子を意味する。

問十　空欄⑮直後に「やってないことの証明,『悪魔の証明』」という表現がある。ここに着目する。正解は「悪魔の証明」になる。

問十一　空欄⑪の直前に着目する。藤堂さんは慎重になった。そして,再現したピンポンダッシュの状況に対して,「ごまかしてないか？」と言ったり,魔王がチャイムを押しても「ぼく」が押していない理由にはならないと主張したりするようになった。つまり,再現の結果を否定したのである。そして空欄⑪は,藤堂さんに否定された後の魔王の様子。その後も「おれが押したという証明ならできます。」と冷静であったことをおさえる。冷静だったのだから,空欄⑪にはウの「動揺」があてはまり,「動揺しなかった」になる。アの「緊張」はおかしい。魔王は冷静にものごとを判断している,冷静に言葉を返した魔王の様子を,「緊張しなかった」という表現では,的確に表しているとはいえない。イの「反論」はおかしい。「おれが押したという証明ならできます。」という魔王の発言は,ある意味,藤堂さんに対する反論である。エの「反省」もおかしい。冷静に言葉を返している魔王の様子を,的確に表現している言葉ではない。

問十二　この場面で,魔王が考えていることをおさえて,解答する。チャイムのボタンに赤い色をつけるのは,チャイムを押した人の指だけが赤くなる仕かけである。だが,あらかじめ二人の指に赤色をつけておけば,藤堂さんをごまかすことができる。藤堂さんは,そのようなごまかしを避けるために,二人の指を確認しようとしたのである。「指に色をつけてごまかそうとしていないか」＋「確認するため」という内容を中心に記述する。

問十三　傍線⑬がふくまれる一文をおさえて,ぬき出す部分を考える。ピンポンダッシュの再現に関して,「ぼくと魔王」がしたことを具体的に示した部分を見つけるのである。空欄⑨～傍線⑩の間に,「ぼくと魔王」がしたことが具体的にまとまっている。ぼくは藤堂さんの門を急ぎ足でとおりすぎ,歩道を走っていったのである。魔王はチャイムを押して逃げたのである。傍線⑨～傍線⑩の,その行動を,傍線⑬でくり返すのだ。その部分を見つけて,書き抜く。

問十四　「ぼく」がいると主張しているのは,「犯人」である。「犯人が」が解答になる。傍線⑭の部分と,それ以降の部分が倒置になっているのである。

問十五　二度目の再現で証明できたのは,傍線⑭直前にも書かれているように,「ぼく」が犯人ではない可能性があること。言いかえると,犯人がほかにもいる可能性があること。空欄⑮直後にあるように,「ぼく」がやっていないことの証明はできないのだ。空欄⑮は,この二度目の再現で証明できることをあてはめるので,「犯人はほかにもいる(可能性がある)」という方向性でまとめる。

問十六　「ここ」とは,ピンポンダッシュの再現のときに,魔王が隠れたところである。傍線⑬の後を見ると,藤堂さんが「となりのガレージのところ」を見ていることから,魔王の隠れた場所はわかる。ただし,「となりのガレージのところ」は12字であり,設問の条件にあわない。同じ場所をもう少し詳しくあらわしている,傍線⑩よりも少し前の「となりの佐々木さんの家の車のかげ」が解答になる。

問十七　波線Ⓐは,「ここにかくれるのなら」という発言に続けて,魔王が言ったと考えるのが自然である。そして,波線Ⓑは,直後に「おっ。」という藤堂さんの言葉が続くことから,「ぼく」か「魔王」の発言であると考えられる。波線Ⓒは,直後に「ぼくらはみんな,顔を見合わせた」とあり,「ぼく」「魔王」「藤堂さん」の三人の発言であると考えられる。以上の条件にあてはまるものは,選択肢の中では,アになる。

問十八　波線Ⓒより後の部分に,「と聞きたかっただけなのに」という表現がある。この表現よりも前の部分が,傍線⑰の「聞きたいこと」と同じものである。該当部分を,設問の指定にあわせて，書き抜く。

問十九　波線Ⓐ直後の表現などから，藤堂さんが龍介くんを高く評価している様子が読み取れる。だが，空欄⑱前後から読み取れるように，龍介くんは藤堂さんにしかられるのが嫌で，道場もやめたかったのである。このような状況が，傍線⑲の「しょっぱいものをのみこんだ」「口もとをゆがめている」につながる。藤堂さんは「戸惑う気持ち」を抱いていたのだ。解答はウになる。アは「かばっていることに驚く気持ち」，イは「かばっていることを不愉快に思う気持ち」とあるが，藤堂さんは戸惑いの気持ちを抱いているのである。エの「不機嫌な気持ち」も，この場面の藤堂さんの気持ちとしてはおかしい。

問二十　ア「自分で自分の疑いを晴らすことができ」とあるが，おかしい。魔王にも協力してもらっている。アは適切でない。　イ　傍線⑳直前に，「やっと，真実がわかった」とある。「ぼく」は事件の真相を明らかにしたことに達成感を覚えている。適切である。

ウ　傍線⑩よりも前で，藤堂さんは「わしのかんちがいだったようだ」と発言している。ウは「ぼく」の達成感につながる。適切である。　エ　事件の真相を解明できて，真犯人も見つけることができたのである。この点に，「ぼく」は達成感を覚えている。適切である。エは「思惑通りに真犯人を見つけることができた」とある。ここが「思惑通りの真犯人を見つけることができた」であれば，もともと龍介くんを犯人と予想していたことになり，適切な選択肢ではなくなる。だが，「思惑通りに……見つけることができた」とあるため，望み通りに真相を明らかにできたということになり，この点も適切である。

問二十一　最後の場面の展開をおさえて，解答を見つける。龍介くんが犯人だった。藤堂さんは龍介くんがピンポンダッシュをした理由を知って，深く傷ついた。この藤堂さんの苦しみに対して，「ぼく」は「ちょっと苦い味」と語っているのである。解答は「犯人はわかった」「藤堂さんを傷つける結果となった」とある，イになる。アは「藤堂さんの面目がつぶれてしまった」とある。確かに物語の展開を考えると，藤堂さんの面目がつぶれたかもしれない。だが，「ぼく」が感じた「ちょっと苦い味」に結びつくのは藤堂さんの心の傷である。アは誤答になる。ウは「子どもにぬれぎぬを着せた」とある。確かに藤堂さんは「ぼく」にぬれぎぬを着せた。だがウも「ちょっと苦い味」に結びつく藤堂さんの心の傷にふれていない。誤答になる。エは「真相に藤堂さんが腹を立ててしまった」とある。藤堂さんは腹を立てているわけではない。誤答になる。

二　（慣用句）

①「口をわる」となる。なかなか秘密などを白状しない人を「口がかたい人」という。　②「相づちをうつ」となる。「相づち」とは，ここでは，相手の話に合わせてする応答のこと。　③「肩をもつ」となる。相手と同じような力を持つことを「肩をならべる」という。　④「手をやく」となる。問題文の中にある「もてあます」とは，取り扱いに困るということ。　⑤「大風呂敷をひろげる」となる。ここでの「大風呂敷」とは，できそうにもないおおげさな計画や話という意味。

三　（画数）

それぞれの画数は以下のようになる。

①　アの「弓」は三画，イの「少」は四画，ウの「収」は四画，エの「円」は四画になる。　②　アの「気」は六画，イの「百」は六画，ウの「両」は六画，エの「近」は七画になる。　③　アの「男」は七画，イの「吸」は六画，ウの「防」は七画，エの「弟」は七画になる。　④　アの「出」は五画，イの「写」は五画，ウの「印」は六画，エの「氷」は五画になる。　⑤　アの「世」は五画，イの「区」は四画，ウの「月」は四画，エの「比」は四画になる。

四　（漢字の読み書き）

①　そのものだけが備えているという意味。「日本固有の文化」とは，日本だけが備えている独特

の文化という意味になる。 ② 完全に成し遂げること。「天寿を全うする」という表現がある。十分に長生きして死ぬことを意味する。 ③ そのものの内部におさめ持っていること。問題文の場合，録音機の中にマイクがある。「内臓」という言葉もある。動物の体内にある，胃や腸などの臓器のこと。 ④ あとで，それが現実となる夢のこと。あとで，夢で見たことと逆のことが起こるとされる夢は，「逆夢(さかゆめ)」という。 ⑤ 上品で味わいがあること。同じような意味の言葉に「風情(ふぜい)」がある。問題文も「風情のある庭」と言い換えることができる。 ⑥「逆手にとる」とは，ここでは，相手の反論や攻撃を利用してやり返すこと。「ぎゃくて」と読むこともある。 ⑦ ここでは，物ごとをするのにちょうどよい時期。海の潮が満ちたり引いたりする時のことも，「潮時」という。 ⑧ あれこれ苦心して，金品や品物を集めること。 ⑨ ここでは，気持ちが盛り上がること。「奮」自体に，気持ちが盛り上がるという意味があり，その意味で，「興奮」「発奮」などの言葉がある。 ⑩ 一切を任せること。熟語にすると，「委任された」となる。

★ワンポイントアドバイス★

かなりの長さの文章を読み，多めの設問に取り組む形の入試傾向が続いている。長い文章の展開を正確におさえながら読み進める練習は，必ず進めたい。正確に長文を読む力が，合否を左右する。

第2回

2022年度

解 答 と 解 説

《2022年度の配点は解答欄に掲載してあります。》

＜算数解答＞《学校からの正答の発表はありません。》

1 (1) 20.75 (2) $\frac{5}{78}$ (3) 225
2 (1) 6000円 (2) 7200cm^3 (3) 44個 (4) 339.12cm^2 (5) 5時43$\frac{7}{11}$分
3 (1)・(2) 採点対象外とし全員正解
4 (1) F10の位置で東向き (2) I9の位置で南向き
5 (1) $\frac{2}{3}$倍 (2) 7分55秒 6 (1) 74L (2) 4分48秒後
7 (1) 秒速3cm (2) 4.8秒後と9.6秒後

○推定配点○

6, 7 各6点×5 他 各5点×14 計100点

＜算数解説＞

1 (四則計算, 割合と比)

(1) $30+15\times2.15-41.5=20.75$

(2) $\square=\frac{1}{12}\div\left(0.6\times\frac{11}{2}-2\right)=\frac{5}{78}$

基本 (3) 1ピラーは$14.4\div120=0.12$(ゼット) したがって, 27ゼットは$27\div0.12=225$(ピラー)

重要 2 (割合と比, 消去算, 平面図形, 立体図形, 差集め算, 速さの三公式と比, 時計算)

(1) A君とB君の最初の所持金はそれぞれ⑨＋3300, ②＋4200であり, これらの比が5：4であるから, (②＋4200)÷4×5＝(2.5)＋5250が⑨＋3300に等しい。したがって, ①は(5250－3300)÷(9－2.5)＝300(円) A君の最初の所持金は300×9＋3300＝6000(円)

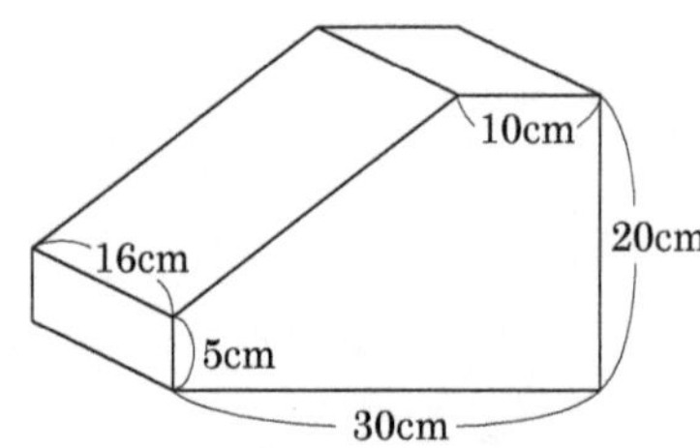

(2) 右図より, 体積は$(20\times30-20\times15\div2)\times16=7200$(cm^3)

(3) 下表より, □の箱数は$(4\times4-2)\div(6-4)=7$(箱)
したがって, ボールは $6\times7+2=44$(個)

6……6・2・×・×・×
4……4・4・4・4・4

(4) 図3より, ペンキがついた部分は$5\times5\times3.14+(5\times5-2\times2)\times3.14+(2\times2\times3+5\times2\times5)\times3.14=(50-4+62)\times3.14=108\times3.14=339.12$(cm^2)

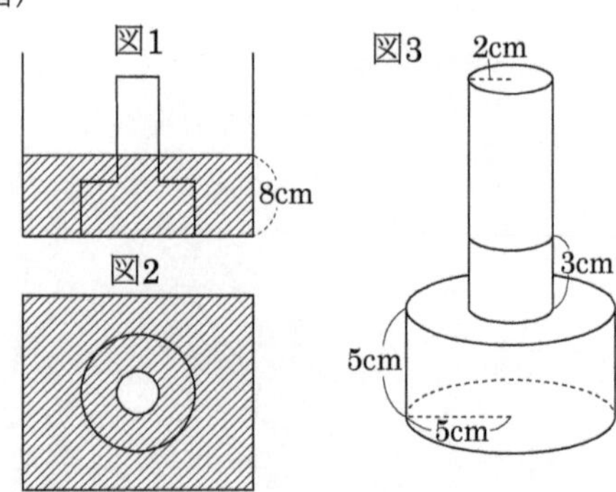

(5) 両針の間が90度になる場合 2時台…1回
3時台～5時台…2回ずつ, 2×3＝6(回) したがって, 7回目は5時台の$(30\times5+90)\div\frac{11}{2}=\frac{480}{11}$(分)

3 採点対象外の問題のため省略。

重要 4 (平面図形，図形や点の移動，規則性)

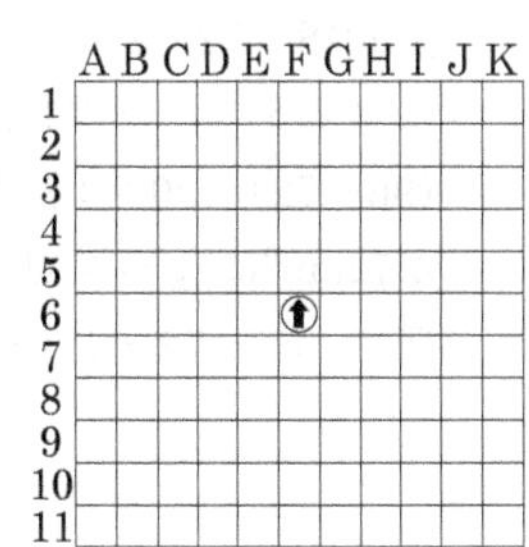

(1)　＜回＊3＞＜進＊4＞1回目…B6西向き　2回目…B10南向き　3回目…F10東向き

(2)　＜進＊2＞＜回＊2＞＜進＊5＞＜回＊1＞1回目…F9西向き　2回目…I9南向き　3回目…I6東向き　4回目…F6北向き　したがって，0回目・4回目・8回目・～はF6北向きであり，2022÷4＝505…2より，2022回目はI9南向き

重要 5 (速さの三公式と比，割合と比，単位の換算)

(1)　学校・図書館の間をA君は28－16＝12(分)で進み，C君は30－12＝18(分)で進む。したがって，C君の速さはA君の12÷18＝$\frac{2}{3}$(倍)

(2)　グラフより，頂点Pを共有する2つの三角形の相似比は30：(30－12)＝30：18＝5：3　Pの時刻…30÷(5＋3)×5＝18$\frac{3}{4}$(分後)

頂点Qを共有する2つの三角形の相似比は16：(30－28)＝16：2＝8：1　Qの時刻…30÷(8＋1)×8＝26$\frac{2}{3}$(分後)　したがって，求める時間は26$\frac{2}{3}$－18$\frac{3}{4}$＝7$\frac{11}{12}$(分)　すなわち7分55秒

やや難 6 (立体図形，割合と比，消去算)

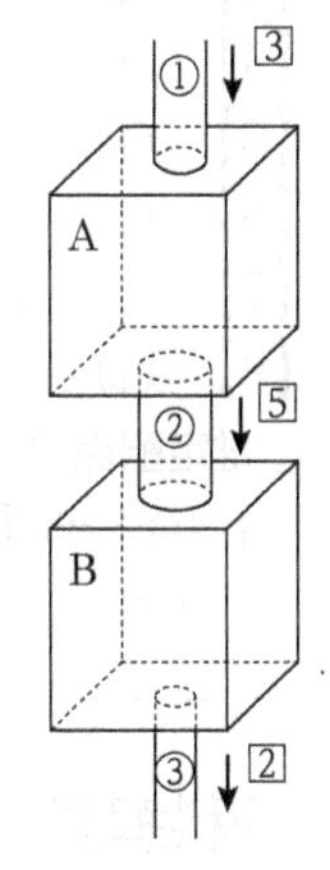

(1)　一定時間に水そうAから水が減る割合と水そうBに水が増える割合の比は(5－3)：(5－2)＝2：3　したがって，90－②と50＋③が等しいとき，①は(90－50)÷(3＋2)＝8(L)に相当し，求める水の体積は90－8×2＝74(L)

(2)　(1)より，10－②と3＋③が2：3のとき，(3＋③)÷3×2＝2＋②と10－②が等しく，①は(10－2)÷(2＋2)＝2に相当し，水そうAは3分で2×2＝4減り，1分で$\frac{\boxed{4}}{\boxed{3}}$減る。一方，水そうBは3分で2×3＝6増え，1分で6÷3＝2増える。10－$\frac{4}{3}$と3＋$\boxed{2}$が2：7のとき，$\left(10-\frac{\boxed{4}}{\boxed{3}}\right)\div2\times7=35-\frac{\boxed{14}}{\boxed{3}}$が3＋$\boxed{2}$に等しく，$\boxed{1}$は$(35-3)\div\left(\frac{14}{3}+2\right)=4.8$に相当する。したがって，求める時刻は4.8×2÷2＝4.8(分後)，すなわち4分48秒後

重要 7 (平面図形，図形や点の移動，速さの三公式と比，割合と比，数の性質)

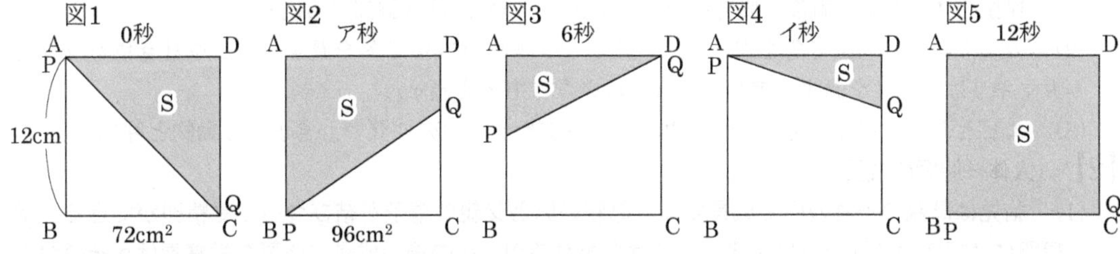

(1)　グラフと図1より，72×2＝12×12であり，正方形の辺の長さは12cm　Qの秒速…12×2÷12＝2(cm)　Pの秒速…12×3÷12＝3(cm)

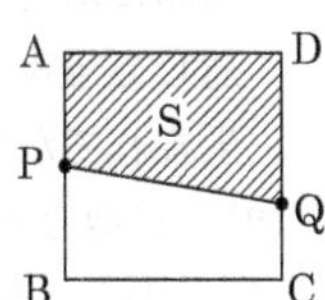

(2)　図2のア…(1)より，12÷3＝4(秒)　図3のS…(12×2－3×6)×12÷2＝36(cm^2)　図4のイ…4×2＝8(秒)　図4のS…2×(8－6)×12÷2＝24(cm^2)

図5のS…$72\times2=144$(cm²)　4秒後から6秒後の間にSが72cm²になる時刻…Sは1秒で$(96-36)\div(6-4)=30$(cm²)減り，$4+(96-72)\div30=4.8$(秒後)に72cm²　8秒後から12秒後の間にSが72cm²になる時刻…Sは1秒で$(144-24)\div(12-8)=30$(cm²)増え，$8+(72-24)\div30=9.6$(秒後)に72cm²

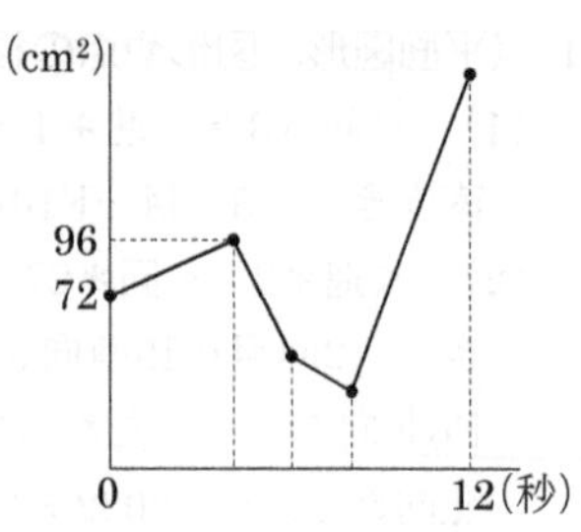

★ワンポイントアドバイス★

5「3人による学校・図書館の間の移動」は，簡単な問題ではないが，グラフを描いて計算すれば難しくはない。6「2つの水そうと水の増減の割合」は，問題文中の比について，実際に計算できるかどうかが問題になる。

＜理科解答＞《学校からの正答の発表はありません。》

【1】 (1) 右図　(2) ① オ　② イ　(3) ア，オ
【2】 (1) イ，エ　(2) 羊水　(3) ① オ　② ウ
【3】 (1) ウ　(2) ア，オ　(3) ア　(4) 赤色
【4】 (1) エ　(2) A エ　B イ　(3) ① ウ　② 水
【5】 (1) ひまわり　(2) イ　(3) A ア　B エ
【6】 (1) ウ　(2) 記号 イ　並列つなぎ　(3) 3本　並列つなぎ
【7】 (1) ① 800g　② 2cm　(2) ① 1400g　② 2.5cm
【8】 (1) ① 23.1g　② 13.1g　(2) ① イ　② 3.8g

○推定配点○

各2点×25(【1】(2)，【2】(3)，【4】(2)・(3)，【5】(3)，【6】(2)・(3)，【7】(1)，【8】(2)各完答)
計50点

＜理科解説＞

基本 【1】 (動物―昆虫)

(1) 昆虫の体は頭部，胸部，腹部の3つからできていて，足は胸部から出る。

(2) カブトムシは幼虫で冬を過す。ナナホシテントウは成虫で冬を過す。ショウリョウバッタとカマキリは卵で冬を過す。アゲハチョウはさなぎで冬を過す。

(3) エビとムカデが外骨格を持つ。ウニはヒトデやナマコの仲間で，きょくひ動物と呼ばれる。

【2】 (人体―胎児の成長)

基本

(1) 胎児は母親の子宮の中で成長する。母親の卵と父親の精子が結びついて受精卵ができる。受精卵には初期の細胞分裂に必要な栄養は含まれるが，その後の成長に必要な栄養素はへそのおを通して母親から受け取る。胎児は母親の胎内では羊水につかっており，息をして空気を吸うのは生まれてからである。

(2) 母親のおなかの中の液体を羊水という。

(3) ① 出産までの平均的な期間は40週である。(A)は36週あたりであり，横軸のめもりは1目盛

が6週に相当する。　② 胎児の性別が区別できるようになるのは14週あたりである。胎児が動くのがわかるのは，5～6か月後で，耳や口ができ始めるのは4～7週後，心臓が動き始めるのが5週後あたりからである。

【3】 (地球と太陽・月─月食)

基本 (1) 月食は，地球の影に月が入るときに起きるので，月─地球─太陽の順に並ぶ。

(2) 月食は満月のときに起き，月の見られる場所であればどこでも観測できる。地球の公転面と月の公転面がずれているので，毎月月食が起きるわけではない。

(3) 月食は月に地球の影がうつる。月の下の部分から欠けていき，左側から再び明るくなってゆく。

(4) 太陽光線のうち波長の長い赤色の光が屈折して月を照らすので，赤く見える。

【4】 (燃焼─ろうそくの燃え方)

重要 (1) 内炎の部分は不完全燃焼ですすが生じる。これが厚紙につくとその部分が黒くなる。

重要 (2) (A) 炎心ではろうそくが気化している。そのガスがガラス管を通って白い煙になって出てくる。この煙は火がついて燃える。　(B) 内炎で生じるすすが黒い煙になって出てくる。この煙は火がついて燃える。

(3) ① 容器の中の酸素が少なくなるとろうそくの火が消える。　② ろうそくが燃えると二酸化炭素と水蒸気が生じる。水蒸気はビンに触れて冷やされ水滴になる。これが内側がくもる原因である。

【5】 (気象─台風)

基本 (1) 現在使用されている気象衛星は，ひまわり8号と9号である。

(2) 台風は低気圧と同じように中心に向かって反時計回りに風が吹き込む。

(3) A 台風の中心に向かって風が反時計回りで吹き込むので北から南向きに吹く。 B 同様に，西から東向きの風が吹く。

【6】 (電流のはたらき─電熱線)

重要 (1) 表より，温度上昇にかかる時間は，断面積に反比例し長さに比例する。(ア)では45÷2＝22.5(秒)かかり，(イ)では9×4＝36(秒)，(ウ)では断面積が$0.2mm^2$の$\frac{7}{2}$倍になるので，$45\times\frac{2}{7}=$12.8…(秒)，(エ)では27秒かかるので，(ウ)が最も短い。

基本 (2) (ア)の直列回路では全体の抵抗が2倍になり，電流の大きさが半分になるため時間がかかる。(イ)の並列回路では抵抗が半分になり，電流が2倍になるので時間が短い。

(3) 断面積が$0.5mm^2$で長さが5cmの電熱線では温度上昇に9秒かかる。断面積が$\frac{9}{5}$倍で長さが3倍になるので，時間は$9\times\frac{5}{9}\times3=15$(秒)かかる。断面積$0.2mm^2$で長さ10cmのニクロム線1本では45秒かかるので，3本を並列につなぐと電流が3倍になり，時間が$\frac{1}{3}$の15秒になる。

【7】 (浮力と密度─力のつり合い)

基本 (1) ① 800gの木片が浮くので，浮力も800gである。　② 水に沈んでいる部分を□cmとすると，木片の押しのけた水の重さが浮力に等しいので，200×□＝800　□＝4(cm)　水面から出ている部分の高さは6－4＝2(cm)である。

(2) ① 水と容器の重さが800gで金属の重さが600gであり，これがすべて台ばかりにかかるので，1400gになる。　② 金属にかかる浮力を□gとすると，上向きの力は浮力とばねばかりが引く力であり，下向きの力は金属の重さでこれがつりあうので□＋474＝600　□＝126(g)　水に沈んでいる部分の長さを□cmとすると，底面積が$36cm^2$なので36×□＝126　□＝3.5(cm)　水面に出ている部分の長さは6─3.5＝2.5(cm)である。

【8】（ものの溶け方―溶解度）

重要 (1) ① 40℃で$50cm^3$の水に溶ける食塩は36.3÷2＝18.15(g)，硝酸カリウム63.9÷2＝31.95(g)である。15gの食塩はすべて溶けたままであるが，硝酸カリウムは55－31.95＝23.05≒23.1(g)が結晶になる。 ② 100℃の水，$20cm^3$に溶ける食塩は39.3÷5＝7.86(g)，硝酸カリウムは245÷5＝49(g)である。溶けきれずに出てくる食塩は15－7.86＝7.14(g)，硝酸カリウムは55－49＝6(g)である。合わせて13.14≒13.1(g)が結晶の重さである。

やや難 (2) ① 水$200cm^3$に20℃で溶ける食塩は35.8×2＝71.6(g)，硝酸カリウムは31.6×2＝63.2(g)である。白い固体70gが全て食塩であっても，食塩はすべて溶ける。しかし20℃で3gが溶け残ったので，溶け残ったのは硝酸カリウムである。 ② 63.2gまで溶ける硝酸カリウムが3g溶け残ったので，混合物中には硝酸カリウムが66.2g含まれており，食塩は70－66.2＝3.8(g)含まれていた。

★ワンポイントアドバイス★

時間が短く，時間のわりに問題数が多い。計算問題も出題されるので，確実に得点できるところから解いていこう。

＜社会解答＞《学校からの正答の発表はありません。》

1 問1 （例） この遺物は銅鐸である。この時期には稲作が広がり，人々は用水路をつくって川から水を引いて，小さな区画の水田をつくって木製のくわやすきで水田を耕して実った米を石包丁で収穫した。また田植えや草刈り，収穫などの作業は多くの人々が共同して行う必要があるので，人々は水田の近くに竪穴住居を建て，集落をつくって生活した。さらに収穫した米は湿気やねずみの害を防ぐための高床倉庫に収め，それらの米はきねやうすでついて脱穀して食べた。そのうえ豊作をいのり，収穫に感謝して様々な祭りや儀式も行われた。

問2 紫式部　問3 ウ・エ　問4 浮世絵　問5 エ　問6 エ→ア→ウ→イ
問7 手塚治虫　問8 カ　問9 ウ

2 問1 ① 陸奥(湾)　② 出羽(山地)　問2 B　問3 ア　問4 ア　問5 イ・ウ
問6 ウ・エ　問7 ア　問8 エ　問9 イ

3 問1 男女雇用機会均等(法)　問2 イ　問3 新婦人協会　問4 9.7(％)
問5 ルソー　問6 最高法規　問7 ジェンダー

○推定配点○

1 問1 12点　他 各1点×8(問3・問6各完答)
2 問1～問3 各1点×4　他 各2点×6(問5・問6各完答)　3 各2点×7　計50点

＜社会解説＞

1（総合―漫画に関する問題）

問1 写真の遺物は銅鐸と呼ばれ，これは祭りなどで使用された釣りがね型の青銅器であり，全長は20cmから150cm位のものまである。また銅鐸の表面には絵のあるものもあり，文字による記

録がない弥生時代の人々の生活を知る貴重な資料となっている。そのような絵の中で，設問中の上の絵は「うすときねで脱穀する場面」，下の絵は「高床倉庫」を表しているとされる。これらの絵から当時の日本には稲作を中心とする農業が広がり，人々は米作りを基本とする生活を営んでいたと考えることができる。すなわち当時の人々は用水路をつくって川から水を引いて，小さな区画の水田をつくり，木製のくわやすきで水田を耕し，実った米を石包丁で収穫した。また田植えや草刈り，収穫などの作業は多くの人々が共同して行う必要があるので，人々は水田の近くに竪穴住居を建て，集落(むら)をつくって生活した。さらに収穫した米は湿気やねずみの害を防ぐための高床倉庫に収め，そのようにした米はきねやうすでついて脱穀して食べた。そのうえ豊作をいのり，収穫に感謝して様々な祭りや儀式も行われた。その他にも弥生時代の人々の生活では，しだいにむらなどが統合されて国となったことや収穫物などをめぐって戦いが多発したことなども説明できる。しかし本設問では銅鐸に「描かれた絵から読み取れる情報をもとに」という条件が示されているので，主として農業に関係したことを説明の中心とした方がよいであろう。

問2　紫式部はかな文字を用いて『源氏物語』を著し，その中で架空の人物である光源氏の生き方を描いた。

基本　問3　問題文中の「12～13世紀のころ」とは，西暦にすると「1101～1300年のころ」のことである。この時期の日本は，平安時代(794～1185年，選択肢ウ)と鎌倉時代(1185～1333年，選択肢エ)にあたる。なお，アの飛鳥時代は592～710年，イの奈良時代は710～784年，オの室町時代は1338～1573年である。

問4　設問中の絵画は，浮世絵師の東洲斎写楽(18世紀末)による役者絵「三世大谷鬼次の奴江戸兵衛」である。このような絵画である浮世絵は，江戸時代の元禄期(17世紀末～18世紀初め)に始まった庶民の風俗を題材とした絵画である。当初は肉筆画であったが，この時期の初めに菱川師宣(？～1694年)が木版画としての基礎を確立し，その代表作が「見返り美人図」である。

重要　問5　設問中の風刺画は1903年に描かれたビゴーによる「火中の栗」という風刺画で，日露戦争(1904～1905年)前の東アジアの状況を表したものである。ロシアが栗(中国)を焼いている一方で，イギリスとアメリカはその栗を奪いたいと思うが，ロシアともめ事は起こしたくないと考えている。そこでイギリスは日本を誘ってロシアに向かわせ，他方で日本はイギリスやアメリカの協力を得たいと思っているので，その誘いに応じてロシアに立ち向かおうとしている様子を描いているとされる。この風刺画と関連する題材で描かれたものは，エのビゴーによる「日露戦争」(1904年頃)と題する風刺画である。この絵画にも，ロシアに対して日本に刀(武器)を持たせて戦わせようとしているイギリスとアメリカの様子が描かれている。なお，アはビゴーの「一八九七年の日本」(1897年)と題する日本の列強入り(北清事変への共同出兵により日本が欧米列強と肩を並べる帝国へ成長するであろうこと)を描いたもの，イはビゴーの「中国にて」(1898年)と題する日清戦争後の列強による中国分割の一環として鉄道敷設権を獲得しようとしていることを描いたもの，ウはビゴーの「魚釣り遊び」(1887年)と題する朝鮮半島をめぐる清と日本，ロシアとの関係を描いたものである。

問6　アの日本が国際連盟を脱退したのは1933年，イの国家総動員法が制定されたのは1938年，ウの二・二六事件が起きたのは1936年，エの柳条湖事件が起きたのは1931年のことである。したがって，これらの出来事を年代の古い順に並べるとエ→ア→ウ→イとなる。

問7　手塚治虫(1928～1989年)は，1950年代から『鉄腕アトム』，『ジャングル大帝』，『リボンの騎士』などのヒット作を手がけた漫画家，アニメ監督である。彼は第二次世界大戦後の日本において，ストーリー漫画の第一人者として漫画表現の開拓者として精力的に活動し，生前から「マンガの神様」と称された。

重要 問8　A　1960年以前から普及が始まり，1970年代前半に普及率が90％を超えているので，1950年代後半から普及した「三種の神器」の中の電気冷蔵庫である。　B　1960年代後半までは普及がなく，その後に急速に普及して1970年代前半にはほぼ90％の普及率になっているので，1960年代後半から普及した「新三種の神器」の中のカラーテレビである。　C　1960年代後半からしだいに普及したが，カラーテレビ程には普及していないので，エアコンである。

問9　あらゆるものがインターネットを通じてつながることを意味する言葉は，「IoT（Internet of Things）」(物のインターネット)と呼ばれる。これは様々な物がインターネットに接続され，情報交換することで互いに制御するしくみで，それによってデジタル社会を実現しようとするものである。なお，アのAIは人工知能(artificial intelligence)，イのICTは情報通信技術(Information and Communication Technology)，エのSNSはソーシャル・ネットワーキング・サービス(Social Networking Service)のことである。

2　(日本の地理―東北地方に関する問題)

問1　①　陸奥湾は青森県の下北半島，夏泊半島，津軽半島に囲まれた湾で，平館海峡で津軽海峡に通じ，津軽海峡からの暖流が流れ込んで湾内を周回している。　②　出羽山地は奥羽山脈の西側に位置し，青森・秋田・山形の各県にかけて南北になだらかに連なる丘陵性の山地である。奥羽山脈との間に横手・新庄盆地などがある。

基本 問2　青函トンネルは青森県東津軽郡今別町と北海道上磯郡知内町を結ぶ鉄道トンネル(地図1中のB)で，1988年に完成した。このトンネルは海底下約100mの地中に設けられた海底トンネルで，全長53.85kmで交通機関用のトンネルとしては日本一である。2016年3月からは，北海道新幹線も運行を始めた。

問3　地図1中のEの地域は三陸海岸であり，この海岸の宮古より南側の地域は岬と入江が入り組んだ複雑な地形のリアス海岸となっており，水深が深く波がおだやかで天然の良港として使用され，養殖などの漁業が盛んである。　イ　三陸海岸は天然の良港なので，海岸を掘り込んで港が作られたことはない。　ウ　三陸海岸は岬と入江が入り組んだ複雑な地形なので，三角州が広がっていることはない。　エ　三陸海岸は水深が深くなっているので，遠浅な海岸が続くことはない。

基本 問4　地図1中のFの風は，梅雨期から夏にかけて東北地方の太平洋側に吹く「やませ」と呼ばれる冷たく湿った北東風である。「やませ」が寒流の親潮(千島海流)の上を吹くと，気温が十分に上がらず，日照時間も少なくなるので，農作物の生育に影響を与える冷害を引き起こすことがある。親潮(千島海流)は太平洋北西部を千島列島に沿って南下する寒流で，プランクトンが豊富で水産資源が豊かな海流である。なお，表中エの黒潮(日本海流)は，東シナ海から日本列島に沿って北上する暖流である。

問5　ア　この文は誤っている。地図1中のJの半島は下北半島である。他方，エゾシカやヒグマなどの希少な生物が生息し，世界自然遺産に登録されているのは北海道の知床半島である。

イ　この文は正しい。地図1中のKの山地は白神山地である。この山地は，青森県南西部から秋田県北西部にかけて広がっている標高1000m級の山地である。この山地は，人の手がほとんど入っていない天然の「ぶな」の原生林が世界最大級の規模で分布し，ニホンザルやニホンカモシカなどの動物も多いことから，1993年に日本初のユネスコ世界遺産(自然遺産)に登録された。

ウ　この文は正しい。地図1中のLの地域は平泉である。平泉はかつての奥州藤原氏の根拠地で，中尊寺金色堂・毛越寺・無量光院などが建立されて仏教文化が栄えた。2011年に世界文化遺産に登録された。　エ　この文は誤っている。地図1中のMの地域は会津である。他方，徳川家康をまつる社寺が建立され，世界文化遺産に登録されている地域は栃木県の日光である。

問6　地図2中のQの県は秋田県で，秋田県に見られる伝統文化は写真ウの「なまはげ」と写真エの「きりたんぽ」である。「なまはげ」は，秋田県の男鹿半島やその周辺地域においてみられる伝統的な民俗行事である。異形のお面をかぶり，わらなどで作った衣装を着た「なまはげ」が各家をまわって厄払いをしたり，怠け者を説教したりする行事である。他方，「きりたんぽ」はつぶした米のご飯をちくわのように杉の棒に巻きつけて焼き，棒から外して食べやすく切った秋田県の郷土料理である。その料理の発祥地が，同県の鹿角市とされている。なお，写真アは山形県(地図2中のS)の山形花笠祭り，イは岩手県(地図2中のR)の南部鉄器である。

問7　岩手県(地図2中のR)では，かつて「曲屋」と呼ばれた特徴的な家屋がみられた。「曲屋」とはL字型の平面家屋(選択肢ア)のことで，母屋と馬屋が一体化した家屋である。このような様式の家屋は岩手県のほぼ全域でみられ，特にウマの産地であった現在の盛岡市や遠野市の周辺で多かった。「曲屋」の成立は江戸時代半ばまで遡ることができ，当時の盛岡藩がウマの多頭飼育を勧めたことが理由の1つとされる。

重要　問8　地図2中のPは青森県，Sは山形県，Tは宮城県，Uは福島県である。Sの山形県は東北地方の中でも人口密度が低く，高齢化率も高いので，表中のエがあてはまる。なお，表中のアは宮城県，イは福島県，ウは青森県である。

問9　Ⅰ　この文は正しい。東日本大震災では関東地方の各地でも地盤の液状化現象が起こり，震源から遠く離れた東京湾周辺の地域でも地盤の液状化現象による大規模な被害が発生した。

Ⅱ　この文は誤っている。原子力発電所の事故の影響で，現在も帰還困難区域が指定されているのは，地図2中のTの宮城県ではなくUの福島県である。

3　(政治―日本国憲法の原理・政治のしくみなどに関する問題)

問1　男女雇用機会均等法は，1985年に成立した。この法律では，労働者の募集・採用・配置・昇進・降格・解雇などにおいて性別を理由とする一切の差別的な取扱を禁止している。

基本　問2　設問中の最高裁判者の判決の内容は，日本国憲法が保障している基本的人権の中の経済活動の自由を根拠としている。経済活動の自由には「何人も，公共の福祉に反しない限り，居住，移転及び職業選択の自由を有する。」(選択肢イ)という日本国憲法第22条1項や財産権の不可侵を規定した日本国憲法第29条などがある。なお，アは日本国憲法第14条の法の下の平等，ウは日本国憲法第25条の生存権，エは日本国憲法第27条の勤労の権利と義務を規定した条文である。

問3　新婦人協会(1920～1922年)は婦人の政治・社会的権利の獲得を目指して，平塚らいてう，市川房枝らが中心となって結成された日本初の婦人団体である。機関誌として『女性同盟』を発行し，女性の政治活動への参加，男女同権，女子教育の拡充などを主張した。

基本　問4　2021年の衆議院議員総選挙が行われた時の衆議院議員の定数は465名で，当選した女性議員は45名なので，当選者数に占める女性の割合は9.7%（45÷465≒0.0967)となる。

問5　ルソー(1712～1778年)は，『社会契約論』を著したフランスの哲学者・思想家である。彼は人間は生まれながら自由・平等で，国家の主権は人民にあると唱えてフランス革命に影響を与えた。

問6　日本国憲法第98条1項には「この憲法は，国の最高法規であって，その条規に反する法律，命令，詔勅及び国務に関するその他の行為の全部又は一部は，その効力を有しない。」とある。

問7　ジェンダーとは生物学的な性別ではなく，社会・文化的に求められる役割などの性別(性差)のことである。「ジェンダー平等」とは，あらゆる場所における全ての女性や女児に対するいかなる種類の男女差別もなくそうとすることである。

★ワンポイントアドバイス★

設問の最初にやや分量がある説明問題があるが，時間的に考えて他の設問を先に解いて，説明問題の解答は最後にした方がよいだろう。説明問題の解答時間を考えると時間的な余裕はほぼないので，時間配分には十分注意しよう。

＜国語解答＞《学校からの正答の発表はありません。》

一　問一　狩り　問二　A　ア　B　ア　C　イ　問三　(例)　的に外れた銃弾がどこかで必ず留まるようにして，予想外の事故が起きないようにするため。　問四　「鹿を有害
問五　山肌がむき出しになってしまった(こと。)　問六　はぐ　問七　(例)　農作物の被害が減ったのであれば，鹿の駆除などもう必要ないと思ったから。　問八　(例)　鹿による被害(の問題)　問九　イ　問十　イ　問十一　(例)　(多賀町の自然が)バランスを崩し始めた(こと。)　問十二　Ⅰ　エ　Ⅱ　ウ　Ⅲ　イ　Ⅳ　ア
問十三　ニホンジカがエ　問十四　エ　問十五　b　問十六　⑫　手　⑭　足
問十七　ア　問十八　(例)　ニホンジカがエサを求めて，人の住む集落に近づいてくるという問題。　問十九　自然環境の破壊　問二十　はないか。
問二十一　それにして　問二十二　エ

二　①　カ　②　ウ　③　オ　④　エ　⑤　キ

三　①　ちじるしい　②　たためる　③　さぎよく　④　つましい　⑤　しでがましい

四　①　世辞　②　臨席　③　複製　④　難色　⑤　敬(う)　⑥　提唱　⑦　敗
⑧　ぶあいそう　⑨　えきしゃ　⑩　つか(える)

○推定配点○

一　問三・問七・問十八　各4点×3　問十六　各2点×2　他　各3点×18(問二・問十二各完答)　二　各2点×5　三　各2点×5　四　各1点×10　計100点

＜国語解説＞

一　(随筆文－要旨・段落構成・細部の読み取り，空欄補充，熟語の組み立て，ことばの用法，記述力)

問一　傍線①直後には，「狩猟」「狩り」などの言葉がある。ただし，設問には「漢字の訓読みで表している言葉」とある。訓読みという条件にあうのは，「狩り」である。「狩猟」の場合，「狩」(シュ)が音読み，「猟」(リョウ)が音読みになる。

問二　AとBは，鹿を追い込んで行く役割を担っている。鹿を追い込む役割を果たすのは，「勢子」であり，「リーダーの勢子は大将の藤河さん」と書かれている。AとBには，アの「大将」があてはまる。Cは，銃をかまえて撃つ役割を果たす。銃を撃つのは，イの「待子」である。

問三　傍線②以降の川畑さんの言葉の中に「バックストップ」の説明がまとまっている。「的に外れたとしても，必ず銃弾がとまる」「弾が外れたとしても……人がいる集落には飛んでいかない」という表現を中心にまとめるとよい。「弾が必ず留まるようにする」「人がいる集落には飛んでいかないようにする」「予想外の事故が起きないようにする」という方向性でまとめる。

問四　傍線⑥以降に抜き出す部分を見つけることができる。川畑さんの発言の中である。「『鹿を有害獣として駆除するのは……」で始まる発言に着目する。農作物を守り，町民の生活を守るこ

と。林業を守り，野山を守り，町の本来あるべき姿を守ること。この二点が，有害獣駆除の目的であると述べられている。この会話文を，設問の条件にあわせて，抜き出す。

問五　ササはニホンジカの貴重な食糧。そのため，シカに食べられてしまい，ササがなくなってしまうことをイメージする。傍線⑧以降の「『20年ほど前までは……」で始まる川畑さんの発言には「ササがたくさんあった。それが今ではなくなり……」という表現がある。なくなってどうなったのか。その部分が，具体的な被害となる。「山肌がむき出しになってしまった」が設問の条件にあてはまり，解答になる。

問六　「はぐ」となる。おおっているものを，めくるようにして取り除くこと。「身ぐるみはぐ」というと，身につけているものをすべて奪うという意味になる。

問七　傍線⑥の場面では，鹿の駆除が話題になっている。傍線⑥よりも少し前にあるように，年間900頭の駆除目標をかかげているのだ。だが，傍線⑥直前の川畑さんの発言にあるように，農作物の被害はそれほどひどい訳ではない。農作物の被害は減っている。だが，鹿の駆除を続けている。このような状況に対して，「私」は疑問を感じたのだ。記述の際には「農作物の被害が減った」＋「まだ鹿の駆除を続けているから／鹿の駆除はもう必要ないと思ったから」という内容を中心にする。

問八　住民の多くが終わったと考えていることを，短い言葉でまとめる。ここまで書かれているのは，短い言葉でまとめると「鹿による被害」である。農作物が無事であれば，住民たちにとって，鹿の被害の問題は終わったということになるのだ。

問九　傍線⑧の「登山」は，「山に登る」という意味である。「登」が動作を表し，「山」が動作の対象である。アの「昼食」は，「昼の食事」である。上の漢字「昼」が下の漢字「食」を修飾している。イの「帰宅」は，「自宅に帰る」という意味である。「帰」が動作を表し，「宅」が動作の対象である。イが解答になる。ウの「半円」は，「半分の円」である。上の漢字「半」が下の漢字「円」を修飾している。エの「外遊」は，「外国に旅行する」という意味。「遊」が旅をするという意味である。上の漢字「外」が下の漢字「遊」を修飾している。

問十　傍線⑨以降には，大きく二つの内容が書かれている。「土砂が琵琶湖に流れ込み」「湖の生態系をも変えてしまう」である。「やがて」→「流れ込み」「ついには」→「変えてしまう」と整理すると文意が把握しやすくなる。「やがて」は，イの「流れ込み」にかかる。

問十一　傍線⑩までの内容を読み，書くべき内容を考える。「山は多様性に富んだ……」で始まる段落には，「バランスが崩れればさまざまな問題が起きる」とある。傍線⑩には「悲鳴をあげはじめていた」とある。完全に悲鳴をあげているのではなく，あげはじめたのだ。記述の際には「バランスを崩し始めた」など，よくない状況が始まっている様子を書く。

問十二　空欄Ⅰ～Ⅳの直前部分の「生息頭数の多いニホンジカ」という表現から，「ニホンジカの生息頭数」が話題になっているとわかる。エの「ニホンジカが増えた原因」という一文が，その話題に近い。最初のⅠには，エがあてはまる。残りのア，イ，ウは，どれもシカの増えた原因を述べた内容であるが，アがニホンオオカミの絶滅の話で，イ・ウがシカの出産の話になる。アには「……絶滅により，命を失う危険が減っていることも」とある。「も」がついていることから，何かの話題の後に続く表現だとわかる。そのため，シカの出産の話を先にする。そのシカの出産の話だが，「1年で出産が可能」とあるウを先にして，「2歳以上のメス」とあるイを次にする。以上を並べると，エ→ウ→イ→アとなる。

問十三　設問には「『鹿』にどのような『影響』があったのですか」とある。傍線⑪以降，「造林計画」について説明が始まるが，鹿への影響について書かれているのは，「ニホンジカがエサとして……」で始まる段落。エサとなる広葉樹がなくなってしまったというのが，鹿への影響である。この段落を，設問の条件にあわせて，抜き出す。

問十四　空欄D以降には「お金にはならない広葉樹をなくし，代わりに高く売れる針葉樹への植え替えが……行われてきた」とある。これは，空欄Dより前にある，「造林計画とは……針葉樹に植え替えていくこと……」の言い換えである。言い換えには，「つまり」などの言葉が使われる。空欄Dには，「つまり」などの言葉があてはまる。次に，空欄Eは，鹿が人の集落に近づいてきた→鹿は元来人間を恐れる動物である，という流れになっている。空欄E前後で，文脈の内容が逆になっている。「しかし」などの逆接の言葉があてはまる。最後に空欄Fは，里山にでてきた→足を伸ばして集落へ，という関係である。ある条件に対して，予想される通りの結果になっている。ここは「順接」の言葉があてはまる。「そして」などの順接である。解答は，D「つまり」，E「しかし」，F「そして」のエである。

問十五　bだけが，主語を表す「の」である。「人が」と「が」に置き換えることができる。他は，すべて「の」の前の言葉が後の言葉を修飾する形である。

問十六　⑫「手」となる。「手を入れる」とは，人が働きかけるという意味。ここでは，里山の生態系を守るために，人が働きかけていたということ。　⑭「足」となる。「足をのばす」とは，そこからさらに遠くに行くという意味。ここでは，野生動物がさらに遠くに行き，稲や野草などを食べにくるということ。

問十七　「見切りをつける」とは，あきらめること。ここでは，安い輸入木材に押されて，林業をあきらめるようになったという意味である。アが正解になる。イの「改革」，ウの「見通し」，エの「他人にゆずった」は，見切りの意味としておかしい。

問十八　傍線⑮直前には，「里山が消滅することで」とある。そのため，里山が消滅したことで起こったことをまとめて，解答を作る。里山に関しては，傍線⑪～⑮までにまとまっている。造林計画によって，ニホンジカのエサであるくりやどんぐりがなくなっていった頃，里山から人の気配がなくなっていった。そのため，ニホンジカは警戒せずに里山に入り，そのまま隣接する集落に近づくようになったのである。以上の点をふまえて，解答をまとめる。記述の際には，「ニホンジカが人の集落に近づくようになった」という点を中心にする。

問十九　傍線⑯直前に書かれた内容を整理して，抜き出す部分を探す。ニホンジカが増え続け，やがてエサ不足になり，ニホンジカの数が減る，とある。だが，その前に山の生態系のバランスが崩れて，取り返しがつかないことになるのだ。以上をおさえ，山の生態系が崩れ，ニホンジカの数が減る前に起こることを文章中から探す。傍線⑥から傍線⑦の間には，ニホンジカが適正数をこえつづけたときに起こる状況が説明されている。自然の生態系のバランスが崩れ，自然環境が破壊されるのだ。生態系のバランスが崩れて，ニホンジカの数の減少につながることが「取り返しのつかないこと」であるため，「十字以内」という設問の条件も意識して，「自然環境の破壊」を解答にする。

問二十　抜いた文には，「そんな疑問」とある。川畑さんが「私」の疑問を見透かしたという文脈だと予想できる。文の中には「続けた」ともある。川畑さんが会話を続けたのだとわかる。以上の点をふまえて，川畑さんとの会話が続いているあたりに，解答の手がかりを探す。傍線⑥以降に，「ならば，鹿の駆除などもう必要ないのではないか。」とある。これが，川畑さんとの会話が続いているところに書かれた，「私」の疑問である。この文の後に，抜いた文があてはまる。

問二十一　文章全体を大きく二つの話題にわけて考える。文章の初めの方は，「鹿を駆除する現場と，そこから感じられること」が話題になっている。傍線⑩より少しあと，「それにしても，なぜ……」以降は，「ニホンジカが増えてしまった理由の分析」が話題になっている。傍線⑩より少しあとの「それにしても，なぜ……」の部分で，話題はこのように大きく二つにわかれる。

問二十二　ア　傍線⑩から⑪の間に，被害額について書かれている。ニホンジカが全体の三分の一なのである。その次に多いのがイノシシであると書かれているが，ニホンジカによる被害額がイノシシによる被害額の三倍であるとは書かれていない。　イ　文章最初には「危ないで」とある。また，「危険はない」と言い切る表現は文章中にはない。　ウ　多賀町で被害が減った様子に関しては，傍線⑥以降に書かれている。獣侵入防止策を設置した後，劇的に減ったのである。エ　傍線⑫以降から読み取れる。里山と暮らす人々が次第に減っていき，野生動物は出て来やすくなったと書かれている。鹿も野生動物である。エは適切なものになる。

二　(部首関連)

① 「価値観」と「以心伝心」になる。「値」と「伝」は，カの「にんべん」が共通する。
② 「大黒柱」と「針小棒大」になる。「柱」と「棒」は，ウの「きへん」が共通する。
③ 「親近感」と「言語道断」になる。「近」と「道」は，オの「しんにょう」が共通する。
④ 「最高潮」と「意味深長」になる。「潮」と「深」は，エの「さんずい」が共通する。
⑤ 「積極的」と「一日千秋」になる。「積」と「秋」は，キの「のぎへん」が共通する。

三　(言葉の知識)

① 「いちじるしい」となる。漢字を使うと「著しい」となる。「著」という漢字を使う熟語には，「著名」「顕著」などがある。　② 「したためる」となる。漢字を使うと「認める」となる。
③ 「いさぎよく」となる。漢字を使うと「潔い」となる。　④ 「つつましい」となる。漢字を使うと「慎ましい」となる。「つつましい生活」の場合，「質素な生活」と言いかえることができる。
⑤ 「さしでがましい」となる。漢字を使うと「差し出がましい」となる。差し出がましいことばかりする人を，「でしゃばりな人」という。

四　(漢字の読み書き)

① 「お世辞」とは，相手のきげんを取るための心にもない言葉。「お世辞」のことを「お追従(ついしょう)」ともいう。　② 会合や式典に出席すること。問題文では，市長もそこに参加したということ。 ③ あるものとそっくりなものを別に作ること。複製品のことを「レプリカ」ともいう。
④ 賛成できないという態度や顔つきのこと。「難」には，欠点・弱点という意味もある。その意味で，「難をつける」という表現がある。「けちをつける，欠点をあげる」という意味である。
⑤ 相手に礼をつくしてふるまうこと。相手に対する敬いの気持ちを，「敬意」ともいう。
⑥ 新しい考えを広く人々に呼びかけること。問題文は，温暖化防止の考えを広く呼びかけているという文脈である。　⑦ 負けること。「破れる」は，紙や布などが，さけたり，穴があいたりすること。　⑧ 愛想がないこと。「愛想」とは，人に好感を持たれる対応の仕方。　⑨ 易による占いを職業とする人。「易」とは，古代中国で生み出された占いの方法。　⑩ ここでは，王様に奉仕すること。「仕」には，官職につくという意味もある。その意味で「仕官する(役人になること)」という言葉がある。

★ワンポイントアドバイス★

長めの随筆文が出題されている。読む時には，どの部分で何が話題になっているのか，正確に把握していきたい。文章の展開を正確に把握することが，各設問の解答の手がかりをおさえることに役立つ。

大切なことはメモしておこうネ！

T.G

2021年度

★★★★★★★★★★★★★★★★★★★★★★★

入　試　問　題

2021年度

明治大学付属中野中学校入試問題（第１回）

【算　数】（50分）　＜満点：100点＞

1． 次の □ にあてはまる数を答えなさい。

⑴　25.6×5＋128×3＋8×8×192＝ □

⑵　$\left(2\frac{1}{3}-\square\right)\times\frac{3}{4}\div2.2+\frac{3}{8}=1$

⑶　Ａさん，Ｂさん，Ｃさんの所持金について，ＣさんはＢさんの$\frac{3}{4}$であり，また，Ａさんの６割です。このとき，Ｂさんの所持金は，Ａさんの □ ％です。

2． 次の問いに答えなさい。

⑴　４％の食塩水150ｇと12％の食塩水160ｇを混ぜ，さらに水を加えたところ，７％の食塩水になりました。加えた水の量は何ｇですか。

⑵　一定の速さで走っている人が，15分間隔（かんかく）で運行されているバスに20分ごとに追いこされました。バスの速さが時速36kmで一定のとき，この人の走る速さは分速何ｍですか。

⑶　下の図の立体は，底面の半径が6cmの円柱から底面の半径が4cmの円柱を，底面の円の中心が重なるようにしてくりぬいたものの一部です。四角形ABCDと四角形EFGHは１辺が２cmの正方形であり，辺ABと辺EFの延長は垂直に交わります。この立体の表面積を求めなさい。
ただし，円周率は3.14とします。

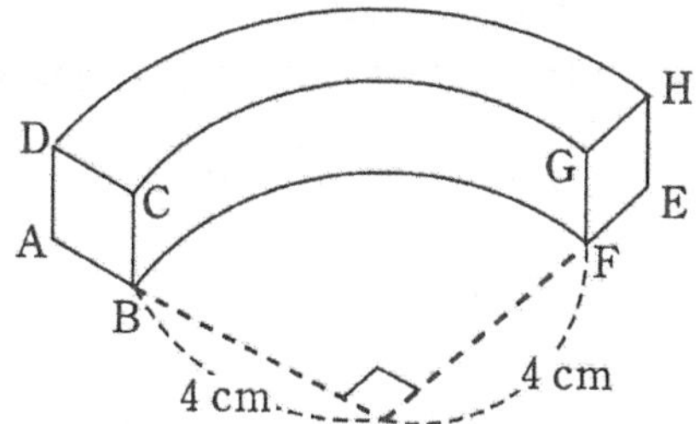

⑷　下の図のように，三角形ABCが直角三角形，三角形ADEと三角形ABFが正三角形のとき，四角形DBCFの面積は三角形ABCの何倍ですか。

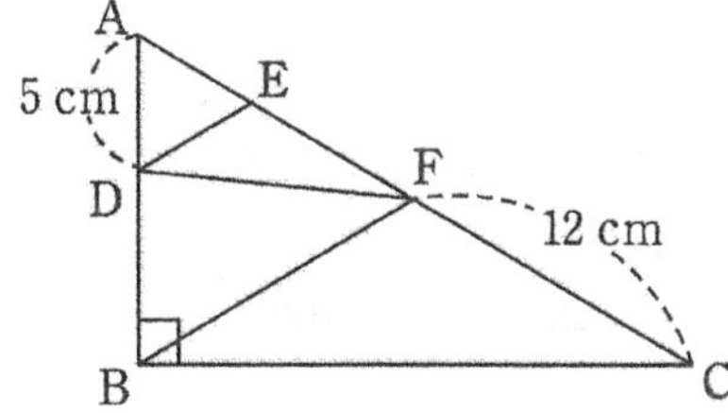

⑸　水そうに水が入っています。次のページの図①のように，１辺が６cmの立方体の石を３個重ねて入れると，水面の高さが石の高さと同じになりました。さらに，図②のように同じ立方体の石

を４個加え，重ねて入れると，このときも水面の高さが４個重なった石の高さと同じになりました。

この水そうに入っている水の量は何cm³ですか。

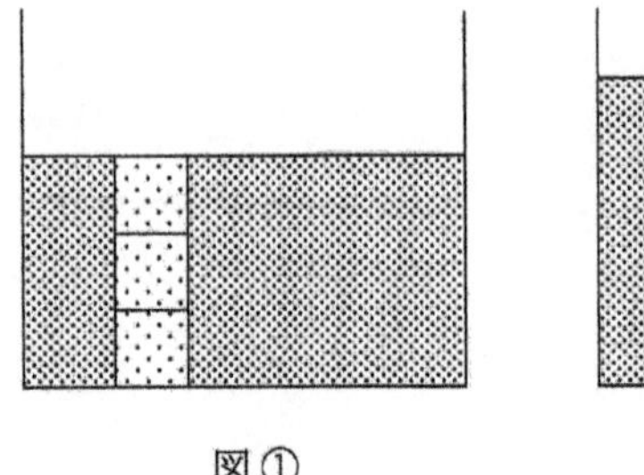
図①

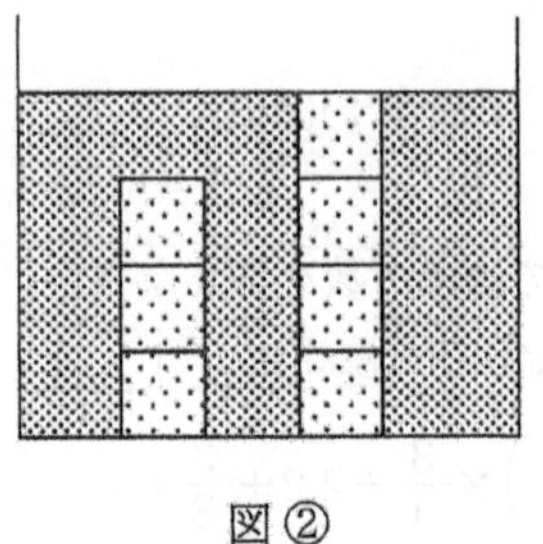
図②

3． 次の問いに答えなさい。

⑴　右の図のように，大きさの異なる2つの正方形を重ねて図形を作ります。斜線の部分の面積は279cm²で，重なっている部分の面積はそれぞれの正方形の面積の$\frac{1}{12}$と$\frac{2}{9}$でした。

小さい方の正方形の１辺の長さを求めなさい。

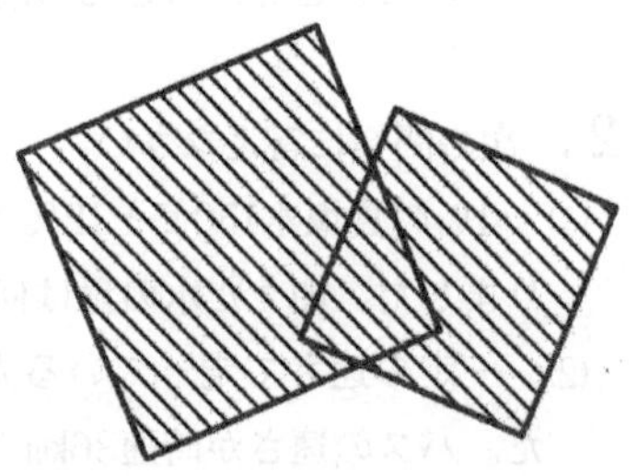

⑵　N君とK君が，ある公園のジョギングコースを同時にスタートして同時にゴールしました。N君は90mを20秒の速さでスタートからゴールまで走りました。K君は，はじめ毎分310mの速さでしたが，３分ごとに走る速さが毎分30mずつ遅くなりました。

この公園のジョギングコースは何mですか。

⑶　ある中学校では，男子生徒と女子生徒の人数の比は９：７です。また，犬を飼っている生徒と犬を飼っていない生徒の人数の比は５：19です。さらに，犬を飼っている男子生徒は22人おり，犬を飼っていない女子生徒の割合は全校生徒の$\frac{11}{36}$です。

この学校で，犬を飼っていない男子生徒は何人いますか。

4． ［x］は整数xの各位の数をかけ算した結果の，一の位の数を表すものとします。

また，$a * b = a \times b + a - b$とします。例を参考にして，次の問いに答えなさい。

例　［512］は５×１×２＝10より，10の一の位の数が０であるから，［512］＝０

例　５＊２＝５×２＋５－２＝13

⑴　［20＊21］の値を求めなさい。

⑵　Ａ＊［Ａ］＝Ａとなる整数Ａにあてはまる数は次のうちどれですか。

㋐～㋕の中からすべて選びなさい。

㋐　12345　　㋑　1357　　㋒　2468　　㋓　2021　　㋔　1　　㋕　5

5．ある水そうには，一定の割合で水を入れる給水管と，一定の割合で水をぬく排水管（はいすい）が，何本かずつついています。この水そうにはある量の水が入っていて，給水管と排水管を１本ずつ開けると10分で水そうは空になり，給水管を４本，排水管を３本開けると６分で空になります。

(1) 初めの状態から，給水管を20本開けたとき，排水管を最低何本開ければ水そうは空になりますか。

(2) 初めの状態から，給水管３本，排水管１本を同時に開きました。水が増えてきたので，開いた４分後に，排水管をもう１本開きました。次の問いに答えなさい。

① 水面の高さが初めの状態と同じになるのは，初めから何分後ですか。

② 水そうが空になるのは，初めから何分後ですか。

6．下の図のように，中心が同じで，半径がそれぞれ210m，280mの２つの円形の道があります。午前10時ちょうどにＡ君は図の位置から外側の道を自転車で時計回りに，Ｂ君は図の位置から内側の道を徒歩で反時計回りに進みます。Ａ君の自転車の速さはＢ君の歩く速さの$2\frac{2}{9}$倍です。また，Ａ君は12分で外側の道を１周します。次の問いに答えなさい。

(1) 最初に２人が最もはなれる時刻を求めなさい。

(2) 午前10時50分にＡ君の自転車が故障したので，Ａ君は自転車を押して歩くことにしました。

Ａ君が自転車を押して歩く速さはＢ君が歩く速さの$\frac{14}{27}$倍です。

午前10時50分を過ぎてから最初に２人が最も近づく時刻を求めなさい。

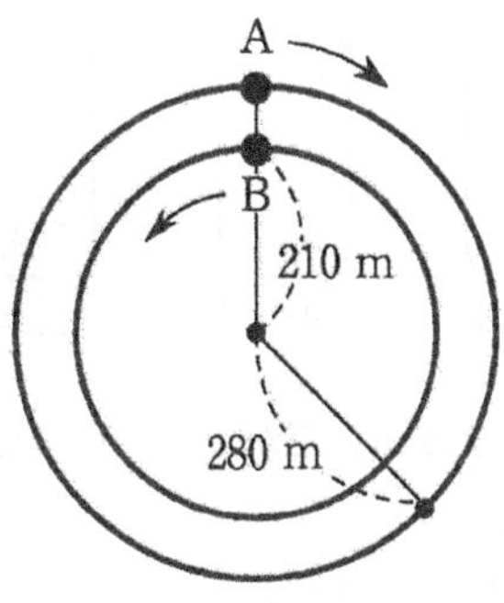

【理　科】（30分）　＜満点：50点＞

【１】 簡易雨量計について，次の各問いに答えなさい。

⑴　ペットボトルを切り取り，下図のような簡易雨量計を作りました。これを使って広場に降る雨量を測ることにしました。雨量計は，広場のどのような場所に置けばよいですか。下図の（ア）～（オ）の中で最も適している場所を選び，記号で答えなさい。

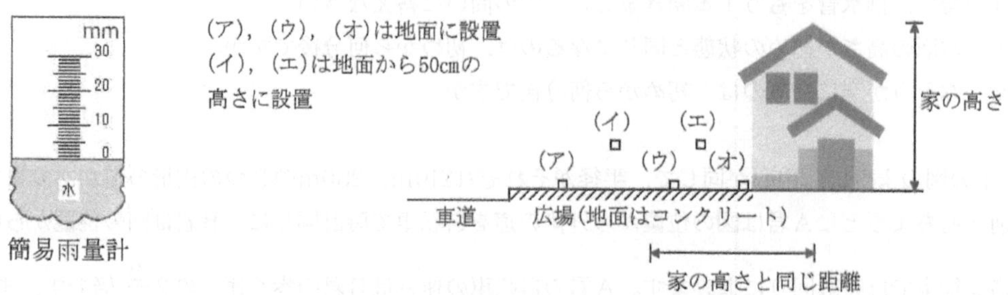

⑵　降雨による崖崩(がけくず)れの危険が非常に高い地区では，自主避(ひ)難行動の１つの目安として簡易雨量計を利用します。そこで，500mL丸形，1.5Ｌ丸形，２Ｌ角形の３種類のペットボトルを切り取り，下図のＡ～Ｅの５つの簡易雨量計をつくりました。雨が降り始めてから，Ａ～Ｅを外にしばらく置きました。その後の水面の高さについてあとの（ア）～（エ）から最もあてはまるものを選び，記号で答えなさい。

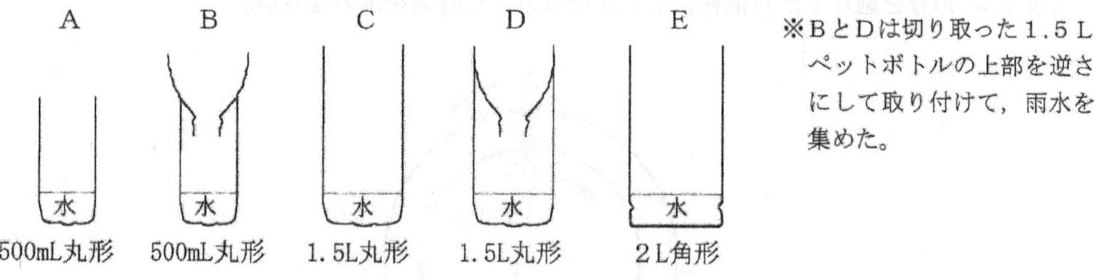

（ア）　Ａ，Ｃ，Ｅの水面の高さはほぼ同じだが，Ｂ，Ｄは他より高かった。
（イ）　Ａの水面の高さが他より低かった。
（ウ）　Ｂ以外の水面の高さはほぼ同じだった。
（エ）　Ｂ，Ｃ，Ｄの水面の高さはほぼ同じだった。

⑶　数mmほどの少ない雨量を測るには，500mL丸形と1.5Ｌ丸形を組み合わせた右図のような簡易雨量計が適しています。ある日の雨量が３mmだったとき，次の①と②に答えなさい。ただし，それぞれのペットボトルの直径は図に示した値を，円周率は3.14を用いること。また，答えは小数第２位を四捨五入して小数第１位まで求めなさい。

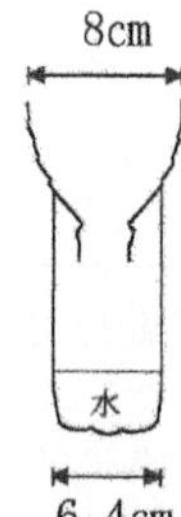

①　簡易雨量計内の水の体積は何cm³増えましたか。

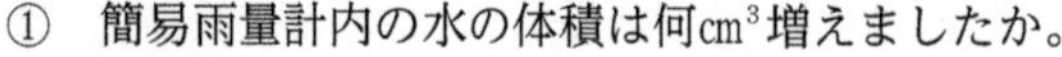

②　簡易雨量計内の水面は何mm上昇しましたか。

【２】 庭にヘチマの種をまいて成長を観察しました。下の図１と図２はヘチマにさいた花をスケッチしたものです。ただし，めしべとおしべの先端（たん）は○で表されています。あとの各問いに答えなさい。

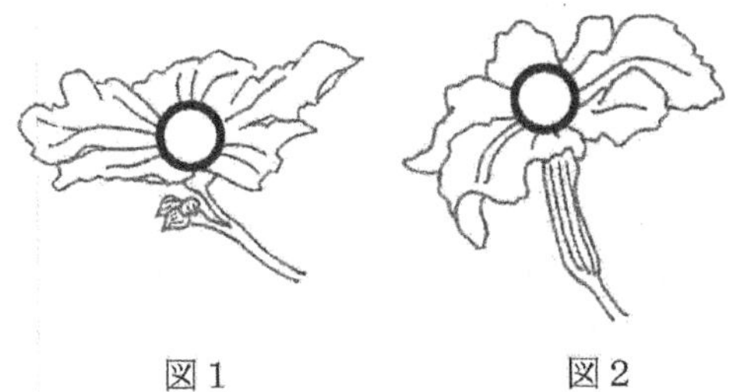

図１　　　図２

⑴ 東京でヘチマを育てるとき，種をまくのに最も適した季節を春・夏・秋・冬で答えなさい。また，その季節に種をまいたとき，実がなる季節はいつごろですか。次の（ア）～（ウ）から最もあてはまるものを選び，記号で答えなさい。

（ア） 春から夏　（イ） 夏から秋　（ウ） 秋から冬

⑵ ヘチマの花にはお花とめ花があります。図２はお花とめ花のどちらですか。また，このようにお花とめ花をつくる植物を次の（ア）～（オ）から２つ選び，解答欄の記号を○で囲みなさい。

（ア） マツ　（イ） タンポポ　（ウ） アサガオ

（エ） ホウセンカ　（オ） トウモロコシ

⑶ めしべとおしべの観察をしました。次の（ア）と（イ）はめしべ，またはおしべの先端の形で，（ウ）と（エ）はめしべ，またはおしべの先端の特徴（ちょう）です。めしべの先端の形を，（ア）・（イ）から，めしべの特徴を（ウ）・（エ）からそれぞれ選び，記号で答えなさい。

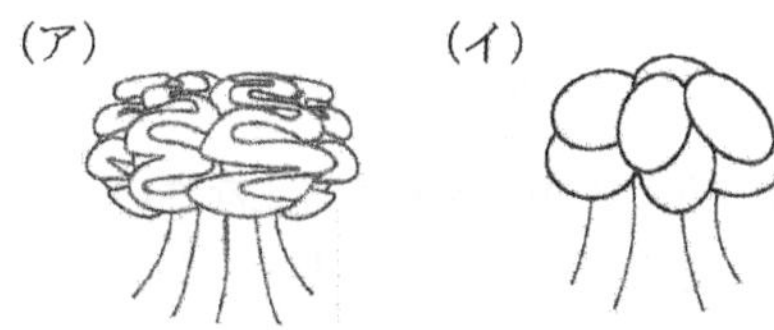

（ウ） さらさらしていた。　（エ） べとべとしていた。

⑷ おしべから花粉をとり，顕微鏡（けんび）で観察しました。次の（ア）～（エ）のうち，ヘチマの花粉のスケッチを１つ選び，記号で答えなさい。

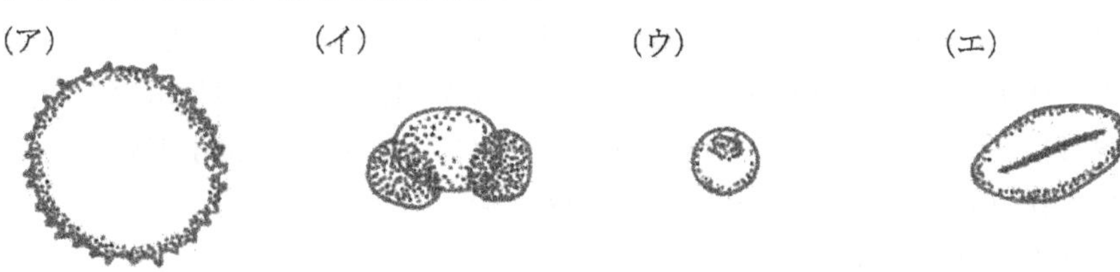

⑸ ⑷で顕微鏡観察をおこなったとき，顕微鏡にはＡ～Ｃの対物レンズが付いていて，接眼レンズにはＤとＥがありました。⑷の観察ではＢとＥのレンズを使って観察しました。⑷の観察よりも大きな倍率で観察できるレンズの組み合わせを，あとの（ア）～（エ）からすべて選び，解答欄の記号を○で囲みなさい。（Ａ～Ｅの図は次のページにあります。）

（ア） ＡとＥ　（イ） ＢとＤ　（ウ） ＣとＥ　（エ） ＣとＤ

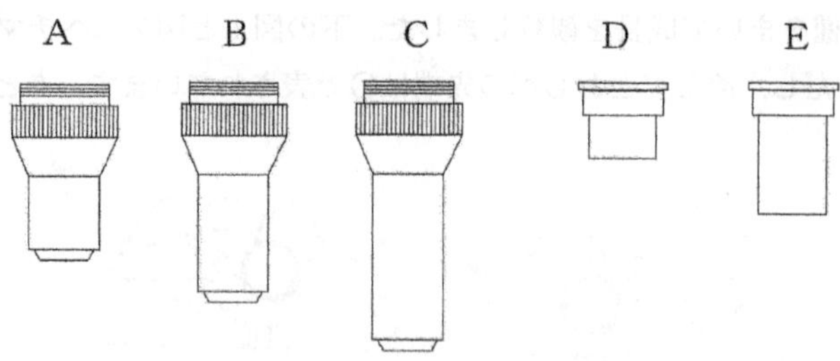

【３】 日本にはたくさんの火山があります。火山について，次の各問いに答えなさい。

⑴ 水に混ぜる小麦粉の量を変えて，マグマのねばり気と火山の形の関係を調べる実験を行いました。あとの①と②に答えなさい。

［実験］

操作１ 水100ｇと小麦粉80ｇを混ぜた袋（ふくろ）Ａと，水100ｇと小麦粉100ｇを混ぜた袋Ｂを用意した。

操作２ 図１のように穴の開いた板を水平に置き，袋Ａを手で押し，中身を板の上に押し出した。

操作３ 袋Ｂも同様に行った。図２のａとｂはそれぞれ，袋Ａまたは袋Ｂの中身を手で押し出した結果である。

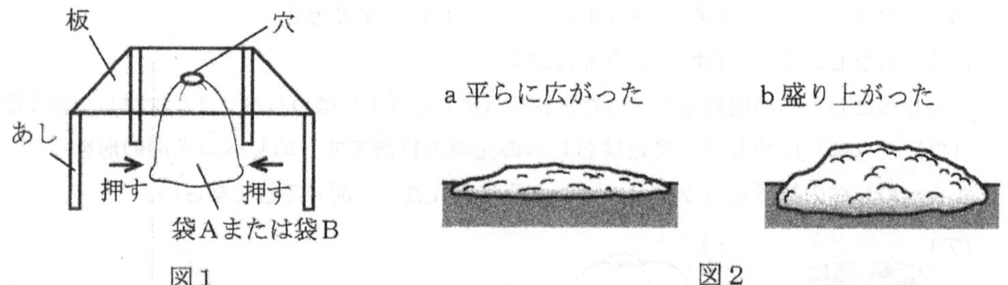

図１　　図２

① 袋Ｂの結果だと考えられるのは，図２のａとｂのどちらですか。記号で答えなさい。

② この実験結果と同じように，マグマのねばり気と火山の形は関係しています。①のような形の火山のでき方として，最もあてはまるものを次の（ア）～（エ）から選び，記号で答えなさい。なお，マグマが地表に出たものを溶岩（よう）といいます。

（ア） マグマのねばり気が弱いと溶岩が広がりやすくなり，平らな火山になる。

（イ） マグマのねばり気が弱いと溶岩が広がりにくくなり，盛り上がった火山になる。

（ウ） マグマのねばり気が強いと溶岩が広がりやすくなり，平らな火山になる。

（エ） マグマのねばり気が強いと溶岩が広がりにくくなり，盛り上がった火山になる。

⑵ 火山灰の説明として最もあてはまるものを次の（ア）～（エ）から選び，記号で答えなさい。

（ア） マグマが噴（ふん）火の勢いで細かくなって冷やされたもの。

（イ） マグマが高温で燃えたあとの残りカス。

（ウ） 噴火したとき，岩が焼けてできた灰。

（エ） 火山ガスが高温で燃えたもの。

⑶ 地層は，火山のはたらきでできたものと水のはたらきでできたものがあります。火山のはたらきでできた地層の特徴として最もあてはまるものを次のページの（ア）～（エ）から選び，記号で答えなさい。

（ア） 地層の中にごつごつとした角ばった石や，小さな穴がたくさんあいた石が混じっていることがある。

（イ） 大きい粒(つぶ)の上に小さい粒が積み重なっていることがある。

（ウ） 地層の中の石は角がとれて丸みを帯びていて，川原で見られる石と似ている石が多い。

（エ） 1つの層の中で必ず貝や植物の化石が含まれている。

【４】 エナメル線を巻きつけたストローに鉄クギを入れて乾(かん)電池とつなぎ，図１のような電磁石をつくりました。電磁石についてあとの各問いに答えなさい。

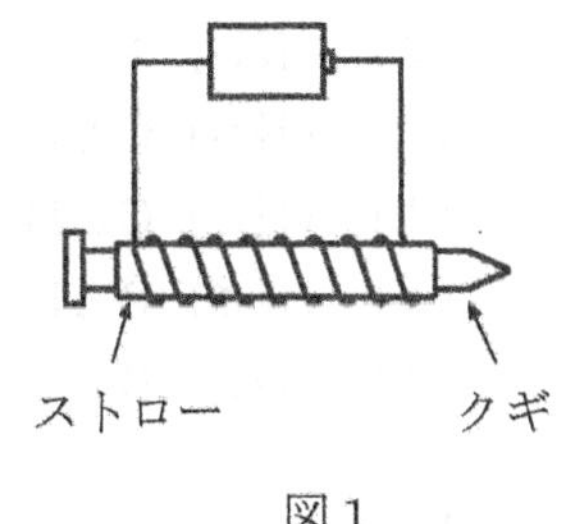

図１

⑴ 図２のように電磁石のまわりに棒磁石と方位磁針を置きました。方位磁針は塗(ぬ)りつぶされた方が北を指しています。回路のスイッチを入れたとき，棒磁石のようすとしてあてはまるものを（ア）・（イ）から，方位磁針の向きとしてあてはまるものを（ウ）～（カ）からそれぞれ選び，記号で答えなさい。

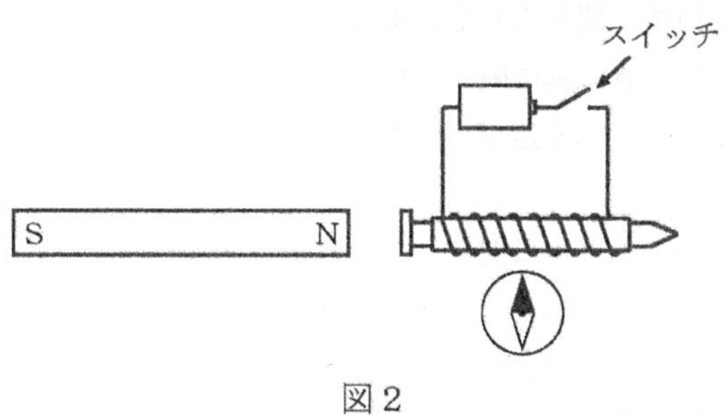

図２

<棒磁石>

（ア） 電磁石と引きつけあう。　（イ） 電磁石としりぞけあう。

<方位磁針>

（ウ）　（エ）　（オ）　（カ）

⑵ 電磁石に引きつけられるものを次の（ア）～（カ）からすべて選び，解答欄の記号を○で囲みなさい。

（ア） １円玉　（イ） 10円玉　（ウ） 消しゴム

（エ） 砂鉄　（オ） 鉛筆(えんぴつ)のしん　（カ） スチール缶(かん)

⑶ 電磁石の強さは，エナメル線の長さや太さおよび巻き数によって変わります。次のページの表のようにＡ～Ｅの電磁石をつくりました。長さによるちがい・太さによるちがい・巻き数によるちがいを調べるためにはそれぞれＡ～Ｅのどれとどれを比べるとよいですか。正しい組み合わせを次のページの（ア）～（オ）から１つ選び，記号で答えなさい。

	長　さ	太　さ	巻き数
A	４m	０.４mm	１００回
B	４m	０.８mm	１００回
C	４m	０.４mm	２００回
D	８m	０.４mm	２００回
E	８m	０.８mm	３００回

（ア）（長さ）AとD　（太さ）AとB　（巻き数）AとE
（イ）（長さ）CとD　（太さ）AとB　（巻き数）AとC
（ウ）（長さ）CとD　（太さ）BとC　（巻き数）BとE
（エ）（長さ）BとD　（太さ）BとC　（巻き数）AとC
（オ）（長さ）BとE　（太さ）DとE　（巻き数）BとC

【５】 鏡を使って像の見え方について調べました。次の各問いに答えなさい。

⑴ 図１は鏡を置き，上から見たものです。図中の（ア）～（オ）の●に物体を置きました。★の位置にA君が立って鏡を見たとき，鏡に映った物体の像が見えるのはどれですか。すべて選び，解答欄の記号を○で囲みなさい。

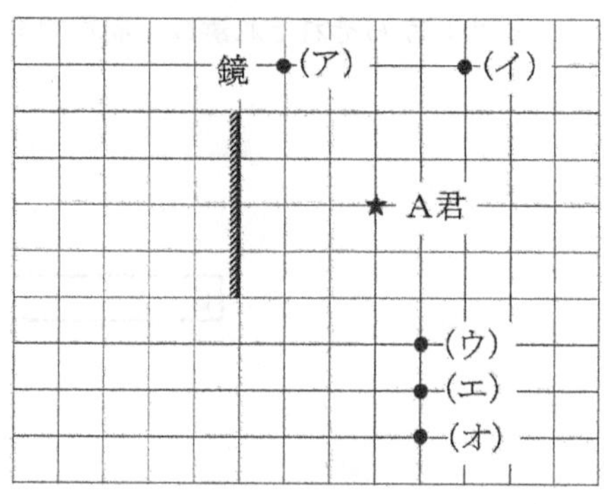

図１

⑵ 図２は２枚の鏡①と鏡②を直角に置き，上から見たものです。★の位置にA君が立って鏡を見たとき，鏡①にも，鏡②にも物体の像が映って見えるのは，図中の（ア）～（オ）の●のどこに物体を置いたときですか。すべて選び，解答欄の記号を○で囲みなさい。

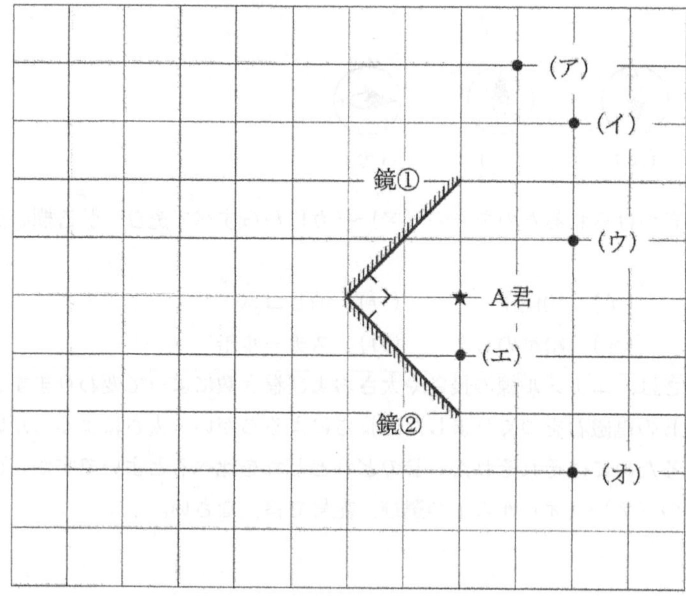

図２

【６】　私たちは昔から「ものが燃える」という反応を，生活の中でいろいろなことに利用してきました。次の各問いに答えなさい。

⑴　昔は，ご飯を右図のような「かまど」で炊(た)いていました。このとき，火力を強くするために火吹(ふ)き竹とよばれる筒(つつ)状の道具で，かまどの中に息を吹きこみます。火吹き竹を使うと火力が強くなる理由を説明した次の文の（　）にあてはまる気体の名前を答えなさい。

　また，この気体は空気中にどれくらい含(ふく)まれますか。空気の成分とその割合を表した右下の円グラフ中の（ア）～（ウ）から，あてはまるものを１つ選び，記号で答えなさい。

　ものが燃えるためには空気中の（　　　）が必要で，火吹き竹を使うと，空気をたくさん送ることができるから。

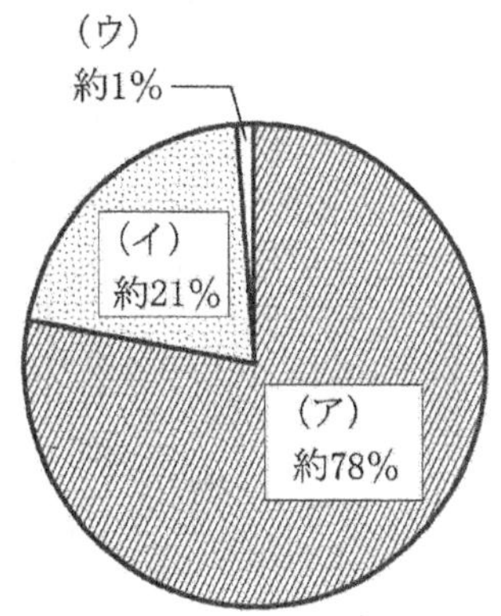

⑵　次の文を読み，①～③にあてはまることばを答えなさい。ただし，①と③については解答欄の正しいものを○で囲みなさい。

　冬の寒い日に，暖炉(だんろ)に火をつけて部屋をあたためました。部屋の空気があたたまると，窓ガラスの（①　内・外・両　）側がくもることがあります。これは，あたたかい空気中に含まれる（　②　）が冷やされて液体となるためです。この現象を結露(けつろ)といいます。結露を防ぐためには，窓を（③　あたためる・冷やす　）とよいとされています。

⑶　薪(まき)を燃やしておふろをわかしたいと思います。薪１kg を完全に燃やしたときに出る熱は，薪にする木の種類によって違(ちが)いますが，ここでは１kg あたり4000kcal（キロカロリー）の熱が出る薪を使うこととします。

　この薪を使って20℃の水150Ｌを40℃まで温めるためには，少なくとも何kgの薪が必要ですか。ただし，薪が燃えて出た熱はすべて水をあたためるために使われるものとします。また，水１Ｌの重さを１kg とし，水１kg の温度を１℃上げるために必要な熱を１kcalとします。

【７】　塩酸と水酸化ナトリウム水溶液を混ぜると，酸性とアルカリ性が打ち消し合います。また，混合水溶液が中性になるときを「ちょうど中和する」といいます。ある濃(こ)さの塩酸Ａ，ある濃さの水酸化ナトリウム水溶液Ｂ，アルミニウムを用いて次の実験をしました。あとの各問いに答えなさい。

〔実　験〕

１．塩酸Ａが100mL入ったフラスコをいくつか用意し，それぞれのフラスコにさまざまな体積の水酸化ナトリウム水溶液Ｂを加えて混合水溶液にした。

２．１の混合水溶液にアルミニウム0.45ｇをそれぞれ加えるとアルミニウムが溶けて水素が発生した。ただし，アルミニウムがまったく溶けなかったものや，アルミニウムが溶け残ったものもあった。

３．２で発生した水素の体積をはかった。

４．塩酸Ａ100mLに加えた水酸化ナトリウム水溶液Ｂの体積と，混合水溶液にアルミニウムを加えたときに発生した水素の体積の関係をグラフにまとめた。

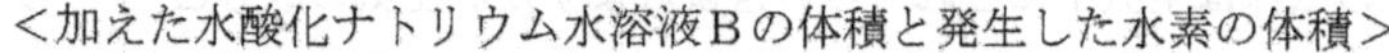

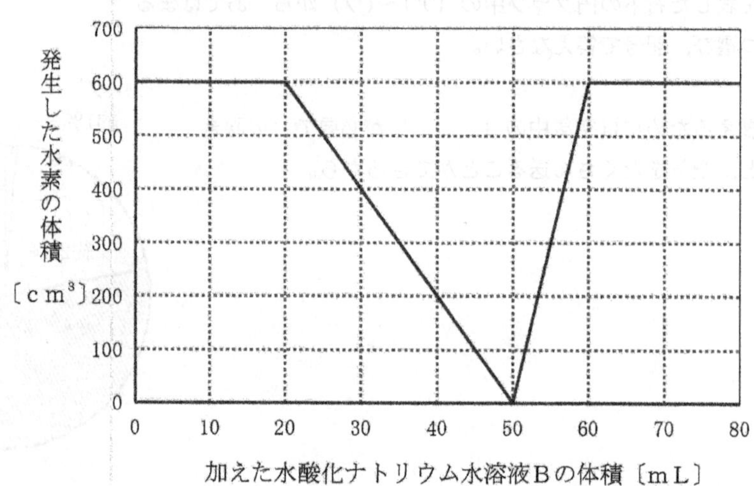

⑴　塩酸Ａ100mLとちょうど中和する水酸化ナトリウム水溶液Ｂは何mLですか。

⑵　アルミニウム0.45ｇとちょうど反応する塩酸Ａは何mLですか。

⑶　塩酸Ａ50mLに0.45ｇのアルミニウムを入れたとき，発生する水素の体積は何cm^{3}ですか。

⑷　塩酸Ａ200mLに水酸化ナトリウム水溶液Ｂを105mL加えた混合水溶液に，アルミニウムを0.3ｇ入れました。このとき発生する水素の体積は何cm^{3}ですか。

【社　会】（30分）　＜満点：50点＞

１． 次の文を読んで，問いに答えなさい。

日本国憲法の三大原理の一つに，基本的人権の尊重があります。基本的人権は，第11条および第97条において「侵(おか)すことのできない永久の権利」として保障されています。

基本的人権のうち，平等権は，①第14条などに規定されています。自由権は，身体の自由，精神の自由，②経済活動の自由の三つに分類されます。社会権には，第25条で規定されている【　Ａ　】権をはじめ，勤労の権利，③労働三権などがあります。④参政権は，主権者である国民が政治に参加する権利です。国民が代表者を通じて政治的決定をする間接民主制を基本としますが，⑤住民投票によって重要な政策決定に地域の住民の意思を反映させる手段がとられることもあります。

一方，日本国憲法では国民の義務として，子どもに【　Ｂ　】を受けさせる義務，勤労の義務，⑥納税の義務を定めています。

問１．【A】・【B】にあてはまる語句を，それぞれ漢字で答えなさい。

問２．下線部①について，以下の条文の【C】にあてはまる語句を，漢字で答えなさい。

　すべて国民は，法の下(もと)に平等であつて，人種，信条，【　Ｃ　】，社会的身分又(また)は門地により，政治的，経済的又は社会的関係において，差別されない。

問３．下線部②について，これにあてはまるものを，次のア～エの中から１つ選び，記号で答えなさい。

ア．希望するところに居住したり，移転したりできること。

イ．裁判を受けたり，国や地方公共団体に損害賠償(ばいしょう)を求めたりすること。

ウ．奴隷(どれい)のようにあつかわれたり，むりやり働かされたりしないこと。

エ．どのような思想を持っていても，どのような宗教を信じてもよいこと。

問４．下線部③について，労働三権とは，団結権，団体行動権と，もう１つは何か，漢字で答えなさい。

問５．下線部④について，次のア～エのうち，議員の被(ひ)選挙権の年齢(ねんれい)に関する条件が**他の３つと異なるもの**を１つ選び，記号で答えなさい。

ア．衆議院議員　　イ．参議院議員　　ウ．都道府県議会議員　　エ．市町村議会議員

問６．下線部⑤について，昨年（2020年）11月，いわゆる「大阪都構想」の賛否を問う住民投票が行われました。「大阪都構想」について述べた文として**誤っているもの**を，次のア～エの中から１つ選び，記号で答えなさい。

ア．「大阪都構想」とは，大阪市を廃止して複数の特別区に再編するというものである。

イ．「大阪都構想」は，地域政党「大阪維新(いしん)の会」を中心に考えが組み立てられた。

ウ．「大阪都構想」の賛否を問う住民投票は，2015年にも行われた。

エ．「大阪都構想」の賛否を問う今回の住民投票では，賛成が過半数をしめた。

問７．下線部⑥について，これとともに大日本帝国憲法で国民（臣民）の義務とされていたものを，漢字で答えなさい。

２． 次の文を読み，あとの問いに答えなさい。

近畿地方は２府①５県からなり，面積は約3万3千km^2で，日本全体の約【　Ａ　】％です。南部は

太平洋に，中央部の西側は瀬戸内海に，②北部は日本海に面しています。人口は約2231万人（2019年10月１日現在）ですが，大阪府，③兵庫県，京都府の２府１県で約４分の３をしめています。

近畿地方にはかつて都が置かれ，1000年以上にわたって日本の政治や文化の中心として栄えてきました。歴史ある奈良や④京都の町なみ，数多くの⑤世界文化遺産は，重要な観光資源です。また，⑥伝統的工芸品の生産も盛んです。

近畿地方では，大阪府や兵庫県，⑦三重県を中心に，重化学工業が発達してきました。特に大阪湾岸の⑧埋立地（うめたてち）には，製鉄所や石油化学工場などが建ち並んでいます。

近畿地方で最も人口が多い大阪府では，高度経済成長期に住宅不足が深刻となり，府北部の千里に日本で最初の大型の【　B　】が建設されました。これは後に全国各地に建設された【　B　】のモデルとなりました。近年，千里では住民の⑨高齢化や建物の老朽化（ろうきゅうか）が課題となっており，再生事業が進められています。

問１．【A】にあてはまる数値を，次のア～エの中から１つ選び，記号で答えなさい。

ア．４　　イ．９　　ウ．14　　エ．19

問２．【B】にあてはまる語句を，カタカナで答えなさい。

問３．下線部①について，この５県のいずれかに見られる自然環境（かんきょう）を，次のア～エの中から**すべて**選び，記号で答えなさい。

ア．出雲平野　　イ．木曽山脈　　ウ．紀ノ川　　エ．六甲山地

問４．下線部②について，地図中Ｊが示す半島の名称（めいしょう）を，漢字で答えなさい。

問５．下線部③について，兵庫県には日本の標準時子午線が通っています。その経度を，解答欄（らん）にあてはまるように答えなさい。

問６．下線部④について，京都市中心部の町なみを説明した次の文Ⅰ・Ⅱの正誤の組み合わせとして正しいものを，次のページの表中ア～エの中から１つ選び，記号で答えなさい。

Ⅰ　歴史的な背景から，行き止まりや曲がりくねった迷路（めいろ）状の道が多い。

Ⅱ　景観を損（そこ）ねないために，建物の高さとデザインおよび屋外広告物などに規制がかけられてい

る地域がある。

	Ⅰ	Ⅱ
ア	正	正
イ	正	誤
ウ	誤	正
エ	誤	誤

問７．下線部⑤について，**京都府にない世界文化遺産**を，次のア～エの中から1つ選び，記号で答えなさい。

ア．二条城　　イ．平等院　　ウ．彦根城　　エ．鹿苑寺（金閣）

問８．下線部⑥について，伝統的工芸品とそれが生産されている県との組み合わせとして正しいものを，次のア～エの中から1つ選び，記号で答えなさい。

ア．紀州漆器（しっき）－滋賀県　　イ．信楽焼－奈良県

ウ．西陣織－三重県　　エ．播州そろばん－兵庫県

問９．下線部⑦について，前のページの地図中Ｋの周辺では，1960年代に多数の公害病患者（かんじゃ）が発生しました。この公害病の原因となった物質を，次のア～エの中から１つ選び，記号で答えなさい。

ア．亜硫酸（ありゅうさん）ガス　　イ．カドミウム　　ウ．フロンガス　　エ．有機水銀

問10．下線部⑧について，大阪湾岸の埋立地である夢洲（ゆめしま）で2025年に開催（かいさい）される予定のイベントを，次のア～エの中から１つ選び，記号で答えなさい。

ア．Ｇ20大阪サミット　　イ．日本国際博覧会

ウ．ラグビーワールドカップ　　エ．ワールドマスターズゲームズ

問11．下線部⑨について，昨年の敬老の日に総務省が発表した，日本の全人口にしめる65歳（さい）以上の高齢者の割合として正しいものを，次のア～エの中から１つ選び，記号で答えなさい。

ア．8.7％　　イ．18.7％　　ウ．28.7％　　エ．38.7％

問12．近畿地方では，1995年１月17日に大地震（じしん）が発生し，大きな被害（ひがい）を受けました。この地震の震源として正しいものを，地図中Ｐ～Ｓの中から１つ選び，記号で答えなさい。

問13．次の表は，近畿地方に位置する滋賀県，三重県，和歌山県における農業産出額の構成比（2017年）を示したものです。表中Ⅰ～Ⅲと県との組み合わせとして正しいものを，次のページのア～カの中から１つ選び，記号で答えなさい。

	米	野菜	果実	畜産	その他
Ⅰ	56.0%	19.0%	1.2%	16.8%	7.0%
Ⅱ	24.5%	12.6%	6.0%	39.8%	17.1%
Ⅲ	6.3%	14.0%	66.6%	4.3%	8.8%

（『データブック・オブ・ザ・ワールド』による）

	Ⅰ	Ⅱ	Ⅲ
ア	滋賀県	三重県	和歌山県
イ	滋賀県	和歌山県	三重県
ウ	三重県	滋賀県	和歌山県
エ	三重県	和歌山県	滋賀県
オ	和歌山県	滋賀県	三重県
カ	和歌山県	三重県	滋賀県

３．次の新聞記事を読んで，問いに答えなさい。

新型コロナウイルスの感染拡大が「パンデミック（世界的な大流行）」とみなされた。過去の感染症の広がりを振り返ると，社会の変革をもたらしてきた歴史が浮かび上がる。

古代，中国と欧州を結んだ【　Ａ　】。中国の絹を西方に運んだ交通路だ。いわば経済のグローバル化の先駆けである。商人の盛んな交流に伴い，インドが起源と見られる①天然痘も東西に波及※1した。

日本にも仏教関連の文物とともに天然痘が持ち込まれた。奈良の都で藤原一族ら多くの死者が出る。②聖武天皇は仏教の力で社会不安を乗り越えようとした。【　Ｂ　】の大仏を造立し，遷都も繰り返した。

中世になると，欧州で③ペストが猛威をふるう。肌に黒い斑点ができるため「黒死病」と呼ばれる。

ペストは中央アジアで発生したと考えられている。13世紀にモンゴル帝国が西方に遠征し，欧州の一部まで版図※2を広げると，ペストも欧州に伝わった。交易が活発化しており，黒死病は欧州全域に波及した。欧州の人口の３分の１が死亡したという。

（中略）

「コロンブスの交換」という言葉がある。1492年のコロンブスによる新大陸への到達以来，欧州と南北アメリカ大陸の間で農作物などが交換された事象を指す。米歴史学者アルフレッド・クロスビーが名付けた。

米大陸から欧州には④トウモロコシやジャガイモが運び込まれた。欧州からは小麦やサトウキビなどに加え，天然痘も伝わった。

（中略）

大航海時代を経た⑤19世紀には，英国がインドを支配する。イギリス東インド会社を中心にアジアや欧州間の交易が活発化した。

1817年，インドで流行していたコレラが一気に広がり，中東や東南アジア，中国，日本などに波及していく。

⑥日本は江戸時代後期だった。鎖国をかいくぐり，【　Ｃ　】の貿易などを通じて入り込んだとみられている。江戸の町では「コロリ」と呼ばれて大流行し，多くの死者が出た。

（中略）

⑦第１次世界大戦末期，1918～19年には「スペイン風邪」と呼ばれたインフルエンザが欧州に襲

いかかった。

流行が始まったのは米国だった。米軍は欧州戦線への参戦を決め，兵士たちが海路，大西洋を渡（わた）り欧州へと向かった。

この船がインフルエンザを「輸送」したらしい。世界中で数千万人，⑧大正時代の日本でも約40万人が死亡した。

（2020年３月13日付　読売新聞）

※1 だんだんと広がり，伝わっていくこと。

※2 領土。

問１．【A】にあてはまる語句を，カタカナで答えなさい。

問２．【B】にあてはまる寺院の名称（めいしょう）を，漢字で答えなさい。

問３．下線部①について，江戸時代，大阪に適塾を開き，天然痘の予防接種を広めた人物を，次のア～エの中から１人選び，記号で答えなさい。

ア．緒方洪庵　　イ．シーボルト　　ウ．杉田玄白　　エ．高野長英

問４．下線部②について，聖武天皇の政策に協力した僧侶（そうりょ）を，次のア～エの中から１人選び，記号で答えなさい。

ア．行基　　イ．空海　　ウ．空也　　エ．日蓮

問５．下線部③について，明治時代にペスト菌（きん）を発見し，破傷風の治療（ちりょう）法も確立した人物を，漢字で答えなさい。

問６．下線部④について，トウモロコシは安土桃山時代，ポルトガル人により日本へ伝えられたといわれています。当時，日本人とポルトガル人やスペイン人との間で行われた貿易を何というか，漢字で答えなさい。

問７．下線部⑤について，**19世紀のできごとではないもの**を，次のア～エの中から１つ選び，記号で答えなさい。

ア．地租改正条例を公布して，地租を地価の３％と定めた。

イ．日露戦争で日本がロシアに勝利し，日本の国際的地位が向上した。

ウ．初めての衆議院議員総選挙が行われ，第１回帝国議会が開催（かいさい）された。

エ．士族による最大の反乱として西南戦争が起こったが，政府により鎮圧（ちんあつ）された。

問８．下線部⑥について，次の⑴・⑵の問いに答えなさい。

⑴　【C】にあてはまる，ヨーロッパとの貿易の窓口となった九州地方の地名を，漢字で答えなさい。

⑵　コレラは，江戸だけでなく日本各地で流行しました。一部の地域に入ってきたコレラが日本各地で流行した理由を，**本文の内容をふまえた上で，江戸時代の交通にふれながら**説明しなさい。

問９．下線部⑦について，これを説明した文として**誤っているもの**を，次のア～エの中から１つ選び，記号で答えなさい。

ア．この大戦に参戦した日本は，中国の山東半島におけるロシアの租借地を占領（せんりょう）した。

イ．戦車，飛行機，毒ガスなどが兵器として使用され，それまで人類が経験したことがない大規模な戦争となった。

ウ．ヨーロッパが主戦場となったため，それまでヨーロッパからの輸入に頼（たよ）っていた鉄鋼や船舶（せんぱく）を生産する工業が日本で発展した。

エ．この大戦中，日本は中国政府に対し，二十一カ条の要求をつきつけた。

問10．下線部⑧について，この時代のできごととして，その内容が**誤っているもの**を，次のア～エの中から１つ選び，記号で答えなさい。

ア．藩閥政府の打倒を目指して，尾崎行雄らが護憲運動を起こした。

イ．普通選挙法が制定され，満20歳以上のすべての男子に選挙権が与えられた。

ウ．農村では小作争議が多発し，日本農民組合が設立され，農民の権利を守る運動が広まった。

エ．平塚らいてう（雷鳥）らが新婦人協会を設立し，女性の参政権獲得を目指した運動を行った。

三、次の①～⑤の〰〰線部の漢字が――線部の熟語に使われているものを、それぞれ後の（ア）～（エ）の中から一つずつ選び、記号で答えなさい。

① 走ったイキオいでとびこした。
（ア）試合のタイセイが決まった。（イ）反乱軍をセイアツする。
（ウ）研究のセイカが上がる。（エ）セイジツな人柄。

② 科学者になろうとココロザシを立てる。
（ア）彼のシコウ回路は複雑だ。（イ）人々のシキが上がる。
（ウ）シサク品ができあがる。（エ）彼はとてもイシが強い。

③ 私は彼とはコトなる意見です。
（ア）私たちは体育館へとイドウした。
（イ）今日の天気は少しイジョウだ。
（ウ）仕事を別の人にイニンした。
（エ）相手のイヒョウをついた。

④ 国をオサめる。
（ア）ここはとてもチアンが良い。
（イ）ゴミをシュウシュウする。
（ウ）こわれたところをシュウリする。
（エ）期日までにノウゼイする。

⑤ テストにカンする話をしましょう。
（ア）君の努力にはカンドウする。
（イ）建物がカンセイした。
（ウ）弟は歴史にカンシンを持っている。
（エ）草花をカンショウする。

四、次の①～⑦の――線部を漢字に改め、⑧～⑩の――線部の読みをひらがなで答えなさい。

① 父の言葉がネントウに浮かぶ。
② 道路のソクリョウをする。
③ 祖父はとてもハクシキだ。
④ 見つからないようにサイクする。
⑤ アイツぐ事故のニュース。
⑥ 車は文明のリキである。
⑦ わたり鳥がタイキョしてやって来た。
⑧ バレエの先生は所作が美しい。
⑨ 彼は上背がある。
⑩ 京都・奈良は日本の古都である。

せるという強みを持つことにより生き残ることができたから。

問十七、［Ｂ］に当てはまる言葉を、本文中から五字以内で抜き出して答えなさい。

問十八、――線⑮「優れた能力を持つネアンデルタール人」とありますが、「ネアンデルタール人」が「ホモ・サピエンス」よりも「優れ」ていた点について具体的に説明している連続した二文を本文中から抜き出し、その最初の五字を答えなさい。

問十九、次の一文は本文中から抜いたものですが、本文中の〔Ⅰ〕～〔Ⅳ〕のどこに入れるのが適切ですか。記号で答えなさい。

〔じつは、人間もその一つです。〕

問二十、この文章を大きく三つに分けると、三つ目の部分はどこから始まりますか。その最初の五字を答えなさい。

問二十一、本文の内容に合うものを、次の（ア）～（エ）の中から一つ選び、記号で答えなさい。

（ア）雑草はもともと弱い存在であったが、ピンチを生き延びることにより次々に新たな強さを獲得していった。

（イ）自然界には様々な種類の「強さ」があり、生き物はそれぞれが持つ「強さ」を生かして生きている。

（ウ）自然界は厳しい世界なので、基本的に強い生き物が生き残るということは当たり前のことである。

（エ）ホモ・サピエンスとホモ・ネアンデルターレンシスはともに人類だが、知能の発達によって二つに分かれた。

二、次の①～⑤のことわざの□に入る言葉を、あとの意味を参考にして漢字で答えなさい。また、同じ言葉を入れて成り立つものをそれぞれ（ア）～（ク）の中から一つずつ選び、記号で答えなさい。

①　□作って魂（たましい）入れず
（物事の一番大切な点がおろそかになっていること）

②　良薬は□に苦し
（人のいましめの言葉は、聞くのはつらいが、ためになるということ）

③　たで食う□も好き好き
（人の好みはまちまちで、いちがいに言うことはできないこと）

④　□の上にも三年
（どんなことでもしんぼう強くすれば、きっとうまくいくということ）

⑤　枯れ木も□のにぎわい
（つまらないものでも、数の中に入れておけば、ないよりましであること）

（ア）知らぬが□　　（イ）転ばぬ先の□
（ウ）焼け□に水　　（エ）言わぬが□
（オ）□はわざわいの元
（カ）船頭多くして船□に上る
（キ）飛んで火にいる夏の□
（ク）壁（かべ）に□あり障子に目あり

最初の五字を答えなさい。

問六、——線⑥「この競争」とは具体的にどのようなものですか。本文中から五字以内で抜き出して答えなさい。

問七、——線⑦「太刀打ちできない」の意味を、次の（ア）～（エ）の中から選び、記号で答えなさい。

（ア）想像できない　（イ）相手にならない

（ウ）勝負強い　（エ）打たれ弱い

問八、——線⑧「そこ」が指している内容を、本文中の言葉を用いて十五字以内で答えなさい。

問九、——線⑨「強くなければ生きていけない自然界で、弱い植物である雑草ははびこっています」とありますが、これは「雑草」がどのような力を持っているからですか。本文中から抜き出して答えなさい。

問十、ⓐ・ⓑ・ⓒに当てはまる言葉の組み合わせとして最も適切なものを、次の（ア）～（エ）の中から選び、記号で答えなさい。

（ア）ⓐ　そして　ⓑ　たとえば　ⓒ　つまり

（イ）ⓐ　しかし　ⓑ　つまり　ⓒ　もちろん

（ウ）ⓐ　もし　ⓑ　しかし　ⓒ　たとえば

（エ）ⓐ　もちろん　ⓑ　ところが　ⓒ　そして

問十一、Ａに当てはまる言葉を、本文中から抜き出して答えなさい。

問十二、——線⑩「他にも例はあります」とありますが、この場合の「例」とは、どのようなことの「例」ですか。「例。」に続くように、本文中から二十字以内で抜き出して答えなさい。

問十三、——線⑪「とても」が直接かかっていく部分を、次の（ア）～（エ）の中から選び、記号で答えなさい。

（ア）チーターから　（イ）逃げ切ることは

（ウ）できないように　（エ）思えます

問十四、——線⑫「チーターの狩りは、半分くらいは失敗しているようです」とありますが、なぜですか。その説明として最も適切なものを、次の（ア）～（エ）の中から選び、記号で答えなさい。

（ア）ガゼルは巧みなステップでチーターを翻弄（ほんろう）するため、チーターは最高速度を出すことができないから。

（イ）ガゼルはチーターと比べて体が小さいため、すばしこく逃げたり物陰に隠れたりすることができるから。

（ウ）ガゼルは独特な走り方を日ごろから練習しているため、チーターよりも速いスピードで走れるから。

（エ）ガゼルは知能が発達しているため、直進しかできないチーターをかわす方法を身につけているから。

問十五、——線⑬「祖先」の対義語を答えなさい。

問十六、——線⑭「ですから、人間は考えることをやめてはいけないのです」と筆者が述べる理由として最も適切なものを、次の（ア）～（エ）の中から選び、記号で答えなさい。

（ア）人間は競争力の強い生き物に対抗するために、他の弱い生き物たちと協力していく手段を見つけていくべきであるから。

（イ）人間はさらに知能を発達させることによって、他の動物たちとうまく共存する生き方を探っていかなければならないから。

（ウ）人間は強い動物たちに住む場所を奪われてしまわないように、体力や攻撃力（こうげき）を上げる方法を生み出していく必要があるから。

（エ）人間はもともと肉体的には弱い存在であったが、知能を発達さ

能を発達させていたと考えられています。

ホモ・サピエンスは、ネアンデルタール人と比べると体も小さく力も弱い存在でした。脳の容量もネアンデルタール人よりも小さく、知能でも劣っていたのです。

しかし今、生き残っているのは、ホモ・サピエンスです。

私たちホモ・サピエンスはどうして生き残ることができたのでしょうか。そして、どうしてネアンデルタール人は滅んでしまったのでしょうか。

ホモ・サピエンスは弱い存在でした。

力が弱かったホモ・サピエンスは、「 B 」という能力を発達させました。そして、足りない能力を互いに補い合いながら暮らしていったのです。そうしなければ、生きていけなかったのです。

Ⅳ 現代を生きる私たちも、人の役に立つと何だか満たされたような気持ちになります。知らない人に道を教えたり、電車やバスの席を譲ったりして、ありがとうと言われると、なんだかくすぐったいようなうれしい気持ちになります。それが、ホモ・サピエンスが獲得し、生き抜くために発揮した能力なのです。

一方、⑮優れた能力を持つネアンデルタール人は、集団生活をしなくても生きていくことができました。しかし、環境の変化が起こったとき、仲間と助け合うことのできなかったネアンデルタール人は、その困難を乗り越えることができなかったと考えられているのです。

（稲垣栄洋『はずれ者が進化をつくる』による

ただし、出題の都合上、本文を改めたところがある）

＊１　遮蔽……光をさえぎること。

＊２　ニッチ……生物が生態系の中で占める位置のこと。

問一、――線①「そんなバカな」の後に続くと考えられる言葉を補って、意味がはっきりする一文を完成させなさい。

問二、――線②「植物学の教科書には、雑草は強いとは書いてありません」とありますが、「雑草」が「強い」と言えないのはなぜですか。その説明として最も適切なものを、次の（ア）～（エ）の中から選び、記号で答えなさい。

（ア）生存競争に弱く人間の助けなしには育つことができないから。

（イ）砂漠や高山などの過酷な環境では生きていくことができないから。

（ウ）環境の変化の激しい豊かな森の中には生えることができないから。

（エ）他の野生植物との生き残りをかけた戦いに勝つことができないから。

問三、――線③「強そうに見えます」とありますが、なぜですか。その理由を「から。」に続くように、本文中から十三字で抜き出して答えなさい。

問四、――線④「その秘密」とは、どのような「秘密」のことですか。「秘密。」に続くように、本文中の言葉を用いて二十字以内で答えなさい。

問五、――線⑤「他の植物の陰で光を受けられずに枯れてしまうことでしょう」とありますが、なぜ「光を受けられ」ないと「枯れてしまう」のですか。その理由が書かれている一文を本文中から抜き出し、その

自然界は弱肉強食の世界です。

しかし、競争や戦いに強いものが勝つとは限らないのが、自然界の［Ａ］ところです。

競争や戦いをする上では、体が大きい方が有利です。

しかし、実際には小さい方が有利ということもたくさんあります。

［Ⅰ］大きな体は体自体を維持しなければなりませんし、何しろ目立ちますから、常にライバルに狙われて、戦い続けなければなりません。小さい体であれば、すばしこく逃げたり、物陰に隠れたりすることができます。大きいことが強さであるのと同じように、小さいことも強さなのです。

⑩他にも例はあります。

動物の中でもっとも走るスピードが速いのがチーターです。

チーターの走る速度は、時速一〇〇キロメートルを上回ると言います。

一方、獲物となるガゼルのスピードは、時速七〇キロメートルしかありません。これでは、⑪とてもチーターから逃げ切ることはできないように思えます。

ところが、これだけ圧倒的なスピードの差があるにもかかわらず、⑫チーターの狩りは、半分くらいは失敗しているようです。つまり、ガゼルが、時速一〇〇キロメートルのチーターから逃げ切っているのです。

チーターに追われると、ガゼルは巧みなステップで飛び跳ねながら、ジグザグに走って逃げます。そして、ときには、クイックターンをして方向転換をします。

もちろん、走り方を複雑にすると、ガゼルも、本来の最高速度を出すことはできません。

しかし、まっすぐに走るだけではチーターのほうが速いに決まっています。チーターにはできない走り方をすることでガゼルがチーターに勝ってしまうのです。

自然界には、競争や戦いには弱くても、それ以外の強さを発揮して*2ニッチを獲得している生き物がたくさんいます。

［Ⅱ］人間は、学名をホモ・サピエンスという生物です。

人類の⑬祖先は森を失って草原地帯に追い出されたサルの仲間だったと考えられています。肉食獣と戦える力を持っているわけではありません。シマウマのように速く走れるわけでもありません。弱い存在であった人類は、知能を発達させ、道具を作り、他の動物たちに対抗してきました。

［Ⅲ］知能を発達させてきたことは、人間の強さの一つです。

⑭ですから、人間は考えることをやめてはいけないのです。

しかし、それだけではありません。

じつは、知能を発達させてきたのは、私たちホモ・サピエンスだけではありません。

人類の進化を遡ると、ホモ・サピエンス以外の人類も出現していました。ホモ・サピエンスのライバルとなったのがホモ・ネアンデルターレンシスの学名を持つネアンデルタール人です。

ネアンデルタール人は、ホモ・サピエンスよりも大きくて、がっしりとした体を持っていました。さらに、ホモ・サピエンスよりも優れた知

ません。確かに、人間が改良した植物である野菜は、人間の助けなしには育つことができません。そんな野菜よりは、抜いても抜いても生えてくる雑草の方が競争に強いかもしれません。

しかし実際のところ、自然界に生えている野生の植物たちは、そんなに弱くはありません。雑草の競争力などとても⑦太刀打ちできないのです。

どこにでも生えるように見える雑草ですが、じつはたくさんの植物がしのぎを削っている森の中には生えることができません。

豊かな森の環境は、植物が生存するのには適した場所です。しかし同時に、そこは激しい競争の場でもあります。そのため、競争に弱い雑草は深い森の中に生えることができないのです。

もしかすると、森の中で雑草を見たという人もいるかもしれません。おそらく⑧そこは、手つかずの森の中ではなく、ハイキングコースやキャンプ場など、人間が森の中に作りだした環境です。そういう場所には、雑草は生えることができます。

それは、雑草がある強さを持っているからなのです。

⑨強くなければ生きていけない自然界で、弱い植物である雑草ははびこっています。これはなぜでしょう。

強さというのは、何も競争に強いだけを指しません。

英国の生態学者であるジョン・フィリップ・グライムという人は、植物が成功するためには三つの強さがあると言いました。

一つは競争に強いということです。

植物は、光を浴びて光合成をしなければ生きていくことができません。植物の競争は、まずは光の奪い合いです。成長が早くて、大きくなる植物は、光を独占することができます。ⓐ、その植物の陰になれば、十分に光を浴びることはできません。植物にとって、光の争奪に勝つことは、生きていく上でとても大切なことなのです。

ⓑ、この競争に強い植物が、必ずしも勝ち抜くとは限りません。競争に強い植物が強さを発揮できない場所もたくさんあるのです。それは、水がなかったり、寒かったりという過酷な環境です。

この環境にじっと耐えるというのが二つ目の強さです。

ⓒ、サボテンは水がない砂漠でも枯れることはありません。高い雪山に生える高山植物は、じっと氷雪に耐え忍ぶことができます。厳しい環境に負けないでじっと我慢することも、「強さ」なのです。

三つ目が変化を乗り越える力です。

さまざまなピンチが訪れても、次々にそれを乗り越えていく、これが三つ目の強さです。

じつは、雑草はこの三つ目の強さに優れていると言われています。

雑草の生える場所を思い浮かべてみてください。

草取りをされたり、草刈りをされたり、踏まれてみたり、土を耕されたり。雑草が生えている場所は、人間によってさまざまな環境の変化がもたらされます。そのピンチを次々に乗り越えていく、これが雑草の強さなのです。

実際には、地球上の植物が、この三つのいずれかに分類されるということではなく、むしろ、すべての植物が、この三つの強さを持っていて、そのバランスで自らの戦略を組み立てていると考えられています。

植物にとって競争に勝つことだけが、強さの象徴ではありません。一口に「強さ」と言っても、本当にいろいろな強さがあるのです。

【国　語】〈五〇分〉〈満点：一〇〇点〉

【注意】字数指定がある問いでは、句読点・記号なども一字として数えます。

一、次の文章を読んで、後の問いに答えなさい。（字数指定がある問いでは、句読点・記号なども一字として数えます）

皆さんは、自分の中に弱さを見つけることがありますか？　弱い自分が嫌になることがありますか？

そうだとすれば、幸いです。

何しろ自然界を見渡してみれば「弱い生き物たち」が繁栄しているからです。「弱い」ことは成功の条件であるかのようです。

①そんなバカな、と思うかもしれません。自然界は「弱肉強食」の世界です。強い者が生き残り、弱い者が滅びてゆくそんなイメージがあるかもしれません。

しかし、強い者が生き残るとは限らないのが、自然界のじつに面白いところなのです。

皆さんは強そうな生き物というと、どんな動物を想像しますか？百獣の王ライオンや、猛獣のトラを思い浮かべるかもしれません。オオカミやホッキョクグマも強さでは負けていないかもしれません。あるいは、巨大な体のゾウやサイも強そうです。大空を飛ぶワシやコンドルも王者の風格があります。

ただ、これらの生物はどれも絶滅が心配されている生き物ばかりです。強そうな猛獣たちは、弱い生き物をエサにして生きています。これらの猛獣が一〇〇匹のネズミを食べているとします。その場合、ネズミが五〇匹に減ってしまえば、猛獣たちはエサがなくて死んでしまうのです。しかし、ネズミは五〇匹に減っても、五〇匹で生きていくことができます。

強そうに見える生き物が絶滅の危機にあるというのは、じつは弱い生き物に頼って生きているからと言えるでしょう。

「雑草は強い」

皆さんには、そんなイメージがありませんか。

ところが、②植物学の教科書には、雑草は強いとは書いてありません。それどころか、「雑草は弱い植物である」と説明されています。

しかし、私たちの身の回りに生えている雑草は、どう見ても③強そうに見えます。もし、弱い植物であるのなら、どうして私たちの身の回りにこんなにはびこっているのでしょうか。

弱い植物である雑草が、どうして、こんなにも強く振る舞っているのか。どうやら、そこにこそ「強さとは何なのか？」を考えるヒントがありそうです。まずは④その秘密を探ってみることにしましょう。

「雑草が弱い」というのは、「競争に弱い」ということです。

自然界では、激しい生存競争が行われています。弱肉強食、適者生存が、自然界の厳しいおきてです。それは植物の世界もまったく同じです。

植物は光を奪い合い、競い合って上へ上へと伸びていきます。そして、枝葉を広げて、＊1遮蔽し合うのです。もし、この競争に敗れ去れば、⑤他の植物の陰で光を受けられずに枯れてしまうことでしょう。

雑草と呼ばれる植物は、⑥この競争に弱いのです。

野菜畑などでは、雑草は野菜よりも競争に強いように思えるかもしれ

大切なことはメモしておこうネ！

第1回

2021年度

解 答 と 解 説

《2021年度の配点は解答欄に掲載してあります。》

＜算数解答＞《学校からの正答の発表はありません。》

1 (1) 12800 (2) 0.5 (3) 80

2 (1) 50g (2) 分速150m (3) 70.8cm^2 (4) $\frac{19}{24}$ (5) 1944cm^3

3 (1) 9cm (2) 2916m (3) 140人 4 (1) 6 (2) ㋐・㋓・㋔

5 (1) 12本 (2) ① 14分後 ② 29分後

6 (1) 10時3分45秒 (2) 10時54分48秒

○推定配点○

1・2 各5点×8 他 各6点×10(4(2)完答) 計100点

＜算数解説＞

1 (四則計算，割合と比，相当算)

(1) $128\times(4+96)=12800$

(2) $\square=2\frac{1}{3}-\frac{5}{8}\times2.2\times\frac{4}{3}=(7-5.5)\div3=0.5$

重要 (3) 各人の所持金をA～Cで表すと，BはC$\times\frac{4}{3}$，AはC$\div0.6=$C$\times\frac{5}{3}$ したがって，BはAの$\frac{4}{3}\div\frac{5}{3}=0.8$すなわち80%

重要 2 (割合と比，速さの三公式と比，旅人算，立体図形，平面図形)

(1) 150g：160g＝15：16より，$(15\times4+16\times12)\div(15+16)=\frac{252}{31}$(%)の食塩水が310gできたとき，水を加えて濃さを7%にすると，加えた水量は$310\times\left(\frac{252}{31}\div7-1\right)=310\times\frac{5}{31}=50$(g)

【別解】 濃さが$\frac{252}{31}$(%)の食塩水310gより，面積図で計算する…$310\times\left(\frac{252}{31}-7\right)\div7=50$(g)

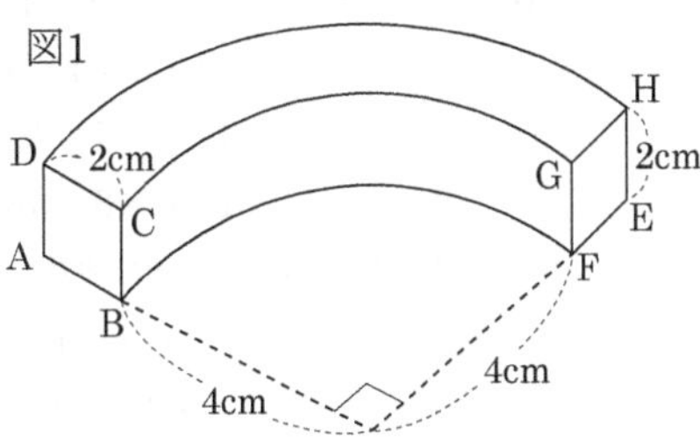

図1

(2) 時速36㎞は分速$36000\div60=600$(m) 最初のバスに走る人が追い越された後，$600\times15=9000$(m)後方から2台目のバスに20分後に追い越されるとき，走る人の分速は$600-9000\div20=150$(m)

【別解】 $600\times(20-15)\div20=150$(m)

(3) 図1より，底面積×2は$(6\times6-4\times4)\times3.14\div4\times2=31.4$(cm^2) 側面積は$\{(12+8)\times3.14\div4+2\times2\}\times2=31.4+8=39.4$(cm^2) したがって，表面積は$31.4+39.4=70.8$(cm^2)

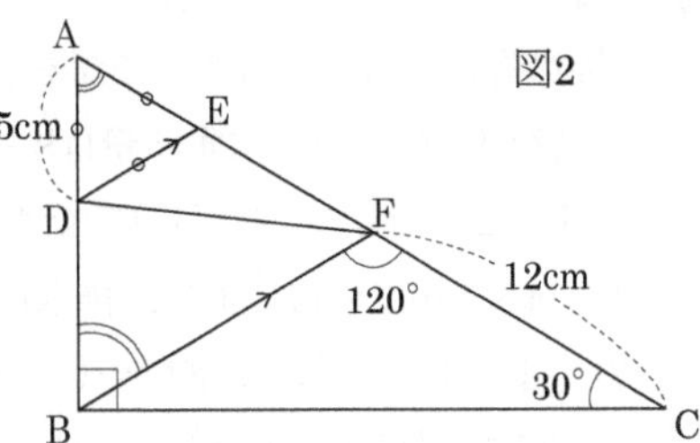

図2

(4) 図2より，三角形FBCは二等辺三角形である。三角形ADFの面積を5とすると，三角形DBFは12－5＝

7，三角形FBCは12　したがって，四角形DBCFの面積は三角形ABCの$(7+12)\div(12\times2)=\frac{19}{24}$(倍)　【別解】 三角形ADFの面積が5×12のとき，三角形ABCの面積は12×24　したがって，三角形ADFとABCの面積比は5：24，四角形DBCFの面積は三角形ABCの$(24-5)\div24=\frac{19}{24}$(倍)

(5)　図①と図②のそれぞれの全体の体積の差は6×6×6×4(cm^3)であり，水そうの底面積は6×6×6×4÷6＝144(cm^2)　したがって，水量は(144－6×6)×6×3＝1944(cm^3)

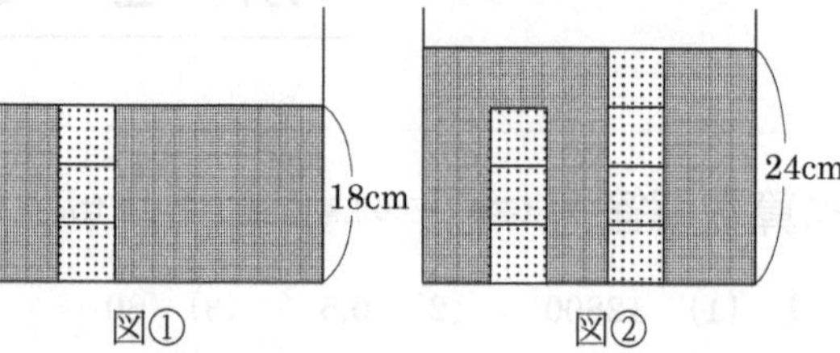

図①　図②

重要 3 (平面図形，割合と比，数の性質，速さの三公式と比，旅人算，集合)

(1)　右図より，重なっている部分の面積を2にすると，右側の部分の面積は9－2＝7　左側の部分の面積は12×2－2＝22　したがって，小さい正方形の面積は279÷(9＋22)×9＝81＝9×9(cm^2)，正方形の1辺は9cm

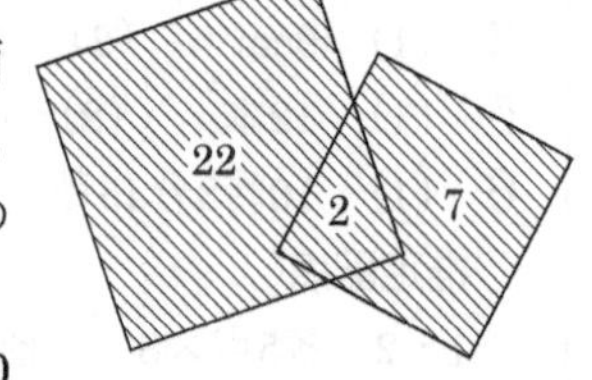

(2)　N君の分速は90×3＝270(m)　3分で進む距離は270×3＝810(m)　6分で進む距離は270×6＝1620(m)　9分で進む距離は270×9＝2430(m)　K君が3分で進む距離は310×3＝930(m)　6分で進む距離は930＋280×3＝1770(m)　9分で進む距離は1770＋250×3＝2520(m)　したがって，N君がK君に追いついたときまでに進んだ距離は270×{9＋(2520－2430)÷(270－220)}＝2916(m)

(3)　人数の比の数の和9＋7＝16，5＋19＝24，犬を飼っていない女子生徒の割合$\frac{11}{36}$の分母36，これら16，24，36の最小公倍数144を全体の人数にすると，右表ができる。したがって，イは114－44＝70，22人は81－70＝11に相当し，犬を飼っていない男子生徒は22÷11×70＝140(人)

	男子	女子	計
犬がいる	22	ア	30
犬がいない	イ	44	114
計	81	63	144

基本 4 (演算記号，数の性質)

(1)　20＊21＝20×21＋20－21＝419　[419]…4×1×9＝36より，6

(2)　㋐　[12345]…1×2×3×4×5＝120より，0　12345?0＝12345　○

　㋑　[1357]…1×3×5×7＝105より，5　1357＊5＝1357×5＋1357－5　×

　㋒　[2468]…2×4×6×8＝384より，4　2468＊4＝2468×4＋2468－4　×

　㋓　[2021]…0　2021＊0＝2021　○

　㋔　[1]…1　1＊1＝1×1＋1－1＝1　○

　㋕　[5]…5　5＊5＝5×5＋5－5＝25

重要 5 (割合と比，ニュートン算)

排水管1本が1分で排水する量を1とする。1×3×6－1×1×10＝8が，給水する量の差に等しく，給水管1本が1分で給水する量は$8\div(4\times6-1\times10)=\frac{4}{7}$　ここで排水管1本が1分で排水する量を7とすると，給水管1本が1分で給水する量は4，最初，水そうにある水量は(7－4)×10＝30

(1)　$4\times20\div7=11\frac{3}{7}$より，排水管を12本以上，開ける。

(2)　①　4分で増えた水量…(4×3－7)×4＝20　したがって，最初の水量になるのは4＋20÷(7×2－12)＝14(分後)　②　①より，14＋30÷2＝29(分後)

重要 6 (平面図形，速さの三公式と比，旅人算，割合と比)

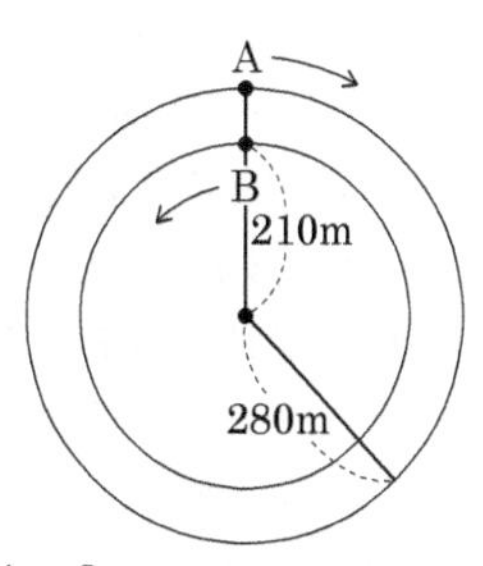

外側の道と内側の道の周の比…280：210＝4：3　A君が1分で動く角度…360÷12＝30(度)　B君が1分で動く角度…$30\div3\times4\times\frac{9}{20}=18$(度)

(1) $180\div(30+18)=3\frac{3}{4}$(分)すなわち10時3分45秒

(2) 10時50分に，A君は30×50÷360＝4…60より，スタートの位置から60度進んでおり，B君は18×50÷360＝2…180より，スタートの位置から180度進んでいる。君が自転車を押して1分で動く角度は，$18\times\frac{14}{27}\times\frac{3}{4}=7$(度)であり，2人が最も近づく時刻は50＋(180－60)÷(18＋7)＝54.8(分)　すなわち，10時54分48秒

★ワンポイントアドバイス★

3(3)「人数の比の和16，24，犬を飼っていない女子生徒の割合の分母36」，これらの最小公倍数を利用すると計算がらくである。5「ニュートン算」は，給水管の本数が変化するために，問題設定が難しくなっている。

＜理科解答＞ 《学校からの正答の発表はありません。》

【1】 (1) イ　(2) ウ　(3) ① 15.1cm^3　② 4.7mm

【2】 (1) (種をまく季節) 春　(実がなる季節) イ　(2) (図2) め花　ア，オ
(3) (形) ア　(特徴) エ　(4) エ　(5) イ，ウ，エ

【3】 (1) ① b　② エ　(2) ア　(3) ア

【4】 (1) (棒磁石) イ　(方位磁石) ウ　(2) エ，カ　(3) イ

【5】 (1) イ，ウ，エ　(2) ウ，エ

【6】 (1) (名前) 酸素　(記号) イ　(2) ① 内　② 水蒸気　③ あたためる
(3) 0.75kg

【7】 (1) 50mL　(2) 60mL　(3) 500cm^3　(4) 300cm^3

○推定配点○

【1】 各2点×4　【2】 各2点×5((1)，(2)，(3)，(5)各完答)　【3】 各2点×3((1)完答)
【4】 各2点×3((1)，(2)各完答)　【5】 各2点×2(各完答)
【6】 (2) 4点　他 各2点×2(各完答)　【7】 各2点×4　計50点

＜理科解説＞

【1】 (気象―降水量の測定)

(1) 雨量計は建物から離れた場所に設置する。地面に置くと地面からはねかえる雨粒が雨量計に入ってしまうので，地面から離して設置する。

(2) 水面の高さは，ペットボトルに降りそそぐ雨の量を面積で割った値になる。B以外は切り口の面積と底面の面積が同じなのでほぼ同じ高さになるが，Bは雨を集める部分の面積が底面より広いので他より高さが高くなる。

重要 (3) ① 雨量は単位面積当たりの高さで示される。上部の面積に雨量の3mm＝0.3cmをかけると，簡易雨量計内の水の体積が求まる。0.3×3.14×4×4＝15.07≒15.1(cm³)である。

② 簡易雨量計の底面積で体積を割ると，簡易雨量計内の水面の高さが求まる。0.3×3.14×4×4÷(3.14×3.2×3.2)＝0.468(cm) mm単位にすると4.7mmの上昇になる。

【2】 (植物－ヘチマの花の特徴)

基本 (1) ヘチマの種まきは春の時期(4月から5月)であり，実がなる時期は夏から秋(7月下旬から9月)ごろである。

基本 (2) 図2が，め花である。め花の花びらの下にはふくらんだ部分がある。これは子房でこの部分が成長して実になる。お花とめ花が別々のものを単性花という。マツ，トウモロコシがこの仲間である。

(3) へちまのめしべの先端はでこぼこした形をしており，花粉がくっつきやすいように先端はべとべとしている。

(4) へちまの花粉は(エ)のような形をしている。何本かの筋が見られる。

重要 (5) 顕微鏡の接眼レンズは倍率が高いほど短く，対物レンズは倍率が高いほど長い。A～Cが対物レンズでD，Eが接眼レンズである。(4)の観察ではBとEの組み合わせだったので，AとEでは対物レンズの倍率が低くなり，顕微鏡の倍率もBとEのときより低くなる。BとDでは接眼レンズの倍率が高くなり，CとEでは対物レンズの倍率が高くなり，CとDではどちらのレンズの倍率も高くなるので，これらでは(4)のときより倍率が高くなる。

【3】 (流水・地層・岩石―火山の特徴)

基本 (1) ① 水の量が同じなので，小麦粉の量が多いBの方が粘り気が増す。そのためbのように盛り上がった形なる。 ② マグマの粘り気が強いと溶岩は流れにくく，盛り上がった火山になる。

(2) 火山灰は，火山の噴火でできる細かい破片が冷やされたものである。

(3) 水の働きでできる地層は，層になってたい積する。このとき粒の大きいものほど重いので下側にたい積する。また，水に運ばれた岩石がたい積するので，角の取れた丸みを帯びた岩石が多い。たい積するときに生物の死がいが含まれると化石なることがある。火山の働きでできる地層では，角のある岩石が多く含まれ化石が含まれることはない。

【4】 (電磁石―電磁石)

基本 (1) コイルに電流を流すと，右ねじの進む方向に磁力が生じる。図1では左側がN極になる。そのため図2では棒磁石は反発する。また，磁力線がN極からS極に向かって生じるので，方位磁石はS極を左に向ける。

基本 (2) 鉄や鉄を含む物質は磁石に引かれる。

重要 (3) 比較したい条件以外の条件は同じにする必要がある。長さを比べるときは，太さや巻き数は同じでなければならない。そこでCとDを比較する。同様に太さを比べるときは長さと巻き数の同じAとB，巻き数を比べるときは長さと太さの同じAとCを比べる。

【5】 (光の性質―鏡に映る像)

重要 (1) 物体から出た光が鏡に反射してA君に届くと鏡に映った像が見える。A君の位置を鏡を対称にして反対側にとり，その位置と各点を結んだ線が鏡を通るものが像の見える位置である。ここでは(イ)，(ウ)，(エ)の位置で像が見える。

重要 (2) (1)と同様に，鏡①，②のそれぞれを対象にしてA君の位置をとる。この2つの点と各点を結ぶ線がどちらも鏡を通るものが，鏡①にも②にも像が映る。(ウ)と(エ)でどちらの鏡にも像が映る。

【6】 (燃焼―燃焼・熱量)

基本 (1) 物が燃えるには酸素が必要である。酸素は空気中に約21％含まれている。

重要 (2) 部屋の空気が暖かく外の気温が低い時，窓ガラスの内側がくもる。これは空気中の水蒸気が外気で冷やされた窓ガラスに触れて水に変わるためである。結露を防ぐには窓ガラスの温度を上げて，水蒸気が水に変わらないようにする必要がある。

重要 (3) 150Lの水は150kgであり，これを20℃から40℃まで20℃温度を上げるのに必要な熱量は150×20＝3000(kcal)である。薪1kgあたり4000kcalの熱が出るので，必要な薪の量は3000÷4000＝0.75(kg)である。

【7】 (水溶液の性質・物質の反応ー中和反応)

重要 (1) 水酸化ナトリウム水溶液50mLを加えたとき，アルミニウムを加えても水素が発生しなかった。これは塩酸と水酸化ナトリウム水溶液がちょうど中和し，どちらも残っていなかったためである。よって塩酸100mLとちょうど中和する水酸化ナトリウム水溶液の体積は50mLである。

やや難 (2) 水酸化ナトリウム水溶液を20mL加えるまでは，発生する水素の量は600cm^{3}で一定であった。これは20mLまでは塩酸が0.45gのアルミニウムをすべて溶かし，まだ反応しない塩酸が残るためである。逆に水酸化ナトリウム水溶液が20mLから50mLまでは中和せずに残った塩酸がすべて反応し，アルミニウムの一部が反応せずに残る。塩酸とアルミニウムがちょうど反応するのが20mLのときである。このとき，水酸化ナトリウム水溶液20mLと40mLの塩酸が中和するので，中和せずに残る塩酸は100－40＝60(mL)になる。

(3) 60mLの塩酸と0.45gのアルミニウムがちょうど反応し，600cm^{3}の水素が発生する。塩酸50mLではアルミニウムが一部残り，塩酸がすべて反応する。発生する水素の体積は60：600＝50：□　□＝500cm^{3}である。

(4) 塩酸200mLとちょうど中和する水酸化ナトリウム水溶液は100mLである。反応後5mLの水酸化ナトリウム水溶液が過剰になる。図より，10mLの水酸化ナトリウム水溶液と0.45gのアルミニウムはちょうど反応し600cm^{3}の水素が発生することがわかる。5mLの水酸化ナトリウム水溶液とちょうど反応するアルミニウムは0.45÷2＝0.225(g)なので，0.3gではアルミニウムは一部反応せずに残り，水酸化ナトリウム水溶液はすべて反応する。よって5mLからは10：600＝5：□　□＝300cm^{3}の水素が発生する。

★ワンポイントアドバイス★

レベルは標準問題レベルであるが，時間のわりに問題数が多く計算問題も出題される。すべてを解答できなくても，基本問題で得点できるようにしたい。

＜社会解答＞《学校からの正答の発表はありません。》

1 問1 A 生存 B 教育 問2 性別 問3 ア 問4 団体交渉(権)
問5 イ 問6 エ 問7 兵役(の義務)

2 問1 イ 問2 ニュータウン 問3 ウ，エ 問4 丹後(半島) 問5 東(経)135(度)
問6 ウ 問7 ウ 問8 エ 問9 ア 問10 イ 問11 ウ 問12 Q
問13 ア

3 問1 シルクロード 問2 東大寺 問3 ア 問4 ア 問5 北里柴三郎
問6 南蛮(貿易) 問7 イ 問8 (1) 長崎 (2) (例) 外国との貿易が行われた

ことで，物の需要に応じて人々の移動や交流がそれまでの鎖国が行われていた時期に比べて非常に多くなった。また江戸時代には江戸を中心とした五街道や主要陸路に加えて，東廻り航路や西廻り航路をはじめとした水運によって日本各地が結ばれていたので，それらの経路に沿ってコレラが各地に流行した。　問9　ア　問10　イ

○推定配点○

1　各2点×8　2　問1～問7　各2点×7(問3完答)　他　各1点×6

3　問8(2)　4点　問9・問10　各1点×2　他　各1点×8　計50点

＜社会解説＞

1　(政治―日本国憲法の三大原理に関する問題)

重要　問1　A　日本国憲法の第25条1項には，「すべて国民は，健康で文化的な最低限度の生活を営む権利を有する。」とある。この規定は人間らしい生活を保障した社会権の中の生存権と呼ばれるものであり，国や地方公共団体は国民に対するこのような権利を守る責任がある。　B　日本国憲法では国民の義務として，①子どもに教育を受けさせる義務(第26条)，②仕事に就いて働く義務(第27条)，③納税の義務(第30条)の3つの義務が定められている。しかし，これらの三つの義務を果たしていない人に刑罰がかされることは定めてはいない。

問2　日本国憲法第14条1項には，「すべて国民は，法の下に平等であつて，人種，信条，性別，社会的身分又は門地により，政治的，経済的又は社会的関係において，差別されない。」とある。

問3　経済活動の自由とは，個人や企業が自由に経済活動を行うことができる自由のことである。その中には居住・移転の自由，職業選択の自由，財産権の保障がある。ただし，不当な経済活動による人権侵害を防ぐために，公共の福祉による一定の制限がある。　イ　裁判を受けたり，国や地方公共団体に損害賠償を求めたりすることは請求権である。　ウ　奴隷のようにあつかわれたり，むりやり働かされたりしないことは，身体の自由である。　エ　どのような思想を持っていても，どのような宗教を信じてもよいことは，精神の自由である。

問4　労働三権とは，団結権，団体行動権，団体交渉権のことである。団結権とは労働者が労働組合を結成したり，加入したりする権利，団体行動権は労働組合がストライキなどの争議行為を行う権利，団体交渉権は労働組合が使用者と対等な立場で交渉する権利である。

基本　問5　アの衆議院議員，ウの都道府県議会議員，エの市町村議会議員の被選挙権はいずれも満25歳以上であるのに対して，イの参議院議員の被選挙権は満30歳以上である。なお，都道府県知事の被選挙権も満30歳以上である。

問6　「大阪都構想」の賛否を問う今回(2回目)の住民投票は，2020年11月1日に行われた。この住民投票で最終的に賛成ではなく，反対が過半数をしめたことで「大阪都構想」は否決され，事実上の廃案となった。

問7　大日本帝国憲法では国民(臣民)の義務として，第20条で兵役の義務，第21条で納税の義務が定められていた。

2　(日本の地理―近畿地方に関する問題)

問1　日本全体の面積は約37万8千k㎡なので，近畿地方の占める割合は3万3千k㎡÷37万8千k㎡≒0.087なので，約9％となる。

問2　日本におけるニュータウンは，1950年代から1980年代までに東京都市圏や大阪都市圏の郊外を中心に新設の鉄道駅周辺や既存の鉄道駅から離れた場所に計画的に建設された新都市で，東京の多摩，大阪の千里，横浜の港北などがその代表である。

重要 問3　ウ　紀ノ川は奈良県と和歌山県にまたがる大台ヶ原を源流として，和歌山県内の紀伊山地を北西へ流れ，中央構造線の南側に沿って金剛山などを北に見ながら西流して和歌山市で紀伊水道に注いでいる，全長約136kmの川である。　エ　六甲山地は兵庫県南東部，西は神戸市垂水区の海岸から東は武庫川に至る山地で東西約30km，南北約8kmに及んでいる。なお，アの出雲平野は中国地方の島根県，イの木曽山脈は中部地方の長野県に位置する。

問4　丹後半島は，京都府北端の若狭湾の西側に位置する半島である。半島の大半が山地であるが，沿岸部には東の基部にある天橋立や海食崖などの自然美に恵まれている。

問5　標準時子午線とは，標準時の基準となる経線のことである。日本の標準時子午線は兵庫県明石市を通る東経135度の経線で，この経線上に太陽が来た時を標準時としている。

重要 問6　Ⅰ　この文は誤っている。京都市の市街の区画はかつての平安京のおもかげを残しており，碁盤目状に道路が走っている。したがって，行き止まりや曲がりくねった迷路状の道が多いことはない。　Ⅱ　この文は正しい。古都における歴史的風土を保存するために，1966年に古都保存法が制定された。京都市にはこの法律が適用され，景観を損ねないために建物の高さやデザイン，屋外の広告物などに制限が課されている。

問7　彦根城は滋賀県彦根市にある平山城で，かつては井伊氏の居城であった。したがって，彦根城は京都府にはない。

問8　播州そろばんは，兵庫県南東部の東播磨にある小野市を中心に生産されているそろばんで，以前から農閑期の手仕事としてそろばん作りが行われてきた。播州そろばんの特徴は作業工程の分業化で，高い技術と生産量の多さで兵庫県を代表する伝統的工芸品となった。なお，アの紀州漆器は滋賀県ではなく和歌山県，イの信楽焼は奈良県ではなく滋賀県，ウの西陣織は兵庫県ではなく京都府の伝統的工芸品である。

問9　近畿地方で石油化学コンビナートから排出された大気汚染物質が原因で住民の間に広がったのは，四日市ぜんそくである。四日市ぜんそくは，三重県四日市市のコンビナート周辺の大気汚染による呼吸障害のことである。その原因はコンビナートから出された亜硫酸ガスで，1961年頃から社会問題化し，1967年に裁判が起こされた。なお，イのカドミウムは富山県のイタイイタイ病，ウのフロンガスはオゾン層の破壊，エの有機水銀は熊本県や新潟県での水俣病の原因となった物質である。

問10　2025年に大阪湾岸の埋立地である夢洲で開催されるイベントは，日本国際博覧会である。この博覧会は総合的なテーマを扱う大規模博覧会で，その略称は「大阪・関西万博」である。なお，アのG20大阪サミットは2019年に開催された主要20か国・地域首脳会合，ウのラグビーワールドカップは男子のラグビーユニオンのナショナルチームの世界選手権大会(2019年に日本で第9回大会が開催)，エのワールドマスターズゲームズは中高年者のための国際総合競技大会である。

基本 問11　2020年の敬老の日に総務省が発表した，日本の人口にしめる65歳以上の高齢者の割合は28.7%をしめており，日本の全人口の約4分の1になっている。

基本 問12　近畿地方で1995年1月17日に発生した大地震は兵庫県南部地震で，阪神・淡路大震災とも呼ばれる。この地震は兵庫県の淡路島北部(地図中のQ)を震源にしたマグニチュード7.3の巨大地震で，死者・行方不明者6437人，負傷者約4万人，全壊した建物10万棟以上という被害を出した。

重要 問13　Ⅰ　米の農業産出額が県内の半分以上をしめており，3つの県の中で最も多いので，古くから稲作が盛んで，江州米(近江米)の名で知られている米を生産している滋賀県である。　Ⅱ　畜産のしめる割合が3つの県の中で最も多いので，松阪牛で知られる肉牛の飼育が盛んな三重県である。　Ⅲ　果実のしめる割合が3つの県の中で最も多いので，みかんの栽培が盛んな和歌山県である。

3 (日本の歴史―「パンデミック」に関する問題)

問1 シルクロード(絹の道)は前2世紀頃に開かれた中国と地中海東岸を結んだ交易路で，ユーラシア大陸の東西交流において重要な役割を果たした。この道で中国からは絹(シルク)や陶磁器などが，西方からは馬・ぶどう・仏教などが伝えられた。

基本 問2 東大寺が建てられた奈良時代は疫病や反乱によって国が乱れることも多かったので，朝廷は仏教の力で国を守ろうとする鎮護国家の考えによって仏教を保護し，そのために平城京に次々と大寺院が建設された。特に聖武天皇は国ごとに国分寺・国分尼寺を建てることを命じ，都には総国分寺としての東大寺を建立した。

問3 緒方洪庵(1810～1863年)は江戸時代後半の医者・蘭学者で，江戸や長崎で学んだ後，1838年に大阪で蘭学を教える適塾を開いた。適塾では，福沢諭吉をはじめとした幕末から明治にかけて活躍した多くの人材を育てた。なお，イのシーボルトはオランダ商館の医師として来日したドイツ人の医師，ウの杉田玄白は『解体新書』の翻訳・出版をした蘭学者，エの高野長英は蛮社の獄で処罰された蘭学者である。

問4 行基(668～749年)は奈良時代の僧侶で，諸国を巡って布教に努めるとともに，各地に用水，橋，道路などを造って社会事業に貢献した。また朝廷からの求めで東大寺の大仏の造立にも協力したので，大僧正に任じられた。なお，イの空海は平安時代初期に真言宗を広めた僧侶，ウの空也は平安時代半ばに念仏を広めた僧侶，エの日蓮は鎌倉時代に日蓮宗を開いた僧侶である。

問5 北里柴三郎(1852～1931年)は1885年にドイツに留学してコッホに学び，1890年に破傷風の血清療法を発見した。帰国後，1892年に伝染病研究所を創設した。その後，ペスト菌の発見やコレラの血清療法の発見なども行った。

基本 問6 南蛮貿易は主として16世紀にポルトガル・スペインなどのヨーロッパの人たちとの間で行われ，彼等は日本と中国の貿易の中継もしていた。その主な輸入品は中国産の生糸がもっとも多く，次いで鉄砲・火薬・絹織物・皮革・ガラスなどの当時の戦国大名が欲しがった西洋や中国の物産であった。それに対して輸出品でもっとも多いものが銀であり，次いで刀剣・海産物などであった。

問7 日露戦争は，1904～1905年にかけて日本とロシア帝国間で行われた戦争である。朝鮮半島と満州の利権をめぐる両国の争いが原因で，満州南部や遼東半島を主戦場とし，日本近海でも海戦が行われた。最終的には，アメリカ合衆国の仲介によってポーツマス条約が結ばれたことで終結した。したがって，日露戦争は19世紀のできごとではない。なお，アの地租改正は1873年，ウの第1回帝国議会が開催されたのは1890年，エの西南戦争が起こったのは1877年のことである。

やや難 問8 (1) 鎖国が行われていた江戸時代には，長崎は国内唯一の江戸幕府が公認したオランダや中国との貿易が行われていた出島を持つ港町であった。 (2) 江戸時代のコレラの流行は1822年(文政5年)，1858年(安政5年)，1862年(文久2年)の3回あった。1822年の流行は九州・中国地方で始まり，大阪や京都に達した後，東海道に沿って広まった。しかし箱根の関所で人や物を厳しく管理したことで，沼津付近で止まったとされる。1858年の流行については，当時インドから中国に広まっていたコレラ菌を，アメリカの軍艦がこの年の5月に長崎に停泊したことで日本に持ち込んだことが原因とされる。これにより長崎でコレラ患者が現れ，たちまち九州や本州の中国・近畿地方に広まった。外国との貿易が本格的になったこともあり，物の需要に応じて人々の移動や交流がそれまでの鎖国が行われていた時期に比べて非常に多くなり，箱根の関所でもくい止めることができず，江戸にも浸透して多くの死者を出すことになった。また江戸時代には江戸を中心とした五街道や主要陸路に加えて東廻り航路や西廻り航路をはじめとした水運によって日本各地が結ばれていたので，それらの経路に沿ってコレラが各地に流行した。さらに1862年にもコレラが流行したが，この時は感染経路が不明で，1858年の流行の際のコレラ菌が再び活性化したと考えられている。

問9　日本は第1次世界大戦の参戦直後の1914年に，中国の山東半島におけるロシアではなくドイツの租借地である青島を占領した。

基本　問10　1925年に成立した普通選挙法によって納税額に関係なく，満20歳以上ではなく25歳以上の男子すべてに選挙権が与えられた。これにより有権者はそれまでの約4倍に増加したが，この時には女性に選挙権が与えられることはなかった。満20歳以上のすべての男女に選挙権が認められたのは，1945年12月の新選挙法(改正選挙法)である。

★ワンポイントアドバイス★

地理・歴史・政治の出題の分量はほぼ同量であるが，歴史分野には4～5行程度の説明問題が含まれている。説明問題は歴史分野以外でも出題される可能性もあるので，しっかり準備をするようにしよう。

＜国語解答＞《学校からの正答の発表はありません。》

一　問一　(例)　(そんなバカな)ことはありえない(。)　問二　エ　問三　抜いても抜いても生えてくる(から。)　問四　(例)　弱い植物である雑草が，強く振る舞える(秘密。)　問五　植物は，光　問六　生存競争[光の争奪]　問七　イ　問八　(例)　雑草が見られる森の中の場所。　問九　変化を乗り越える力　問十　ウ　問十一　面白い　問十二　(例)　競争や戦いに強いものが勝つとは限らない(例)。　問十三　ウ　問十四　ア　問十五　子孫　問十六　エ　問十七　助け合う　問十八　ネアンデル　問十九　Ⅱ　問二十　自然界は弱　問二十一　イ

二　①　仏・ア　②　口・オ　③　虫・キ　④　石・ウ　⑤　山・カ

三　①　ア　②　エ　③　イ　④　ア　⑤　ウ

四　①　念頭　②　測量　③　博識　④　細工　⑤　相次(ぐ)　⑥　利器　⑦　大挙　⑧　しょさ　⑨　うわぜい　⑩　こと

○推定配点○

一　問七・問十三・問十五　各2点×3　他　各3点×18

二　各2点×5(各完答)　三　各2点×5　四　各2点×10　計100点

＜国語解説＞

一　(説明文ー要旨・細部表現・段落構成の読み取り，接続語，空欄補充，反対語，記述力)

問一　傍線①の「そんなバカな」という表現は，直前の内容を否定している。「そんなバカな話はありえない」「そんなバカなことがある訳ない」という表現のうち，最初の「そんなバカな」だけが記載され，その後が省略されているのだ。解答用紙の形を意識して，「ことはありえない」などと記述する。

問二　特に，傍線④から傍線⑥の間で，雑草が弱い理由が説明されている。自然界の激しい生存競

争の中で，雑草は他の植物に勝つことができないのである。他の野生植物との競争に勝てないと書かれている，エが正解になる。アは「人間の助けなしには育つことができない」とあるが，それは傍線⑥以降に書かれた「人間が改良した植物である野菜」のこと。イは「砂漠や高山などの過酷な環境」では生きていけないことが書かれているが，雑草だけの問題ではない。ウは「環境の変化の激しい豊かな森」とあるが，森が環境の変化が激しいとは書かれていない。

問三　傍線③直後に「弱い植物である雑草が，どうして，こんなにも強く振る舞っているのか」とある。そして傍線⑥以降の野菜畑の例の中に，雑草が強く振る舞っている様子の説明がある。「抜いても抜いても生えてくる雑草の方が競争に強いかもしれません」の部分である。ここが書き抜く部分になる。設問の条件にあわせて，書き抜く。

重要　問四　傍線④が含まれる段落に着目して，書くべき内容を考える。傍線④までには「弱い植物である雑草が，どうして，こんなにも強く振る舞っているのか」と疑問を持ち，その後，「強さとは何なのか？」のヒントがありそうだと書かれている。傍線④で，まず探ろうとしている秘密とは，直前で筆者が抱いた疑問に関係する。「弱い植物である雑草が，どうして，こんなにも強く振る舞っているのか」という文章中の表現を活用して，記述する。

問五　傍線⑨以降に，植物と光の関係について書かれた部分がある。植物の三つの強さのうち，一つ目の強さだが，「植物は，光を浴びて光合成をしなければ生きていくことができません」とある。この部分が，光を受けられないと枯れてしまう理由になる。この部分を設問の条件にあわせて，書き抜く。

問六　傍線⑥よりも前に「自然界では，激しい生存競争が行われています」とある。傍線⑥が指す競争とは，この「生存競争」である。ただし，傍線⑥には「具体的にどのようなものですか」とある。そのため，その「生存競争」をさらに具体的に説明した，空欄a直後の「光の争奪」も解答になる。

基本　問七　「太刀打ち」とは，まともに勝負すること。多くの場合打ち消しの言葉を伴って，「太刀打ちできない」と使われる。そして，「太刀打ちできない」は実力に差があって勝負することができない，という意味になる。選択肢の中では，「相手にならない」とある，イが正解。傍線⑦の場合，雑草の競争力が野生の植物にかなわないという文脈になる。

問八　傍線⑧直前に「森の中で雑草を見た」と書かれている。その部分を活用して，書くべき内容を考える。「雑草が見られる場所」という内容を中心にまとめること。

問九　傍線⑨以降に，「植物が成功するための三つの強さ」が説明されている。読み進めていくと，「雑草はこの三つ目の強さに優れている」とある。三つ目の強さは，空欄c直後に「変化を乗り越える力」と表されている。この表現が解答になる。

問十　aは，「もし～れば」という呼応の形で，仮定の意味になる。bは，空欄前後で「光の争奪に勝つことは，生きていく上でとても大切なこと」だが，「競争に強い植物が必ずしも勝ち抜くとは限りません」と逆接の関係。「しかし」「ところが」などがあてはまる。cは，環境にじっと耐える植物の例としてサボテンが取り上げられている。「たとえば」などの言葉があてはまる。「もし」「しかし」「たとえば」の組み合わせになっている，ウが正解になる。

問十一　文章の最初の部分に，空欄Aを含む部分と同じような内容の一文がある。傍線①直後の「しかし，強い者が生き残るとは限らないのが，自然界のじつに面白いところなのです」である。この一文から，空欄Aにあてはまる言葉を書き抜くことができる。

問十二　文章中の「他にも例はあります」という表現以降にあげられている例に着目する。動物の中でもっとも走るスピードの速いチーターが，時速70キロメートルしか出せないガゼルに逃げられてしまうのである。これは，強いものが必ず勝つわけではないという話である。空欄A直前にある「競争や戦いに強いものが勝つとは限らない」という表現が解答になる。

問十三　傍線⑪の「とても」は，否定的な表現を伴って，不可能を意味する。つまり，「とても～できない」とつながる。「とても」という言葉とつなげて読んだとき，「とても」と「できない」がもっとも意味のまとまりがよく感じられることからも解答が判断できる。ウの「できないように」が解答になる。

問十四　傍線⑫以降の内容をおさえて解答する。「ガゼルは巧みなステップで飛び跳ね」「まっすぐに走るだけではチーターの方が速い」「チーターにはできない走り方をすることでガゼルがチーターに勝ってしまう」などの表現を解答の手がかりにする。巧みな走り方でチーターを苦しめ，チーターが得意とするまっすぐな走りをさせない。そういうガゼルの様子を類推して，選択肢を選ぶ。ガゼルがチーターを苦しめる様子を「巧みなステップでチーターを翻弄」と表現し，チーターの得意とするまっすぐな走りをさせない状況を「チーターは最高速度を出すことができない」と表現した，アが正解になる。イは「物陰に隠れたりする」とあるが，ガゼルが物陰に隠れるとは書かれていない。ウは「チーターよりも速いスピードで走れる」とあるが，おかしい。エは「ガゼルは知能が発達している」とあるが，おかしい。

基本　問十五　「祖先」とは，ここでは，生き物のいちばんの大もと，という意味。「祖先」の対義語は「子孫」である。

問十六　傍線⑭の「ですから」は直前の「知能を発達させてきたことは，人間の強さの一つ」という表現を受けている。そして傍線⑬より少し後ろの部分には，「人類は，知能を発達させ，道具を作り，他の動物たちに対抗」と書かれている。以上の点をふまえると，「知能を発達させるという強みを持つことにより生き残ることができた」とある，エが解答だとわかる。アの「他の弱い生き物たちと協力」，イの「他の動物たちとうまく共存」は，文章中で述べられていない。ウは「体力や攻撃力を上げる」とあるが，文章中の筆者の主張と異なる。

問十七　空欄B以降に，ホモ・サピエンスの方がネアンデルタール人よりも優れていた理由が書かれている。「足りない能力を互いに補い合いながら暮らしていった」などである。さらに短い表現で考えると，傍線⑮以降には「仲間と助け合う」とある。以上の表現を参考にして，設問の条件にあわせて書き抜く。

問十八　傍線⑭以降，「人類の進化を遡ると……」で始まる段落から，ネアンデルタール人とホモ・サピエンスの比較が始まる。文章の展開を見ると，ネアンデルタール人の優れた部分の説明があり，その後，ホモ・サピエンスの優れた能力の説明がある。この展開を意識すれば，書き抜く部分は容易に見つかる。ネアンデルタール人はホモ・サピエンスよりも体が大きくて優れた知能を発達させていたと説明する二文を書き抜く。

問十九　人間の話がどの部分から始まっているのかをおさえて，あてはまる部分を考える。人間の話はⅡから始まっている。またⅡにあてはめると，設問の文の「その」がさす内容も明らかになる。つまり，人間も「競争や戦いには弱くても，それ以外の強さを発揮してニッチを獲得している生き物」の一つであると読めるようになり，文脈の意味が明確になる。解答はⅡである。

やや難　問二十　一つ目のまとまりは，「強い生き物が生き残るとは限らない」ことが話題である。文章の最初から始まり，「強そうに見える生き物が絶滅……頼って生きているからと言えるでしょう」という一文までになる。二つ目のまとまりは，「植物の強さ」が話題である。「雑草は強い」という一文から，空欄A少し前の「一口に『強さ』と言っても……強さがあるのです」という一文までになる。それ以降の，「自然界は弱肉強食……」から始まるのが三つ目のまとまりになる。「自然界の動物や人間の強さ」が話題である。

問二十一　ア　「次々に新たな強さを獲得していった」という部分はまちがっている。もともと持っている強さでピンチを乗り越えたのだ。　イ　この文章では，植物，動物，人間のさまざまな「強さ」について説明されていた。それぞれが自らの「強さ」をいかして生きているのである。　ウ　文章の最初の方に「強い者が生き残るとは限らない」と書かれている。　エ「知能の発達によって二つに分かれた」という説明は，文章の内容に合わない。

重要 二 (ことわざ)

① 仏作って魂入れず，② 良薬は口に苦し，③ たでくう虫も好き好き，④ 石の上にも三年，⑤ 枯れ木も山のにぎわい。

ア　知らぬが仏(知れば腹が立ったり悩んだりするが，知らなければ仏様のように落ち着いていられる)，イ　転ばぬ先の杖(失敗しないように，前もって十分に準備しておくことが大切だ)，

ウ　焼け石に水(わずかばかりの援助や努力では効果がない)，エ　言わぬが花(言わないほうがかえって良い)，オ　口はわざわいの元(なにげなく言ったことが原因で問題が起こることがあるので注意しよう)，カ　船頭多くして船山に上る(指示する人が多いと，物ごとはかえって混乱する)，キ　飛んで火にいる夏の虫(自分から進んでわざわいに身を投じること)，ク　壁に耳あり障子に目あり(どこでだれに聞かれているか見られているかわからない)。

三 (ことばの知識)

重要 ① 波線部は「勢い」となる。ここでは，走ったことで生じた力のこと。アは「大勢」になる。ここでは，試合のなりゆきのこと。イは「制圧」になる。力づくで，おさえつけること。ウは「成果」になる。なしとげた結果のこと。エは「誠実」になる。うそがなく，まじめなこと。解答はアになる。

② 波線部は「志」となる。心に決めて，目指すこと。アは「思考」になる。考えること。イは「士気」になる。戦いなどに向けた意気込みのこと。ウは「試作」になる。試みとして作ること。エは「意志」となる。物ごとを成しとげようとする気持ちのこと。解答はエになる。

基本 ③ 波線部は「異なる」となる。ここでは，違っていること。アは「移動」になる。位置を変えること。イは「異常」になる。いつもと違うこと。ウは「委任」になる。対応を他の人に任せること。エは「意表」になる。思いもよらないこと。解答はイになる。

④ 波線部は「治める」となる。政治をすること。アは「治安」になる。国や地域の秩序や安全が保たれていること。イは「収集」になる。集めること。ウは「修理」になる。こわれたところを直すこと。エは「納税」となる。税金を納めること。解答はアになる。

⑤ 波線部は「関する」となる。関係するという意味。アは「感動」になる。物ごとに強く心を動かされること。イは「完成」になる。完全にできあがること。ウは「関心」になる。ある物ごとに興味があること。エは「観賞」になる。自然のものを見て味わい楽しむこと。解答はウになる。

四 (漢字の読み書き)

① 頭の中のこと。「年頭」と表記すると，一年の初めという意味になる。　② ここでは機器などを用いて，道路の長さなどを調べること。似たような意味の言葉に「計測」がある。　③ 広い知識を持っていること。似たような意味の言葉に「博学」がある。　④ ここでは，うまく工夫すること。すぐに仕かけがばれてしまうような，くだらない悪ふざけになる仕かけを「小細工」などと言う。　⑤ 同じような物ごとが続くこと。「度重なる」などと言いかえることができる。

基本

⑥ 便利な道具のこと。「文明の利器」とは，文明を持つようになった人間が生み出した便利な道具のこと。　⑦ 大勢で一緒に動く様子。「挙」には上げるという意味もある。その意味で「挙手」という言葉もある。　⑧ その場に応じたしぐさのこと。つまり例文では，バレエの先生のしぐさが美しいのである。　⑨ 立ったときの背丈のこと。「上背がある」とは，背が高いこと。　⑩ 昔の都(みやこ)のこと。旧都(きゅうと)と表現することもある。

やや難

重要

★ワンポイントアドバイス★

ことばの知識に関して，様々なジャンルのものが，工夫された形式で問われている。基礎的な知識をしっかりと身につけるだけではなく，問題演習をこなして，解きなれておきたい。

大切なことはメモしておこうネ！

データ対応

収録から外れてしまった年度の
問題・解答解説・解答用紙を弊社ホームページで公開しております。
巻頭ページ＜収録内容＞下方のQRコードからアクセス可。

※都合によりホームページでの公開ができない内容については，
次ページ以降に収録しております。

④　大きなカンバンを掲（かか）げる。

⑤　コクモツの自給率が下がる。

⑥　キショウな価値を持つ。

⑦　テンシュカクを再建する。

⑧　巻頭のさし絵が美しい。

⑨　根幹を揺（ゆ）るがす問題だ。

⑩　系統を立てて勉強する。

で抜き出し、その最初と最後の五字を答えなさい。

問十六、――線⑱「内からのまなざしのすごさ」が具体的に表現されている二十五字以内の一文を、本文中から抜き出し、その最初の五字を答えなさい。

問十七、［⑲］・［⑳］・［㉑］に当てはまる言葉として最もふさわしいものを、次のア～オの中からそれぞれ選び、記号で答えなさい。

ア、だから

イ、たとえば

ウ、ところが

エ、そもそも

オ、あるいは

問十八、――線㉒「避暑地なのです」とありますが、何のことを「避暑地」と表現していますか。本文中から抜き出して答えなさい。

問十九、――線㉓「この気持ちを誰かに語るならば『擬人法』になります」とありますが、ここで筆者は、どういうことを「擬人法」と述べていますか。本文中の言葉を用いて説明しなさい。

問二十、［㉔］に当てはまる二字熟語を、本文中から抜き出して答えなさい。

問二十一、次の二文は本文中から抜いたものですが、どこに入れるのが適切ですか。その直前の十字を答えなさい。

> 科学的に考えれば、稲が声を出すはずがありません。これは非科学的で、無知な、古くさい教えだったのでしょうか。

二、次の①～⑤の［　］にはそれぞれ共通する言葉が入ります。その言葉を**ひらがな**で答えなさい。

①　悪態を［　］。　意表を［　］。　核心を［　］。

②　招集を［　］。　手間を［　］。　磨きを［　］。

③　権力を［　］。　弁舌を［　］。　猛威を［　］。

④　大台に［　］。　軌道に［　］。　手に［　］。

⑤　大目玉を［　］。　足止めを［　］。　肩すかしを［　］。

三、次の①～⑤の――線をつけた言葉と同様の意味を持つ熟語を、後のア～オの中からそれぞれ選び、記号で答えなさい。

①　心の琴線に触れる言葉。

②　誕生日の豪華な夕食に目を見張る。

③　その事件に関しては、一切口をつぐむ。

④　自分の店が一番良いと手前みそを並べる。

⑤　お世辞ばかり使って鼻持ちならない男だ。

> ア、沈黙　イ、仰天　ウ、感銘　エ、不愉快
> オ、自画自賛

四、次の①～⑩の――線をつけたカタカナは漢字に、漢字はひらがなに直しなさい。

①　環境のホゴを訴える。

②　細胞のコウゾウを学ぶ。

③　コンザツする前に帰ろう。

問二、[②]～[④]に当てはまる言葉を、次のア～ウの中からそれぞれ選び、記号で答えなさい。ただし、同じ記号を二回使うことはできません。

ア、またかぶと虫を捕りに行こう
イ、この生きものの名前は何と言うの
ウ、かぶと虫は、あそこの森にいっぱいいるよ。くぬぎの木にね

問三、――線⑤「たじろぐ」と同様の意味を持つ言葉を、次のア～エの中から選び、記号で答えなさい。

ア、驚（おどろ）く　イ、ひるむ　ウ、とぼける　エ、あわてる

問四、――線⑥「名前は二度名づけるものだと思っています。最初は初めて会った時です」とありますが、「初めて会った時」に「名づける」理由を、本文中から抜き出して答えなさい。

問五、――線⑦「しめたもの」とありますが、「しめた」に近い気持ちを表す熟語を、次のア～エの中から選び、記号で答えなさい。

ア、歓喜（かんき）　イ、残念　ウ、愛着　エ、後悔（こうかい）

問六、――線⑧「名前を覚えたい、呼びたいと思う生きものの名前を選択して、覚えていくこと」を、筆者は何と表現していますか。本文中から二字熟語で抜き出して答えなさい。

問七、[⑨]に当てはまる言葉を、本文中から十字で抜き出して答えなさい。

問八、――線⑩「活動範囲は広くなった」とありますが、「活動範囲」が「広くなった」理由を、本文中の言葉を用いて答えなさい。

問九、――線⑪「これはとてもまずいことです」とありますが、どのようなことが「まずいこと」だと述べていますか。本文中から三十字以内で抜き出し、その最初と最後の五字を答えなさい。

問十、――線⑫「草の名前を覚え始めたら、草がよく見えるようになってきた」とありますが、「草の名前を覚え」ることによって、結局どのようなことができるようになったと述べていますか。本文中の言葉を用いて十五字以内で答えなさい。

問十一、――線⑬「没頭」の意味を、次のア～エの中から選び、記号で答えなさい。

ア、積極的に取り組むこと
イ、他人の言いなりになること
ウ、必要なことだけを考えること
エ、何もかも忘れて打ち込（こ）むこと

問十二、――線⑭「【　】前」が「専門家として通用する技能を備えていること」という意味になるように、【　】に当てはまる言葉を漢字で答えなさい。

問十三、――線⑮「たしかに」が直接かかっていく部分を、次のア～オの中から選び、記号で答えなさい。

ア、非常事態の中では　イ、興奮していますから
ウ、そう感じるのであって　エ、耳を傾けることは
オ、ありません

問十四、――線⑯「稲の気持ちがわかるような気がする」とありますが、こうなるために必要なことを、「……こと。」に続くように本文中から二十五字以内で抜き出し、その最初と最後の五字を答えなさい。

問十五、――線⑰「外からのまなざし」とはどのような「まなざし」ですか。「……というまなざし。」に続くように本文中から三十五字以内

向けるようになると、人間も同じ生きもの同士だという感覚が生まれてくるものです。そうすると、自然にまなざしが引き寄せられるような感覚になり、相手が何を訴えているのかが、少しずつわかって来るような気がするのです。科学的な分析も重要ですが、それよりも相手が何を伝えようとしているのか、相手の身になって感じることはもっと大切ではないでしょうか。これが⑱内からのまなざしのすごさです。

　生きものに（場合によっては物に）生を感じて、会話しようとする習性は、本来人間に備わった能力だと言われています。これは「心理学」の数々の実験で確かめられていますが、べつに実験で確かめるまでもなく、私たち百姓は草や虫と普段に話をしています。

　［⑲］相手が苦しそうな表情を浮かべていたら、相手の苦しみを読み取るから、同情し、手助けをしようと思うのです。この力こそ、人間が身につけた能力の中でもすごいものではないでしょうか。［⑳］人間の社会もできあがり、社会生活もうまくいくようになったのです。［㉑］、この能力は、人間以外の生きものにも簡単に適用できるのです。うっかり蛙を踏んづけたら、私は即座に「ごめん」と言います。蛙に人間の言葉がわかるはずはありませんが、私は蛙に向かって謝っているのです。これはどうしてでしょうか。

　私たちは、生きものの心をつかもうとする習慣を身につけているのです。それは、自分の経験を引っ張り出してきて、当てはめることです。そうやって、私たちの先祖はまだ科学がない頃から、生きてきました。私のこのような語り方は「擬人法」と呼ばれています。生きものの気持ちを語る時には、私は人間の言語しか使えませんから、人間の言葉に置き換えて語るしかありません。これは、なかなかの知恵だったのではないでしょうか。

　こういうこともありました。田植えの後しばらくは、稲の葉が繁っていないので、田んぼの水は直射日光をまともに浴びて、まるで風呂に入っているような熱さになります。沼蛙はこの熱さにも平気ですが、土蛙や雨蛙や殿様蛙のお玉杓子はそうはいきません。水面下の田んぼの中につけた私の足跡の底に集まっています。どうやら足跡の底の方が水温が低いことに気づいたようです。㉒避暑地なのです。私はそれを見て、お玉杓子に「どうだ、足跡をちゃんとつけておいたオレは偉いだろう」と少し自慢したくなります。お玉杓子も喜んでいるような気がするのです。しかし、㉓この気持ちを誰かに語るならば「擬人法」になります。

　しかし、自然とつきあううちに、このような経験というか感覚というか、生きものと［㉔］できる能力が身につくようになるのです。こういう精神世界を抜きに自然は語れるはずがない、と私は思います。

（宇根豊『日本人にとって自然とはなにか』による
ただし、一部表記を改めたところがある）

※「百姓」という言葉について、筆者は、「決して差別語ではなく、江戸時代から誇り高い呼称でした」と記している。

問一、――線①「みなさんはなぜ生きものの名前をおぼえたのですか」とありますが、「名前」を知っているということについて説明した次の文の［　］に当てはまる言葉を、本文中から十字以内で抜き出して答えなさい。

> 名前を知っているということは、その名前を持つ生きものの世界に［　］ということである。

よっては反発）が深いということです。［ ⑨ ］という実感があるということです。

ところが現在の福岡県の百姓へのアンケート調査では、生きものの名前を知っているのは平均すると一五〇種あまりです。今の年齢で言うと、九〇歳以上の百姓に比べると、生きものの名前を三分の一しか知らないのです。これはどうしてでしょうか。生きものと一緒に生きている世界が狭くなってしまったのです。もちろん昔に比べれば、⑩活動範囲は広くなったでしょう。でも、生きものと目を合わせてつきあう時間が減ってしまったことが原因です。

五〇年前は田んぼで働く時間は、１０アール（１０００㎡・一〇人分の米がとれる広さ）当たり一一八時間でした。二〇一七年では二八時間です。もちろんそれだけ機械化され、効率化され、生産性が向上したのですが、生きものへまなざしを向ける時間も減ってしまったのです。これは農業にとって、よくないことだと私は思っています。農業が自然を守るためには、⑪これはとてもまずいことです。

若い頃は田んぼのあぜ草の名前なんてあまり知りませんでした。その頃の私のあぜ草刈りの気分は、「ああ暑い。早く刈ってしまおう」というようなものでした。やがて、⑫草の名前を覚え始めたら、草がよく見えるようになってきたのです。「まだ秋なのにもう春の草のあざみが咲いているな」「蔓簿は一年に三月と九月の二回も葉が出る変な草だ」「田んぼの入り口から、なかなか中の方に入って来られないのが小待宵草だ」というようなつきあいができてくるのです。

こうなると、草刈りしていても、草たちと話をするようになるのです。「もう花が咲いたのか。早過ぎはしないか」「今度はあまり伸びていないから、君たちは刈らないよ」「今年もやっぱり会えたね」と、口には出しませんが、心の中で会話しながら、草刈りをするようになります。こうなると草刈りが苦にならなくなったのです。草刈りという仕事に⑬没頭できるようになったのです。草刈りが楽しくなったのです。草刈りによって、自然の中に入っていけるようになったのです。

若い頃の私は、何人もの年寄りの百姓から「稲の声が聞こえるようにならないと⑭【　　】前ではない」と教えられ、まったく理解できませんでした。

百姓になって三年の夏のことです。夜中になって、急に土砂降りの大雨になり、家の横の小川の濁流の音で目が覚めました。

「そうだ。田んぼの水口を閉めていなかった」と気づき、あわててレインコートを着て、田んぼに出かけようとしました。妻が「足を滑らせて、川に流されたらどうするのよ」と止めようとします。しかし、田んぼが、稲が呼んでいると感じたのです。⑮たしかに非常事態の中では、異常に興奮していますから、そう感じるのであって、平常はそこまで稲の声に耳を傾けることはありません。

私にはまだ稲の声が聞こえるわけではありませんが、⑯稲の気持ちがわかるような気がするのです。若い頃こういう心理を「非科学的だ」と思っていたのは、相手の作物から距離を置いて、冷静に、客観的に、科学的に観察する方が、稲のことはよくわかるという教育を受けていたからです。いくら「相手の気持ちになれ」と言われても、それは人間の関係の中だけのものと、思っていたからです。これが科学という⑰外からのまなざしの影響でした。

ところがこれまで話してきたように、生きものにしっかりまなざしを

【国　語】〈五〇分〉〈満点：一〇〇点〉

【注意】字数指定がある問いでは、句読点・記号なども一字として数えます。

一、次の文章を読んで、後の問いに答えなさい。（字数指定がある問いでは、句読点・記号なども一字として数えます）

①みなさんはなぜ生きものの名前をおぼえたのですか。その名前は、どこで、誰に習ったのか、覚えていますか。珍しい生きものの名前なら、どこでどうして覚えたのか、思い出すこともあるでしょう。しかし、身近なありふれた生きものの名前はどうでしょうか。私は、源五郎や目高や蟬や燕の名前を誰から教えてもらったのか、まったく覚えていません。たぶん小さい頃に家族や近所の人から習ったのでしょう。

では、家族や近所の人はなぜ子どもに教えるのでしょうか。

（1）子どもが「　②　」と尋ねるからです。では、なぜ子どもは名前を知りたがるのでしょうか。名前を呼ぶ（名づける）ことによって、その生きものと同じ世界に生きているということを実感できるからです。「　③　」と言うことによって、かぶと虫の姿とそれがいる森の世界が生き生きと目に浮かびます。仲間とかぶと虫と森とを共有できます。また、人にもその世界やかぶと虫捕りのことを伝えることができます。

（2）家族や近所の人も、子どもに名前を教えたいからです。自分もそうやって教えられてきて、よかったと思っているからです。名前を教えるということは、その生きものとのつきあいまで教えることになります。「　④　」というわけです。

ところが、幼い子どもから「ヘラクレスオオカブトって知ってる」と聞かれると、⑤たじろぐしかありません。そういう虫がすんでいる世界を私は知らないからです。もちろん子どもは絵本や図鑑で覚えたのです。名前を知っている分、これらの生きものが生きている熱帯雨林の世界については、私よりも「経験」が深いのです。しかし、その世界は身近な所にはありません。どういう生きものの名前を知っているか、はその人が関心を持っている世界を表現しているのです。

私は、⑥名前は二度名づけるものだと思っています。最初は初めて会った時です。もちろん名前はわかりません。そこで「何という名前なんだろう」と感じ、何か名前をつけて呼びたいと思ったら⑦しめたものです。その姿を覚えておこうと思っているからです。じつはここで無意識に名づけているのです。その姿を覚えておこうとすることが、名づけることの始まりです。「白くて、小さくて、よく上下に動きながら飛んでいる蝶」と名づけているようなものです。

やがて、母親から「あれは紋白蝶だよ」と教えられたときに、二度目の名付けが行われるのです。このように自分の世界では、最初に出会った時から名前を知っていることはありません。そして⑧名前を覚えたい、呼びたいと思う生きものの名前を選択して、覚えていくことによって、自分の世界が広がって、深くなっていくのです。

かつての※百姓は生きものの名前を四〇〇種から六〇〇種ぐらい知っていました。しかも、よく知っているだけでなく、実際に名前を呼んで（使って）きました。それは図鑑で覚えた名前ではなく、「君は何という名前なんだ」と尋ねて、家族や近所の人たちから習ってきたものです。名前を知っているということは、その生きものへの情愛（場合に

④　筋肉はシュウシュクする。
⑤　あの家はカクシキが高い。
⑥　チョウド電車に間に合った。
⑦　ウチワもめして、意見がまとまらない。
⑧　春の日長を野原で遊ぶ。
⑨　強風にあおられ延焼する。
⑩　寄宿舎に入る。

（ウ）物ごとの根本を理解すること。
（エ）物ごとの本当のやりがい。

問十八、――線⑰「ぼくにぐちったことは公の場ではいわないのだ」とありますが、ここには「ママ」のどのような姿が示されていますか。本文中から五字で抜き出して答えなさい。

問十九、――線⑱「ひねくれて、すねた気持ちがくすぶっていた」とありますが、「ぼく」はなぜそういう「気持ち」になっているのですか。最も適切なものを、次の（ア）～（エ）の中から選び、記号で答えなさい。

（ア）自分の犠牲の上にママの成功があるのに、自分のことは誰も認めてくれないから。
（イ）自分の犠牲の上にママの成功があるのに、ママはそのことを認めてくれないから。
（ウ）ママを認めることは、自分の劣等感を肯定することになるので、認められないから。
（エ）ママを認めることは、自分の犠牲に目をつぶることになるので、認められないから。

二、次の①～⑤の□に当てはまる言葉を、それぞれ（ア）～（エ）の中から選び、記号で答えなさい。

① □パワーを見せつける。
（ア）捨て身の　（イ）とんきょうな
（ウ）ずさんな　（エ）けた外れの

② サッカーの試合は□を迎えた。
（ア）理詰め　（イ）大詰め　（ウ）有頂天　（エ）独壇場

③ シュートが□決まる。
（ア）ひらに　（イ）つぶさに
（ウ）小気味よく　（エ）おくめんもなく

④ 母は□いやな顔をした。
（ア）あわよくば　（イ）あからさまに
（ウ）うかつに　（エ）あつらえ向きに

⑤ おほめいただいて□光栄です。
（ア）身に余る　（イ）のっぴきならない
（ウ）つまびらかに　（エ）はからずも

三、次の①～⑤の慣用句とほぼ同じ意味の言葉を、後の（ア）～（ク）の中からそれぞれ選び、記号で答えなさい。

① 舌を巻く　② こしを上げる　③ うでを上げる
④ かたを貸す　⑤ 目から鼻にぬける

（ア）感心	（イ）上達	（ウ）予感	（エ）実行
（オ）軽視	（カ）助力	（キ）残念	（ク）利口

四、次の①～⑩の――線をつけたカタカナは漢字に、漢字はひらがなに直しなさい。

① ヨウジ向けの絵本。
② ヒンジャクな内容の本。
③ 主君にチュウセイをつくす。

問七、――線⑦「なかなか寝つけなかった」とありますが、このときの気持ちとして**当てはまらないもの**を、次の（ア）～（エ）の中から一つ選び、記号で答えなさい。

（ア）明日は特別授業なのに、「ママ」が目立つ姿で来るのではないかという不安。

（イ）明日は特別授業なのに、「ママ」がまだ帰って来ないことへの心配。

（ウ）明日の特別授業で、「ママ」がプレゼンのような授業をするだろうという期待。

（エ）明日の特別授業で、「ママ」がみんなの前で話をすることへの恥ずかしさ。

問八、――線⑧「地味ーなかっこう」とありますが、「ママ」の「地味」な「かっこう」を本文中から抜き出し、その最初と最後の五字を答えなさい。

問九、――線⑨「みんな、なんとなくそわそわしていた」とありますが、「みんな」が「そわそわしていた」理由として最も適切なものを、次の（ア）～（エ）の中から選び、記号で答えなさい。

（ア）クラスメートの母親から、宣伝の仕事の目的について話してもらうことを期待していたから。

（イ）ノートパソコンやプロジェクターを用いたプレゼンは初めての経験であり、興奮していたから。

（ウ）東京の広告代理店で働く人から聞く、ＣＭ制作についての具体的な話に興味を持っていたから。

（エ）野球選手や人気タレントが出たＣＭを撮影した時の話を聞けることを楽しみにしていたから。

問十、A ～ C に当てはまる言葉を、次の（ア）～（オ）の中からそれぞれ選び、記号で答えなさい。

（ア）しげしげ　（イ）ひらひら　（ウ）ぶらぶら

（エ）のろのろ　（オ）ぎろぎろ

問十一、――線⑩「それ」の指していることを答えなさい。

問十二、――線⑪「こういう宣伝の方法」とありますが、具体的に書かれている部分を本文中から抜き出し、その最初と最後の五字を答えなさい。

問十三、――線⑫「お人形は売れないんです」とありますが、「売れ」るために必要な条件は何だと説明していますか。本文中の言葉を使って、二点、二十字以内でそれぞれ答えなさい。

問十四、――線⑬「みんな息をひそめるようにして、一心に耳を傾けていた」とありますが、この時の「みんな」の状態を表した熟語を本文中から抜き出して答えなさい。

問十五、――線⑭「ママは一分の誤差もなく、きっちり話をまとめた」とありますが、「ぼく」は最初どういうふうになると思っていたのですか。そのことが示されている一文を本文中から抜き出し、その最初の五字を答えなさい。

問十六、⑮ に当てはまる漢字一字を答えなさい。

問十七、――線⑯「醍醐味」の意味として適切なものを、次の（ア）～（エ）の中から選び、記号で答えなさい。

（ア）物ごとの深い味わい。

（イ）物ごとの本質を見抜くこと。

うそやお世辞じゃないからこそ、よけいにそんなこと、いいたくなかった。

それに……。

仕事のできるママのかげには、いつだってその犠牲になってるぼくがいる。そのぼくが感心してどうするよ？

⑱ひねくれて、すねた気持ちがくすぶっていた。

（今井恭子『ぼくのわがまま宣言！』による）

＊１　佐久間のおじさん…一学期に行われた職業紹介の授業の講師を務めた。「スーパー・サクマ」のオーナーで、クラスメートの佐久間のお父さん。

＊２　プレゼン…プレゼンテーションの略。計画・企画案などを会議などの席で発表・提示すること。

問一、――線①「そういうお仕事」とありますが、「先生」はどういう「お仕事」だと言っていますか。本文中から抜き出して答えなさい。

問二、――線②「いやな予感」とありますが、どういうことを「予感」したと考えられますか。二十字以内で具体的に答えなさい。

問三、――線③「ぼくは首を回して、咲良を思いっきりにらみつけた」とありますが、「ぼく」が「咲良」を「にらみつけた」理由として考えられる最も適切なものを、次の（ア）～（エ）の中から選び、記号で答えなさい。

（ア）咲良が前回の職業紹介の特別講師である佐久間のおじさんの話を面白くないと言っていたから。

（イ）咲良が前回の特別授業の後に、意味深な目で「ぼく」をふり返ったのを思い出したから。

（ウ）咲良が先生に職業紹介の特別講師として「ぼく」の「ママ」を推薦したのではないかと思ったから。

（エ）咲良が職業紹介の特別講師として「ぼく」の「ママ」を前から希望していたことを知っていたから。

問四、――線④「想像するだけでうんざりだ」とありますが、実際に「ママ」の話を聞き終えた「ぼく」が思ったことが読み取れる部分を、本文中から十字で抜き出して答えなさい。

問五、――線⑤「がんばり方がちがうだろう」とありますが、どういう気持ちから発せられた言葉ですか。最も適切なものを、次の（ア）～（エ）の中から選び、記号で答えなさい。

（ア）がんばって休みを取るなら、「ぼく」のために取るのではなく、休息のために取ってほしいという気持ち。

（イ）がんばって休みを取るなら、特別授業のためではなく、「ぼく」のためになるように取ってほしいという気持ち。

（ウ）がんばって休みを取るために特別授業を引き受けるのは、「ぼく」のためにはならないという気持ち。

（エ）がんばって休みを取るために特別授業を引き受けるのは、「ママ」のためにはならないという気持ち。

問六、⑥に当てはまる最も適切な言葉を、次の（ア）～（エ）の中から選び、記号で答えなさい。

（ア）おれのうちとはちがうんだからさ

（イ）おれの気持ちがわかったか

（ウ）おまえも立場ねーよな

（エ）ほーら、言ったとおりだろ

咲良が宣言した。

ひやかしの声が起こった。それで、みんなの緊張がとけた。

陸が手を挙げた。

「〝スター・ビール〟のＣＭに、小杉雄太が出てたじゃないですか。サインとか、もらっちゃったりしましたか？」

「そうね、くださいとお願いすれば、いただけたと思いますけど。いっしょに仕事をする人ですから、そういうことはお願いしませんね」

「えー、もったいない」

だんだん教室が騒がしくなった。

加奈が手も挙げずに、質問を投げかけた。

「江口くんって、どんな人ですか？」

江口龍は、テレビＣＭの中で〝チーズ・イン・せんべい〟を十五秒間に三十枚食べた人気タレントだ。

「あー、江口くんね。そうね、テレビで見る通りの、とってもすてきな青年ですよ。脚は長いのに、くつのサイズは二十五です」

女の子たちが、「きゃー」と、叫んだ。

江口は身長が百八十センチもある。なのに、くつのサイズが二十五だと、かっこいいのかどうかわからない。ママは、ほかに江口の長所（？）を思いつかなかったのだろう。

うちで夕ご飯を食べながら、⑰ぼくにぐちったことは公の場ではいわないのだ。

「あんなおバカ、見たことない。たった五行の台詞も覚えられないのよ。おかげで、撮影終わらなかったじゃない。

おまけに、長い脚をこれ見よがしにくつのまま、椅子やテーブルにのっけて。ほんと、やなやつ。どういうしつけを受けたんじゃ。親の顔が見てみたい」

ママが江口のくつのサイズを知っているのは、テーブルに突き出された足にがまんがならず、皮肉たっぷりに、「くつのサイズはおいくつ？」って、聞いたからだ。

ママの特別授業は、静かな興奮とでもいうべき余韻を残して終わった。ぼくが想像していたのとは、全くちがっていた。子どもを相手に話しても、ママはあくまでもプロの姿勢をくずさなかった。

「成瀬くんのお母さん、かっこいいね」

「すごいお母さんだね」

女の子たちが口々に、そんな言葉をささやいてきた。

ぼくはむっつりして、顔も上げなかった。実は、ぼく自身もそう思ったからだ。初めてそう思ったからだ。ママを誇らしく思ったからだ。でも、それを素直に認める気にはなれなかった。

その日の午後、家に帰ると、ママはすでに東京に戻ったあとだった。

「何度も仕事の電話が入ってね。ぶつくさいいながら、会社に行きましたよ。今日ぐらい、ゆっくり休めばいいのにね」

と、おばあちゃんがいった。

約束していた夕食の焼き肉はすっぽかされたけど、ぼくはある意味、ほっとしていた。今夜だけは、ママと顔を合わせたくなかった。

ママがいれば、必ず授業の感想を聞かれただろう。自分が感じたことは、うまく言葉にできないし、第一、意地でもいいたくなかった。同級生の賞賛の言葉も伝えたくない。「みんなが、すごいお母さんだね、かっこいい、っていってた」なんて……。

ター〟でさしながら、子ども向けにゆっくり話しだした。ポインターは、赤い光線が出るタイプのものだ。

「あれに似た刀、『スター・ウォーズ』に出てきたよね？」

陸の声にちがいない。

「⑪こういう宣伝の方法を、わたしたちは〝媒体〟と呼んでいるんですが、宣伝する製品によって、どういう媒体を選ぶかが大事なんです。たとえば、お人形さんの宣伝を例にとって考えてみましょう。かわいいお人形さんです。ラジオで宣伝しても、かわいさは見えませんね。テレビならいいかもしれません。でも、そのＣＭを子どもが寝ている真夜中に流したのでは、全く効果がありません。女の子が好んで見るような番組で流さないと、だめですね。女の子に『これがほしい』と、いってもらわないと、⑫お人形は売れないんです。

少ない費用で、売り上げを最大限に上げる――そのために、それぞれの製品について、どういう媒体を使って、どんな宣伝を、いつ、どのくらいの量、流すか。そんなことを考えて、実行する。わたしはそういう仕事をしています。

もちろん、ひとりでできる仕事ではありません。製品のメーカーの方、ＣＭの制作担当者をはじめ会社の様々なスタッフ、新聞社やテレビ局の担当者などなど、たくさんの人たちがかかわってきます。

では、もうちょっと具体的にお話ししてみましょう」

⑬みんな息をひそめるようにして、一心に耳を傾けていた。

ぼくはぼうっとママを見つめていた。まるで初めて見る人みたいな気がした。

考えてみたら、こんなふうに筋道だって仕事の話を聞いたことは、一度もない。なぜだかわからないけれど、胸がしめつけられるような感じがした。

ママの話に割り当てられた時間は、三十分。⑭ママは一分の誤差もなく、きっちり話をまとめた。人前で話すことに慣れている証拠だ。

「質問や意見のある人はいますか？」

しばらくは、教室は［⑮］を打ったように静まり返っていた。

「どんなことでもいいのよ」

ママにうながされて、おずおずと最初に手を挙げたのは、咲良だった。

「広告の仕事は面白いですか？」

「ええ、とっても。もちろん、面白いことばかりじゃありません。壁にぶつかることも、しょっちゅうです。でも、なんとか乗り越えるのも仕事の⑯醍醐味です。いいことも、悪いことも、ひっくるめて面白いですよ。この仕事が好きだからだと思いますが」

「あのお……」

咲良はいいにくそうに、でも、思いきってたずねた。

「どうやったら、広告代理店で働けるようになりますか？」

「そうですね、ＣＭの制作をするような人たちは、やはり美術やコンピュータを勉強した人が多いですね。わたしのような営業職は、特に資格が必要なわけではありません。ま、入社試験を受けて、まずは合格してください」

「なんだよ、咲良もやりたいの？」

だれかがいった。

「うん。ぜったいやる。成瀬さんみたいになりたい」

家でまだ寝てるわけじゃないよね。ちょっと心配になった。

休み時間に入る寸前、羽深先生が声を張り上げた。

「次はいよいよ職業紹介の時間でーす。みんな、理科室に移動してー」

じゃあ、ママは直接、理科室に行ったのか。

ぼくは廊下を［Ａ］歩き、みんなにまぎれるようにして理科室に入っていった。

ママは腕を組み、にこやかに笑いながら、窓を背にして立っていた。よゆうたっぷりの表情だ。何時間か前、「もうちょっと寝かせて……」などと、うなっていたのとは別人だ。黒のパンツスーツに、小さいゴールドのブローチとピアス。地味にまとめたつもりらしいけど、ほら、伸ばした爪が赤いじゃん。

黒板は映写用のスクリーンで隠れていた。横にずらした教卓の上には、ママのノートパソコン。スクリーンの正面には、小さな台の上にプロジェクターがセットされている。佐久間のおじさんのときとは、えらいちがいだ。

会社でやる*2プレゼンじゃあるまいし、〝パワーポイント〟なんか使うなよ。黒板に手書きの説明でいいじゃん。

みんな興味しんしんだ。ママをじろじろ盗み見ながら、グループに分かれて実験用の机についた。机の上には、生徒に渡すプリントが、会社のロゴ入りえんぴつと共に人数分ずつ用意されていた。

準備ばんたん、整っている。プロっぽい。というより、プロなのだ。

⑩それだけで、みんなはすでに感動の面持ちだ。遠慮がちにえんぴつを取り上げると、［Ｂ］とロゴをながめ、まるで会社の会議室にでもすわっているような気分になっていた。

ぼくはどんな顔をしてママを見たらいいのか、わからなかった。ママはにっと笑って、右手の指だけを［Ｃ］させ、ぼくに合図を送ってよこした。もちろん、ぼくは無視したけど。

羽深先生があらためてママを紹介した。ママと並んで立つと、先生はまるで子どもみたいに見えた。

後ろのドアが開く音がした。ちらっとふり返ると……校長先生だ。校長先生のあとからは、ちょうど授業がない先生や保健の先生が、三人もぞろぞろ見学に入ってきた。きっとママのことは、先生たちの間でもウワサになっているのだろう。

ママはちっとも動じない。

「みなさん、こんにちは。広告代理店で営業の仕事をしている成瀬です。短い時間ですが、今日は宣伝のことをお話ししてみましょう。

ひとり一部ずつ、レジュメを用意しましたが、わたしがお話しすることのまとめですので、今は使わなくてけっこうです」

「レジュメって何？」

ひそひそいう声が聞こえた。

「だからぁ、まとめってことじゃないの」

だれかがささやき返している。

「みなさんは、広告とか宣伝という言葉を聞いたとき、まずどんなものを思い浮かべますか？

テレビのＣＭ、ラジオ、新聞や雑誌の広告、チラシ。最近はインターネットも重要ですね。バスや電車の中づり、ダイレクトメール……。いろんなものがあるわね」

ママはスクリーンに最初に映しだされたリストを、〝レーザー・ポイン

「うそっ。いつ？　いつ電話あったの？」

「うーん、何時だったかな？　今日の午後よ」

会議やミーティングの合間をぬって？　するとつながったわけ？　先生、一体、どういうタイミングで電話したんだよ。

「ねえ、ママ、やめてよ。やめた方がいいよ。お休みだって、取れないでしょう」

「いつも取れないから、たまにはがんばって取ることにしたわ」

⑤がんばり方がちがうだろう。

翌朝、羽深先生がうれしそうに発表した。

「今度の職業紹介は、成瀬美奈子さんにお願いすることになりました」

みんなが、いっせいにぼくをふり返った。

「東京の広告代理店で、ＣＭのお仕事をされています。みんなもテレビで知っている〝スター・ビール〟や〝チーズ・イン・せんべい〟などの宣伝も、担当されたことがあるそうです」

「わーっ」

と、感嘆の声があがった。

「すげー」

「小杉雄太と知り合いかな？」

「サインとかもらえるのかな？」

小杉雄太というのは、スター・ビールのＣＭに出ていた野球選手だ。

佐久間だけが同情してくれた。いや、同情っていうのとも、ちょっとちがう。

「　⑥　」

そういったのだ。勝ち誇った口調に近かった。

特別授業の前日、ママはぼくが寝る時間になっても着かなかった。

そんなに忙しいなら、引き受けなければよかったじゃん。特別授業なんか、このまま踏み倒しちゃえばいいのに。

⑦なかなか寝つけなかった。

翌朝、おばあちゃんに起こされたときには、ママはとなりの部屋で眠っていた。

「昨日、おそかったんだから、まだ寝かしといてあげなさい」

おばあちゃんがささやいた。

夜中にタクシーを飛ばしてやってきたらしい。

「ねえ、ママ！　ママってば！」

ぼくはかまわず、ママをゆり起こした。

「んん……翔ちゃん？　今、何時？　あら、ずいぶん早いのねえ。いやぁ、まいったわぁ。授業の準備をする時間が、なかなか取れなくて」

そんなこと、どうでもよかった。

「ねえ、ママ。たのむからさ。今日は⑧地味ーなかっこうで来てよね。メイクもやめといてよ」

「ええ？　この歳で、ノーメイクじゃ外に出られないわよ」

「じゃあ、いつもよりも控え目ということで。いーい？　わかった？」

「了解、了解。お願いだから、もうちょっと寝かせて……」

特別授業は三時間目だった。朝から⑨みんな、なんとなくそわそわしていた。二時間目の国語が終わるころになっても、ママが現れる気配はない。

【国　語】（五〇分）〈満点：一〇〇点〉

【注意】字数指定がある問いでは、句読点・記号なども一字として数えます。

一、次の文章を読んで、後の問いに答えなさい。（字数指定がある問いでは、句読点・記号なども一字として数えます）

「ね、成瀬くん。今度の特別授業のことなんだけど。今学期の職業紹介のお話は、成瀬くんのお母さんにお願いしたいのよ」

「えっ？」

思わず立ち上がっていた。

「広告代理店で活躍されているでしょう。このあたりでは、①そういうお仕事されてる人はいないから、みんなすごく興味があると思うの」

うわっ、きた！

そういえば、＊1佐久間のおじさんが帰ったあと、②いやな予感がしたんだっけ。先生が、次の特別講師の希望があったらいってきてください、みたいなことをいったときだ。咲良が意味深な目で、ぼくをふり返ったのを思いだした。

③ぼくは首を回して、咲良を思いっきりにらみつけた。咲良は最初からそっぽを向いている。でも、先生の話には耳をそばだてているのがわかる。

ぼくは、どさっ、と音をたてて椅子にすわり、聞こえよがしに断言した。

「ぜっったい無理だと思います。チョー忙しいから、休みなんか取れません。ぼくんとこにも、土日に来るか来ないかです」

「うーん、そうか……。無理かなぁ。そこをなんとかお願いできると、うれしいんだけどなぁ……」

「ぜんっぜんだめだと思います」

「うーん。ま、また、あとで……」

そろそろ全員が席についていた。先生はうなりながら戻っていった。

④想像するだけでうんざりだ。ママがみんなの前に立って、仕事の話をするなんて……。

きっとしゃべりまくって、止まらなくなるにちがいない。第一、張り切ってどんなかっこうをしてくるか、考えただけでも恐ろしい。真っ赤なスーツを着て、アイラインを二倍の太さに描いてきたりしたら、どうしよう。浮いちゃって、大変だ。

先生が直接ママに頼んでも、ぜったい断るようにいわなくちゃ。

夜になるまで待てなかった。うちに帰ってすぐ電話した。つながったとたん、

「翔ちゃん？　今、会議中。あとで」と、切られた。三十分後、また電話したら、「お客さんとミーティング中よ。あとで、あとで。緊急じゃないでしょ」

と、切られた。

夕方、ママの方からかけてきた。

「さっきは、ごめん、ごめん。で……？」

「あのさぁ、一学期にもあったんだけど、特別授業ってのがあるの。職業紹介っていうのでさぁ……」

「ああ、その話ね。羽深先生からお電話いただいたわ。せっかくだから、お引き受けしました」

問十六、――線⑬「記憶がぱちんとはじけた」とありますが、「記憶」が語られているのはどこまでですか。本文中から探し、その最後の五字を答えなさい。

問十七、――線⑭「ぎっしりのセミで震える」とはどのような様子を表していますか、説明しなさい。

問十八、――線⑮「おばあちゃんが、見たいんだって。羽化するところ」とありますが、ここで用いられている表現技法として最も適切なものを、次の（ア）～（エ）の中から選び、記号で答えなさい。

（ア）反復法　（イ）擬人法　（ウ）倒置法　（エ）対句法

問十九、――線⑯「見てない」とありますが、その理由を本文中の言葉を用いて説明しなさい。

問二十、――線⑰「あれ」とは何を指しますか。本文中の言葉を用いて十五字以内で答えなさい。

問二十一、次の一文は本文中から抜いたものですが、どこに入れるのが適切ですか。**その直後の五字**を答えなさい。

その殻に、たまに中身が入っていることがある。

二、次の①～③の□には、同じ漢字が一字ずつあてはまり、④～⑥の□には、反対の意味の漢字が一字ずつあてはまります。□にあてはまる漢字をそれぞれ答えなさい。

①□立□歩…人に頼らず、自分の力で自分の信じるとおりに進んでいくこと。

②難□苦□…つらい苦労を重ねること。

③□心□意…真心をこめてものごとを行う様子。

④□耕□読…自由気ままな生活をすること。

⑤三□四□…だんだんと暖かくなること。

⑥起□回□…今にもだめになりそうなものを、立ち直らせること。

三、次の①～④の熟語と同じ組み立てになっている熟語を、後の（ア）～（コ）の中からそれぞれ選び、記号で答えなさい。

①尊敬　②新人　③未来　④読書

（ア）無理　（イ）詩的　（ウ）定価　（エ）人造

（オ）農協　（カ）論述　（キ）動静　（ク）気化

（ケ）公営　（コ）貯金

四、次の①～⑦の――線部を漢字に改め、⑧～⑩の――線部の読みをひらがなで答えなさい。

①オリンピックがカイマクする。

②都会に人口がミッシュウする。

③キゲンゼンに発展した都市。

④シンキョウの変化を語った。

⑤食欲はホンノウの一つだ。

⑥シンアイの情を示す。

⑦キャンプのモヨウを家に知らせる。

⑧新しい客船が就航する。

⑨殺風景に感じられた。

⑩郊外を散策する。

早口で読む。

（エ）大切なことを伝えなければならないので、大きな声で、ゆっくりと読む。

問五、――線④「涙声になった」とありますが、ここから「林さん」のどのような人柄が読み取れますか。その説明として最も適切なものを、次の（ア）～（エ）の中から選び、記号で答えなさい。

（ア）他人のことを、自分のことのように思うことができる優しい人。

（イ）他人のことを、自分のことのように感じて思い詰めてしまう人。

（ウ）他人のことを、自分のことのように考えてしまうおせっかいな人。

（エ）他人のことを、自分のことのように受けとめる神経質な人。

問六、――線⑤「よどみのない手つき」から想像される祖父の様子として最も適切なものを、次の（ア）～（エ）の中から選び、記号で答えなさい。

（ア）一連の動作にためらいがなく、自信にあふれた様子。

（イ）一連の動作がきびきびとしていて、緊張感がある様子。

（ウ）一連の動作がゆったりとしていて、優雅な様子。

（エ）一連の動作にとどこおりがなく、手慣れた様子。

問七、――線⑥「完璧だった祖父」とありますが、「祖父」の様子の中で「完璧だった」とは言えない点を、本文中の言葉を用いて十五字以内で答えなさい。

問八、――線⑦「奇行」とは「普通とは変わった行動」のことですが、「祖父」が「奇行」に出た理由が読み取れる一文を本文中から抜き出し、その最初の五字を答えなさい。

問九、D・E・Gにあてはまる言葉の組み合わせとして最も適切なものを、次の（ア）～（エ）の中から選び、記号で答えなさい。

（ア）D　すると　E　つまり　G　そして

（イ）D　それから　E　すると　G　だけど

（ウ）D　しかし　E　さらに　G　つまり

（エ）D　そして　E　だが　G　だから

問十、――線⑧「つめが甘い」とは、どのような行為に対しての言葉ですか。本文中の言葉を用いて答えなさい。

問十一、――線⑨「ちょ、どこに行くの?」とありますが、「祖父」は何をしに行こうとしているのですか、答えなさい。

問十二、――線⑩「林さんの言葉を思いだしたからだ」とありますが、「佑」が思い出した「林さん」の言葉が読み取れる一文を本文中から抜き出し、その最初の五字を答えなさい。

問十三、――線⑪「意味があるのか、ないのか」とありますが、「佑」のこの問いに対する答えが書かれている一文を本文中から抜き出し、その最初の五字を答えなさい。

問十四、F・Hにはそれぞれ体の一部を表す漢字が一字入ります。その漢字を答えなさい。

問十五、――線⑫「母の」が直接かかっていく部分はどこですか。次の（ア）～（オ）の中から選び、記号で答えなさい。

（ア）感に　（イ）堪えないと　（ウ）いうような

（エ）声が　（オ）した

佑はひとりで家に帰った。確かに見たいアニメもあったからだが、それよりも、病院が怖かった。日に日に弱っていく祖母の姿を見るのが嫌だったのだ。その少し前から、佑は入院中の祖母をたずねるのがおっくうになっていた。

「やばかったよ。めっちゃきれいだったんだから」

あの日、理子は、先に見舞いに行っていた母や祖父と一緒に羽化を見たのだという。

「殻が割れて、ゆっくりと真っ白な羽が出てきたの。初めはぬれた絹糸みたいだったけど、すぐに白いレースみたいに広がった。それが、見ている間にすきとおった緑色をおびたの。＊5エメラルド細工みたいだったんだから」

「⑰あれは、おばあちゃんにも、いいなぐさめになったわね」

母も、祖父が幼虫を収めたプラスチックケースをいとおしそうに見た。

祖父が突然求肥を食べたのは、ケースを空にするためだったのだろう。食欲の衝動を抑えきれなかったわけではなかったのだ。

お年寄りのやることには、やっぱり意味がある。

見つけた幼虫を持って、祖母の墓まで戻った。供えたばかりの花の茎につかまらせると、幼虫はしっかりと茎を握った。

無事に羽化できますように。

佑は両手を合わせた。

「で、それは？」

プラスチックケースに入ったままのもう一匹の幼虫を見ながら、たずねると、

「花の部屋にな」

祖父は静かな声で答えた。

（まはら三桃『奮闘するたすく』による）

＊1　認知症……年を取ることで起こる記憶障害を主とした病気のこと。

＊2　林さん……「こもれび」のスタッフ。

＊3　スムージー……凍らせた果物や野菜をミキサーでジュースにした飲み物。

＊4　求肥……こねた白玉粉を蒸し、砂糖と水あめを加えて練り固めた、おもちのような菓子。

＊5　エメラルド細工……緑色をしたガラス細工。

問一、――線①「すがすがしい」と同じような意味の言葉を、本文中から抜き出して答えなさい。

問二、［A］～［C］にあてはまる言葉の組み合わせとして最も適切なものを、次の（ア）～（エ）の中から選び、記号で答えなさい。

（ア）　A　うっすらと　B　まじまじと　C　ゆっくりと

（イ）　A　ほんのりと　B　おどおどと　C　はっきりと

（ウ）　A　しっかりと　B　まんじりと　C　のんびりと

（エ）　A　ゆっくりと　B　じろじろと　C　しっとりと

問三、――線②「差しだした」の主語を答えなさい。

問四、――線③「ほんの少し、ゆっくりね」とありますが、音読する場合はどのような読み方が最も適切ですか。次の（ア）～（エ）の中から選び、記号で答えなさい。

（ア）　安心させるように、最初は小さな声で「ゆっくり」は抑揚をつけてはっきりと読む。

（イ）　焦らせないように、やや小さな声で大切なことを確認するように丁寧に読む。

（ウ）　急いで伝えなければならないことなので、意識して小さな声で

しばらく祖父は、なにかを探すように、地面を点検していたが、

「おお、やっぱりいたな」

と言った。

「なにが？」

「セミの幼虫だ」

「セミの幼虫？」

「そこと、そこだ、佑」

「あ、ほんとだ」

祖父が指を差したところに、佑も割れていない殻を見つけた。しかも二匹も。

そんなものを探していたのか？

佑はちょっと拍子抜けした。⑪意味があるのか、ないのか。

「ひとつは、おばあちゃんに持っていってやろう」

でも祖父がそう言ったときだった。

「覚えてたんだ、お父さん」

［F］をひねる佑の背中越しに、⑫母の感に堪えないというような声がした。振り返ると涙ぐんでいる。

「おばあちゃんね、亡くなる前に、セミの羽化が見たいって言いだしたことがあってね」

「あ、そうだったよね。［G］佑、一緒に幼虫探しに行ったじゃん」

理子も思いだしたように続けた。その言葉に佑の頭の中でも、⑬記憶がぱちんとはじけた。

「あ、あったかも」

ジージージー。

ふってくるようなセミの声の中、理子と幼虫を探したのは、三年前のお盆過ぎのことだった。

佑の住んでいる団地は、敷地内に桜の木がたくさん植えてある。春には枝がしなるほどの花を咲かせる桜が、夏には⑭ぎっしりのセミで震える。当然、土の中にはたくさんの幼虫が眠っていて、抜け殻があちこちに落ちている。父親がビールのつまみによく食べる、かりかりした空豆のから揚げみたいな殻だ。それが、羽化するために、土から出てきたばかりの幼虫だ。

この幼虫をそっと持ち帰って、虫かごの中でや、網戸につかまらせて羽化させたことが、何度かあった。殻を破るときに、触ったりしなければ、セミは無事に飛び立っていく。

「⑮おばあちゃんが、見たいんだって。羽化するところ」

あの夏の日、佑はそう言う理子に連れられて、幼虫を探して団地の植え込みに［H］を凝らしたのだった。けれども探してみると、案外いないもので、一時間近くもうろうろした。

「あのときの羽化は本当にきれいだったよねえ」

理子はうっとりとした目で、佑に同意を求めたが、佑はうなずくことができなかった。

「⑯見てない」

「え、そうだっけ？」

理子は一瞬ひねりかけた［F］を、軽くたてに振った。

「あ、そうだったね。佑、行かなかったんだ。テレビを見たいとかなんとか言って」

あのとき、「早くしないと、羽化が始まる」とせかす理子から離れて、

けれども、朝、迎えに行くと、

「今日は、おばあちゃんの墓参りだったな」

と、ちゃんと覚えていた。しかも準備までしていた。なんとお供えの和菓子まで買っていたのだ。これには家族全員驚いた。

「えー、おじいちゃん、買い物できたの？　しかもそれ、おばあちゃんの好物だよ。百点だね」

目を見開いた理子に、祖父は、

「あたり前だ」

と、鼻を鳴らして答えたほどだ。ただ、かぶった帽子は裏返しだったが。

霊園は、車で二十分くらいのところにある。祖母のお墓は駐車場からはすぐなので、つえをついた祖父でも、ゆっくり歩く分には問題はなかった。

みんなでお墓の周りの草を抜き、墓石に水をかけた。祖父は、⑤よどみのない手つきで、和菓子を供え、お線香に火をつけた。そのしぐさには、品格さえ漂っていた。

「お墓っていう場所は、気持ちを落ち着かせるっていうからな」

「おばあちゃんの前で、かっこいいところを見せたいのよ」

両親も祖父の様子に、うれしそうな笑顔を浮かべていた。

そんなふうに⑥完璧だった祖父が、突然⑦奇行に出たのは、お参りをした直後のことだった。

手を合わせて頭をたれ、静かに目をつぶっていた祖父は、目を開けると、供えたばかりの和菓子のケースに手を伸ばした。［D］荒い手つきでふたを開け、入っていた＊４求肥をパクリと口に入れたのだ。

「あーあ」

と佑は肩を落とし、

「最後のところで」

「おしかったな」

両親は悔しがり、

「九十八点。⑧つめが甘い」

理子は受験生らしい指摘をした。

［E］祖父は、口をもごもごさせたまま、つえをついて歩いていく。

「⑨ちょ、どこに行くの？」

佑はあとを追いかけながらたずねたが、返事はない。

「ごみは家に持って帰って捨てたらいいよ」

和菓子が入っていたケースを握っていたので、ごみ捨てなのかと思ったが、祖父は無言だ。

ジージージー。

墓石に反響するのか、セミの声が大きくきこえる。

結局祖父は、霊園の行き止まりまで行きついてしまった。その先は林みたいに木がたくさん植えられていて、入れないように、竹で生垣が作ってあった。祖父は生垣の手前で座り込んだ。

「なにしてんの？」と、佑はもう一度きこうとしたが、やめた。ふと、⑩林さんの言葉を思いだしたからだ。

「おじいちゃん、具合でも悪いの？」

心配して手を出そうとした理子を、佑は制した。

「大丈夫。こっちから見たら、わけがわからなくても、お年寄りのやっていることには、意味があるんだから」

林さんからの受け売りだ。

「子どもは、いいねえ」

と、うっすらした声で言った。

「そうねえ、よかったねえ」

林さんは、これ以上できないというような笑顔になって、キワ子さんのベッドを少し起こした。

そうして、佑に吸いのみを②差しだした。佑はそれを受け取り、おそるおそるキワ子さんの口元に持っていく。

「③ほんの少し、ゆっくりね」

言われたように、ゆっくりと傾ける。＊3スムージーのとろみは強いので、注ぎ口からなかなか出てこなかったが、かえってそれで量の調節がうまくいった。ほんの少しだけ出た液体は、きれいにキワ子さんの口の中に入った。

こくん。

キワ子さんは、それを待っていたように飲み込んだ。［Ｃ］口が動く。やがて、のどが動いたと思うと、

「ああ、おいしい」

そう言った。小さな声は、かすれているのに、澄んできこえた。

「まあ、よかった」

林さんが④涙声になった。

「こんなにおいしそうになにかを口にしたのは、本当に久しぶり。よかったねえ、おいしいねえ、キワ子さん」

何度も「よかった」を繰り返す林さんは、自分のほうがずっとうれしそうだった。

それから、一平と先生もひと口ずつ飲ませたが、キワ子さんはじょうずにスムージーを飲み込んだ。

ジージージー。

窓越しに、夏空を震わせるセミの声が響いてきた。

ジージージー。ジージージー。

「そこだ、佑」

祖父が指さした先に、つやめいた茶色の物体を見つけた。

「あ、ほんとだ」

佑はそれをそっとつまむ。セミの幼虫だ。羽化のために、土の中から出てきたところを、つかまれて、もぞもぞと足を動かしている。佑は細心の注意を払って、それをプラスチックのケースに捕獲した。お墓参りのために持ってきた、和菓子が入っていたケースに穴をあけた、急ごしらえの虫かごだ。

八月十三日、佑は祖父を含めた家族五人で、祖母のお墓参りに来た。祖母が亡くなってからは、お盆の墓参りは、毎年の恒例行事になっている。

この日の祖父は、とても落ち着いていた。祖父の調子はあい変わらず日替わりで、

「武田二課長を呼んできてくれ」

と、昔に戻っていたかと思えば、

「佑、夏休みの宿題は進んでいるのか」

と、極めてまともな質問をしたりする。祖父の記憶は福引きのガラガラみたいだった。出てきた態度で、どの時代にいるのかを判断するしかなかった。

【国語】〈五〇分〉〈満点：一〇〇点〉

【注意】字数指定がある問いでは、句読点・記号なども一字として数えます。

一、次の文章を読んで、後の問いに答えなさい。（字数指定がある問いでは、句読点・記号なども一字として数えます）

〈前書き〉
「野沢佑」は、＊1認知症の兆候が見られる祖父の付き添いで、夏休み中、介護施設「こもれび」のデイサービスに通うことになった。夏休みの宿題として、その様子を友人の一平と一緒にレポートするよう、担任の早田先生から言いつけられている。
ある日、立ち入り禁止の「花の部屋」をのぞいてしまった佑たちは、「花の部屋」にいる「キワ子」さんについての話や様子を聞き、別の日に改めて「花の部屋」を訪れることになった。

花の部屋は、静かだった。ドアを開けると、この前と同じ木の香りが鼻をくすぐったが、なぜか佑には、前よりもずっとさわやかに感じられた。

「なんだか森の中みたいですね」

早田先生も、息を吸い込んでいる。

「ええ。自然のひのきのエッセンスを使っているの。①すがすがしいでしょう」

＊2林さんは言って、ベッドに声をかけた。

「キワ子さん、起きてる？」

と、ほんの少しだけ、薄いかけぶとんが動いた。

「お食事持ってきたわよ。今日は、特別に子どもさんたちが飲ませてくれるって」

林さんの手まねきに促されて、佑たちはベッドをのぞき込んだ。キワ子さんは、この間とまったく同じ顔で寝ていた。目は閉じられて、半分開いた薄いくちびるが、少し震えていた。と、閉じられていた目が

［Ａ］開いた。

「あ、起きた」

一平の声に、目の開き具合が大きくなった。

「子どもたちがお見舞いに来てくれたわよ」

林さんが紹介してくれて、

「こんにちは」

佑はとりあえず挨拶をした。

「こんにちは」

一平もそれに続き、

「児童たちがここでお世話になっています。お騒がせして申し訳ありません」

早田先生が状況を説明した。

キワ子さんは黙ったまま、そんな三人を［Ｂ］ながめた。目は半分くらいしか開いてなかったが、しっかりと見ているのがわかった。あんまり見られて、少々恥ずかしくなってしまうほどだった。

「キワ子さん、わかる？」

林さんがきくと、キワ子さんは「わかった」というみたいに、頭をかすかに動かした。そして、

（エ）山道には、すみれがすずなりに咲いている。

③「ほとぼり」

（ア）世間のほとぼりが高まった。

（イ）ほとぼりが冷めるまで待て。

（ウ）事件のほとぼりが発覚する。

（エ）炭火のほとぼりが消えた。

四、次の①～⑦の――線部を漢字に改め、⑧～⑩の――線部の読みをひらがなで答えなさい。

① 病気のカイフクを願う。

② 今回の失言は私のイサみ足でした。

③ この薬は頭痛にキく。

④ 外国とボウエキをする。

⑤ ふみきりにヒョウシキをかかげる。

⑥ 雷（かみなり）は空気中の放電ゲンショウだ。

⑦ 主役を務めるハイユウ。

⑧ 動こうとする気色もない。

⑨ 祖母が湯治に行った。

⑩ 百円均一のお店。

問二十、この文章で「森の土」について説明している部分はどこからどこまでですか。その最初と最後の七字を答えなさい。

問二十一、本文の内容として**適切ではないもの**を、次の（ア）～（エ）の中から一つ選び、記号で答えなさい。

（ア）外国産の木材の需要が増えたことにより、日本のスギやヒノキの森は手入れをされなくなってしまった。

（イ）森の土は、間伐により土の粒の間かくがせまくなることで水はけが悪くなり、水源としての役割を失う。

（ウ）外国産の木材が国産の木材との価格競争に勝ったことで、土がむきだしになってしまった外国の森林がある。

（エ）日本において大切な水資源を確保するためには、国内の間伐材をより多く使うことが重要になってくる。

問二十二、この文章の題名として最も適切なものを、次の（ア）～（エ）の中から選び、記号で答えなさい。

（ア）水の大切さ　（イ）木の重要性

（ウ）土と水　（エ）森と水

二、次の①～④の――線部が直接かかっていくところを、（ア）～（エ）の中からそれぞれ選び、記号で答えなさい。

① それは　ぼくが　（ア）無断で　木を　（イ）切った　人たちに　（ウ）感じた　（エ）ことだ。

② 大事なことはまず、（ア）犬は　どんな　動物か、猫と　どう　（イ）ちがうのかを　具体的に　（ウ）知る　ことでは　（エ）ないか。

③ 足もとには、やがて　（ア）黄色くなる　（イ）緑の　（ウ）じゅうたんが　（エ）広がっている。

④ 父親は　（ア）野菜ジュースを　（イ）娘は　イチゴジュースを　（ウ）それぞれ　（エ）買った。

三、次の各問いに答えなさい。

問一、次の①～③の□に入る最も適切な言葉を、（ア）～（カ）の中からそれぞれ選び、記号で答えなさい。

① 家族全員□暮らしている。

② 靴を履くのも□、出発した。

③ 横綱が□負けた。

（ア）おこがましく　（イ）もどかしく

（ウ）ゆゆしく　（エ）つつがなく

（オ）うしろめたく　（カ）たわいなく

問二、次の①～③の言葉が最も適切に使われている文を、後の（ア）～（エ）の中からそれぞれ選び、記号で答えなさい。

①「まばら」

（ア）山には、家がまばらに建っている。

（イ）妹はまばら模様の洋服を着ている。

（ウ）まばらな量の飲み物が残っている。

（エ）全員がまばらに返事をしている。

②「すずなり」

（ア）太鼓の大きな音が、すずなりに聞こえてくる。

（イ）うわさを聞いて、人がすずなりにやってきた。

（ウ）その芝居小屋には、すずなりの見物客がいる。

ですか。本文中の言葉を用いて答えなさい。

問八、――線⑦「元気な森」とはこの文章ではどんな「森」ですか。本文中の言葉を用いて十字以内で答えなさい。

問九、――線⑧「保水性」に最も近い表現を、本文中から十字以内でぬき出して答えなさい。

問十、――線⑨「土にかえっていきます」とありますが、何が「土にかえってい」くのですか。本文中からぬき出して答えなさい。

問十一、――線⑩「間伐」とはどうすることですか。本文中の言葉を用いて二十字以内で答えなさい。

問十二、――線⑪「子どもにもできる『皮むき間伐』」とありますが、「皮むき間伐」の持つ利点として**当てはまらないもの**を、次の（ア）～（エ）の中から一つ選び、記号で答えなさい。

（ア）重さが軽くなり、運び出すときに大人ひとりでもかつげる点。
（イ）木を運ぶために、大型機械を買ったり道を整備したりしなくてよい点。
（ウ）暗かった森に光が差し込み、森がよみがえる点。
（エ）すぐに建材として使えるくらいに乾燥が進む点。

問十三、⑫には次の（ア）～（オ）が入ります。正しい順序に並べかえ、解答欄に記号を入れなさい。

（ア）引っぱると
（イ）ういた皮を手で
（ウ）皮がピリピリ
（エ）腕（うで）を上にあげるように
（オ）しっかりともち

問十四、a と b には対になる言葉が入ります。それぞれ漢字一字で答えなさい。

問十五、A・B に当てはまる言葉を、次の（ア）～（エ）の中からそれぞれ選び、記号で答えなさい。

（ア）ところで　（イ）しかし　（ウ）すると　（エ）また

問十六、――線⑬「もの」とは何ですか。本文中からぬき出して答えなさい。

問十七、――線⑭「国内の森林はあれ、水源はピンチになりました」とありますが、「水源」を育むのに必要な生物の働きを何と言っていますか。本文中から二十字以内でぬき出して答えなさい。

問十八、――線⑮「健全に管理された森」とありますが、「健全に管理され」るとはどういうことですか。最も適切なものを、次の（ア）～（エ）の中から選び、記号で答えなさい。

（ア）建材として外国産の安い木を使うのではなく、身近にある豊かな森の間伐材を使うこと。
（イ）間伐材を使用することで、森の木をきちんと循環させて、固い土の森を再生すること。
（ウ）「間伐」という木の機能によって、豊かな森を再生させ、やわらかな土を育てること。
（エ）「間伐」という方法で豊かな森を再生し、また間伐材を使うことで木の循環を生み出すこと。

問十九、――線⑯「水源」とありますが、この文章で「水源」とは何のことを指していますか。本文中から十字以内でぬき出して答えなさい。

日本人の多くは木の家に住み、木の家具を使っています。［B］、そのうちの八割を外国産にたよっています。木材自給率は食料よりも低いのです。自給率が二割程度しかないということは、机、テーブル、本棚などは、ほとんどが輸入された木材でつくられたものということになります。

現在、日本は世界各国が輸出する丸太の半分近くを買っています。そのため、海外では日本向けに森が乱伐されることがあります。マレーシア、インドネシア、ロシア、オーストラリアなどのいくつかの場所では、伐採後に土がむきだしになったままです。ぼくたちは外国産の木を使った家に住み、木材製品を使うことで、知らないうちに海外の森林を破壊してしまった可能性があります。

⑭国内の森林はあれ、水源はピンチになりました。海外の森林は破壊され、森の土が水をたくわえる機能は失われました。「安い木を使う」ことで、二つの森と二つの水源をこわしてしまったことになります。

一方、国産の木材を使うと、国内と海外、二つの森と水源を守ることができます。たとえば東京西部に住む人が奥多摩の森の木を使うとします。その収益が森で仕事をしている人にかえり、間伐などの手入れをしたり、間伐した木材を加工したりすることができます。

すると、結果的にあれた森がよみがえっていきます。⑮健全に管理された森は水を育むので、東京の水源である奥多摩が守られることになります。

切りだした間伐材は、使ってこそ活きます。木は、きちんと循環させることさえできれば、たえることのない資源です。あらゆる資源が不足している日本ですが、木に関しては、世界にほこれるほどの量があります。この資源を守りながら活用することで、二つの森と大切な⑯水源を守ることができます。

（橋本淳司『一〇〇年後の水を守る』による）

問一、――線①「スギ、ヒノキ」が植えられた理由を、「から。」に続くように本文中から十字程度でぬき出して答えなさい。

問二、――線②「下草のないむきだしの地面」とありますが、「下草」が生えなくなったのはなぜですか。本文中の言葉を用いて二十字以内で答えなさい。

問三、［③］に当てはまる「強調」を意味する言葉を、ひらがな二字で答えなさい。

問四、［Ⅰ］～［Ⅴ］には次の（ア）～（オ）の各文が入ります。正しい順序になるように、解答欄のⅠ～Ⅴに記号を入れなさい。

（ア）　地面にしみこんで地下水となり、その地下水はやがて湧き水となって川に流れだす。

（イ）　大部分の水は、森の土にしみこむ。

（ウ）　このため森は、『天然の浄水場』とよばれる。

（エ）　森に雨がふる。

（オ）　スポンジのようにやわらかな森の土は、水をたくわえる。

問五、――線④「水をためたり、きれいにしたりすることができません」とありますが、それはなぜですか。本文中の言葉を用いて十五字以内で答えなさい。

問六、――線⑤「一九六〇年半ばに木材の輸入が始まる」とありますが、「輸入」された「木材」は日本では主に何に使われましたか。本文中の言葉を用いて五字以内で答えなさい。

問七、――線⑥「お線香だらけの森」とはどんな「森」をたとえたもの

り、固い土になります。こうした土は水をたくわえる力も弱く、水はけも悪い。つまり、雨がふっても土のなかに水をためることができないのです。

一方、⑦元気な森の土は、粒と粒がくっついている部分と、すきまの空いている部分があります。粒と粒がくっついているところに水はたまります。すきまの空いたところは水が入ってきても流れてしまい、かわりに空気が入ります。こうして⑧保水性と水はけという、一見相反することを見事に両立させるのです。

森や林というと木ばかり注目されますが、実は光、土、水、動植物がバランスよく合わさって一つの「世界」をつくっています。森の土一グラムには一億の微生物がすんでいると言われます。森では晩秋になると木々が落葉します。下草もかれます。地面に積もった落ち葉、かれ枝、かれ草は、小動物や微生物のエサになって分解され、腐葉土や自然の堆肥となって⑨土にかえっていきます。

多種多様な生物による驚異の連携プレーにより森の土が育まれ、その土が水を育んでいるのです。

人が植えた木は、⑩間伐という方法で人が手入れをしなくてはなりません。いろいろな間伐の方法があり、プロの林業家の方たちも工夫をこらしていますが、⑪子どもにもできる「皮むき間伐」という間伐方法もあります。

静岡県富士宮市にあるＮＰＯ法人「森の蘇り」は、この「皮むき間伐」の普及につとめています。

皮むき間伐は、まず、木の幹にノコギリで一周切れ目を入れます。そして切れ目から竹のヘラをつっこんで、木の皮をうかせます。次に、[　⑫　]むけます。ほとんど力はいらないので、子どもや女性の小さな力でもできます。

それでは、なぜ皮をむくことが間伐になるのでしょう。

皮の部分には、木の血管にあたる導管が通っています。皮をむいて導管がなくなることによって、根からすいあげた水はそれより[ａ]に行かず、葉っぱが光合成で獲得したエネルギーも[ｂ]に行かなくなります。水とエネルギーの動きが止まるので、立ち木でありながら、切りたおされたのと同じ状態になります。

木は一年ほど立ち木のまま自然乾燥させた後、切りたおします。一年のあいだに葉や木の表面から水分がぬけ、すぐに建材として使えるほど乾燥が進みます。何より運びだすときの重さは生木の三分の一程度で、大人がひとりでもかつげるくらいです。

この方法なら、木を運ぶための大型機械を買ったり、新たな道を整備したりする手間もいりません。さらに、間伐が進むと暗かった森に光が入り、下草が生えてきます。

皮むき間伐をおこなってから三年たった森を歩きました。かつてむきだしの地面に細い木が立っていた場所は、いまでは数十種類の草木におおわれています。こうした植物は、一つにはもともとこの地面にあった植物です。何年も前から地中にあった種が、間伐で光が入ったことで芽を出したのです。

[Ａ]、新たに鳥や動物や虫が運んできた⑬ものも多くあります。生命を感じさせなかった森が、皮むき間伐によって命あふれる場所としてよみがえり、それと同時に、土壌が水をためる力ももどります。地面をほってみると土の様子が変わり、スポンジのようになっていました。

【国　語】〈五〇分〉〈満点：一〇〇点〉

【注意】字数指定がある問いでは、句読点・記号なども一字として数えます。

一、次の文章を読んで、後の問いに答えなさい。（字数指定がある問いでは、句読点・記号なども一字として数えます）

ぼくは大学の授業で、大学生といっしょに森を歩きます。自分の飲んでいる水が、どこから来るのかを、自分の目で見るためです。

数年前、富士山中腹を歩いたとき、大学生たちがおどろいていました。六月の晴れた日なのに、森のなかは夕ぐれどきのようにうす暗いのです。

①スギ、ヒノキの直径はどれも一五～二〇センチ程度。切り株を見ると年輪は外側になるほどせまくなっていて、一〇年くらいまえからあまり成長していないことがわかりました。スギ、ヒノキは、わずかな光を求めて、上へ上へとのびていて、ぼくには息苦しくなったダイバーが水面をめざしてもがいているように見えました。②下草のないむきだしの地面、そこにやせ細ったスギ、ヒノキがぎっしりと立ちならんでいます。

大学生たちは、

「なんだか、お線香（せんこう）がたくさんそなえられているようですね」

などとおどろいていました。

小学校の社会科では、「水がどこからくるのか」を学びます。蛇口（じゃぐち）から出てくる水道水は浄水場（じょうすいじょう）から、それをさらにさかのぼると川の水や地下水に、最終的には森にふった雨へといきつき、それ［③］が毎日使っている水の源である、とされています。さらに、「日本は豊かな森にめぐまれているので水が手に入りやすい」などと説明されているのです。

水と森について、こんなふうに語られるのを聞いたことがありませんか。

「［Ⅰ］・［Ⅱ］・［Ⅲ］・［Ⅳ］・［Ⅴ］」

ところが実際に山に行くと、イメージしていたものと森の様子はまったくちがっています。お線香だらけの森は、④水をためたり、きれいにしたりすることができません。しかもこうした森は、富士山だけでなく日本中のいたるところにあります。

一九五〇年代、それまであった広葉樹の森が伐採（ばっさい）されたり、畑がつぶされたりして、かわりに資材として利用しやすいスギやヒノキが植えられました。このときは、せまい土地にたくさんの苗木（なえぎ）が植えられました。苗木が密集していると、すぐに枝葉が重なりあって地面まで日光がとどかなくなります。土の栄養も、すべての木に行きわたりません。そこで手入れが必要になります。大きく育てるには、適当な間かくで木を伐採します。これを「間伐」といいます。

ところが⑤一九六〇年半ばに木材の輸入が始まると、国産の木材は安い外国産の木材との価格競争にやぶれました。その結果、国産の木材の需要（じゅよう）は減り、次第（しだい）に間伐もおこなわれなくなりました。こうしてできたのが「⑥お線香だらけの森」です。

間伐されていない森の土をルーペで見ると、一粒（つぶ）一粒がぎゅうぎゅうにくっついていて、すきまがほとんどありません。もともとすきまが少ないうえに、雨がふったときに土にしみこんだ水が、土の粒と粒を引きよせてすきまをつぶしてしまいます。

その後も、雨がふるたびに土の粒と粒の間かくがどんどんせまくな

解答用紙集

○月×日　△曜日　天気（合格日和）

◆ご利用のみなさまへ
＊解答用紙の公表を行っていない学校につきましては、弊社の責任において、解答用紙を制作いたしました。
＊編集上の理由により一部縮小掲載した解答用紙がございます。
＊編集上の理由により一部実物と異なる形式の解答用紙がございます。

人間の最も偉大な力とは、その一番の弱点を克服したところから生まれてくるものである。　――カール・ヒルティ――

東京学参株式会社

明治大学付属中野中学校(第1回)　2024年度　◇算数◇

※解答欄は実物大になります。

1	(1)		(2)	
	(3)			

2	(1)	円	(2)	g
	(3)	cm²	(4)	個
	(5)	CF　FD ：	(6)	cm³

3	(1)	通り	(2)	通り

4	(1)		(2)	うどん 人	ねぎ 人

5	(1)	時　分	(2)	km

6	(1)	ヤギ　ヒツジ ：	(2)	日間
	(3)	ヤギ または ヒツジ		日間

明治大学付属中野中学校（第1回）　2024年度

※ 111％に拡大していただくと，解答欄は実物大になります。

＊　点線で区切られた問題は，すべて正解の場合のみ，得点とします。

【1】

(1) ア　イ　ウ　エ　オ　(2) ①　ア　イ　ウ　エ　オ　②　X　　Y

【2】

(1)　(2)　(3) ①　前・後　②　左・右

【3】

(1) 星座　　座　星C　(2)

(3) ①　②　カ月後

【4】

(1)　秒　(2)　時　分　秒　(3) ア　イ　ウ　エ　オ　カ　キ

【5】

(1) ア　イ　ウ　エ　(2) ①　②　③

(3) ①　℃　②　A　　B

【6】

(1)　g　(2)　g　(3)　g

【7】

(1)　(2)　cm　(3)

明治大学付属中野中学校(第1回)　2024年度

◇社会◇

※ 133%に拡大していただくと，解答欄は実物大になります。

1. 問1 ① 島 ② 岬　問2　問3

問4　問5　問6　問7　問8

2. 問1　問2　問3　問4 人　問5

問6(1)　問6(2)

問7 X Y

3. 問1　問2　問3　問4

問5　問6　問7

問8 → → →

問9

◇国語◇

明治大学付属中野中学校（第１回）　２０２４年度

※１３０％に拡大していただくと、解答欄は実物大になります。

一

問一　問二　問三　問四　問五　問六　問七　問八　問九　問十　問十一

問十二　できあがる。

問十三　問十四　問十五　問十六　問十七　問十八　問十九　問二十　問二十一

二

① ② ③ ④ ⑤

三

① ② ③ ④ ⑤

四

① ② ③ ④ ⑤ べ

⑥ ⑦ ⑧ ⑨ ⑩

明治大学付属中野中学校(第2回)　2024年度

◇算数◇

※ 111％に拡大していただくと，解答欄は実物大になります。

<table>
<tr><td rowspan="2">1</td><td>(1)</td><td></td><td>(2)</td><td></td></tr>
<tr><td>(3)</td><td></td><td></td><td></td></tr>
</table>

<table>
<tr><td rowspan="2">2</td><td>(1)</td><td></td><td>(2)</td><td colspan="3">11時　　分と11時　　分</td></tr>
<tr><td>(3)</td><td>円</td><td>(4)</td><td>分</td><td>(5)</td><td></td></tr>
</table>

<table>
<tr><td rowspan="2">3</td><td>(1)</td><td>度</td><td>(2)</td><td>cm²</td></tr>
<tr><td>(3)</td><td>倍</td><td></td><td></td></tr>
</table>

4	(1)	分	(2)	分間

5	(1)	分速　　m	(2)	分　　秒

<table>
<tr><td rowspan="3">6</td><td>(1)</td><td>AD　：　DG</td></tr>
<tr><td>(2)</td><td>三角形ABD　：　三角形BGD　：　三角形CDG　：　三角形ADC</td></tr>
<tr><td>(3)</td><td>cm</td></tr>
</table>

明治大学付属中野中学校(第2回)　2024年度　◇理科◇

※ 111%に拡大していただくと，解答欄は実物大になります。

＊ 点線で区切られた問題は，すべて正解の場合のみ，得点とします。

【1】

(1) 　(2) ① A B C D E　② と

【2】

(1) X 個　Y 個　(2) ①　②

【3】

(1) ア イ ウ エ オ　(2) ①　② ア イ ウ エ オ カ

【4】

(1) 　(2) 　(3) ア イ ウ エ

【5】

(1) g　(2) ℃　(3) ① m　② ℃

【6】

(1) O　(2) 　(3) ①　②

【7】

(1) 　(2) 　(3) 秒

【8】

(1) g　(2) X　Y

(3) ① g　② g

明治大学付属中野中学校（第2回）　2024年度　◇社会◇

※ 133％に拡大していただくと，解答欄は実物大になります。

1.
問1　問2　問3　問4　→　→　→
問5　問6　問7
問8　問9（1）
問9（2）
問10　年 ～　年

2.
問1　問2　現象　問3　問4
問5　駅　問6　問7
問8　問9
問10

3.
問1　問2　問3
問4　問5　問6
問7　問8

2024年度 明治大学付属中野中学校(第2回)

◇国語◇

※130%に拡大していただくと、解答欄は実物大になります。

一

問一

問二 記号 場所

問三

問四 ③ ⑨

問五

問六 最初 最後

問七 まま

問八

問九

問十

問十一 一つ目 二つ目 三つ目

問十二

問十三 A B

問十四

問十五

問十六

問十七

問十八

問十九

問二十

二

問一

問二

問三

三

① 記号 ② 記号 ③ 記号

四

① → ② → ③ → ④ →

五

① ② ③ ④ ⑤

⑥ ⑦ ちに⑧ い⑨ ⑩

明治大学付属中野中学校(第1回)　2023年度

◇算数◇

※解答欄は実物大になります。

1	(1)		(2)		(3)	：
2	(1)	個	(2)	人	(3)	個
	(4)	cm^2	(5)	本		
3	(1)	cm	(2)	cm^2	(3)	回
4	(1)	分	(2)	分		
5	(1)	分後	(2)	分後		
6	(1)	cm^2	(2)	秒後		

明治大学付属中野中学校(第1回)　2023年度

※ 111%に拡大していただくと，解答欄は実物大になります。

＊　点線で区切られた問題は，すべて正解の場合のみ，得点とします。

【1】

(1) A B C D E　(2) A B C D E　(3)

【2】

(1) ①　と　②　と　(2)　(3) 酸素　二酸化炭素

【3】

(1)　(2) ア イ ウ エ　(3) ア イ ウ エ オ カ キ

【4】

(1)　(2)　(3)　cm^3

【5】

(1)　(2) 光が折れ曲がって進むこと　位置　(3)

【6】

(1) ①　ア イ ウ エ オ　②　③ 位置　見え方　(2)

(3) ①　②　か月後

【7】

(1)　g　(2)　cm　(3)　g　(4) 端に　g

明治大学付属中野中学校(第1回)　2023年度

◇社会◇

※ 133%に拡大していただくと，解答欄は実物大になります。

1. 問1 省　問2　問3　問4
問5　問6　問7　問8

2. 問1 ① 川 ② 岬　問2　問3
問4
問5 Ⅰ Ⅱ　問6　問7
問8

3. 問1 B D　問2　問3 → → →
問4　問5　問6　問7
問8　問9
問10

2023年度

明治大学付属中野中学校(第1回)

◇国語◇

※130%に拡大していただくと、解答欄は実物大になります。

一

問一

問二 一点目　二点目

問三

問四

問五

問六 A　B　C

問七

問八

問九 X　Y

問十 〜 から。

問十一 X　Y

問十二

問十三

問十四 点。

問十五

問十六 装具を装着することで、

問十七

問十八 a　b

問十九 〜 日。

問二十

問二十一

二

①　②　③　④　⑤

三

①　②　③　④　⑤

四

①　②　③　④　⑤

⑥　⑦　⑧　⑨　む⑩

明治大学付属中野中学校（第2回）　2023年度

◇算数◇

※ 111％に拡大していただくと，解答欄は実物大になります。

1	(1)		(2)	
	(3)	時間　分　秒		

2	(1)	円	(2)	度	(3)	g
	(4)	km	(5)	通り		

3	(1)	BH ： HK ： KE		
	(2)	AH ： HI ： IJ ： JC	(3)	cm²

4	(1)	cm³	(2)	cm²

5	(1)	cm²	(2)	L

6	(1)	歳	(2)	歳	(3)	歳

7	(1)	蛇口 ： 排水口
	(2)	ア ： イ ： ウ

明治大学付属中野中学校(第2回)　2023年度　◇理科◇

※ 111%に拡大していただくと，解答欄は実物大になります。

＊　点線で区切られた問題は，すべて正解の場合のみ，得点とします。

【1】

(1) ☐ (2) 動物 ┆ なかま　a　b　c　d　e

(3) ① ┆ ② ┆ ③

【2】

(1) ア　イ　ウ　エ　オ　(2) ア　イ　ウ　エ　オ　(3) ☐

【3】

(1) ☐ (2) 名前 ┆ 記号　(3) ☐

【4】

(1) ☐ (2) ア　イ　ウ　エ　オ　(3) ☐

【5】

(1) ①　ア　イ　ウ　エ ┆ ②　すべて明るくなる　すべて変わらない　すべて暗くなる

(2) ① ┆ ②　ア　イ　ウ　エ

【6】

(1) 色 ┆ 塩化ナトリウム　g　(2) g

(3) ①X ┆ Y ┆ ②

【7】

(1) g　(2) cm　(3) cm

【8】

(1) ☐ (2) ☐ (3) ☐ (4) ☐

明治大学付属中野中学校（第2回）　2023年度　◇社会◇

※ 133％に拡大していただくと，解答欄は実物大になります。

1. 問1 A 天皇 B 天皇

問2

問3　問4

問5

問6　問7　問8 2番目 4番目

2. 問1　問2　問3　問4　問5

3. 問1　問2

問3

4. 問1 川　問2　問3　問4

問5　問6　問7　問8　問9

◇国語◇

明治大学付属中野中学校（第２回）　２０２３年度

※ １３０％に拡大していただくと，解答欄は実物大になります。

一

問一

問二

問三

問四　時間。

問五

問六　A　B

問七

問八

問九

問十

問十一

問十二　D　E

問十三

問十四

問十五

問十六

問十七

問十八

問十九

問二十

問二十一

問二十二

二

① ② ③ ④ ⑤

三

① ② ③ ④ ⑤

四

①

②

③

④ した

⑤

⑥

⑦ って

⑧

⑨ いた

⑩

明治大学付属中野中学校(第1回)　2022年度

◇算数◇

※解答欄は実物大になります。

1	(1)		(2)		(3)	

2	(1)	個	(2)	人	(3)	cm²
	(4)	点	(5)	cm²		

3	(1)	g ずつ	(2)	cm²

4	(1)	:	(2)	倍

5	(1)	個	(2)	

6	(1)	:	(2)	cm

7	(1)	:	(2)	時速　km

明治大学付属中野中学校(第1回)　2022年度

◇理科◇

※解答欄は実物大になります。

＊　点線で区切られた問題は，すべて正解の場合のみ，得点とします。

【1】

(1) ①　②　(2) ア　イ　ウ　エ　(3)

【2】

(1)　(2)　(3)

【3】

(1) ア　イ　ウ　エ　(2) ①　②　(3) ア　イ　ウ　エ

【4】

(1)　(2) 月　(3)

【5】

(1)　(2)　(3) と　と

【6】

(1) kg　(2) kg　(3) cm

【7】

(1)　(2) A　B　C　D　E　(3)

【8】

(1) g　(2) g　(3) g　(4) g

明治大学付属中野中学校（第1回）　2022年度　◇社会◇

※ 133％に拡大していただくと，解答欄は実物大になります。

1. 問1 ①　　半島　②　　島　問2　問3

問4　問5　問6　問7　問8

2. 問1　問2　　制　問3

問4

3. 問1 A　B　問2　問3

4. 問1 A　B　C

問2　　古墳　問3　→　→　→　問4

問5　問6　問7

問8

明治大学付属中野中学校(第１回)　２０２２年度

◇国語◇

※ 130%に拡大していただくと、解答欄は実物大になります。

一

問一

問二　こと。

問三

問四

問五

問六

問七　ア　イ

問八

問九

問十

問十一

問十二

問十三　〜

問十四

問十五

問十六

問十七

問十八　〜　ということ。

問十九

問二十

問二十一

二

① I II　② I II　③ I II　④ I II　⑤ I II

三

①　②　③　④　⑤

四

①　②　う　③　④　⑤

⑥　⑦　⑧　⑨　って　⑩　ね

明治大学付属中野中学校(第2回)　2022年度　◇算数◇

※解答欄は実物大になります。

1	(1)		(2)		(3)	
2	(1)	円	(2)	cm^3	(3)	個
	(4)	cm^2	(5)	時　分		
3	(1)	cm^2	(2)	cm^2		
4	(1)	の位置で　向き	(2)	の位置で　向き		
5	(1)	倍	(2)	分　秒		
6	(1)	L	(2)	分　秒後		
7	(1)	秒速　cm	(2)	秒後　と　秒後		

明治大学付属中野中学校(第2回)　2022年度　　◇理科◇

※ 111％に拡大していただくと，解答欄は実物大になります。

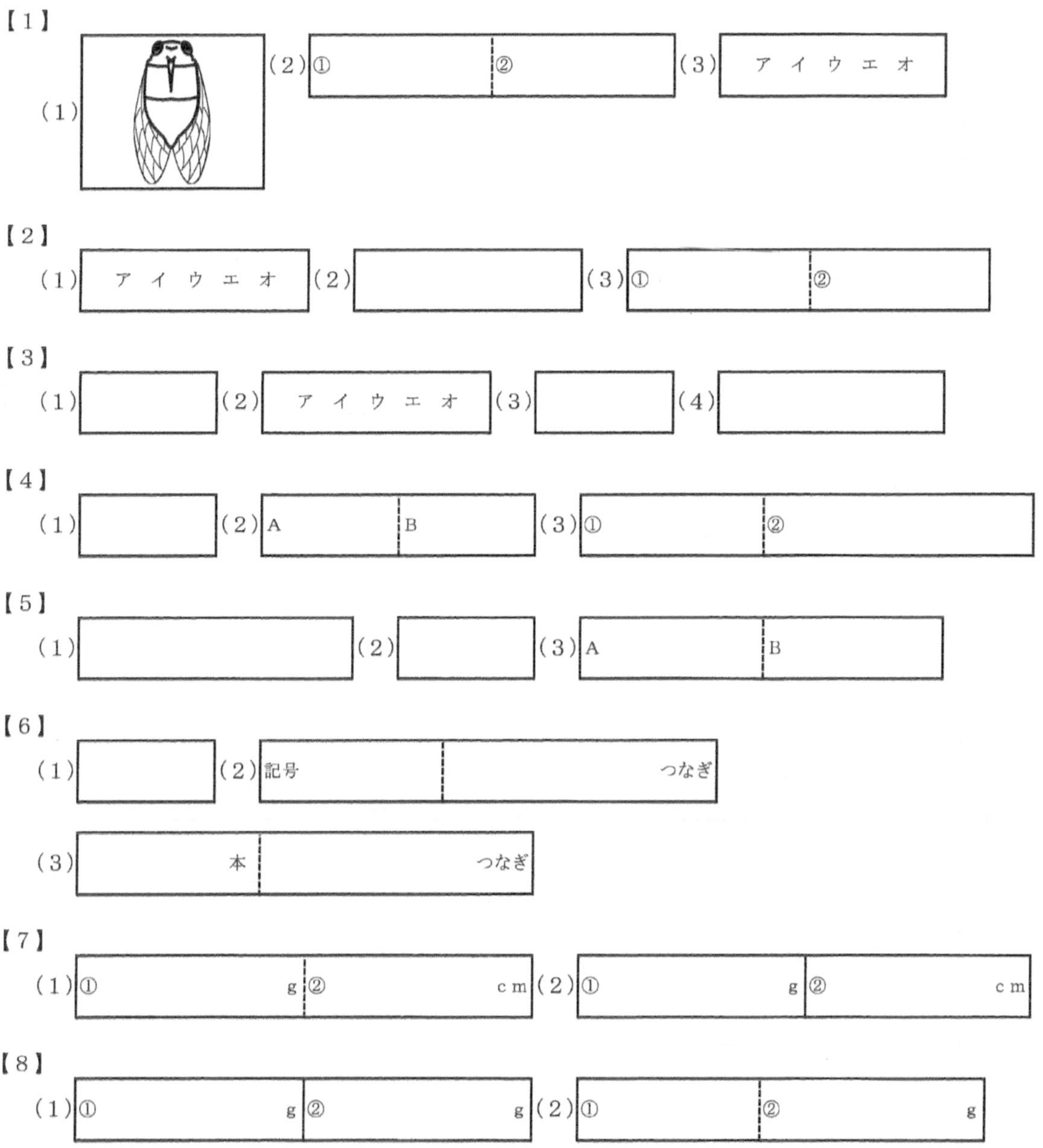

明治大学付属中野中学校（第2回）　2022年度　◇社会◇

※ 133％に拡大していただくと，解答欄は実物大になります。

1．問1

問2　問3　問4

問5　問6　→　→　→　問7　問8

問9

2．問1　①　湾　②　山地　問2　問3

問4　問5　問6　問7　問8

問9

3．問1　法　問2　問3

問4　％　問5　問6

問7

◇国語◇

明治大学付属中野中学校(第２回)　２０２２年度

※１３０％に拡大していただくと、解答欄は実物大になります。

一

問一

問二 A B C

問三

問四

問五 こと。

問六

問七

問八 の問題。

問九

問十

問十一 多賀町の自然が こと。

問十二 Ⅰ Ⅱ Ⅲ Ⅳ

問十三

問十四

問十五

問十六 ⑫ ⑭

問十七

問十八

問十九

問二十

問二十一

問二十二

二

① ② ③ ④ ⑤

三

① い

② し

③ い

④ つ

⑤ さ

四

①

②

③

④

⑤ う

⑥

⑦ れ

⑧

⑨

⑩ える

明治大学付属中野中学校(第1回)　2021年度

◇算数◇

※解答欄は実物大になります。

1	(1)		(2)		(3)	

2	(1)	g	(2)	分速　m	(3)	cm²
	(4)	倍	(5)	cm³		

3	(1)	cm	(2)	m	(3)	人

4	(1)		(2)	

5	(1)	本	(2)①	分後	(2)②	分後

6	(1)	時　分　秒	(2)	時　分　秒

明治大学付属中野中学校（第1回）　2021年度

※ 111％に拡大していただくと，解答欄は実物大になります。

＊　点線で区切られた問題は，すべて正解の場合のみ，得点とします。

【1】

（1）　（2）　（3）① cm³ ② mm

【2】

（1）種をまく季節　実がなる季節　（2）図2　ア　イ　ウ　エ　オ

（3）形　特徴　（4）　（5）ア　イ　ウ　エ

【3】

（1）①　②　（2）　（3）

【4】

（1）棒磁石　方位磁針　（2）ア　イ　ウ　エ　オ　カ　（3）

【5】

（1）ア　イ　ウ　エ　オ　（2）ア　イ　ウ　エ　オ

【6】

（1）名前　記号

（2）①　内　外　両　②　③　あたためる　冷やす　（3） kg

【7】

（1） mL　（2） mL　（3） cm³　（4） cm³

明治大学付属中野中学校(第1回)　2021年度　◇社会◇

※ 133%に拡大していただくと，解答欄は実物大になります。

1. 問1 A　権　B
問2
問3
問4　権
問5
問6
問7　の義務

2. 問1
問2
問3
問4　半島
問5　経　度
問6
問7
問8
問9
問10
問11
問12
問13

3. 問1
問2
問3
問4
問5
問6　貿易
問7
問8(1)
問8(2)
問9
問10

◇国語◇

明治大学付属中野中学校（第１回）　２０２１年度

※１３３％に拡大していただくと、解答欄は実物大になります。

一

問一　そんなバカな［　　］。　問二［　］

問三［　　］から。

問四［　　］秘密。

問五［　　］　問六［　　］　問七［　］

問八［　　］

問九［　　］　問十［　］　問十一［　　］

問十二［　　］例。

問十三［　］　問十四［　］　問十五［　　］

問十六［　］　問十七［　　］　問十八［　　］

問十九［　］　問二十［　　］　問二十一［　］

二

①	②	③	④	⑤
漢字	漢字	漢字	漢字	漢字
記号	記号	記号	記号	記号

三

①	②	③	④	⑤

四

①	②	③	④	⑤
				ぐ
⑥	⑦	⑧	⑨	⑩

大切なことはメモしておこうネ！

MEMO

大切なことはメモしておこうネ！

T.G

MEMO

大切なことはメモしておこうネ！

T.G

大切なことはメモしておこうネ！

大切なことはメモしておこうネ！

T.G

〈ダウンロードコンテンツについて〉

本問題集のダウンロードコンテンツ、弊社ホームページで配信しております。現在ご利用いただけるのは「2025年度受験用」に対応したもので、**2025年3月末日**までダウンロード可能です。弊社ホームページにアクセスの上、ご利用ください。
※配信期間が終了いたしますと、ご利用いただけませんのでご了承ください。

中学別入試過去問題シリーズ

明治大学付属中野中学校　2025年度

ISBN978-4-8141-3172-3

[発行所] 東京学参株式会社
〒153-0043　東京都目黒区東山2-6-4

書籍の内容についてのお問い合わせは右のQRコードから　⇒

※書籍の内容についてのお電話でのお問い合わせ、本書の内容を超えたご質問には対応できませんのでご了承ください。

2024年6月28日　初版